면 접
끝판왕

면 접
끝판왕

저자 정동완 박상철 김형준 송경훈

머리말

고등학교 3학년 담임일 때 여름방학 시작 전 꼭 반 학생들에게
"3학년 OO반 학생들, 선생님이 우리 반 지원학과별로 그룹을 지어놓았어. 방학 동안 선생님이 없더라도 그룹별로 만나서 면접 연습해 보렴."
이렇게 말을 하고 여름방학 방학식을 마친다.

여름방학을 마치고 학생들에게 물어보면, 대부분 쭈뼛쭈뼛 하면서 안 했다고 한다. 이렇게 말하는 이유는 다양하다. '귀찮아서', '실제 면접은 9월 말이나 10월인데 7월 말부터 준비하는 것은 일러', '면접 그냥 말하면 되지 그게 어렵나?' 등이다.
이런 생각을 가지고 면접에 임하는 학생들은 9월 중순부터 엄청난 후회를 한다. 면접은 평소 대화를 하는 것이 아니라 일정한 형식 속에서 자신을 의견을 말하고 표현하는 것이기 때문이다.

교사들은 방학 기간 동안 방과후학교나 자기소개서 첨삭에 집중하기 때문에 학생 개개인의 면접을 지도하는 것은 8월 말이나 9월 초는 돼야 본격적으로 준비할 수가 있다. 결국 학생들은 1달 이상 준비할 수 있는 시간을 그냥 흘려보내는 상황에 놓이게 되는 것이다. 이렇게 비어있는 시간에 학생에게 면접의 시작부터 끝까지 도와줄 수 있는 가이드가 있으면 좋겠다고 생각했다.

기억에 남는 학생이 있다. 사회복지학과를 가고 싶어 하는 학생인데 9월 말쯤 학생에게 물어보았다.
"본인 소개해 볼까요?", "지원한 동기는 무엇인가요?"
면접에서 가장 기본적인 질문이자 학생이 꼭 답변할 수 있어야 하는 문항이다. 하지만 학생은 아무런 대답을 하지 못하고 고개만 숙였다. 이 학생은 10월 말과 11월 초까지 면접이 예정되어 있었다.
이 면접을 마치고 돌아온 학생에게 물어보았다.
"왜 처음에 답변을 못 했어?"
"무슨 말을 해야 할지 모르겠어서요."

나로서는 충격이었다. '자기 생각을 왜 표현을 못 하지?', '그럼 누가 말을 해 주지?', '말해야 하는 거 아닐까?' 하는 생각이 들었다. 고민을 하던 중 '답변을 할 때 답변에 가이드를 주면 학생들이 자신의 스토리를 풀어나가기 쉽지 않을까?' 하는 생각으로 '면접 끝판왕'을 집필하게 되었다.

'면접 끝판왕'은 2가지 목적을 가지고 있다.

첫 번째, 학생들이 면접의 시작부터 끝까지 선생님 도움이 없이 스스로 준비할 수 있도록 하려는 것이다. 모든 시간을 선생님과 같이 있을 수 없다. 학생이 가장 오래 시간을 보내는 사람은 또래친구들과 학부모님일 것이다. 학생 또는 학부모님이 면접 요령과 면접 문항을 추출하는 방법으로 책을 구성하였다.

두 번째, 기출 문항의 추천 답변을 만들어 유사한 면접 문항이 나올 경우 대비할 수 있도록 하려는 것이다.

시중에 면접과 관련된 다양한 책들이 나와 있다. 하지만 답변을 제시해 주지는 않았다. 이유는 다양하다. 가장 인상적인 이유는 답변을 제시해 주면 모든 학생이 천편일률(千篇一律)적으로 답할 것을 우려하기 때문이라는 것이다. 다른 이유로 다양한 기출문항에 대해 저자가 답변을 해줄 수 없기 때문이라는 것이다. 이런 고민을 해결하기 위해 공동 저자 4분과 전공 검토진 선생님 15분이 이 책을 제작하게 되었다. 이 자리를 빌려 저자분과 검토진 선생님께 진심으로 감사를 표한다.

유의할 점이 있다. 본문에서도 언급하지만, 제시한 답변은 추천 답변이지 정답은 아니다. 학생의 이야기가 정답이다. 추천 답변을 제시한 이유는 '이렇게 면접 답을 이끌어 내는구나!' 하는 사례를 보여주기 위해서이다.

학생부 종합전형을 포함 면접을 실시하고 있는 대다수의 전형에서 면접이 당락을 바꿀 수 있다. 대학 입학에서 면접은 학생 자신을 표현할 수 있는 마지막 단계이다. 면접에서 자신을 잘 표현하기 위해서 '면접 끝판왕'이 든든한 동반자가 될 것이다.

저자일동

추천하는 글

대학에서 학생을 선발하는 과정에서 서류의 평가를 끝내고, 지원자에 대해 보다 자세히 파악하기 위해 존재하는 것이 '면접'이다. 이 책은 면접 전형이 원하고자 하는 바와 실제 면접 상황에서 어떤 질문이 이루어지는지에 대한 정보가 있다. 막막하기만 했던 면접, 학생 스스로 연습해볼 수 있는 책이 되길 바란다.

⬤⬤⬤ **창녕 옥야고 신부길 선생님**

면접의 중요성은 비단 대학 입시뿐만 아니라 그 이후에도 계속해서 강조됩니다. 여기에 다양한 주제의 면접 문항과 이에 대한 대답의 예시가 있습니다. 정치, 경제, 사회, 과학기술, 의료분야에 이르기까지 어떻게 준비해야 할지 모르는 학생들은 이 책을 통해서 큰 도움을 얻으시기 바랍니다. 여러분이 땀 흘린 만큼 여러분은 성장할 것이고, 좋은 결과가 여러분 앞에 펼쳐질 것입니다.

⬤⬤⬤ **안산 동산고 고삼곤 선생님**

계열 및 학과별로 기출된 입시 면접 문항을 확인할 수 있다는 것만으로도 이 책은 수험생들이 읽어볼 만한 충분한 가치가 있습니다. 게다가 학교생활기록부를 바탕으로 한 문항과 자기소개서를 바탕으로 한 문항으로 이원화하여 학생들이 입시 면접을 입체적으로 준비할 수 있게 도와줍니다.

⬤⬤⬤ **인천 세원고 방길환 선생님**

"학생부종합전형 나만의 합격 비법, '면접이 쉬워졌어요!'
이 책은 다년간 학생들의 면접을 지도하는 과정에서 이끌어낸 면접 각 항목별 비법을 한 곳에 모아둔 비법서임은 틀림없다. 수시 모집의 당락을 좌우하는 학교생활기록부-자기소개서-면접의 연계를 가져다줄 학생부종합전형 비법서가 바로 당신의 눈앞에 있다. '힘든 길을 택하면 미래가 편해진다'라는 신념으로, 학생부종합전형에서 당신의 길을 찾고자 한다면 이 책은 무한한 길잡이가 될 것이다.

⬤⬤⬤ **서울 양천고 선생님**

계열별 학과별 실제 면접 사례를 중심으로 학생 답변을 비롯하여 교사의 피드백을 통한 답변의 완성도를 높인 점에서 퀄리티가 좋습니다. 또한 면접 tip을 익혀 자신감 있는 면접에 한 단계 가까이 올라설 수 있는 가이드가 되어주리라 확신합니다.

⚬ 성복고 강민정 선생님

듣기만 해도 긴장되는 대학입시 면접… 어떻게 준비하는 것이 좋을지 고민이 되는 학생들에게 이 책은 정말 유용한 꿀팁을 알려줄 수 있을 것 같습니다. 각 전공별로 생활기록부 예시와 자기 소개서 내용과 연계한 실제 면접 문항들을 바탕으로, 학생들의 답변 예시도 볼 수 있고 어떻게 답변하면 좀 더 면접을 성공적으로 볼 수 있을지 전략적인 아이디어를 구상하는데 큰 도움이 될 책입니다.

⚬ 부산강서고 남윤정 선생님

 와우! 학종 1차 서류전형 합격을 축하드립니다. 이제 2차 면접 전형입니다. 이 고등가이드와 함께한 학생은 더 자신감 있고 당당하게 면접장에 입실할 것입니다. 쭉_따라오기만 하면 합격의 길로 인도할 것입니다. 파이팅하세요.

⚬ 설화고 진명구 교감 선생님

이 책은 면접에서 실제로 제시되었던 질문을 전공별, 계열별로 분류해 놓았을 뿐만 아니라, 학생들이 자신의 생활기록부에서 어떤 내용이 질문으로 나올 수 있을지 예측할 수 있게 도와준다. 또한 면접에서 학생들이 실제로 대답할 법한 '학생 답변'과 '추천 답변'을 함께 제시함으로써 어떤 내용을 추가해서 대답하는 것이 면접에서 더 나은 결과를 얻을 수 있을지 파악할 수 있게 도와준다.

⚬ 경기대 진명화 연구원

학생이 지원하는 분야와 학과에 따라 면접 준비를 할 수 있는, 실질적인 도움을 받을 수 있는 도서!!
이 책을 읽고 나면 학생의 생기부와 자소서의 상황에 따라 어떤 질문을 받을지, 답변을 어떻게 해야 하는 지 준비하는 능력이 길러진다.

💬 **서울 선덕고등학교 지명훈-**

이 면접책은 각 학과별 섹션을 나누어 학생부 활동을 기록하고 대학에서 요구하는 면접 문항을 제시하여 그에 대한 학생의 답변과 추천하는 답변으로 비교분석할 수 있는 책이다. 수험생 입장에서 전문가들의 조언들이 많은 힘이 될 것이다. 그리하여 학생의 답변을 수정 보완하여 주는 전문가들의 추천하는 답변이 있어 이 도서를 추천하는 바이다.

💬 **안동여자고등학교 김혜숙-**

'멘탈이 흔들리지 않도록 잡아주는 책'. 면접에서는 과도한 긴장을 늦추고 자신의 생각을 조리 있게 말하는 것이 중요합니다. 그러한 의미에서 이 책에서는 다양한 면접 사례를 실전처럼 연습해봄으로써 현장 적응력을 높여준다고 할 수 있습니다. 또한 질문에 대한 추천 답변을 상세하게 제공했기 때문에 학생들은 질문에 답하는 방법은 물론 내용적인 측면에도 모두 대비할 수 있으며, 학생들끼리 그룹스터디를 하는데에도 훌륭한 길잡이가 되어 줄 것입니다.

💬 **서울 영일고등학교 함선주-**

나만의 맞춤 가이드

면접 끝판왕

CONTENTS

4. 계열별 면접 문항 분석 & 답변 사례 ········ 073

말은 마음의 초상이다.

- J.레이 -

말을 많이 한다는 것과 잘 한다는 것은 별개이다.

- 소포클레스 -

말도 행동이고 행동도 말의 일종이다.

- 에머슨 -

말에는 하여야 할 순서가 있는 것이다.

– 주역 간괘 –

언어란 사고의 토대이고 사고는 감정의 영역이다.

– 데이비드 J. 리버만 –

나의 언어의 한계는 나의 세계의 한계를 의미한다.

– 비트겐슈타인 –

I

면접 개요

면접 개요

면접에 대한 일상적인 이야기

과거 수시 면접이 지원자의 의사소통 능력을 판단하거나 입학 후 학업이나 진로 계획 등을 파악하는 수단으로써의 기능이 컸다면 최근의 면접은 지원자가 제출한 서류의 검증 수준을 넘어 그 이상의 역량을 평가하는 도구로 활용되고 있는 상황입니다. 학생부종합전형의 비중이 늘어나면서 서류 평가와 같은 비대면 방식의 한계를 극복할 수 있다는 측면에서 면접이야말로 대면을 통해 지원자의 역량을 평가해 볼 수 있다는 장점을 갖고 있습니다. 입학사정관을 비롯 서류를 평가하는 주체들은 면접을 통해 서류만으로 파악하기 어려운 지원자의 열정, 의지, 발전 가능성, 흥미 등을 파악해 볼 수 있기 때문에 앞으로 각 대학은 학과의 특성에 맞게 발전시켜 나가리라 예상됩니다.

면접의 당위성과 방향

학생부종합전형은 자기소개서를 제출하는데 평가자의 입장에서 서류의 진정성, 즉 지원자가 직접 활동하고 스스로 작성한 것인지를 확인하려고 할 겁니다. 보통 면접이라고 하면 지원자의 기본적인 소양을 물어보는 문항만으로도 평가할 수 있지만 서류에 대한 진위 여부 판단 역시 개인의 역량을 가늠해 볼 수 있는 척도이기 때문에 학생부나 자기소개서의 내용을 활용하는 것은 당연한 일입니다. 면접 과정에서 학생 본인이 아닌 학교 선생님의 입장에서만 중요한 활동으로 인식한 것, 본인은 전혀 한 적이 없는 활동인데 기재된 것, 도서명은 있지만 수준에 맞지 않거나 실제로 읽어보지 않은 책이라고 판단되는 경우엔 추가 질문을 통한 검증 작업이 이루어질 수 있습니다. 어떤 대학들은 학생부 기반 면접 시 사전 면접 문항 없이 면접실에 들어간 후 즉석에서 질의응답을 통해 이런 검증을 하기도 하는데 이런 방식은 앞으로 더 늘어날 가능성이 높습니다.

실제로 2017년 경희대 입학전형연구센터 주관 전국대학입학사정관들에게 '학생부종합전형에서 가장 중요한 요소는 무엇인지?'를 묻는 설문 조사(응답자 212명) 결과 지원학과 관련 교과 성적과 면접이 다른 요소들에 비해 상대적으로 중요하다는 인식이 높음을 아래 표를 통해 확인할 수 있습니다.

*입학사정관 학종 평가요소 중요도(출처 : 경희대 입학전형연구센터)

평가요소	중요도(6점 만점)	
지원학과 관련 교과성적	5.4	
면접	5.39	6=매우 중요
학생부 교과활동	5.16	5=중요
학생부 교과 외 활동	5.08	4=조금 중요
학생부 전 교과성적	4.85	3=조금 중요하지 않음
자기소개서 내용	4.73	2=중요하지 않음
교사추천서 내용	4.12	1=전혀 중요하지 않음
고교 프로파일	4.02	
수능 성적	3.52	

학생부종합전형 중 단계별 전형을 실시하는 경우 교과 성적이 1단계 통과의 핵심이 된다는 것은 자명한 사실입니다. 물론 단순히 좋은 등급만을 의미하는 것이 아니라 전체적인 성적 추이, 교과 세특, 수상경력 등의 요소도 함께 고려되어야 합니다. 1단계를 통과한 경우 지원자들의 교과 성적이나 서류 결과가 일정 배수 안에 들어 와 있기 때문에 이 가운데서 더 우수한 학생을 선발하려면 면접의 비중은 높아질 수밖에 없습니다.

면접, 무엇을 평가하는가?

면접을 실시하는 대학들의 평가요소가 조금씩 다르기는 하지만 대부분 학업역량과 전공적합성을 확인하는 것에 큰 비중을 둡니다. 발전가능성 혹은 성장가능성, 자기주도성, 인성 등을 중심으로 지원자를 평가하고 있습니다. 모집 요강이나 입학처 홈페이지 등을 통해 면접에 대해 안내하고 있는데 이를 살펴보면 평가 항목, 평가 내용, 요소별 반영 비율 등이 상세하게 정리되어 있어서 사전 준비를 하는데 많은 도움을 받을 수 있습니다. 특히 면접은 단 한 번의 대면으로 당락을 뒤바꿀 수 있기 때문에 자신이 지원한 학과에 최적화될 수 있도록 전공 소양을 쌓아가는 노력을 꾸준히 해야 합니다. 면접을 준비해 나간다면 실전에서도 좋은 결과를 얻게 될 겁니다.

면접! 어떻게 준비할까?

면접을 준비하는 학생들을 위한 자료는 일일이 다 찾아보기 어려울 만큼 무궁무진합니다. 그러나 어떤 것을 활용하는 것이 더 효과적인지를 단번에 알아내긴 쉽지 않습니다. 중요한 것은 '나'를 파악하는 것입니다. 내가 누구인지 모르는 상황에서 무작정 주어진 자료만을 활용해 기계적인 연습을 하려 한다면 자신의 진가(眞價)를 제대로 보여줄 수가 없습니다. 가치관은 물론 행동, 말투, 성격 등이 모두 다르기 때문에 오직 '나'에게만 적합한 맞춤형 면접을 준비하기 위해서 반드시 짚고 넘어가야 합니다. 부모님, 친구들, 자신을 잘 알고 있는 지인들을 통해 본인이 어떤 학생인지를 점검해 보는 게 좋습니다.

자신이 제출하게 될 서류를 꼼꼼히 검토해 봐야 합니다. 학생부가 작성되고, 더불어 자기소개서를 써야겠다고 생각하는 순간부터 면접은 이미 시작되었다고 해도 과언이 아닙니다. 학생부는 고등학교 재학 기간 중 자신의 모든 역량이 담긴 총체적인 결과물이기 때문에 기재된 내용들을 꼼꼼하게 읽어보고, 세부 항목별로 자신이 역량을 발휘한 의미 있는 활동이나 구체적인 사례를 중심으로 내용을 요약, 정리해 보는 작업이 필요합니다. 자기소개서의 경우 대부분 학생부를 기반으로 작성하지만 자신의 역량을 강조하기 위해 추가 활동을 넣었거나, 강조한 부분이 있다면 이 부분 역시 내용을 음미하는 수준까지는 파악할 수 있어야 합니다.

이런 과정을 통해 내용이 정리되면 실제 면접을 대비해 예상 문제와 추가 질문을 만들어 답변을 준비해야 합니다. 이 부분에 대한 좀 더 구체적인 논의는 뒤에서 다루도록 하겠습니다.

일부 대학이나 학과 중 심층 면접을 실시하는 경우, 인성 면접과 달리 학과나 계열에 적합한 학업 역량이 준비돼 있는지를 확인하기 위한 형태이고, 대개 제시문을 기반으로 면접을 진행합니다. 대학은 심층 면접을 통해 지원자들의 학습 능력, 지적 수준, 전공에 대한 준비도 등을 파악할 수 있는데 사전에 정답을 정해 놓고 평가하는 것이 아니기 때문에 지원자들의 다양하고 창의적인 답변을 이끌어내는 효과가 있습니다. 다만 일반적인 면접에 비해 심도 있는 문항이 출제되기 때문에 부담스러울 수도 있으나, 고교 교육과정을 기준으로 출제하기 때문에 학업을 충실하게 수행해 온 학생들이라면 크게 걱정할 필요는 없습니다.

고려대에서 제시한 심층 면접 자료를 인용하면 "답변을 준비할 때는 문제지에서 묻는 내용과 의도를 정확히 파악하고, 논리적 일관성을 가지고 답변하면 된다."고 되어 있습니다. 평상시 독서, 토론, 발표 수업을 꾸준히 한다면 혼자서 준비해야 하는 친구들이라도 충분히 대비할 수 있다는 것을 의미합니다.

심층 면접의 경우 A4용지 기준 5줄 내외의 분량으로 제시문을 주고 답변을 요구하거나, 1장 정도 되는 장문의 제시문을 주고 여러 개의 문제를 해결하라는 형태로 출제를 합니다. 자연계열의 경우, 수·과학적 역량을 평가하기 위해 해당 교과를 바탕으로 문제가 출제되기도 하고, 어학특기자 전형의 경우는 영어 제시문을 활용하거나 영어로 답변을 요구하기도 해 충분한 대비가 필요합니다.

면접 고사 당일 대기실에서 면접 관련 자료나 제시문 등을 사전에 배부한 후, 별도의 메모지 등을 추가로 배부해 답변을 준비할 시간을 주기도 하는데 이런 방식은 지원자들이 제시문을 얼마나 잘 이해하고 정리했는지를 판단하는데 용이하고, 채점자의 주관적인 판단 개입을 최소화하는데도 매우 효과적입니다.

심층 면접을 준비한다면 평소에 전공과 관련된 분야의 기본적인 소양을 쌓는 일에 소홀함이 없어야 하고, 대학의 선행학습평가 자료, 수능 관련 비문학 지문, 논술 지문 등의 자료를 활용해 제시문의 핵심 내용을 말로 표현해 보는 연습을 꾸준히 하는 것도 준비에 큰 도움이 될 수 있습니다.

유념할 점은 대학마다 출제 유형이나 방식이 다르기 때문에 자신이 지원을 희망하는 대학들을 정한 후 각각의 특성에 맞게 준비하는 것이 바람직하며 심층 면접을 실시하는 대학의 입학처 홈페이지에 탑재되어 있는 면접 관련 안내문이나 동영상 자료 등을 활용하면 손쉽게 준비해 나갈 수 있을 것입니다.

아는 것을 안다 하고 모르는 것을 모른다 하는 것이 말의 근본이다.

- 순자 -

말도 아름다운 꽃처럼 그 색깔을 지니고 있다.

- E.리스 -

말이 이치에 맞지 않으면, 말하지 않은 것보다도 못하다.

- 유회 -

II

면접 준비 방법

면접 준비 방법

좋은 인상 만들기

면접은 말로 자신을 표현하는 일련의 행위지만 나를 평가하는 사람들에게 나의 역량을 보여줌과 동시에 좋은 인상을 심어주는 것 또한 간과해서는 안 됩니다. 단순히 말솜씨만 뛰어나다는 인상을 심어주거나 순간적인 임기응변 능력만 있다는 평가를 받으면 곤란합니다.

좋은 인상을 갖기 위해서 어떻게 해야 할까요? 답은 간단합니다. 일단 많이 웃어야 합니다. 웃는 얼굴에 침 뱉을 수는 없기 때문입니다. 한때 우리들은 근엄함을 미덕으로 여기며 살기도 했고, 고난의 역사를 끊임없이 되풀이하며 살아서 그런지는 몰라도 웃음을 잃어버린 것은 아닐까 싶을 정도로 밝은 표정을 짓는 일엔 인색했습니다.

미국 캘리포니아대학의 심리학 교수인 알버트 메라비언은 화자가 청자에게 주는 인상이 어떤 요소에 의해 형성되는가를 실험한 적이 있었는데 얼굴 표정이 55%, 목소리가 38%, 말이 7%라는 결과가 나왔습니다. 이것이 '메라비언의 법칙'인데 사람의 인상을 좌우하는 핵심이 얼굴 표정이라는 것을 보여주는 실험 결과입니다. 안병욱 교수의 수필 〈얼굴〉에서도 '웃음이 없다는 것은 생명의 맥박이 약하다는 것을 의미한다.'는 구절이 나오는데 웃음이 가진 힘이 얼마나 대단한지를 깨닫게 해 주는 사례라 할 수 있습니다. 좋은 인상은 결국 얼굴표정을 잘 관리하는 것임을 알 수 있습니다.

면접을 준비하는 친구들은 잘 웃는 사람이 되도록 노력해야 합니다. 웃는 얼굴은 상대방으로 하여금 나에게 호감을 갖게 하는 가장 손쉽고 효과적인 방법임을 잊지 말고 지금 당장 실천해 보기 바랍니다.

좋은 인상은 좋은 성품에서 나오기 마련입니다. 외모가 뛰어나다는 평가를 받는 사람도 언행이 바르지 않다면 상대방에게 나쁜 인상을 심어줄 수 밖에 없습니다. 평소 바른 성품을 갖기 위해 노력하면 억지로 좋은 인상을 갖기 위해 애쓰지 않아도 되겠지만 실천이 따르지 않는 노력은 의미 없는 일입니다. 비속어나 줄임말이 일상화된 현실에서 바른 말을 사용하려는 언어 습관부터 갖기 위해 노력해 보는 것은 어떨까요?

끝으로 경청하는 습관을 갖기 바랍니다. 말을 잘하는 것만큼 중요한 것은 잘 듣는 것입니다. 나와 생각이 다르다고 상대방의 말을 중간에 끊거나 무시하지 말고 끝까지 들을 수 있는 귀를 갖게 된다면 '배려'라는 성품은 자연스레 따라오게 될 것입니다.

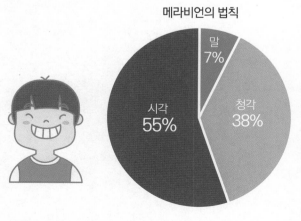

메라비언의 법칙

말 7%
청각 38%
시각 55%

'나'를 찾기 위해 노력하기

나의 진가(眞價)를 보여주려면 나에 대해 잘 알고 있어야 하는 것은 당연한 일입니다. 나를 잘 모르는 상황에서 면접을 치르면 스스로도 답변에 대한 만족감이 떨어질 수 있습니다. 면접과 같은 공식적인 말하기 상황에서의 '나'와 평소의 '나'가 많이 다르다면 그 이유 또한 살펴보는 게 좋습니다.

입시를 준비하는 수험생으로서 자신감에 더해 자신의 모습을 확실하게 파악하는 방법 가운데 몇 가지를 소개합니다.

① 학생부에 있는 나를 발견하기

학생부는 선생님의 시선으로 관찰하고 평가한 '나'의 모습을 볼 수 있는 자료입니다. 선생님의 주관이 담긴 서술이지만 사실에 기반한 교육 활동 경험과 친구들의 평가까지 동반된 나의 모습이 드러나 있어 평소 내가 몰랐던 모습을 파악해 볼 수 있는 핵심 자료가 됩니다 뒤에서 자세히 언급하겠지만 학생부에 항목별로 기재되어 있는 내용들을 꼼꼼하게 읽어보면서 그 안에 담긴 '나'의 강점을 찾아나가기 바랍니다.

② 자기소개서에서 나를 발견하기

자기소개서는 학생부에서 보여주지 못했던 '나'의 모습을 보완해 주는 서류입니다. 자신에 대한 이야기를 기술하는 것이기 때문에 자신의 모습을 다시 한 번 돌아볼 수 있는 기회가 될 수 있습니다. '나'의 역량을 찾아나가는 과정을 통해 장점과 비전을 정리할 수 있는 기회를 만들어보기 바랍니다.

③ '나'에게 질문하기

내가 생각하는 나의 특별함은 무엇일까? 다른 사람은 나의 어떤 점을 가장 궁금해 할까? 막연한 질문 같지만 나에게 질문을 하는 것은 스스로 답을 찾아볼 수 있는 연습이 됩니다. 나의 태도, 나의 장단점, 나의 미래 등 질문 내용에 구애받지 말고 스스로에게 다양한 질문을 던지고 답해 보기 바랍니다. '눈맞춤'도 함께 훈련하고 싶으면 거울 앞에서 합니다. 다소 쑥스러울 수 있지만 상대 없이 면접을 연습할 수 있는 효과적인 방법입니다.

유비무환(有備無患)! 실전을 대비한 연습하기

　실제 면접을 준비할 때 필수적으로 거쳐야 하는 과정이 연습입니다. 서류 평가에서 뛰어난 역량을 보여준 친구들도 면접에서 낭패를 보는 경우가 허다합니다. 수시 전형을 준비하는 초기부터이든 면접 대상자가 된 순간부터 준비를 하든 실전 면접을 가정한 연습은 반드시 해야 합니다.

　면접을 준비하는 학생들이 자주 사용하는 방법을 소개해 보면 다음과 같습니다.

① 면접 기출 문제를 활용해 연습하기

희망하는 대학의 입학처 홈페이지에 들어가 보면 입학과 관련 면접 기출 문제가 탑재되어 있고, 입시와 관련된 인터넷 블로그나 카페 등을 통해서도 쉽게 확인할 수 있습니다. 특히 인터넷은 무한한 정보를 제공한다는 장점이 있으니까 틈날 때 방문해 보시기 바랍니다. 희망 학과의 그 학교 홈페이지에서 학교나 학과에 대한 추가적인 정보도 숙지하는 것이 좋습니다.

② 모의 면접 연습하기

요즘은 고등학교에서 면접 대상자를 중심으로 모의 면접 준비를 해 주기도 합니다. 선생님이 지도하기로 하고, 친구들끼리 연습하는 경우도 있습니다. 두 가지 방법 모두 면접을 준비하는데 도움이 되지만 우선 선생님의 지도를 통해 기본적인 소양을 쌓은 후 친구들과 연습하는 것을 권하고 싶습니다. 하루에 모든 것을 끝내려고 하기 보다 매일 1시간 정도 연습한다는 생각으로 기출 문제나 예상 문제 등을 활용해 반복적으로 연습하는 것이 효과적입니다. 경우에 따라 인성이나 제출 서류 확인 면접을 벗어나 전공과 관련된 내용을 물어볼 수 있기 때문에 면접 후기 등을 참고해 사전 준비를 철저히 하는 것이 바람직합니다.

③ 대학에서 주관하는 모의 면접 참여하기

모의 면접을 실시하는 대학들이 있습니다. 보통 요청 공문이 오는데 희망 대학이 아니더라도 입학사정관 등 실제 면접관과 실전 경험을 해 볼 수 있는 기회이기 때문에 적극적으로 활용해 보면 좋을 것 같습니다. 자기소개서 제출을 요구하기도 하니 모의 면접에 참여하려면 사전 준비는 해야 합니다.

④ 기타

가족과 함께 면접을 연습하는 방법도 추천하고 싶습니다. 부모님을 모의 면접관으로 생각하고 질의응답을 주고받을 수 있는 상황이 된다면 훌륭한 면접 연습이라고 할 수 있습니다. 시간에 구애받지 않고 가정에서 연습할 수 있다는 장점은 물론 '나'를 잘 알고 있는 부모님의 시각도 참고할 수 있으니까 활용해 보면 좋을 것 같습니다.

　상황이 여의치 않을 경우 혼자 면접을 연습해야 경우가 있습니다. 앞서 언급한 것처럼 거울을 활용하는 것도 좋은 방법입니다. 거울에 비친 자신을 바라보면서 묻고 답하는 연습을 하는 것이 처음엔 다소 어색할 수 있겠지만 짧은 시간 안에 스스로 자신의 모습을 관찰해 볼 수 있으니 참고하시기 바랍니다.

나. '나'를 보여주기 위한 면접 문항 만들기

① ……… 학생부를 활용해 면접 문항 만들어 보기

학생부는 학교 선생님들의 관찰에 의해 쓰인 '나'의 기록의 총체입니다. 학업적인 역량은 물론 진로에 대한 열정, 전공에 대한 관심도, 인성 등 다양한 측면에서 학생을 평가할 수 있기 때문에 면접의 자료로 매우 중요한 가치를 갖고 있습니다.

학교마다 면접 방식은 달라도 학생부에 기재된 내용을 묻는 문항들은 유사성을 보입니다. 대개 자주 기술된 내용, 교과 성적의 추이, 학생만의 특성이 드러난 활동, 교과 세부능력 특기사항, 독서활동 등을 중심으로 문항을 추출해 실제 면접에 활용하고 있습니다. 면접 시간이 10분 내외이기 때문에 처음 만난 지원자를 단번에 파악하는 것은 쉽지 않습니다. 이를 고려한다면 고등학교 3년 동안의 기록물인 학생부의 비중은 다른 어떤 것보다도 클 수밖에 없습니다. 최근에 교과 세부능력 특기사항에 대한 중요성이 커지면서 자연스럽게 이와 관련된 면접 문항의 수도 증가하고 있고, 지원자의 깊이 있는 소양을 파악하기 위해 독서활동과의 연계도 꾀하고 있는 추세입니다.

여기서는 학생들마다 기재된 내용이 다양하다는 점을 고려해 일반적인 수준에서 추출해 볼 수 있는 면접 문항을 중심으로 항목별 질문을 소개해 보기로 하겠습니다.

※ 교과 성적 관련

> TIP 이 항목은 교과 성적을 활용하기 때문에 객관적인 수치를 통해 지원자의 역량을 가늠해 볼 수 있습니다. 대부분 학년별 성적 추이, 희망 전공과 관련된 교과의 성취도를 중심으로 예상 질문을 추출해 볼 수 있는데 특히 성적이 하락세를 보이는 경우라면 곤란한 상황을 해결하기 위한 답변도 사전에 준비해 놓는 것이 바람직합니다.

- 고등학교 재학 기간 동안 가장 좋아했던 교과목과 그 이유는 무엇인가요?
- ○○과목 성적이 매우 좋은데 자신만의 특별한 학습 방법이 있다면 말씀해보세요.
- 학년이 올라갈수록 성적이 계속 하락하고 있는데 특별한 이유가 있는지 궁금합니다.
- ○○을 좋아하는 과목이라고 했는데 ○학년 등급이 낮게 나온 이유가 무엇인가요?
- ○○교과의 성적이 다른 교과에 비해 상대적으로 좋지 않은데 특별한 이유가 있나요?
- ○학년 ○학기 내신 성적이 다른 학기에 비해 유독 낮은데 원인은 무엇이고 이를 극복하기 위해 어떤 노력을 했는지 말씀해보세요.
- 주요 교과 성적 관리는 잘 한 것 같지만 이를 제외한 나머지 과목들의 성취도는 많이 낮은 것 같습니다. 특별한 이유가 있었나요?

수상경력

▶ TIP 수상 경력의 경우 교과 학습 및 대회 참여와 밀접한 관련이 있기 때문에 상을 받았다는 사실보다는 노력의 과정을 염두에 두고 문항을 추출하는 것이 효과적입니다. 특히 희망 전공 관련 분야와의 연계를 활용한 질문도 있다는 점에 유념해서 자신이 받은 상을 교과별, 유형별 등 일정 기준을 정해 정리한 후 예상 질문을 만들어 보면 좋을 것 같습니다.

- ○○ 대회 수상을 통해 무엇을 성취했는지 이야기해보세요.
- ○○ 대회에 참여해 수상한 경력이 있는데 어떤 노력을 기울였는지 말씀해주세요.
- ○○ 대회에 참가한 이유나 동기는 무엇이었고, 노력한 과정과 수상 과정을 통해 무엇을 성취하였는지 말씀해보세요.
- 교내 대회 수상 경력이 풍부한데 가장 인상 깊었던 대회는 무엇이었는지 이유와 함께 말씀해보세요.
- 교내 대회 중 가장 많이 노력했거나 인상 깊었던 대회는 무엇인가요?
- ○○ 대회에 단체로 참여해서 수상한 경력이 있는데 구체적으로 어떤 대회이고 학생은 거기서 어떤 역할을 했나요?
- 매년 동일한 대회에 참여해 수상한 경력이 있는데 지속적으로 참여한 이유가 있나요?
- 수상 실적이 많지는 않은데 ○○분야에서만큼은 특화된 느낌이 있습니다. 특별한 이유가 있나요?
- ○○ 수상 실적은 많은데 이와 관련된 ○○ 교과의 성적이 좋지는 않은 것 같습니다. 왜 그런지 이유를 설명해 줄 수 있나요?
- 교과 관련 경시대회에서 다양한 수상 경력이 있는데 상을 받기 위해 어떤 노력을 기울였는지 이야기해보세요.

자율활동

▶ TIP 자율활동 항목은 학교교육과정에 의해 진행되는 활동이 기술되는데 공통 활동이 많다 보니 그 안에서 지원자의 개별적인 역량이나 경험을 확인하기 위한 질문을 할 수 있습니다. 학교나 학급 임원 경험, 소모임 활동, 자치 활동 등을 활용한 문항이 출제될 수 있기 때문에 이런 점에 주목해서 추출하는 게 좋습니다.

- ○○ 교육을 받았는데 어떤 내용이었고, 거기서 무엇을 깨닫게 되었나요?
- ○○ 초청 강연회를 들었는데 강의를 듣기 전 사전에 준비한 게 있나요?
- ○○ 초청 강연회를 들으면서 가장 인상적인 내용은 무엇이었고, 강의를 들은 후 자신의 어떤 점이 달라진 것 같나요?
- 학급 임원 선거에 출마한 사실이 있는데 낙선 후 어떤 생각을 하게 되었나요?
- 학생회 활동을 했는데 지원 동기를 한 번 말씀해주세요.
- 자율활동에서 다양한 체험을 했네요. 학생이 했던 자율활동 중에서 자신의 가치관 형성에 가장 크게 영향을 준 것은 무엇이고, 그렇게 생각하는 이유는 무엇인가요?

- ○○에 참여했다는 내용이 있는데 본인은 어떤 역할을 했고 그 활동을 통해 느낀 점은 무엇인지 말씀해보세요.
- ○○ 행사를 통해 내적으로 성장했다는 내용이 있던데 구체적으로 이야기해보세요.
- ○학년 때 학급 회장(또는 부회장 등)을 한 사실이 있는데 회장의 역할(또는 부회장)은 무엇이라고 생각하는지 이야기해보세요.
- 총학생회장(또는 부회장, 학년장 등) 경험이 있는데 학교를 대표한다는 게 어떤 의미인지 본인의 생각을 이야기해보세요.
- 학생회 ○○ 부장으로 활동하면서 가장 기억에 남은 활동과 이유를 말씀해보세요.
- 학급 회장(또는 부회장, 학년장 등)으로 ○○ 학급(예를 들면 정숙한 학급 등)을 만들기 위해 노력했다는 내용이 있는데 어떤 방법으로 실천해 나갔는지 말씀해보세요.
- 임원 활동을 하면서 가장 어려웠던 점은 무엇이었나요?
- 자신이 생각하는 리더의 모습을 이야기해보세요.
- ○학년 때 학급 임원으로 학교 행사나 학급회의 진행 시 이견이 있었을 텐데 어떻게 해결했는지 이야기해보세요.
- 학교 임원(또는 학급임원)으로 교장 선생님과의 간담회를 통해 학생들의 의견을 전달하고 건의를 했는데 기억에 남는 안건이 있으면 이야기해보세요.

진로활동

> TIP 진로활동은 자신이 희망하는 학과 진학을 위해 노력해 온 모습을 보여줄 수 있는 항목이기 때문에 구체적인 활동 내용, 노력의 과정, 연관된 독서 활동 등을 중심으로 예상 질문을 추출해 볼 수 있습니다. 또한 진로희망이 바뀐 친구들이 있는데 이런 경우를 대비할 수 있는 예상 답변도 미리미리 준비하는 것이 좋습니다.

- 인터뷰를 통해 알게 된 ○○의 역할은 무엇이 있는지 말씀해보세요.
- 학년이 올라오면서 진로가 바뀌었는데 특별한 이유가 있는지 궁금합니다.
- 진로를 바꾸게 된 결정적인 계기나 활동이 있다면 말씀해 주세요.
- 진로를 ○○으로 바꾸면서 이와 관련하여 읽은 책이 있는지? 있다면 구체적으로 무엇인지 말씀해주세요.
- 진로(혹은 꿈) 발표를 한 내용이 있는데 어떤 내용이었는지 소개해 주세요.
- 자신의 꿈을 이루기 위해 노력한 것을 말씀해보세요.
- 진로 활동 시간에 ○○을 주제로 발표를 했는데 이 주제를 선정한 이유는 무엇인가요?
- ○○발표(주제발표, 진로발표 등)를 준비하면서 어려웠던 점, 발표를 통해 배운 점을 말씀해주세요.
- 전공탐색 인터뷰 활동을 했는데 여러 직업인 중에 왜 ○○와의 인터뷰를 하게 됐나요?
- 지속적으로 ○○의 꿈을 키워온 것 같은데 이 꿈을 이루기 위해 어떤 노력을 했나요?
- 자신의 꿈을 앞으로 어떻게 발전시켜나가고 싶은지 이야기해보세요.
- ○○이 되면 무엇을 가장 먼저 하고 싶은가요? 이유는 뭔가요?
- ○○이 되고 싶은 이유는 무엇이고, 이를 위해서는 어떤 자질을 갖추어야 할까요?

동아리활동

TIP 동아리활동의 경우 자신의 희망 전공을 고려해 선택하거나 창설하기도 하지만 학년이 바뀌면서 동아리를 바꾸는 경우도 허다합니다. 자율동아리 활동 경험을 통해 전공 역량을 강조하기도 하는데 구체적인 활동 사례를 활용해 면접 문항을 추출하는 것이 효과적입니다. 활동의 내용적인 측면을 중심으로 예상 질문을 만들어보고, 자신의 희망 진로나 인성과의 연계를 활용한 질문을 추출해 보면 좋을 것 같습니다.

- ○○ 동아리 활동에 참여하게 된 계기와 거기서 배우고 느낀 점을 말씀해보세요.
- 동아리활동을 통해 ○○에 대한 경험을 했는데 계기는 무엇이었나요?
- 1, 2학년 동아리가 서로 다른 것 같은데 바뀌게 된 특별한 이유가 있나요?
- 1, 2학년 때 동일한 동아리 활동을 했는데 본인은 거기서 어떤 역할과 노력을 했는지 말씀해보세요.
- 동아리 활동을 통해 깨달은 점이나 기억에 남는 활동이 있다면 말씀해주세요.
- ○○과 관련된 자율 동아리를 만들어 활동했는데 창설한 이유와 진행 과정에서 있었던 어려움이 있다면 말씀해보세요.
- 토론 관련 동아리 활동을 했는데 기억에 남는 토론 주제가 있다면 말씀해보세요.
  (자신이 속한 동아리 유형과 내용을 고려해 질문 내용을 수정해서 활용하면 된다.)
- 토론 주제를 ○○으로 선정한 이유와 실제 토론 과정에서 본인은 어떤 주장을 했는지 이야기해보세요.
- 고교 재학 중에 지원자가 ○○ 관련 동아리를 만들었다는 내용이 있는데 이런 동아리를 만든 이유는 무엇인가요?
- 동아리 개설을 위해서 어떤 노력을 했나요?
- 동아리 활동 시간에 ○○에 대해 토론했는데 자신의 주장을 뒷받침하기 위해 활용한 근거를 영어로 말씀해주세요.
- 동아리 활동에서 리더와 부원의 역할 차이는 무엇이 있을지 말씀해보세요.
- ○○ 동아리와 ○○ 동아리는 활동 내용은 같은데 이름이 다른 것 같습니다. 동아리 이름을 바꾼 특별한 이유가 있나요?
- 진로희망은 ○○인데 관련이 적은 ○○ 동아리 활동을 하게 된 이유는 무엇인가요?
- 동아리 명칭이 ○○인데 어떤 의미인지, 그리고 어떻게 운영을 했는지 활동 방법과 내용에 대해 이야기해보세요.

봉사활동

TIP 봉사활동에서는 지원자의 인성을 파악해 볼 수 있는 질문을 하는 경우가 많습니다. 한 기관에서 지속적인 활동을 했다면 왜 그런 봉사활동을 하게 됐는지 동기를 고려해 예상 질문을 추출해 보고, 활동 과정과 거기서 느낀 점 등을 활용해서 질문을 추출해 보면 좋을 것 같습니다.

- ○○ 봉사활동을 하면서 무엇을 느꼈고, 배웠는지를 말씀해보세요.
- ○○에서 ○○ 봉사활동을 했는데 그 활동을 하게 된 이유는 무엇인가요?
- '멘토-멘티 활동'에 참여하게 된 동기를 말해보고 활동을 통해 서로 어떤 도움을 주고 받았는지 말씀해주세요.
- 매월 ○○회 정도 꾸준하게 봉사활동을 했는데 구체적으로 어떤 활동이었나요?
- 3년간 ○○ 봉사활동을 하게 된 이유는 무엇이었고, 진행 과정에서 생긴 어려움이 있었다면 어떻게 극복을 했는지 이야기해보세요.
- 가족과 함께 봉사활동을 한 경험이 있는데 특별한 이유가 있었는지? 개인봉사를 할 때와의 차이는 무엇인지 말씀해보세요.
- ○○ 봉사활동 경험이 자신을 성장시키는데 어떤 도움을 주었는지 이야기해보세요.
- 멘토링 봉사활동을 했는데 멘토로 친구들에게 어떤 도움을 주었고, 그것을 위해 어떤 노력을 했는지 말씀해보세요.

※ 교과 세부 능력 및 특기 사항

TIP 교과목 시간에 수행한 활동을 구체적으로 기재하여 지원자를 평가하는데 매우 중요한 항목입니다. 특히 교과목 시간에 배운 내용, 이론, 발표, 토론 등의 활동이 구체적으로 서술됩니다. 각 영역에서 소재를 선택해 예상 질문을 만드는 것이 효과적입니다. 사회교과라면 이론, 현상, 사례 등과 관련된 경험이, 과학 교과라면 이론, 법칙, 실험 등에 대한 경험이 기재되어 있을 텐데 이를 활용해 다양한 질문을 추출해 볼 수 있습니다. '민사 소송과 형사 소송이 절차상 어떻게 다른지 말씀해보세요.'라든지 혹은 '우주가 형성되는 과정에서 만들어지는 기본 입자에 대해 설명해보세요'라는 식으로 문항을 추출한 후 답변을 준비해 보면 좋을 것 같습니다.

- ○○ 과목 수업 중에 ○○에 대해 발표한 경험이 있는데 어떤 내용이었나요?
- ○○ 과목 수업 중에 ○○을 주제로 토론한 경험이 있는데 그 과정에서 학생은 어떤 주장을 했나요?
- 발표 주제(혹은 토론 주제)를 ○○으로 한 이유는 무엇인가요?
- 발표를 위해 어떤 참고 자료를 활용했나요?
- 방과 후 학교에서 ○○수업을 들은 경험이 있는데 이를 통해 배운 것은 무엇이었나요?
- 소논문(또는 보고서)을 쓴 경험이 있는데 이런 활동을 하게 된 계기가 있다면 이야기해보세요.
- ○○을 주제로 과제 연구 대회에 참여한 경험이 기재되어 있는데 해당 주제를 선택한 이유는 무엇인가요?

- 과제 연구를 하면서 설문 조사를 진행했는데 분석 과정에서 어려움이 있었는지? 있었다면 어떻게 해결해 나갔는지 이야기해보세요.
- ○학년 때 ○○을 주제로 UCC를 제작했는데 그 과정에서 어떤 역할을 했고, 진행 과정에서 기억에 남는 장면이나 어려웠던 점이 있으면 말씀해보세요.
- ○○에 관심(교과별 학습 내용, 발표, 토론 활동 등의 경험에서 추출)이 많은 것 같은데 이와 관련해 읽은 책이 있으면 소개해 보세요.
- 왜 그 책을 읽게 되었나요?
- 과학 교과 시간에 배운 ○○(이론, 법칙, 실험 등)에 대해 설명해보세요.
- 사회 교과 시간에 ○○(이론, 현상, 문제점 등)에 대해 배웠는데 이에 대한 자신의 생각을 말씀해보세요.
- 인문계 학생에게 과학 교과목을 배우는 것은 어떤 도움이 될까요?
  (또는, 자연계 학생에게 인문 교과목을 배우는 것은 어떤 도움이 될까요?)
- ○학년 때 ○○을 주제로 영어토론대회에 참가한 경험이 있는데 그 때 어떤 주장을 했는지 영어로 말씀해보세요.
- ○학년 때 ○○과목에서 ○○와 관련된 프로젝트 수업에 참여했다고 되어 있는데 어떤 방식으로 진행되었고, 거기서 어떤 역할을 했는지 말씀해보세요.
- ○○과목을 공부하는데 있어 자신이 갖고 있는 장점과 단점을 말씀해 보시고, 단점을 보완하기 위해 어떤 노력을 기울였는지도 말씀해주세요.
- ○○과목 시간에 멘토로 활동했는데 어떤 방식으로 멘티에게 도움을 줬는지 이야기해보세요.
- 멘토로 친구들의 공부를 도와줄 때 어려웠던 점이나 인상적인 장면이 있다면 말씀해보세요.
- ○○과목 시간에 멘티로 학업 능력을 향상시킨 경험이 있는데 어떤 방식으로 공부를 해 나갔는지 말씀해보세요.

독서활동상황

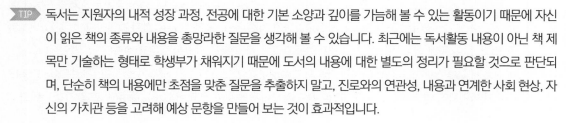

TIP 독서는 지원자의 내적 성장 과정, 전공에 대한 기본 소양과 깊이를 가늠해 볼 수 있는 활동이기 때문에 자신이 읽은 책의 종류와 내용을 총망라한 질문을 생각해 볼 수 있습니다. 최근에는 독서활동 내용이 아닌 책 제목만 기술하는 형태로 학생부가 채워지기 때문에 도서의 내용에 대한 별도의 정리가 필요할 것으로 판단되며, 단순히 책의 내용에만 초점을 맞춘 질문을 추출하지 말고, 진로와의 연관성, 내용과 연계한 사회 현상, 자신의 가치관 등을 고려해 예상 문항을 만들어 보는 것이 효과적입니다.

- 독서 활동을 통해 배우고 느낀 점은 무엇이 있을지 이야기해보세요.
- 자신의 진로에 결정적으로 영향을 준 책과 이유를 말씀해보세요.
- 독서활동 경험이 매우 많은 것 같은데 가장 관심을 갖고 있는 분야는 무엇인가요?
- 독서활동 경험이 많지 않은 것 같은데 이유가 무엇인가요?
- 가장 감명 깊게 읽은 책과, 그 이유는 무엇인가요?
- 가장 힘들게 읽었거나 지루했던 책이 있다면 소개해 주세요.
- 책 내용 중 ○○(사건, 활동, 사례 등)에 대해 간단히 말씀해보세요.

- 책 내용 중 ○○(사건, 활동, 사례 등)에 대해 예를 들어 설명해보세요.
- ○○에 보면 ○○ 내용(사건, 활동, 사례 등)이 나오는데 자신의 가치관 형성에 어떤 영향을 미쳤는지 이야기해보세요.
- ○○이론(또는 개념)에 대한 본인의 생각을 말씀해보세요.
- ○○라는 책은 무슨 내용인지 간단히 설명해보세요.
- ○○라는 도서를 영어 원서로 읽게 된 특별한 이유가 있나요?
- ○○학년 독서 활동 기록이 전혀 없는데 특별한 사정이 있었나요?
- ○○라는 책에서 저자가 하고 싶었던 이야기는 무엇이었는지 이야기해보세요.
- ○○을 읽고, ○○ 과목에 흥미를 느끼게 된 것 같은데 어떤 부분이 결정적으로 영향을 준 것 같나요?
- 독서의 밤 행사에 참여해 ○○ 책을 읽었는데 느낀 점은 무엇인가요?
- 책을 읽은 후 독서활동 기록(또는 서평, 독후감)을 꾸준하게 했는데 특별한 이유가 있나요?
- 자신이 읽은 책 가운데 가장 기억에 남는 내용이 있다면 줄거리를 말해보세요.
- ○○라는 책을 통해 사고의 폭이 넓어졌다고 되어 있는데 그렇게 생각한 이유가 무엇인지 이야기해보세요.

행동특성 및 종합의견

TIP 종합의견의 경우 담임 선생님의 관찰에 의한 기록이기 때문에 평소 내가 알지 못했던 나의 모습을 파악해 볼 수 있는 항목입니다. 나의 다양한 모습을 기술할 수 있기 때문에 학업수행 경험, 학교 활동, 진로와 적성, 인성 등의 항목으로 세분화해 예상 질문을 추출해 보는 것이 효과적입니다. 자신에 대한 다양한 평가가 이루어지는 항목인 만큼 이를 토대로 면접에서 나올 가능성이 있는 질문들을 만들어 보면 좋을 것 같습니다.

- ○○대회에서 리더십을 발휘했다는 기록이 있는데 구체적으로 어떤 역할을 했나요?
- ○학년 때 학급 부회장으로 회장을 도와 ○○을 했다는 내용이 있는데 거기서 배우고 느낀 점은 무엇이 있는지 이야기해보세요.
- ○학년 때 '학급 회장으로 급우들 간의 갈등을 원만하게 조정하는 리더십을 발휘했다'는 내용이 있는데 어떤 방법으로 해결했는지 구체적으로 말씀해보세요.
- 학생부를 보니까 타의 모범이 되는 학생(또는 성실한 학생, ○○이 뛰어난 학생)이라는 평가가 있던데 이런 평가를 받게 된 이유가 무엇이라고 생각하나요?
- 3년 동안 학급 임원을 했는데 가장 기억에 남는 일은 무엇인가요?
- 학급에서 친구들끼리 다툼이 생겼을 때 이를 어떻게 해결했나요?
- ○○ 단체에 가입하여 활동하게 된 동기는 무엇인가요?
- 계획성이 있는 학생이라는 평가를 받았는데 자신의 의도대로 잘 되지 않아 힘들었던 적은 없나요? 있다면 어떻게 극복 했는지 말씀해주세요.
- 학교 활동을 통해 ○○ 문제를 원만하게 해결했다는 내용이 있는데 어떤 문제였고, 해결 과정에서 거기서 어떤 역할은 했는지 말씀해주세요.

② ········ 자기소개서를 활용해 면접 문항 만들어 보기

학생부에서 다 보여주지 못한 지원자의 강점이나 역량을 자기소개서를 통해 보완할 수 있습니다. 자기소개서는 학생부를 기반으로 하면서 추가적인 정보를 포함하고 있기 때문에 지원자를 또 다른 시각에서 평가해 볼 수 있는 이점이 있습니다.

특히 자기소개서의 공통문항과 자율문항은 지원자의 학업 태도는 물론 전공적합성, 인성, 발전가능성 등 지원자의 다양한 역량을 확인해 볼 수 있는 자료이기 때문에 이를 바탕으로 한 질문이 당연히 나올 수밖에 없습니다. 기재된 내용의 진위 확인을 넘어 활동을 통한 성장과정이나 물론 잠재력 또한 가늠해 볼 수 있기 때문에 지원자들은 예상 질문을 만들어 사전 연습을 철저히 할 필요가 있습니다.

먼저 1번 문항의 경우 지원자가 고등학교 재학 기간 중 학업에 기울인 노력과 학습 경험을 드러내야 하기 때문에 지원자의 학업적인 역량, 지적 호기심, 열정 등을 파악하기 위한 질문에 대비해야 합니다. 이 과정에서 교과 지식을 어떻게 활용했는지, 자기주도적인 능력을 갖추고 있는지 등을 검증해 볼 수가 있으므로 이를 염두해 두어야 합니다.

2번은 고교 재학 기간 동안 의미를 두고 노력했던 교내 활동을 기술하는 문항인데 자율활동, 동아리활동, 진로활동, 봉사활동, 독서활동 등 다양한 영역을 소재로 활용할 수 있습니다. 활동 사실에 대한 확인은 물론 전공적합성, 발전가능성 등을 검증하기 위한 질문이 주인데, 지금과 비슷한 수준으로 출제될 가능성이 높다는 점을 고려해 준비하는 것이 좋습니다.

3번 문항은 지원자의 인성을 파악하기 위한 내용을 기술하는데 고등학교에 한정되지 않고 학교생활 전반에 걸쳐 형성되어 온 것 중에 소재를 선정할 수 있다는 것이 1, 2번과는 다른 점입니다. 대개 봉사활동, 멘토링 활동, 학급 및 학교 행사 등에서 보여준 자신의 인성적인 측면을 중심으로 문항을 추출해 면접을 대비할 필요가 있습니다.

여기서는 학생마다 기재된 내용이 다양하다는 점을 고려해 일반적인 수준에서 추출해 볼 수 있는 면접 문항을 중심으로 항목별 질문을 소개합니다.

㉠ 학업 관련
- 자기소개서에 자신만의 방식으로 공부를 했다고 되어 있는데 예를 들어 설명해주세요.
- 자기소개서에 ○○ 사례를 들어 발표했다고 하는데, 그것에 대해 설명해보세요. 그런 사례를 다른 데에도 적용할 수 있지 않을까요?
- 자기소개서에 ○○, ○○ 등 전문 용어가 많은데, ○○과 ○○의 차이를 알고 있나요? 알고 있는 대로 이야기해보세요.
- 자기소개서에 ○○이론으로 ○○활동을 설명할 수 있다고 했는데, 이를 설명해보세요.
- 자기소개서 내용 중 공부 방법을 '○○'을 만들어 공부했다는데, 이것은 직접 만든 공부법인가요? 아니면 다른 사람들의 방식을 빌려온 방법인가요?
- 자기소개서에 학습플래너를 활용한 경험을 기술했는데 어떤 방식으로 활용했는지 설명해보세요.
- 자기소개서 1번에 ○○에 대한 탐구활동을 사례로 들었는데 구체적으로 설명해보세요.

ⓛ 자율 활동 관련

● 자기소개서에서 ○○ 활동을 언급했는데 이와 관련해서 리더십, 협동 등을 발휘한 일화가 있으면 말씀해보세요.

● ○○ 탐구보고서를 작성했다고 자기소개서 1번에 언급했는데 그 내용을 요약해서 설명 해보세요.

● 학생 자기소개서 내용 중에 ○○ 캠프에 참가한 게 있는데 여기서 ○○을 했다고 하는데 자세히 설명해보세요.

● 자기소개서에 ○○ 멘토링 활동을 했다는 내용이 있는데 이 활동에서 자신의 장점을 어떻게 발휘했는지 말해보세요.

● 자기소개서에 ○○에 대한 논문을 쓴 경험을 기술했는데 이를 통해 느낀 점은 무엇인가요?

ⓒ 동아리 활동 관련

● 자기소개서에 ○○동아리 활동을 했다고 썼는데 구체적으로 어떻게 진행했는지 설명해보세요.

● 자기소개서 2번에 동아리에서 ○○에 대해 토론했다는 내용을 기술했는데 학생은 거기서 어떤 주장을 했는지 말씀 해보세요.

● 자기소개서 2번을 보니까 ○○관련(교과) 동아리 활동을 많이 했다고 썼는데 동아리 활동에서 본인의 구체적인 역할은 무엇이었나요?

● 자기소개서에 ○○동아리 활동을 하면서 부원들과 공동과제를 수행했다는 내용을 썼는데 거기서 자신이 맡은 역할은 무엇이었나요?

ⓔ 봉사 활동 관련

● 자기소개서에 ○○관련 봉사활동을 소재로 3번 문항을 기술했는데 본인의 언어로 느낀 점을 말해보세요.

● 자기소개서 3번에 ○○봉사 활동 경험을 소개했는데 지원 학과를 고려한 봉사활동을 한 것인가요? 그렇다면 이런 활동이 자신의 앞으로의 진로에 어떤 도움을 줄 것으로 생각하나요?

● 자기소개서에 기술한 ○○봉사 활동을 통해 나눔의 의미를 실천했다고 했는데 구체적으로 설명해주세요.

ⓜ 진로 활동 관련

● 자기소개서에 소논문 작성 활동에 대해 언급했는데 1분정도 설명해보세요.

● 자기소개서에 ○○활동을 하면서 정치, 역사, 철학 등을 원서로 읽었다고 하는데 역사 말고 관심이 있었던 것은 없었나요?

● 자기소개서에 졸업 후에 ○○이 되고 싶다고 했는데 이와 관련해 우리 과를 지원한 특별한 이유가 있나요?

● 자기소개서에 보니까 ○○을 진행했다고 하는데 이 행사가 어떤 행사인지 설명해주시고, 거기서 맡은 역할이 어떤 것이었는지 말해보세요.

ⓗ 독서 활동

● 가장 감명 깊게 있은 책은 무엇이고, 그렇게 생각한 이유는 무엇인가요?

● 자기소개서에서 OO책을 읽었다고 했는데 어떤 내용인가요? 그 책을 통해 새롭게 알게 되거나 느낀 점은 무엇입니까?

● 자기소개서에서 OO책을 언급했는데 그 책의 어떤 부분이 자신의 희망 전공을 준비하는데 어떤 도움을 주었다고 생각하나요?

● 자기소개서에서 진로탐색 활동 중에 OO을 읽고, OO에 대해 추가적으로 찾아보면서 역량을 키워나갔다는 내용이 나오는데 그 부분에 대해 좀더 구체적으로 설명해주세요.

③ ⋯⋯⋯ 기출문제를 활용해 면접 문항 만들어 보기

　면접을 준비하는 학생들이 가장 손쉽게 수행해 볼 수 있는 방식은 각 대학의 기출문제를 활용하는 것입니다. 면접이 다양한 방식으로 형태가 진화되었다. 하더라도 기본적으로 개별 지원자를 대면하는 상황에서 이루어지는 활동입니다. 출제된 문항들을 보면 지원자에 대해 기본적으로 알아야 할 필수 문항을 질문의 형태만 약간씩 달리할 분 내용적으로는 차이가 크지 않습니다. 공통적으로 활용된 면접 문항을 살펴보면 다음과 같습니다.

기출 문항 예시 자료

1. 자기소개(제한 시간을 주는 경우도 있음)

2. 지원동기?

3. 입학 후 학업 또는 진로 계획?

4. 희망진로를 갖게 된 이유?

5. 장래희망이 OO이 되고 싶은 것인데 우리 과를 지원한 이유?

6. 고등학교 재학기간 중 학업에 기울인 노력?

7. 가장 좋아하는 과목과 그 과목에서 가장 좋아하는 단원?

8. OO 과목 성적이 더 좋은데 XX과에 지원한 이유?

9. OOO학을 하려면 OO을 잘해야 하는데 OO교과 성적이 좋지 못한 이유?

10. 부족한 과목을 어떻게 보완하려고 하는지?

11. OO 동아리에서 어떤 활동을 했는지?

12. OO 봉사에서 무엇을 했고 무엇을 느꼈는지 구체적으로 설명?

13. 인상 깊었던 책과 그 이유?

14. 10년 후(혹은 20년 후 등) 무엇을 할 것인지?

15. 대학교에 와서 학업 외에 하고 싶은 일?

16. 우리 대학(또는 학과)이 지원자를 선발해야 하는 이유?

17. 마지막으로 하고 싶은 말?

　출제 빈도수가 높았던 문항입니다. 이러한 질문은 지속적으로 출제될 수 있기 때문에 공통문항을 활용한 연습을 충분히 하는 게 좋습니다. 특히 자기소개, 지원동기, 학업 및 진로 계획에 대한 출제 빈도가 매우 높기 때문에 면접을 통해 확고한 인상을 심어줄 수 있는 답변을 준비하면 좋겠습니다.

다. 면접 준비는 어떻게 해야 할까?

 보면 면접을 언제부터 준비하는 것이 좋은지에 대한 질문을 종종 받습니다. 사람마다 개인차가 있기 때문에 학생이 처한 상황에 따라 준비 시기를 대신 잡는 것이 좋습니다. 교과 성적에 경쟁력이 있고, 서류 준비가 충실한 상황이라면 평상시 계획적으로 준비를 하는 것이 좋겠지만 그렇지 않을 경우 면접 준비에 대한 고민은 뒤로 미뤄두는 게 좋습니다. 단계별 전형을 실시하는 대학에 지원한 경우에는 1단계를 통과한 후 집중적으로 준비하는 것이 학업 수행의 리듬을 깨뜨리지 않는다는 측면에서 효과적입니다. 서류와 면접을 일괄합산해서 선발하는 전형에 지원한 경우라도 해도 지나치게 장기적인 계획을 세우는 것보다 자신의 역량과 여건에 맞게 준비하는 것이 바람직합니다.
 지원자의 개인적인 상황이나 특성을 모두 고려하긴 어렵지만 면접을 준비해야 하는 친구들에게 도움이 될 만한 방법을 소개해 보기로 하겠습니다

① ……… 평상시 & 일괄합산 전형에 지원하는 친구들이 준비해야 할 것들

 면접은 2학기 수시 원서 접수가 끝난 후부터 시작을 하게 됩니다. 1학기엔 기출 문제 등을 활용한 실전 연습보다 기본적인 말하기 능력을 신장시키는 연습을 하는 것이 바람직합니다. 학생들을 지도하다 보면 자신의 생각을 논리적으로 쉽게 표현하는 친구들도 있지만 낯가림 있거나 내성적이어서 자신이 생각하고 있는 것들을 제대로 전달하지 못하는 경우를 볼 수 있습니다. 면접이 지원자의 이런 성향까지 감안해서 평가를 한다는 것은 불가능하기 때문에 면접 방식에 맞도록 자신을 연습시켜야 후회 없는 면접을 치를 수 있습니다.
 평소 자신이 말하는 습관에 대해 주변 사람들의 평가를 들어보면 좋을 것 같습니다. 부모, 형제, 선생님, 친구 등 가까운 사람들의 평가를 통해 자신이 가진 장단점을 파악하고, 부족한 점을 보완해 나가는 게 바람직합니다. 표현력은 하루아침에 좋아지는 것이 아니기 때문입니다.
 자신의 특성을 파악하고 나면 체계적이고 논리적으로 말하는 연습을 해야 합니다. 연습이야 말로 '노력이 배신하지 않음'을 보여주는 최고의 기술이기 때문입니다. 충분한 시간을 두고 자신의 마음속에 있는 것들을 효과적으로 표현할 수 있는 역량을 기르는 것이 좋습니다. 평소 남 앞에서 말하기를 꺼려하는 성향이라면 즉석에서 자신의 생각을 표현하는 일은 쉽지 않습니다. 이런 성향을 바꾸는 게 일이겠지만 면접이라는 관문을 통과하려면 반드시 넘어야 할 필수 과제입니다.
더 많은 연습을 통해 면접에 특화된 인재가 될 수 있도록 준비해야 합니다. 자신이 전달하고자 하는 바를 글로 써서 정리한 후 이를 보고 말하는 방법, 거울 속에 있는 나를 보고 연습하는 방법, 가족을 면접관으로 생각하고 연습하는 방법 등 다양한 방법을 활용해 체계적이고 논리적으로 말할 수 있는 역량을 기르기를 바랍니다.

② ········ 단계별 전형에서 1단계 서류 평가 통과 후 면접 대상자가 됐을 때

 서류 전형을 통과해 면접 대상자가 되는 순간부터 면접은 이미 시작된 것입니다. 이때부터는 합격으로 가는 마지막 관문인 면접을 통과하기 위해 다양한 방법으로 연습을 진행하게 됩니다. 실제 면접까지 많은 시간이 남아 있지 않다는 점을 고려해 단기간에 효율적으로 준비할 수 있는 방법들을 살펴보도록 하겠습니다.

 가장 많이 실시하고 있는 방법은 학교 선생님과 친구들과의 협력을 통해 면접을 준비하는 것입니다. 학교에는 다양한 전공 교과의 선생님들이 계시고, 비슷한 시기에 면접 대상자로 선발된 친구들도 있습니다. 이렇게 좋은 자원에 모의 면접장으로 활용할 수 있는 교실만 있으면 면접 당일 상황을 가정해 연습해 볼 수 있습니다. 처음에는 선생님들의 주도로 진행하겠지만 익숙해지면 다양한 학과를 지원하는 친구들과는 공통 질문 중심으로 면접 연습을 동일 계열에 지원하는 친구들과는 전공 관련 문항을 활용해 연습할 수 있습니다 또한 면접을 진행하는 동안 언제든 피드백이 가능하기 때문에 잘못된 부분이나 부족한 부분을 보완하기 쉽고, 학교에 있는 동안 언제든 진행할 수 있다는 장점이 있습니다. 하루에 1~2시간, 일주일 정도만 꾸준하게 연습하면 놀라운 변화가 생길 수 있으니 잘 활용하면 좋겠습니다.

 학교에서 면접 연습이 여의치 않을 경우 가족을 면접관으로 생각하고 연습해 보는 방법이 있습니다. 부모님이 도와주시는 것으로도 충분합니다. 형제자매와 함께하는 경우라면 가능한 손위 형제의 도움을 받는 것이 괜찮습니다. 예상 질문지를 만들어 제공한 후 복수의 면접관과 실전을 치르는 상황을 가정해 질의응답 연습을 하면 이 또한 보완해야 할 부분 등을 파악하는데 큰 도움이 됩니다.

 앞의 방법을 활용하기도 쉽지 않다면 '거울에 비친 나'를 보면서 연습할 수 있습니다. 자신의 모습을 직접 보게 되므로 표정이나 태도상의 어색한 점을 확인할 수 있습니다. 다만 미리 준비한 답변을 침착하고 조리 있게 말하고 있는지만 확인하는 수준에 머무를 가능성이 많기 때문에 답변을 충실하게 하는 연습까지만 하고 그 이후에는 별도의 시간을 할애해 대면 면접 방식으로 마무리 하는게 좋습니다.

 마지막으로 동영상으로 촬영해 보는 방법이 있습니다. 촬영된 영상을 재생해보면서 자신이 어떤 태도로 답변을 하고 있고, 내용적내용이 충실한지를 확인해 볼 수 있는 장점이 있습니다. 면접 영상을 한 번의 촬영으로 마무리하지 않고 여러 번 찍으면 스스로 발전하는 과정 또한 파악해 볼 수 있습니다. 물론 선생님이나 친구들에게 영상에 대한 코멘트는 반드시 받는 게 좋습니다.

③ ······ 면접 당일! 드디어 '나'의 진가(眞價)를 보여줘야 할 때!

면접 당일이 되면 누구든 긴장하기 마련입니다. 지금까지 충분히 연습을 해 왔다면 이제는 실수 없이 대사(大事)를 치르려는 자기조절능력을 발휘해야 할 때입니다. 중요한 것은 마음가짐으로부터 시작되기 때문에 심호흡 등으로 긴장을 풀고 차분히 준비하는 자세를 가져야 합니다. 그리고 나면 학생부, 자기소개서 등을 다시 한 번 읽어보고, 기출 문제를 활용해 지원자의 기본 소양을 물어보는 질문에 답변하는 상황을 머릿속에 그려가면서 다시 한 번 점검하는 것이 좋습니다. 특히 제시문 기반 면접을 하게 되는 경우 면접실에 들어가기 전 제시문과 면접 문항을 보고 답변을 준비해야 합니다. 팽팽한 긴장감을 이겨내고 하고 싶은 말을 다 쏟아낼 수 있도록 시작 전까지는 가능한 많이 연습해 보기 바랍니다.

실제 면접은 대개 다음과 같은 방식으로 진행됩니다. 안내에 따라 면접실에 들어가는 순간부터 실제 면접 진행까지 각 과정에서 유의할 점을 살펴보도록 하겠습니다.

- **입실** : 가볍게 노크 후 면접실 문을 열고 들어가 조용히 문을 닫고 면접실에 자리하고 있는 면접관을 향해 목례를 합니다.
- **신분 확인** : 면접관이 지시하는 좌석이나 지정된 자리 쪽으로 걸어가서 면접 위원에게 자신의 수험번호, 이름 등의 신분을 밝힌 후 준비된 의자에 앉습니다. 신분을 밝히는 방식이 대학마다 조금씩 다를 수 있기 때문에 면접 당일 안내에 따르면 됩니다.
- **착석 및 시선처리** : 의자에 바른 자세로 앉도록 합니다. 양손은 무릎 위에 자연스럽게 올려놓고, 시선은 면접 위원의 가슴 높이를 본다는 생각으로 정면을 두리번거리는 일이 없도록 합니다. 가능한 의자에 깊숙이 앉으면 바른 자세를 취하기 쉽습니다. 이렇게 하면 호흡은 물론 성량 조절이 용이해져서 면접 위원에게 자신감 있는 모습을 보여줄 수 있습니다.
- **실제 면접 진행** : 질의–응답이 시작되면 침착하게 면접관을 응시한 채 분명한 어조로 대답하는 것이 좋습니다. 예상하지 않은 질문이 나오더라도 당황하지 말고 차분한 마음으로 대처해야 하고, 질문의 핵심을 정확히 파악한 후 답변을 하는 것이 좋습니다. 답변 과정은 면접의 핵심이기 때문에 세심하게 신경 써야 합니다. 만약 복수의 평가위원들과 면접을 진행하게 될 경우 돌아가면서 질문하기 때문에 시선 처리 역시 각각의 면접 위원들을 차례로 응시하면서 답변하는 것이 가장 효과적입니다.
- **답변 시 유의사항** : 답변을 할 때는 자기 생각을 분명히 드러낼 수 있도록 확신에 찬 어조로 이야기하는 것이 바람직합니다. 불필요한 유행어나 비속어 등의 사용에도 주의를 기울여야 합니다. 주관 없이 중언부언하는 답변이나 어두운 표정, 당황하는 모습 등은 감점 요인이 될 수 있다는 점 또한 유념해야 합니다. 간혹 수험생에게 압박감을 주는 질문이나 곤란한 질문을 하는 면접관이 있는데 차분하고 여유롭게 대처할 수 있도록 사전에 표정 연습도 충분히 하는 것이 좋습니다.
- **기타 참고 사항** : 긴장감이 크기 때문에 답변을 하다보면 말의 속도가 평소보다 빨라질 수 있습니다. 천천히 말할 수 있도록 평소 마인드컨트롤을 잘 해야 합니다. 긴장이 지나쳐 말을 점점 빨리하게 되면 발음까지도 부정확해질 수 있고, 자칫하다가는 낭패를 볼 수 있기 때문에 주의해야 합니다.

말에 예의가 있으면 공손한 것이다.

- 주역(周易) 계사전(繫辭傳) -

가장 곤란한 것은 모든 사람이 생각하지 않고 나오는 대로 말하는 것이다.

-알랭 -

말하고자 하는 바를 먼저 실행하라. 그런 다음 말하라.

- 공자 -

면접 문항 분석

면접 문항 분석

대학별 공통 문항의 경우 지원자 자신에 대한 전반적인 소개, 학생부와 자기소개서 등 서류의 진위 여부를 주로 확인하는 내용이 출제가 되었습니다. 지원자에 대한 가장 기본적인 정보부터 확인하기 때문에 자신감을 갖고 자신에 대한 소개를 할 수 있어야 합니다. 아래 제시된 질문들은 그동안 출제된 대표적인 문항들입니다. 다시 출제될 수 있는 가능성이 높으므로 해당 문항에 대해 답변을 준비하여 성실하게 연습해 나가는 것이 좋겠습니다.

> *** 대학별 공통 문항**

- (○○분 동안) 자기소개를 해보세요.
- ○○학과에 지원하게 된 동기는 무엇인가요?
- 자신이 생각하는 강점과 약점을 각각 한 가지씩만 말해보세요.
- 성적(혹은 자신감)이 떨어졌을 때 어떻게 극복했는지 말해보세요.
- ○○학과가 무엇을 배우는지 알고 있나요?
- ○○학과를 나오면 어떤 일을 하고 싶은가요?
- 학교생활하면서 겪었던 어려움이 있다면 말씀해보세요.
- 고등학교 시절 아쉬웠거나 후회되는 것이 있나요?
- 대학에 오면 어떤 일(또는 공부)을 하고 싶나요? + 그 외에 또 하고 싶은 게 있나요?
- 인생의 최종 목표가 있나요?
- ○○(구체적인 직업명 활용)가 구체적으로 무슨 일을 하는 건지 말해줄 수 있나요?
- ○○(구체적인 직업명 활용)에게 가장 중요한 역량이 무엇이라고 생각하나요?
- 전공 소양을 기르기 위해 관련 분야의 책을 읽은 것이 있나요?
- ○○ 보고서를 작성했다고 자소서 1번에 언급했는데 그 내용을 간단히 설명해보세요.
- ○○을 했는데 관련해서 리더십, 협동심 등을 발휘한 일화가 있나요?
- 형제 관계가 어떻게 되나요? 형제자매와 비교했을 때 자신의 장단점은 무엇인가요?
- 가장 기억에 남는 책은 무엇인가요?
- 또래 학습 멘토링은 무슨 활동인가요?
- 인생에서 이루고 싶은 것이 있나요?
- 10년 뒤에 자신은 어떤 모습일 것 같나요?

* 기출문제 출처 및 참고
1. 전국 대학 홈페이지에 탑재된 기출 문제   2. 전국 시도교육청에서 발간한 면접 사례집

- ○○ 봉사활동을 했는데 거기서 느낀 점은 무엇인가요?
- 보통 꿈과 관련지어 학과를 선택 이유를 말하는데 목표와 관련해서 ○○과를 지원한 이유를 설명해보세요.
- 동아리 활동을 어떻게 진행했는지 구체적으로 설명해 보세요.
- 봉사 활동을 할 때 어려웠던 점이 있었다면 말해보세요.
- 자소서에 보면 본인의 ○○이 굉장히 뛰어나다고 하는데 구체적으로 말해보세요.
- 자신이 작성한 소논문 활동에 대해서 (1분정도) 설명해 보세요.
- ○○활동이 많은데 특별한 이유가 있나요?
- 지금까지 살면서 가장 보람 있던 경험은 무엇인가요?
- 3년 동안 임원을 했는데 어떤 리더십을 발휘했나요?
- ○○을 했다고 생활기록부에 되어있는데 어떤 활동인가요?
- ○○교과 성적이 다른 성적에 비해 아주 부진한 편인데 설명해 줄 수 있나요?
- 봉사활동이 형식적으로 보이는데 어떻게 생각하나요?
- 내신도 흠 잡을 데 없고 활동도 많이 하고 이렇게 열심히 했는데 꼭 ○○에 오고 싶은 이유가 있나요?
- 봉사 활동 기간이 짧은 편이었는데 어떻게 이렇게 많은 깨달음을 얻을 수 있었나요?
- 학교생활에 충실했다고 생각하나요??
- ○○과목이 계속 1등급인데 사교육을 했는지 아니면 독학한 것인가요?
- 다른 학교에 합격해도 우리학교에 진학할 생각이 있나요?
- 동아리 활동이 자신에게 영향을 준 것에 대해 말해보세요.
- 학과와 관련지어 성장과정에 대해 말해보세요.
- 고등학교 때 했던 특별한 봉사 활동이 있었나요?
- 멘토링이라는 봉사활동을 하고 싶은 이유가 있었나요?
- 진로와 관련된 독서경험에 대해 말해보세요.
- 교내 ○○상을 받았는데 어떻게 해서 받게 되었나요?
- 학생은 장래희망이 ○○라고 되어있는데 ○○이 되기 위해 필요한 자질은 어떤 것이라고 생각하나요?
- 자기소개서에 보니까 ○○을 진행했다고 하는데 이 행사가 어떤 행사인지 설명해주시고, 거기서 맡은 역할이 어떤 것이었는지 말해보세요.
- 지도자에게 가장 필요한 게 무엇이라고 생각하나요?
- 학업활동, 진로활동, 동아리활동 등 가장 중점을 둔 학교활동은 무엇인가요?
- 우리 학과에 지원할 때 누군가의 영향을 받은 적이 있나요?
- 마지막으로 하고 싶은 말이 있나요?

나. 기출문제를 활용한 계열별(학과별) 문항 분석

 계열별 면접 문항의 경우 전공과 관련된 지식을 평가하기 때문에 지원한 학과의 특성을 고려한 면접 문항이 출제되었습니다. 이런 추세는 지속될 것으로 예상이 됩니다. 대학교 입학처 홈페이지에 있는 면접 기출 문항을 참고하거나 면접 후기 사례집 등을 활용해 준비하는 것이 효과적입니다. 그동안 출제된 문항을 계열별 혹은 학과별로 다음에 소개합니다.

① ······ 인·어문계열

* 국어국문학과

- 국어국문학과에서 무엇을 배우고 싶은가요?
- 국어국문학을 배워야 하는 이유에 대해 말씀해보세요.
- 문학의 대표적인 기능을 두 가지만 제시해 보고, 각각의 기능에 대해 자신이 읽었거나 배운 소설 작품을 예로 들어 설명해보세요.
- 학생이 보기에 한글은 왜 우수할까요? 이유와 함께 설명해보세요.
- ○○(문법 개념에 대한 전반적인 것)에 대해 구체적인 예를 들어 말씀해보세요.
- ○○와 ○○의 차이점(또는 공통점)(국문학에 대한 전반적인 것)을 설명해보세요.
- 현대사회에서 인문학의 가치는 무엇이라고 생각하나요?
- 국어국문학과에 입학하면 무엇을 공부하고 싶나요?
- 국어국문학 전공과 장래 계획과의 관계는 어떤 관계가 있나요?
- 자신이 생각하는 한국을 대표하는 현대 시인은 누구인지 이유를 들어 말씀해보세요.
- 자신이 읽은 작품(시, 소설 등 문학 작품) 중에서 감동적인 것이 있었다면 소개해보세요.
- 표준어가 필요한 이유(또는 방언을 보존해야 하는 이유)를 말씀해보세요.
- '언어가 사고를 지배한다'는 주장에 대한 자신의 견해를 말씀해보세요.
- ○○○의 '○○'이 우리 문학사에 미친 영향은 무엇인가요?
- 최근에 읽은 현대문학 작품을 소개해보세요.
- 국어교육과 국어국문학의 사회적 효용성에 대해 말씀해보세요.
- 고전문학의 가치와 현대적 효용성에 대한 자신의 생각을 말씀해보세요.

* 영어영문학과

- 자신을 영어로 소개해보세요.
- 영어영문학과 진학을 원하는 동기나 이유를 영어로 말씀해보세요.
- 영어 조기 교육의 필요성에 대한 자신의 생각을 말씀해보세요.
- 영어문법을 공부하다가 어려운 부분이 나오면 어떻게 해결하나요?
- 영어 관련 비교과 활동 경험(연극, 영자신문, 영어잡지, 스피치 등)에 대해 말씀해보세요.
- 공용어로서 영어의 위상은 앞으로 어떻게 될 것 같나요?
- 대학에 입학하면 자신의 영어 능력을 더 향상시키기 위해 무엇을 할 계획인가요?
- 가장 감명 깊게 읽은 영문학 작품은 무엇이고 어떤 점에서 감동적인가요?
- 자신이 좋아하는 영어 노래의 가사를 소개해보세요.
- 영어 속담 중 인상 깊은 것이 있으면 이유와 함께 말씀해보세요.
- 오늘날 무분별한 외국문화 유입에 대해 어떻게 생각하는지 말씀해보세요.
- 상표, 광고, 간판 등에 외국어가 무분별하게 쓰이고 있는 것을 어떻게 생각하나요?
- 영어영문학과는 크게 영어학과 영문학으로 분류되는데 이 중에서 어떤 분야를 좀 더 중점적으로 공부를 하고 싶은지 이유와 함께 말씀해보세요.
- 영어영문학과를 나오지 않고서도 영어를 잘하는 사람이 매우 많은데 이런 사람들에 비해 영어영문학을 전공하는 것은 어떤 이점이 있을까요?
- 언어 표현 방식 중 말하기, 쓰기, 읽기, 듣기 중에서 어느 것이 가장 중요하다고 생각하는지 이유를 들어 말씀해보세요.

* 중어중문학과

- 중국에 관심을 갖게 된 계기는 무엇인가요?
- 우리가 한자를 사용해야 하는 이유를 말씀해보세요.
- 한자(漢字)의 특징과 본인이 알고 있는 고사성어(故事成語)를 하나만 말씀해보세요.
- 간체자(簡體字)가 무엇인지 말씀해보세요.
- 중국의 경제 성장이 우리 사회에 미치는 영향에 대한 장단점을 말씀해보세요.
- 중국문화(풍속, 습관, 의식 등)와 한국문화의 공통점과 차이점에 대해 말씀해보세요.
- 자신이 좋아하는 독일 사상가(작가, 예술가 등)는 누구인지 이유를 들어 말씀해보세요.
- 자신이 좋아하는 중국 문학 작품을 들고 그 내용에 대해 말씀해보세요.
- ○○(역사서, 사상, 인물)에 대해서 말씀해보세요.
- 최근에 가장 관심 있게 본 중국 관련 기사는 무엇이고, 거기서 느낀 점은 무엇인지 본인의 의견을 말씀해보세요.
- 우리 사회에서 다양한 유형의 한중갈등이 발생하고 있는데 그중 한 가지 예를 들어보고, 자신이 생각하는 해결 방안을 말씀해보세요.
- 언어, 사회문화, 문학 사운데 본인이 취약한 부분은 어떻게 보완할 생각인가요?
- 최근에 접한 중국 관련 소식은 어떤 것이 있나요?
- 장래희망과 중어중문학과의 관계를 설명해보세요.

* 일어일문학과

- 일본에 관심을 갖게 된 계기는 무엇인가요?
- 일본어를 공부해야 하는 이유에 대해 말씀해보세요.
- 본인이 생각하는 일본, 일본인, 일본어의 특징, 매력은 무엇인가요?
- 장래 자신의 진로에 일본어가 어떻게 활용될 수 있다고 생각하나요?
- 일본 문학 작품 중에 읽어 본 것을 소개해보세요.
- 일본의 애니메이션이나 영화 중 특히 영향을 받은 작품이 있다면 말씀해보세요.
- 일본과 한국의 문화적 차이는 무엇이라고 생각하나요?
- 일본어를 배우고 나면 자신의 장래에 어떤 좋은 점이 있을지 말씀해보세요.
- 본인이 생각하는 효과적인 일본어(외국어) 학습법은 무엇인가요?
- 한국과 일본의 대중문화의 상호영향에 대하여 아는 대로 이야기해보세요.
- 일본과 일본인에 대해 배울 점, 배우지 말아야 할 점에 대해 말씀해보세요.
- 통역기가 발달하는 요즈음 외국어 학습의 필요성에 대한 자신의 견해를 말씀해보세요.
- 글로벌 시대(다문화 시대)를 살아가면서 소통에서 중요한 덕목은 무엇일까요?
- 한국 속의 일본문화(일본 속의 한국문화)에 대하여 아는 대로 이야기해보세요.
- 자신이 생각하는 바람직한 한국과 일본 간의 문화교류는 무엇인지 말씀해보세요.
- 최근의 일본 관련 기사 중 가장 기억에 남는 것은 무엇이고, 거기에 대해 어떤 생각이 들었는지 말씀해보세요.
- 흔히 한국과 일본의 관계를 '가깝고도 먼 나라'라고 합니다. 이 의미는 무엇이고 지원자는 이런 한일 간 상황 속에서 어떤 역할을 하고 싶습니까?

* 불어불문학과

- 프랑스어(다른 외국어학과 공통 질문)로 자기소개를 해보세요.
- 프랑스라(다른 외국어학과 공통 질문)는 나라에 관심을 갖게 된 이유를 말씀해보세요.
- 현대 사회에서 외국어 학습의 의의에 대해 말씀해보세요.
- 국제사회에서 프랑스어의 위상은 어느 정도라고 생각하나요?
- 프랑스어가 한국 사회에서 갖는 위치나 전망은 어떻게 될까요?
- 지금까지 학생이 접한 프랑스 문화 중에서 어떤 것이 가장 인상적이었나요?
- 자신이 좋아하는 프랑스문학 작품을 들고, 내용을 말씀해보세요.
- 자신이 좋아하는 프랑스 사상가(작가, 예술가 등)는 누구인지 이유를 들어 말씀해보세요.
- 효율적인 전공(프랑스어문학)공부를 위한 자신의 학문계획을 말씀해보세요.
- 유럽어문학 전공을 희망하는 학생으로서 유럽의 문학이나 문화 또는 사상에 대하여 아는 바를 소개해보세요.

* 독어독문학과

- 독일하면 떠오르는 것은 무엇인가요?
- 독일과 독일어에 관심을 갖게 된 계기는 무엇인가요?
- 국제사회에서 독일어의 위상은 어느 정도라고 생각하나요?
- 독일어가 한국 사회에서 갖는 위치나 전망은 어떻게 될까요?
- 자신이 좋아하는 독일어문학 작품을 들고, 내용을 말씀해보세요.
- 자신이 좋아하는 독일 사상가(작가, 예술가 등)는 누구인지 이유를 들어 말씀해보세요.
- 효율적인 전공(독일어문학)공부를 위한 자신의 학문 계획을 말씀해보세요.
- 분단의 현실을 감안할 때 독일통일에서 얻을 수 있는 교훈은 무엇이라고 생각하나요?
- 서로 다른 유럽의 언어가 각국의 문화에 끼치는 영향에 대해서 이야기해보세요.

* 사학과

- 역사는 왜 필요하다고 생각하나요?
- 역사학을 공부하기 위해 가장 필요한 소양은 무엇이며 그 이유를 설명해보세요.
- 역사에서 흥미 있는 주제는 무엇인가요?
- 사학과에 들어오기 위해 학생이 특별히 관심을 갖고 준비한 내용은 무엇인가요?
- 사학과를 지원하게 된 동기는 무엇인가요?
- ○○(역사적인 사실, 사건)에 대해 말씀해보세요.
- ○○제도에 대해 아는 대로 말씀해보세요.
- 역사인식이 우리에게 필요한 이유는 무엇일까요?
- 역사가가 지녀야 할 자질에 대한 자신의 생각을 말씀해보세요.
- 서양 역사에서 민주주의의 발달과정에 관한 중요한 사건을 연대기 순으로 설명해보세요.
- 일제 치하 대표적인 민족운동가 3인을 들고 그들의 활동에 대해 말씀해보세요.
- 중국과 일본 사이의 센카쿠 분쟁이 일어난 이유가 무엇인지 말씀해보세요.
- 제국주의에 대해 말하고 2차 세계대전의 전개 과정을 말씀해보세요.
- 역사의 사전적 의미는 무엇이고, 자신이 생각하는 역사는 무엇인지 이야기해보세요.
- E.H.카의 '역사란 무엇인가'의 내용을 이야기해 보고, 역사란 무엇인지 설명해보세요.
- 역사 관련 동아리나 봉사활동을 한 경험이 있으면 소개해보세요.
- 최근 읽은 역사 관련 서적의 내용과 의미는 무엇이었나요?
- 문화유산을 보존해야 하는 이유는 무엇인지 자신의 생각을 말씀해보세요.
- 역사학도로서 현재 한국사회에서 시급히 해결해야 될 문제와 개혁 방안은 무엇일까요?
- 전공과 관련된 자신의 적성과 역량을 말씀해보세요.
- 서양의 사상과 윤리 그리고 가치관의 발달에서 기독교가 미친 영향력은 매우 큰데 서양 기독교의 발생, 성장배경과 발달과정 그리고 그것이 지니는 사상과 도덕적인 의미에 대해서 아는 대로 설명해보세요.
- 식민사관에 대해 이야기 해보고, 이런 사관이 어떤 결과를 초래했는지 말씀해보세요.
- 친일 청산을 왜 해야 하는지 이야기해보세요.
- 위안부 문제, 독도 문제를 해결하기 위한 자신의 생각을 이야기해보세요.
- 세계문화유산으로 등재된 우리의 문화유산에 대해 말씀해보세요.
- 단군신화, 주몽신화와 같은 신화시대도 역사라고 볼 수 있나요?

* 한문학과

- 한문학에 관심을 갖게 된 특별한 이유가 있나요?
- 한자, 한문을 공부해야 하는 이유에 대해서 말씀해보세요.
- 공문서 등에 한자를 병기해야 하는 이유는 무엇이라고 생각하나요?
- 한문학과 중어중문학의 차이는 무엇이라고 생각하나요?
- 고등학교 '한문' 수업에서 배운 내용 중에 가장 기억에 남는 내용을 말씀해보세요.
- ○○(주요 경전, 한문학 전반)에 대해 말씀해보세요.
- 세계화 시대에 한문학이 필요한 이유에 대해 말씀해보세요.
- 한문학을 전공한 후 어떤 진로를 계획하고 있나요?
- 한문으로 쓰인 동양고전 하나를 들고 그 고전에 대해 아는 바를 말씀해보세요.
- '한문학'에서 가장 먼저 떠오르는 인물은 누구이며, 그 이유를 말씀해보세요.
- 앞에 제시된 한자어의 음과 뜻을 말씀해보세요.
- 우리 생활에 한자가 필요한 이유는 무엇이라고 생각하나요?

* 철학과

- 철학은 어떤 학문이라고 생각하는지 이야기해보세요.
- 철학과를 선택한 이유는 무엇이고, 이 학문을 배우면 무엇을 할 수 있을까요?
- 자신이 가장 좋아하는 철학가는 누구인가요?
- 철학이 우리의 삶에 왜 필요한지 자신의 생각을 이야기해보세요.
- 철학과 관련한 시사 문제를 하나만 소개해보세요.
- 다른 학문과 철학의 차이가 무엇이라고 생각하는지 말씀해보세요.
- 철학과 종교는 어떻게 다른지 설명해보세요.
- 동양(또는 서양)을 대표하는 사상가는 누구라고 생각하는지 이유와 함께 설명해보세요.
- 윤리와 사상(혹은 생활과 윤리) 교과목에서 가장 인상 깊게 남은 내용을 소개해보세요.
- 자신이 알고 있는 철학자 중 한 사람을 선택하여 그의 사상을 설명해보세요.
- 자신이 읽어본 철학 관련 도서에 대해 간략히 설명하고, 그것이 자신의 삶에 어떤 영향을 미쳤는지 이야기해보세요.
- 이 세계에 절대 불변의 진리가 있다고 생각하나요?
- 성선설과 성악설의 차이는 무엇이고, 본인은 어떤 입장을 지지하는지 말씀해보세요.
- '○○(사자성어)'이란 말이 있는데 이것은 무엇에 대해 말하는 것인가요?
- '○○'와 ○○(철학이론)의 차이를 설명하고, 본인은 어떤 이론에 더 공감을 가지며 그 이유는 무엇인지 말씀해보세요.

* 고고(인류)학과

- 고고학은 어떤 학문이라고 생각하나요?
- 고고학과 관련해 읽은 책이 있다면 말씀해보세요.
- 고고학에 관심을 갖게 된 동기나 이유를 말씀해보세요.
- 고고학이 사람들에게 흥미가 있다면 그 이유는 무엇일까요?
- 고고학이 문헌사학과 구분되는 가장 중요한 이유는 무엇인지 말씀해보세요.
- 인류의 기원과 진화 과정에 대해 설명해보세요.
- 인간이 영장류와 구분되는 생물학적인 특징은 무엇인지 말씀해보세요.
- 인류사회가 다양한 생활양식을 갖게 된 이유를 '문화'의 관점에서 이야기해보세요.
- 인간이 철기를 사용하면서 일어났을 것으로 예측되는 변화를 설명해보세요.
- 역사유적을 발굴하고 보존하는 것이 왜 필요할까요?
- 자신이 살고 있는 지역의 문화재를 널리 홍보할 수 있는 방법을 이야기해보세요.
- 지원자가 알고 있는 우리의 무형문화유산을 한 가지만 소개해 보세요.

② ········ 사회계열

* 정치(외교)학과

- 정치(외교)학과는 어떤 학과라고 생각하나요?
- 존경하는 외교관은 누구이고, 이유는 무엇인가요?
- 정치학과에 들어오면 무엇을 공부하고 싶나요?
- 정치(또는 외교)란 무엇이고, 정치(또는 외교)는 왜 필요한지 말씀해보세요.
- '정치적 해결(또는 외교적 해결)'이라는 말의 의미는 무엇일까요?
- 정치인(또는 외교관)이 갖추어야 할 핵심 자질은 무엇이라고 생각하나요?
- 한국 정치 현실이 지닌 가장 큰 문제점은 무엇이라고 생각하나요?
- '외교적 결례'라는 말이 무엇인가요? 예를 들어 설명해보세요.
- 대의정치에 대해 간략히 설명하고, 장단점을 이야기해보세요.
- 최근 논쟁이 되고 있는 연동형비례대표제의 개념과 장단점에 대해 비교 설명해보세요.
- 한중일 간의 외교적 해결이 필요한 사안들이 많을 텐데 학생이 생각하기에 가장 시급하게 해결해야 할 사안은 무엇이라고 생각하나요?
- 동아시아에서의 긴장과 갈등을 해결할 수 있는 방법을 말씀해보세요.
- 특정 정치 사안에 대해 가족 간 이견이 있나요? 있으면 어떻게 하나요?
- 선거연령을 하향하려는 논의가 오래 전부터 있어왔는데 학생은 어떻게 생각하나요?
- 지역주의 타파를 위한 여러 가지 제도 가운데 중선거구제 도입이 거론되고 있는데, 어떤 의미에서 중선거구제가 지역주의 해소에 기여할 수 있는지 설명해보세요.
- '정치인의 막말'을 들어본 적이 있을 텐데 이를 해결할 수 있는 방법은 무엇이 있을까요?
- 헌법에 있는 '대한민국은 민주공화국'이라는 것은 어떤 의미인가요?
- 우리 사회를 볼 때 민주주의가 필요한 이유에 대해서 말씀해보세요.
- 남북한 통일에 대한 시각차가 있는데 지원자는 어떻게 생각하나요?
- 국가는 왜 전쟁을 하는지 말씀해보세요.
- NGO에 대해 설명하고, NGO에 대한 중요성이 부각되고 있는데 이유를 말씀해보세요.
- 지구온난화 문제를 해결하기 위한 국제기구에는 무엇이 있고, 어떠한 역할을 수행하고 있는지 말씀해보세요.
- 한국 역사상 자신이 가장 좋아하는 지도자는 누구이고, 이유는 무엇인지 말씀해보세요.
- 최근의 국제적인 상황으로 볼 때 한국이 미국과 중국과의 사이에서 어떤 관계를 추구하는 것이 바람직할지 말씀해보세요.
- 한국과 북한은 분단된 국가로 존재하고 있는데 정치적 관점에서 차이점을 설명해보세요.
- 대북정책 방향에 대한 본인의 의견을 말씀해보세요.
- 사이버 민주주의에 대해서는 낙관론과 비관론이 있는데 그 내용과 차이점에 대해 간략히 말씀해보세요.
- 관용(tolerance)은 무엇이며, 민주주의의 관점에서 볼 때 어떠한 자세를 말하는지 자신의 생각을 말씀해보세요.
- 한국이 선진국이 되는데 있어서 부족한 점이 있다면, 사회적 정치적으로 필요한 것이 무엇인지 영어로 말씀해보세요.

* 법학과

- 국법에 관심을 갖게 된 계기는 무엇이었나요?
- 법이 우리에게 필요한 이유를 말씀해보세요.
- 헌법은 무엇이라 생각하는지 말씀해보세요.
- 법의 목적은 무엇이라고 생각하는지 말씀해보세요.
- 법과 도덕의 차이는 무엇이고 어떤 관계에 있는지 말씀해보세요.
- '공수처'에 대해 아는 대로 말해보고, 필요성 여부에 대해 말씀해보세요.
- 특정 범죄를 저지른 경우 신상을 공개하는데 이에 대한 자신의 생각을 말씀해보세요.
- 법률 간의 충돌이 생기면 어떻게 해결해야 하는지 말씀해보세요.
- ○○(찬반논쟁이 있는 사안들-사형제, 낙태, 양심적 병역거부 등)에 대해 어떻게 생각하는지 말씀해보세요.
- 님비현상에 대한 법적 규제는 어디까지 이루어져야 하는지 말씀해보세요.
- 국제사회에서 여권신장을 위해 어떤 일들이 이루어져야 한다고 생각하는지 말씀해보세요.
- '모든 사람은 법 앞에 평등하다'고 하는데 현실에선 그렇지 않은 경우가 많은 것 같습니다. 만약 지원자도 그렇게 생각한다면 어떻게 해야 할까요?
- 우리 사회의 부정부패가 문제시 되고 있는데, 부정부패를 척결해야 하는 이유와 그 방법은 무엇인지 말씀해보세요.
- 우리나라의 법집행이 투명하게 운영되지 않다고 생각하나요?
- 최근 집에 침입한 도둑에게 해를 입혔다는 이유로 실형이 형이 선고된 사례가 있다. 이와 관련해서 정당방위가 왜 필요한지에 대한 이유와 학생이 생각하는 정당방위의 기준에 대해 말씀해보세요.
- 우리나라의 주민등록증에 사진이 붙여 나오는 걸 보고 놀랐다는 외국인의 사례가 있는데 이와 유사한 개인정보 침해 사례와, 이로 인한 문제점을 말씀해보세요.
- 개인정보 보호가 중요한 이유에 대해 말씀해보세요.

* 문헌정보학과

- 우리 사회에서 도서관이 왜 필요한지를 말씀해보세요.
- 우리가 독서를 해야 하는 이유에 대해 말씀해보세요.
- 문헌정보학과는 무엇을 배우는 학과인지 간단하게 설명해보세요.
- 문헌정보학과의 전망은 어떤지 자신의 생각을 말씀해보세요.
- 책을 고를 때 어떤 요소를 가장 우선적으로 고려하나요?
- 학생은 주로 어떤 방법으로 정보를 습득하는지, 왜 그런지 말씀해보세요.
- 정보화 사회에서 사서의 가장 중요한 역할은 무엇이라고 생각하나요?
- 종이책과 e-book(전자책)의 차이점은 무엇인지 말씀해보세요.
- 서점과 도서관의 공통점과 차이점을 말씀해보세요.
- 인터넷의 발달은 도서관에 어떤 영향을 미치는지 말씀해보세요.
- 독서는 인간발달에 어떤 영향을 미치는지 말씀해보세요.

- 인터넷에서 얻는 정보와 도서관에서 얻는 정보의 차이점은 무엇인지 말씀해보세요.
- 지역주민의 입장에서 공공도서관의 장점은 무엇이 있을지 말씀해보세요..
- 밀리언셀러 혹은 베스트셀러는 좋은 책이라고 할 수 있는지 말씀해보세요.

＊ 행정학과

- 행정학은 어떤 학문이라고 생각하나요?
- 행정과 경영의 차이는 무엇이라고 생각하나요?
- 행정부의 기능은 무엇인지 말씀해보세요.
- 행정에서 가장 중요한 가치는 무엇이라고 생각하는 지 말씀해보세요.
- 여러 가지 정부의 역할 가운데 본인이 생각하는 가장 중요한 것은 무엇인가요?
- 오늘날 정부가 수행하는 주요 역할은 무엇인지 말씀해보세요.
- 공공영역, 민간영역, 제3영역의 차이점은 무엇인지 말씀해보세요.
- 민주국가에서 삼권분립이 중시되는 이유는 무엇인지 말씀해보세요.
- 지방자치의 장단점에 대해 말씀해보세요.
- 우리 사회에서 다문화가정이 증가하고 있는데 자신이 생각하는 긍정적 측면과 부정적 측면은 무엇인지 말씀해보세요.
- '공무원' 시험을 준비하는 사람들이 많은데 다른 직업과 비교했을 때 이점이 뭘까요?
- 수도권 집중화에 대한 학생의 의견은 무엇인지 말씀해보세요.
- '풀뿌리 민주주의(grass-roots democracy)'는 무엇을 의미하는지 설명해보세요.
- 대표적인 행정부처에는 어떤 것이 있는지 말씀해보세요.
- 시장실패는 무엇을 의미하는지 말씀해보세요.
- 독거노인 문제 해결을 위한 노인복지대책에 대해 말씀해보세요.
- 무임승차와 관련해 노인 연령을 상향하려는 논의가 있는데 이에 대한 자신의 견해를 말씀해보세요.

＊ 경찰행정학과

- 경찰관이 갖추어야 할 기본적인 자질은 무엇이라고 생각하나요?
- 일반행정학과 경찰행정학의 차이점은 무엇이라고 생각하나요?
- 경찰행정학과를 졸업하면 대부분 경찰분야 진로를 생각하는데 학생은 어떤가요?
- 집회 및 시위의 중요성에 대해 설명해보세요. 그리고 그 한계는 뭐라고 생각하나요?
- 검경 수사권 조정이 왜 필요한지 말씀해보세요.
- 경찰관의 계급체계를 설명해보세요.
- 자치경찰제도에 대한 자신의 생각을 이야기해보세요.
- 경찰의 불심검문에 대한 문제점을 설명해보세요.

- 국가 간 정상회의 기간 중 집회를 금지하는 것이 타당하다고 생각하는지 말씀해보세요.
- CCTV의 범죄예방 효과와 문제점을 설명해보세요.
- ○○제도(사형제도 등)에 대한 찬반의견을 밝히고, 그 근거를 제시해보세요.
- 흉악범 처벌 강화에 대한 본인의 의견을 밝히고, 그 근거를 제시해보세요.
- 경찰업무를 집행하는데 반드시 가져야 할 경찰관의 태도는 무엇이라고 생각하나요?
- 형을 중하게 하면 할수록 범죄예방에 효과적이라고 생각하나요?
- 지역사회의 비행청소년 문제를 해결하기 위한 경찰의 역할은 무엇이라고 생각하나요?
- 어느 경찰관이 매일같이 순찰하는 지역의 상점 주인으로부터 가끔 공짜 식사를 대접받는 다면 이 같은 행위가 지역주민과 친분을 쌓으려는 행위로 볼 수 있나요?
- 본인이 생각하는 정의는 무엇인가요?

* 사회학과

- 사회학은 무엇을 다루는 학문이라고 생각하나요?
- '기능이론'과 '갈등이론'에 대해 예를 들어 설명해보세요.
- 우리 사회에 만연한 외모지상주의의 문제점에 대해 설명해보세요.
- 공리주의와 자유주의의 차이점은 무엇인가요?
- 사회가 개인에게 미치는 영향에 대해서 예를 들어 설명해보세요.
- 개인이 사회변화에 미치는 영향에 대해서 예를 들어 설명해보세요.
- 한국인이 명품에 대해 열광하는 이유가 무엇인지 말씀해보세요.
- 오늘날 한국사회가 당면하고 있는 가장 큰 사회 문제는 무엇일지 말씀해보세요.
- 청년실업 문제가 매우 심각한데 이를 해소하기 위해 정부가 해야 할 일은 무엇일까요?
- 한국사회에서 다문화, 혼혈아 등에 대한 차별이 심한 이유는 무엇인지 말씀해보세요.
- '혼밥문화'와 같은 1인 문화열풍이 불면서 나타난 사회변화에 대해 말씀해보세요.
- 한국인의 자살률이 높은 이유와 자신이 생각하는 해결책이 있다면 말씀해보세요.
- 현행 입시위주의 학교교육이 지속될 경우 파생될 수 있는 문제점에 대해 말씀해보세요.
- 사회적 갈등의 예를 들고, 그 사회적 갈등을 해결하기 위한 정책적 방안을 제시해보세요.
- 사회통합을 저해하는 원인과 제도적 방안에 대해 말씀해보세요.
- 현대 민주주의의 다수결의 원리가 최상의 의사결정이라 생각하는지 말씀해보세요.
- 우리나라 사회는 일명 '봐주기 문화'가 있는데 이러한 관행이 사회에 다양한 분야에서 일어나고 있습니다. 이러한 현상에 대해 어떻게 생각하나요?
- 고령화문제가 심해지는 이유가 무엇 때문이라고 생각하나요?
- 다수결의 원칙에 대한 자신의 의견을 말씀해보세요.

* 사회복지학과

● 사회복지는 무엇을 다루는 학문인지 말씀해보세요.

● 학생이 사회복지학과에 적합한 인재인 이유를 말씀해보세요.

● 사회복지사의 역할은 무엇인지 말씀해보세요.

● 사회복지사에게 필요한 자질은 무엇이라 생각하는지 말씀해보세요.

● 고령화 사회에서 사회복지의 필요성을 말씀해보세요.

● 실버타운이 필요한 이유는 무엇일까요?

● 복지 제도를 위한 세금 인상에 대해 어떻게 생각하나요?

● 우리나라는 OECD국가 중 자살률이 가장 높은데 원인은 무엇이고, 자신이 생각하고 있는 대안이 있다면 말씀해보세요.

● '사회보험'과 '공공부조'가 지니는 특징에 대하여 설명해보세요.

● '보편적복지'와 '선별적복지'에 대한 자신의 생각을 말씀해보세요.

● 무상급식에 대해 어떻게 생각하는지 말씀해보세요.

● 아직은 사회복지사의 처우가 열악한데 시급히 개선돼야 할 점은 무엇이라고 생각하나요?

● 학생이 생각하기에 복지는 어떤 방향으로 나아가야 한다고 생각하나요?

● 복지에 찬성하는 국민과 반대하는 국민이 있을 텐데 각 국민들의 입장을 정리해서 이야기해보세요.

● 복지사각지대에 놓인 계층을 줄이기 위한 방안은 무엇이 있을지 말씀해보세요.

* 심리 & 상담학과

● 심리학은 인간의 삶에 어떤 영향을 미치는지 말씀해보세요.

● 심리학을 배우는 궁극적인 목적은 무엇이라고 생각하나요?

● 심리학은 어떤 점에서 매력적인 학문이라고 생각하나요?

● 어떤 사람들에게 상담이 필요하다고 생각하나요?

● 상담 관련 치료(놀이치료, 미술치료, 음악치료 등)들이 많은데 어떤 효과가 있을까요?

● 심리상담사와 정신과의사의 공통점은 무엇이라고 생각하나요?

● 학생이 알고 있는 심리학 용어(또는 상담학 관련 용어)를 아는 대로 말씀해보세요.

● 프로파일러가 되는데 심리학이 왜 필요한지 말씀해보세요.

● 정상 행동과 이상 행동을 구분하는 기준에 대해 아는 대로 말씀해보세요.

● 학생은 심리학 중에서 특히 어떤 분야를 공부해 보고 싶은지 이유와 함께 말씀해보세요.

● 현대인들이 우울증이 많이 겪고 있는 이유는 무엇이라고 생각하나요?

● 트위터, 페이스 북 등 소셜 네트워크 사용자가 증가하는 원인을 심리학의 관점에서 설명해보세요.

● 인간의 행동이나 습관을 고치는데 심리학이 어떻게 활용될 수 있는지 설명해보세요.

● 인간관계에서 소외되는 사람들의 행동특성은 무엇이고, 이런 행동이 어떻게 형성되었다고 생각하는지 말씀해보세요.

● 최근 뇌에 관한 관심이 증폭되고 있는데 뇌와 심리학은 어떤 연관성이 있는지 아는 대로 이야기해보세요.

● 심리치료가 필요한 이유는 무엇이고, 정신과 의사와 심리학자 중에 누가 주체가 되는 것이 바람직하다고 생각하나요?

● 묻지마 살인의 원인과 예방대책, 증가원인에 대한 자신의 생각을 말씀해보세요.

* 신문방송학과

- 언론이 일상생활에 미치는 영향력에 대해 말씀해보세요.
- 한국 언론의 문제점에 대해서 말씀해보세요.
- 바람직한 언론인의 역할에 대해 말씀해보세요.
- 최근 미디어에서 다루는 중요한 이슈는 무엇이라고 생각하며 그 내용을 말씀해보세요.
- 한국 방송 프로그램의 문제점과 나아갈 방향에 대해 말씀해보세요.
- 방송 채널의 수가 증가하면 생긴 문제점들에 대해서 말씀해보세요.
- '인터넷 실명제'에 대한 자신의 견해를 말씀해보세요.
- 인터넷 매체의 여론형성 과정의 특징을 간략히 설명해보세요.
- 인터넷 매체가 갖고 있는 장단점에 대해 설명해보세요.
- 인터넷 댓글문화의 문제점과 개선방안에 대해 말씀해보세요.
- 1인 미디어의 장단점을 말씀해보세요.
- 가짜뉴스에 현혹되지 않을 수 있는 방법이 있으면 말씀해보세요.
- 언론의 자유는 어디까지여야 한다고 생각하나요?
- 왜곡된 보도를 하는 경우 어떻게 해야 할까요?
- SNS와 민주주의 간의 관계에서 순기능과 역기능은 무엇인지 말씀해보세요.

③ ········ 상경계열

* 경제 관련 학과

- 경제학은 무엇을 배우는 학과라고 생각하나요?
- 저축과 소비가 경제에 미치는 영향을 말씀해보세요.
- 청년실업률이 높은 원인과 대책에 대하여 말씀해보세요.
- 한국 경제에서 가장 시급히 해결해야 할 과제는 무엇이라고 생각하나요?
- 달러에 비해 원화 가치가 높아질 경우 예상되는 효과는 무엇인지 말씀해보세요.
- '○○(경제 용어)'란 무엇인지 말씀해보세요.
- 녹색 성장은 무엇을 말하는지 말씀해보세요.
- 천만 원의 투자자금이 있다면 어떻게 운용할 것인가? 그 이유를 말씀해보세요.
- '햇살론'이나 '미소금융'의 경제적 효과에 대하여 설명해보세요.
- 국민소득'과 '행복'간의 관계에 대해 설명해보세요.
- 시장기능의 한계와 보완대책에 대해 설명해보세요.
- 원/달러 환율이 상승할 경우 기름 값이 상승하는 이유를 설명해보세요.
- 시장 가격 결정의 원리를 설명해보세요
- 우루과이 라운드나 FTA와 같이 요즘 대두되는 무역개방화의 장점과 단점은 무엇인가요?
- 누진적 소득세 강화에 대한 장단점은 무엇인가요?
- 경영과 경제 사이의 연관성은 어떤 것 같아요? 경영을 하는데 경제가 필요하나요?
- '마이크로 크레디트'에 대해 말씀해보세요.
- 수출을 많이 하는 것이 유익한 이유는 무엇인가요?
- 외국어 능력이 뛰어나고 전공지식이 부족한 사람 그리고 외국어 능력이 부족하고 전공지식이 뛰어난 사람이 있다면 누구를 선택할 건가요?

* 농경제학과

- '농업의 다원적 기능'이 무엇인지 설명해보세요.
- 자유무역협정(FTA)에서 원산지 규정은 왜 필요한지 말씀해보세요.
- 최근 식량위기에 대한 우리나라의 대응방안을 말씀해보세요.
- 식품과 관련된 안정성을 확보하기 위한 노력은 정부가 하는 것이 바람직한가? 아니면 시장 기구에 맡기는 것이 바람직한가요?
- 한국이 EU(유럽연합)와 체결한 FTA(자유무역협정)가 한국 농·경제에 어떤 영향을 미친다고 생각하는지 말씀해보세요.
- 국내산 쇠고기와 수입산 쇠고기의 원산지를 구분하는 이유는 무엇이라고 생각하는지 말씀해보세요.
- 농산물의 가격탄력성에 대해 설명해보세요.
- 요즘 쌀이 남아서 우리 농민과 정부가 곤란한 상황에 있습니다. 쌀 소비를 증가시킬 수 있는 방안들을 말씀해보세요.

* 관광 관련 학과

- 관광의 의미 및 전망에 대해 어떻게 생각하는지 말씀해보세요.
- 국내관광지 중 인상 깊었던 곳은 어디이며 그 이유는 무엇인지 말씀해보세요.
- 세계 관광시장에서 한국의 위치에 대한 견해를 말씀해보세요.
- 국제 행사와 관광산업의 관련성에 대한 견해를 말씀해보세요.
- 전시컨벤션 산업의 개념 및 전망에 대해 어떻게 생각하는지 말씀해보세요.
- 사람들은 무엇 때문에 '이동'을 원하며, 다른 지역에서 어떠한 관광자원을 구입하게 되는가에 대하여 설명해보세요.
- 이제까지 여행해 본 여행지 중에서 좋았던 곳은 어디이며 이유는 무엇인가요?
- 우리나라 관광지 중 외국인에게 소개할 만한 관광지는 어디라고 생각하며 그 이유는 무엇인지 설명해보세요.
- 한류와 관광산업에 대한 견해를 말씀해보세요.
- 관광과 환경문제에 대한 견해를 말씀해보세요.
- 컨벤션 산업의 의미 및 중요성을 말씀해보세요.
- 자신이 외국인에게 추천하고 싶은 한국 음식과 그 이유를 말씀해보세요.

* 경영 관련 학과

- 경영학이란 무엇인가요?
- 경영자의 조건은 무엇인가요?
- 기업 윤리의 범주에 대해 설명해보세요.
- 기업에서 최고경영자의 바람직한 역할은 무엇인지 말씀해보세요.
- 기업의 국제화는 왜 필요한지 말씀해보세요.
- 기업의 사회적 책임이란 무엇인지 말씀해보세요.
- 한국적인 것이 세계적인 것이란 말이 무엇인가요?
- 허위 또는 과대광고를 규제해야 하는 이유는 무엇인지 말씀해보세요.
- 환율상승(원화가치 하락)이 기업경영에 미치는 영향에 대하여 이야기해보세요.
- 애플(apple)의 CEO인 스티브잡스에 대해 어떻게 생각하나요?
- 카카오톡이나 페이스북과 같은 SNS 서비스를 제공하는 회사가 어떻게 수익을 창출하여 지속적으로 무료서비스를 제공할 수 있는 것인지를 설명해보세요.
- 전통시장과 대형마트가 상생할 수 있는 방법은 무엇이 있을지 이야기해보세요.
- 많은 기업이나 가게에서 만드는 고객 멤버십 카드(Membership Card)의 장점을 기업의 입장과 소비자의 입장에서 각각 말씀해보세요.
- 광고의 홍보 효과를 높이기 위해 인기 있는 연예인을 모델로 활용하는 경우가 많은데 ○○분야의 제품을 홍보하려면 어떤 연예인이 가장 적합하다고 생각나요?
- 경영학에는 여러 가지 분야가 있는데 그 중에 가장 공부해보고 싶은 분야는 무엇입니까?
- 기업이 긍정적 영향을 미친다는 것을 본 사례가 있나요?
- 당신이 운영하는 동네 슈퍼마켓 인접한 곳에 기업형 슈퍼마켓이 들어선다면, 어떻게 할 건가요?

④ ········ 자연계열

* 수학 관련 학과

- 수학이 우리에게 필요한 이유가 뭘까요?
- ○○(수학 이론)에 대해 설명해보세요.
- 초등학생에게 미, 적분을 어떻게 설명하면 좋을까요?
- 함수를 정의해보세요. 그리고 함수는 모두 몇 가지인가요?
- 산술평균과 기하평균에 관하여 설명을 하고 실제 활용하는 예를 하나 정도 말씀해보세요.
- 연속함수와 미분가능함수에 대해 구체적인 예를 들어 말씀해보세요.
- 증가함수와 감소함수를 설명해보세요.
- 수학의 모든 명제들을 수학적 귀납법으로 증명할 수 있나요? 만약 아니라면 수학적 귀납법의 특성과 한계에 대하여 설명해보세요.
- 1에서 100까지 임의의 수를 10번 질문으로 알아맞히는 방법은 무엇인가요?
- '0'이 아닌 수를 '0'으로 나눌 수 없는 이유에 대하여 말씀해보세요.
- 꿀벌이 정육각형으로 집을 짓는 이유를 설명해보세요.
- 수학적 귀납법의 원리를 도미노를 이용하여 설명해보세요.
- ○○는 2시간 동안에 120km를 운전하였는데 결코 시속 60km 이상으로 달린 적이 없다고 한다. 평균값 정리를 이용하여 ○○가 거짓말을 하고 있다는 것을 증명해보세요.
- 매미의 생명주기가 소수인 이유는 무엇인가요?
- 정사각형을 9등분한 뒤 가장자리 4개를 무한정으로 제거해 나갈 때 생기는 프랙탈 도형의 면적이 0임을 증명해보세요.
- 구의 부피를 미분하면 구의 겉넓이가 되는데 이 관계에 대해 설명해보세요.

* 물리 관련 학과

- 우리가 살아가는데 물리학이 필요한 이유를 말씀해보세요.
- 많은 학생들이 물리학을 어려워하는데 학생도 어려운 부분이 있었다면 말씀해보세요.
- 물리학과 보어의 수소원자에서 가장 안정된 상태에 대해 설명해보세요.
- F=ma 의 정의와 이 식을 통해 어떤 것들을 이용할 수 있는지 말해보세요.
- 미끄럼틀에서 아이가 내려올 때 속도의 변화를 에너지 보존 법칙을 이용해 설명해보세요.
- 고등학교 때 배운 물리법칙 중 에너지 보존 법칙에 대해 설명해 보세요.
- ○○(물리학 이론 및 현상)에 대해 설명해보세요.
- 가속도의 단위는 무엇인가요?
- 1라디안(radian)은 몇 도인가요?
- 빛의 파동에 대해 말씀해보세요.

- 엘리베이터가 아래로 내려갈 때 체중계의 눈금 변화와 그 이유를 말씀해보세요.
- ○○의 공식을 말씀해보세요.
- 볼링공과 당구공을 높은 곳에서 떨어트릴 경우 어떤 공이 먼저 떨어지나요?
- 물질이 열을 받으면 어떻게 변하며 추시계의 회전측이 여름에도 꽉 끼지 않고 잘 돌아가는 이유를 말씀해보세요.
- 열에 대한 전반적인 지식을 말씀해보세요.

* 화학 관련 학과

- 화학이란 무엇이고 화학자가 하는 일은 무엇인가요?
- LNG와 CNG, 그리고 LPG 등은 어떤 연료인가요?
- 원자와 원소, 분자에 대해서 설명해보세요.
- ○○(화학 이론 및 현상)에 대해 설명해보세요.
- 원자 모형의 변천 과정에 대해 이야기해보세요.
- 원소의 주기율에 대해 아는 대로 말씀해보세요.
- 바닷물에서 민물을 얻어낼 수 있는 방법에 대해 설명해보세요.
- pH함수를 정의하고 예를 들어 간략히 설명해보세요.
- 온실효과(green house effect)란 무엇인가요?
- '철이 녹슨다'는 의미를 설명해보세요.
- N_2와 O_2의 차이는 무엇인가요?
- 화학 반응은 무엇인지 그 예를 들어 말씀해보세요.
- 비누로 때를 빼는 현상을 화학적으로 설명해보세요.
- 응용화학이 정보 통신 분야 중에서 어떤 곳에 이용될 수 있을까요?
- Na^+, F^-, H_2O의 분자의 크기를 비교하고, 양성자수와 전자수를 말씀해보세요.
- 철의 산화 과정을 말씀해보세요.
- 풍선에 수소기체를 넣고 손을 놓으면 어떻게 되는지 말씀해보세요.
- 50kg인 사람의 몸속에 양성자 개수는 몇 개인가요?
- 물과 소금의 어는점, 끓는점을 비교하고, 그와 같이 차이가 나는 이유를 말씀해보세요.
- 우주에서 양초를 연소시키면 촛불 모양이 어떻게 될까요?
- 오존층 파괴의 원인과 대책에 대해 말씀해보세요.
- 오존층의 생성과 소멸 과정에 대해 말씀해보세요.
- 드라이아이스와 얼음의 차이점을 말씀해보세요.

* 지구과학 관련 학과

- ○○의 특징에 대해서 말씀해보세요.
- ○○(지구과학 이론 및 현상)에 대해 설명해보세요.
- 태양계의 행성 중 지구에만 생명체가 존재하는 이유에 대해 말씀해보세요.
- 지구 온난화(global warming)에 의한 현상과 대책에 대해 말씀해보세요.
- 우주팽창론을 대하는 시각은 어떠해야 할까요?
- 행성에 구덩이가 생기는 이유는 무엇인가요?
- 인공 강우를 만드는 방법에 대해 설명해보세요.
- 지구에 철이 구리보다 많은데 우주생성과 관련지어 얘기해보세요.
- 지각을 이루고 있는 암석에 대해 이야기해보세요.
- 지구형 행성과 목성형 행성의 특징은 무엇인가요?
- 엘니뇨현상이 우리나라의 기후에 미치는 영향은 무엇인가요?
- 우주의 크기와 나이를 아는 방법에 대해서 설명해보세요.
- 우리와 달리 일본에서 규모가 큰 지진이 자주 일어나는 이유를 설명해보세요.
- 카오스 이론에 대해 설명해보세요.

* 생명 관련 학과

- ○○의 특징에 대해서 말씀해보세요.
- ○○(생명과학 이론 및 현상)에 대해 설명해보세요.
- 생명과학 I 과 생명과학 II 는 어떻게 다른가요?
- 생명과학과 생명공학의 차이를 설명해보세요.
- 순수 과학과 응용과학의 차이를 말씀해보세요.
- 최근 생명과학 분야의 이슈는 무엇인가요?
- 호흡, 순환계가 발달하지 않은 생명체의 모습을 묘사해보세요.
- 미토콘드리아와 엽록체의 유사점과 차이점을 설명해보세요.
- 유전자 변형 농산물의 장단점에 대해 말씀해보세요.
- 인슐린과 글루카곤은 각각 어떻게 작용하는지 설명해보세요.
- 당뇨병 환자는 모두 인슐린 부족한가요?
- 노화의 원인이 뭐라고 생각하나요?
- 단일클론 항체는 무엇이며 이를 만드는 과정과 기술을 설명해보세요.
- 방사선이나 자외선이 암을 일으키는 이유를 설명해보세요.
- 음식에 포함된 비타민과 약국에서 판매하는 인공비타민 사이에는 어떤 차이점이 있나요?
- 토양이 생물이라고 생각하는지 무생물이라고 생각하는지 자신의 생각을 말씀해보세요.
- 개미는 냄새를 이용해 의사소통을 한다는 말이 있던데 개미의 언어란 무엇인가요?

- 지구상의 모든 에너지는 그 원천이 태양으로부터 온 에너지라고 합니다. 방 안에서 켜진 형광등의 불빛도 궁극적으로는 태양 에너지라고 하는데 그 이유를 설명해보세요.
- 물질은 '순환한다'고 표현하는 반면 에너지는 '흐른다'고 표현하는데 이유가 무엇일까요?
- 에볼라 바이러스에 감염된 사람에게 에볼라 바이러스로부터 완치한 사람의 혈청을 주사하면 낫는 이유는 무엇인가요?
- 지구상에서 생명이 탄생하게 된 여러 가지의 학설들 중 본인이 가장 선호하는 학설을 채택해 이유와 함께 말씀해보세요.
- 대기분석과 같은 방법 외에 생명체의 존재를 알 수 있는 방법에 대해 말씀해보세요.
- 질병에 관한 유전자는 어떻게 알 수 있는지 말씀해보세요.
- 인간을 복제하여 장기를 이용하는 것에 대한 자신의 견해를 말씀해보세요.
- 환경과 관련하여 건강에 미치는 악영향과 좋은 영향에 대해 설명해보세요.
- 동물세포는 식물세포와 달리 빛에너지를 화학에너지로 전환하여 ATP를 합성하지 못하는데 그 이유를 설명해보세요.

⑤ ········ 공학계열

* 컴퓨터공학, 정보통신공학, IT 관련학과

- ○○학부(컴퓨터 관련 학부)를 지원한 동기는 무엇인지 말씀해보세요.
- ○○공학부에 진학한 후의 학업계획에 대해서 말씀해보세요.
- MS-DOS와 윈도우의 가장 큰 차이점을 말씀해보세요.
- 컴퓨터의 정의와 기능을 말씀해보세요.
- 3D프린터에 대해 알고 있는 것을 말씀해보세요.
- 3D프린터를 우리 생활에 어떻게 활용할지 구체적으로 설명해보세요.
- IT관련 도서 중에 가장 감명 있게 읽은 도서를 소개하고 그 이유와 소감을 말씀해보세요.
- IT기술이 생활 속에 어떻게 사용되고 있는지 말씀해보세요.
- IT를 포함해 생활 속에서 핵심적으로 변화되었으면 하는 기술이 무엇인지 설명해보세요.
- 본인 생활에 가장 큰 영향을 준 IT관련 기술을 이유와 함께 말씀해보세요.
- 위치 기반 서비스(Location-based service, LBS)가 무엇인가요?
- 위치 기반 서비스(Location-based service, LBS)의 장점과 문제점을 말씀해보세요.
- 스마트폰과 태블릿 PC(또는 일반 PC)는 몇 대 정도 있을 것이라 생각하나요?
- 스마트 폰 앱 중에서 사용하고 있는 종류를 말씀해보세요.
- 스마트 폰을 선택하는 기준이 있나요?
- 사물인터넷(IoT)기술이 미래에 어떤 혁신을 일으킬지 예상해보세요.
- 빅데이터란 무엇이며 긍정적인 측면과 부정적인 측면에 대하여 이야기해보세요

* 식품 관련 학과

- 식품공학과에 지원한 동기는 무엇인가요?
- 식품공학과가 무엇을 하는 학과라고 알고 있나요?
- 식품과 관련해 고교 재학 기간 동안 활동한 게 있나요?
- 식품영양학과, 식품공학과, 조리학과의 차이점은 무엇이라고 생각하나요?
- 비만이 건강에 안 좋은 이유는 무엇인가요?
- 인스턴트음식이 안 좋은 이유는 무엇이라고 생각하나요?
- 유전자조작 식품이 건강에 좋지 않은 이유는 무엇이라고 생각하나요?
- 짜게 먹는 식습관이 건강에 미치는 영향과 문제의 해결방안을 구체적으로 설명해보세요.
- 음식물 쓰레기가 많이 발생하고 있는데 이를 처리하기 위한 방법을 설명해보세요.
- 식품 전공자로서 가져야 할 가장 중요한 직업윤리 의식은 무엇이라고 생각하나요?

- 학교에서 시행하고 있는 단체급식의 장점과 단점에 대해 이야기해 보고 단점이 있다면 어떻게 개선하면 좋을지에 대해 말씀해보세요.
- 식습관에 대해 요즘 많은 관심이 쏟아지고 있는데 좋은 식습관과 나쁜 식습관에 대해 이야기해보세요.
- 흔히 '먹방'이라고 하는 것이 유행하고 있는데 이에 대한 장단점을 말씀해보세요.
- 스트레스를 받았을 때 더 많이 먹는 사람들이 있는데 스트레스 해소에 효과가 있다고 생각하나요?

* 건축 관련 학과

- 건축학과와 건축공학과의 차이점에 대하여 설명해보세요.
- 건축에서 관심 있는 분야는 무엇이고, 그 분야를 더 발전시켜 나갈 방법을 말씀해보세요.
- 학생이 존경하는 건축가는 누구이고, 이유는 무엇인가요?
- 친환경적인 건축이란 어떠한 것인지 설명해보세요.
- 공간이 왜 필요하다고 생각하나요?
- 최근 한옥 건축에 대한 관심이 많은데 어떤 장단점이 있을지 말씀해보세요.
- 평소 관심 있게 지켜보거나 기억에 남는 건축물이 있으면 말씀해보세요.
- 건축가가 되었을 때 청탁 등의 부정부패 유혹이 생긴다면 어떻게 대처하겠습니까?
- 건축가가 되면 어떤 건축물을 지어보고 싶은가요?
- 건축분야와 관련된 최근의 이슈 한 가지에 대해 자신의 생각을 말씀해보세요.
- 건축가의 사회적 역할은 무엇이라 생각하는지 말씀해보세요.
- 최근 건설된 초고층건물들에 대한 본인의 생각이나 느낌을 말씀해보세요.
- 우주공간에 건축물을 건설한다면 무엇이 달라질지 설명해보세요.
- 학교와 영화관을 건설할 때 건축가의 입장에서 어떤 점이 다르다고 생각하나요?
- 이러한 건축 현실의 문제점과 유익한 점을 말씀해보세요.
- 싱크홀의 원인과 해결방안을 말씀해보세요.

* 기계 및 자동차 관련 학과

- 기계공학과는 무엇을 배우는 학과라고 생각하나요?
- 자동차공학과의 전망에 대한 학생의 생각을 말씀해보세요.
- 고등교육과정에서 배웠던 수학과 물리를 앞으로 기계 공학 분야에 어떻게 활용할 수 있는지 자세한 예를 들어 설명해보세요.
- 하이브리드의 원리가 무엇인가요?
- 자율주행차는 무엇인가요?
- 자율주행차가 우리의 삶에 어떤 변화를 가져올 것으로 생각하나요?

- 본인이 생각하는 자율주행차의 가장 핵심적인 기술은 무엇이고, 그 이유는 무엇인가요?
- 자동차 외형 디자이너가 고려해야 할 점은 무엇인가요?
- 트러스트, 샤프트에 대해 설명해보세요.
- 백터의 다이버전스에 대해 설명해보세요.
- 엔지니어의 역할은 무엇이라 생각하나요?
- 3D CAD와 2D CAD의 차이점을 말씀해보세요.
- 자동화 설계가 가능하게 된 기계는 무엇인지 말씀해보세요.
- IMF, CAD, CAM은 각각 무엇의 약자인지 말씀해보세요.
- 이상 기체 상태 방정식 $PV=nRT$에 대해 자세히 설명해보세요.
- 80km/h의 제동 거리를 말씀해보세요.
- 벡터와 스칼라의 차이점은 무엇인가요?
- 고대 그리스에 아리스토텔레스가 쳐들어오는 군함을 거울로 반사시켜 태웠다는데 이것이 가능한 것인지 불가능한 것인지 구체적으로 말씀해보세요.

* 전자공학부

- 어떤 사람이 이공계에 잘 어울리는 사람인가요?
- 전자공학의 매력을 한 가지만 말씀해보세요.
- 전자공학이 일상생활에 왜 필요한지 이유를 말씀해보세요.
- 전자공학이란 무엇을 배우고 어디에 적용되는 학문이라 생각하나요?
- 핵무기 사용에 대한 자신의 견해를 말씀해보세요.
- 저전력 제품이 개발되는 이유와 장점을 말씀해보세요.
- 콜라를 냉동실에 계속 넣어두면 터지는 이유가 무엇인지 말씀해보세요.
- 비가 올 때 뛰는 것과 걷는 것 중 어느 쪽이 비를 덜 맞을지 말씀해보세요.
- 기계공학에서 발생되는 인간의 물량화 문제를 어떻게 해결할 수 있는지 말씀해보세요.
- 콩과 쌀을 담은 가마니에서 각각의 부피를 10분 안에 구할 수 있는 방법을 말해보세요.
- 복소수의 예를 들고 켤레 복소수가 무엇인지 말씀해보세요.
- 지수 함수의 예를 들고 그것을 미분해보세요.
- 원을 정의할 때 필요한 두 요소를 말씀해보세요.
- 본인이 고교에서 한 과학 실험 중 하나를 골라 설명하고 적용된 원리를 말씀해보세요.
- 임베디드 시스템이 뭔가요?

* 화학공학계열 (신소재공학부 , 에너지공학부, 환경공학부)

- 화학 분야를 다룬 책을 읽은 경험을 말씀해보세요.
- 화학 멘토링을 했다고 쓰여 있던데, 친구들이 자주 했던 질문은 무엇이었나요?
- 탄소동소체에 대해서 설명해보세요.
- 고등학교에서 배운 화학과목 실험 한 가지를 소개해보고, 이때 어떤 반응이 일어났는지를 구체적으로 말씀해주세요.
- 주기율표 원소 중에 가장 좋아하는 원소는 무엇인가요?
- 인문학은 공학자에게 중요한 학문이라고 생각하나요?
- 자신이 신소재공학부에 어울리는 이유를 말씀해보세요.
- 질소와 수소가 반응하여 암모니아가 발생합니다. 이때 열이 발생도 하지요. 온도와 압력을 어떻게 해주면 암모니아가 많이 발생할까요?
- pH의 정의를 말씀해보세요.
- 열역학 제 1,2 법칙에 대해서 말씀해보세요.
- 유기화학과 무기화학의 배우는 내용의 차이를 말씀해보세요.
- 산과 염기에 대해서 정의해보세요.
- 화학의 법칙에서 기억나는 것을 이야기해보고 사례를 들어서 설명해보세요.
- 산성비는 어떻게 만들어지며, 환경에 미치는 영향은 무엇인가요?
- 생활 속에서 발견할 수 있는 화학공학의 사례는 무엇이 있나요?
- 촉매제란 무엇인가요?

⑥ 교육·사범계열

* 중등교육과

※ 각 학과별 전공 면접 문항은 어문계열 및 자연계열의 유사학과 면접 문항 참고

- 왜 ○○교육과에 지원했나요?
- 사범대를 지원하게 된 동기는 무엇인가요?
- ○○ 교사가 되기 위해 어떤 노력을 해 왔나요?
- 교사가 되는데 필요한 자질은 무엇이라고 생각하나요?
- 중학생과 고등학생 중에 누가 더 지도하기가 어려울지 이유와 함께 말씀해보세요.
- 본인이 가장 좋아하는 과목은 무엇인가요?
- 학교에 들어와서 가장 하고 싶은 일은 무엇인가요?
- 한국교육의 한계를 1가지만 이야기해보고 그 한계에 맞닥뜨렸을 땐 어떻게 하겠습니까?
- 자신이 ○○교육과에 들어와야 하는 이유는 무엇인가요?
- ○○교육이 어떠한 의의를 가지는지 말씀해보세요.
- 학교폭력의 원인과 이를 해결할 수 있는 방법에 대해 자신의 생각을 말씀해보세요.
- 학창시절 가장 기억에 남는 선생님은 누구이고, 이유는 무엇인가요?
- 지금까지 배운 선생님 중에 가장 기억에 남는 선생님은 누구이고, 그 이유는 무엇인가요?
- ○○는 학교생활에 충실하며 성적도 우수한 모범생이지만 친구들과 잘 사귀지 못하고 이기적인 면도 있습니다. 이런 친구를 지도할 수 있는 효과적인 방안을 말씀해보세요.
- 한국교육의 발전을 위해 교사로서 본인이 할 수 있는 것은 무엇이 있을까요?
- 학생이 생각할 때 고등학교 외국어 교육의 가장 큰 문제점은 무엇인가요?
- 교육과 관련해서 읽은 책 중에 기억나는 책이 있으면 소개해주세요
- 개인의 특성을 위한 교육과 전체를 위한 교육 중 무엇이 더 중요하다고 생각하나요?
- 선생님이 되면 집단 따돌림(왕따)에 대해 어떻게 대처할 것인지 말씀해보세요.
- 체벌에 대해 어떻게 생각하는지 본인의 생각을 말씀해보세요.
- 지필평가와 수행평가의 차이는 무엇인지 말씀해보세요.
- 파워포인트 활용 수업의 장단점은 무엇인지 각각 말씀해보세요.
- ○○교과 내용 중 자신이 가장 자신 있게 설명할 수 있는 부분을 설명해보세요.
- 선행학습금지법에 대한 자신의 생각을 말씀해보세요.
- 학생들의 영어성적에 따라 실시하는 '수준별 이동수업'에 대해 어떻게 생각하나요?
- 무상급식에 대해 어떻게 생각하는지 자신의 의견을 말씀해보세요.
- '교사는 많지만 스승은 적다'는 말이 있는데 여기서 교사와 스승의 차이는 무엇인가요?
- 자신의 전공분야에서 소통에 문제가 생겼을 때 어떻게 해결할 것인지 말씀해보세요.
- 요즘 독서, 토론 교육을 강조하고 있는데 이런 교육의 장단점은 무엇이라고 생각하나요?

- 교육의 질과 교사의 질은 어떤 관계에 있다고 생각하나요?
- 앞으로 교사가 됐을 때 어떠한 방식으로 교육하고 싶은지 자신의 생각을 말씀해보세요.
- 고등학교 때 학업 외에 꼭 하고 싶었던 일이 있었다면 한 가지만 이야기해 보고, 이를 위해 어떤 노력을 기울였는지 말씀해보세요.
- '공부를 잘 하면 훌륭한 사람이 된다.'는 말에 대해 어떻게 생각하나요?
- 학생이 지금까지 받아 온 ○○수업의 장단점을 말씀해보세요.

* 초등교육과

- 초등학교 선생님이 되고 싶은 이유가 무엇인가요?
- 초등학교 교사가 되기 위해 어떤 노력을 하였습니까?
- 초등교사가 갖추어야 할 자질에 대해 말씀해보세요.
- 초등교사에게 가장 필요한 덕목은 무엇이며 그 이유는 무엇인지 말씀해보세요.
- 자신을 선생님이라 생각하고 아이들에게 자신을 소개해보세요.
- 자신이 선생님이 된다면 초등학생에게 가장 가르쳐 주고 싶은 것을 말씀해보세요.
- 자신이 처음 담임 선생님이 된다면 그 반의 급훈으로 하고 싶은 것을 말씀해보세요.
- '체벌'에 대한 자신의 생각을 말씀해보세요.
- 교사가 문화적인 경험이 많으면 어떤 점이 좋을까요?
- 청소년의 일탈행위에 대한 해결책을 말씀해보세요.
- '교실이 붕괴되고 있다'는 얘기가 있는데 원인과 그 해결책을 말씀해보세요.
- 스마트폰이 청소년에게 끼치는 영향을 말씀해보세요.
- 인터넷이 초등학생에게 미치는 긍정적, 부정적 영향을 말씀해보세요.
- 학생이 경험한 우리나라 교육정책 중에서 가장 좋았던 교육정책과 가장 안 좋았던 교육 정책을 이유와 함께 말씀해보세요.
- 교사가 가져야 할 자질이 무엇이고, 이를 키울 수 있었던 사례가 있다면 말씀해주세요.
- 요즘 인성 교육이 많이 강조되는데 수업시간에 자연스럽게 인성 교육을 할 수 있는 가장 적합한 교과가 무엇이라고 생각하나요?
- 사이버 따돌림 현상을 목격했다면 담임으로서 어떻게 지도하겠습니까?
- 학급에 ○○ 아이(학습부적응, 다문화, 왕따 등)가 있다면 어떻게 지도하는 게 좋을까요?
- 교직에 대한 만족도가 떨어지는 이유를 말씀해보세요.
- 교직의 여초 현상에 대해 어떻게 생각하나요?
- 학부모가 학교 운영에 참여하는 것에 대해 어떻게 생각하나요?
- 4차 산업 시대를 준비하기 위해 교사는 어떤 역할을 해야 한다고 생각하나요?
- 교육이 인간을 행복하게 만들 수 있는지에 대한 자신의 생각을 말씀해보세요.
- 교직이 인기 있는 이유를 현실적 이유와 이상적 이유로 구분해 설명해보세요.

- 최근 교사들의 명예퇴직이 크게 늘고 있는데 원인과 개선 방안을 말씀해보세요.
- 처음으로 학교에 입학해서 적응하지 못하는 아이와 저학년은 가르치기가 힘들다는 선생님들의 의견 사이의 공통적인 이유와 거기에 따른 학습 대책을 말씀해보세요.
- 초등학생들에게 책을 한 권만 추천해 준다면 무슨 책을 추천해주고 싶은지 이유와 함께 말씀해보세요.
- 자신이 지금 초등학교 ○학년 담임 선생님인데 반 아이들이 아주 어수선합니다. 아이들을 집중시킬 수 있는 자기만의 방법을 말씀해보세요.
- 요즘 청소년들의 연예인 추종 현상이 심화되고 있는데 이 현상의 원인과 교사로서 취해야 할 입장을 구체적으로 설명해보세요.
- 다문화 가정에 대한 편견과 교육에 대한 교사로서의 대책을 말씀해보세요.
- 학생들의 휴대전화 소지에 대한 찬반의견과 그 이유를 말씀해보세요.
- 연예인이나 청소년들의 자살에 대한 자신의 생각과 그 방지책, 그리고 사회에 끼치는 영향과 대책에 대해 말씀해보세요.
- OECD 국가 중 우리나라 아동들의 행복지수는 낮은 편에 속합니다. 그 원인은 무엇이고, 해결방안을 말씀해보세요.
- '이 세상에 문제 학생은 없다. 문제 선생님만 있을 뿐이다'라는 말의 의미를 설명하고, 이에 대한 자신의 견해를 말씀해보세요.
- 초등학교 1~2학년에게 어떤 사고가 발생할 때마다 안전교육과목을 개설하여 가르치는 것에 찬성(혹은 반대) 의견과 근거를 말씀해보세요.

⑦ ········· 의료·보건계열

* 의예과 or 치의예과

- 본인은 왜 의사가 되어야 한다고 생각하나요?
- 좋은 의사란 무엇이라고 생각하나요?
- 의사가 갖추어야 할 가장 중요한 소양은 무엇이라고 생각하나요?
- 의사의 사회적 역할은 무엇인지 말씀해보세요.
- ○○(의료사고, 연명치료, 안락사 등)에 대한 자신의 생각을 말씀해보세요.
- 전공의가 된다면 어떤 과를 지원할 생각인가요? 이유와 함께 말씀해보세요.
- 응급 환자가 들어왔는데 돈이 없어서 수술이 불가능한 경우 어떻게 하겠는가?
- 실력이 좋은 의사와 인간성이 좋은 의사 중에서 누가 더 낫다고 생각하나요?
- 인체에 영향을 주는 환경적 요인에 대하여 말씀해보세요.
- 우리 몸에 영향을 미치는 환경요인 또는 질병이 무엇이 있는지 말씀해보세요.
- 건강에 부정적인 영향을 미치는 요인들을 나열하고 그 원인을 말씀해보세요.
- 의학 분업에서 가장 큰 발전과 발견은 무엇인가요?
- 인공장기란 무엇이고 신체 중 인공장기를 만들기 쉬운 부분은 어디인가요?
- AIDS가 무엇의 약자인지 말씀해 보시고, 현재 우리나라의 AIDS 환자의 수가 얼마나 되지 말씀해보세요.
- 대체의학이란 무엇이며, 그것이 현대 의학의 맹점을 극복할 대안이 될 수 있는지 자신의 생각을 말씀해보세요.
- 의료에서 민간의료보험제도의 도입에 대한 자신의 견해를 말씀해보세요.
- 최근 헌법재판소가 낙태죄 폐지에 대한 합헌 결정을 했는데 이 문제에 대한 자신의 견해를 말씀해보세요.
- 의료인으로서 양심을 지켜야 할 때는 언제라고 생각합니까?

* 한의예과

- 본한의학의 장점과 단점에 대해 설명해보세요.
- 한의학과 지원 동기를 말씀해보세요.
- 지원자는 어떤 한의사가 되고 싶나요?
- 사상의학에 대해 설명해보세요.
- 동의보감이 어떤 책인지 설명해보세요.
- 한의학 관련 인물 가운데 허준을 제외하고 가장 존경하는 인물을 말씀해보세요.
- 한약재는 그 사용 부위에 따라 채집 시기가 달라지는데 그 이유를 설명해보세요.
- 한의학과 서양 의학이 서로 조화를 이룰 수 있는지에 대한 자신의 견해를 말씀해보세요.
- 자율 신경과 관련하여 긴장, 흥분 상태에서의 우리 몸은 어떻게 반응할까요?
- 한의학을 이용한 바이러스 질환(에볼라 등)을 치료할 수 있나요?
- 한의학을 발전 시켜 나갈 수 있는 방안을 말씀해보세요.

* 수의예과

- 동물 복지에 대해 아는 대로 말씀해보세요.
- 동물 실험에 대해 어떻게 생각하나요?
- 수의사 중에서도 정확히 어떤 직업을 갖고 싶은가요?
- 세균과 곰팡이의 차이점을 말씀해보세요.
- 세포막의 구조에 대하여 설명해보시오.
- 무균동물은 어떤 문제점이 발생할까요?
- 자가 진료에 대해 어떻게 생각하나요?
- 자가 진료가 축산동물에겐 허용되고 반려동물에겐 금지된 것에 대해 어떻게 생각하나요?
- 반려동물을 기르는 것의 긍정적인 효과를 말씀해보세요.
- 애완동물 반입이 금지된 기숙사에서 친구가 애완동물 사육 허가를 받기 위해 서명운동을 하고 있다면 본인은 여기에 찬성하겠습니까? 아니면 반대하겠습니까?

* 간호 + 보건학과

- ○○학과에 지원하게 된 동기는 무엇인가요?
- 어떤 ○○(간호사, 물리치료사, 임상병리사, 치위생사 등)가 되고 싶나요?
- ○○(간호사, 물리치료사, 임상병리사, 치위생사 등)로서의 덕목에 대해서 말씀해보세요.
- ○○(간호사, 물리치료사, 임상병리사, 치위생사 등)이 되려면 어떤 자격증이 도움이 되고 취득해야 할 면허는 무엇이 있을까요?
- ○○(간호사, 물리치료사, 임상병리사, 치위생사 등)의 역할을 구체적으로 나열해보세요.
- ○○(간학과, 물리치료학과, 임상병리학과, 치위생학과, 방사선과 등)학과에 진학하면 학습하는 거 이외에도 중요하게 생각하는 것이 무엇이 있나요?
- ○○예방법(질병 등)에 대해 설명해보세요.
- ○○(암 등 질병)을 예방하기 위한 생활방식에 대해 설명해보세요.
- ○○이 있을 때 처치방법에 대해 설명해보세요.
- 정상 혈압의 범위에 대해서 말씀해보세요.
- 존엄사에 대해 어떻게 생각하나요?
- 성인의 하루 수분 섭취량은 얼마인지 말씀해보세요.
- 노인 장기 요양보험에 대해 아는 대로 설명해보세요.
- 우리나라의 청소년 자살률이 높은 이유와 그 해결방안에 대해 말씀해보세요.
- 비만이 건강에 미치는 영향에 대해 설명해보세요.
- 흡연(또는 음주)로 인한 건강문제는 무엇이며 이에 대한 대책을 말씀해보세요.
- 발목을 삐었을 때의 응급처치법을 설명해보세요.

- 건강증진을 위한 생활양식에 대해 설명해보세요.
- 저출산의 문제점과 해결방안에 대해 설명해보세요.
- 혈액형에서 A, B, O, AB, RH+ 등의 의미는 무엇인가요?
- 간호사와 간호조무사의 차이점은 무엇인가요?
- 적혈구는 왜 붉은색인가요?
- 적혈구(또는 백혈구, 혈소판 등)가 하는 일은 무엇인가요?
- 어떤 ○○(간호사 등 직업)가 이상적인 ○○(간호사 등 직업)인가?
- 6개월 된 간호사가 있는데 느리고, 일을 망치고, 방해가 돼서 해고하기로 결정을 했는데 본인이라면 그 간호사를 해고 하겠습니까?
- 핵의 DNA와 호스트세포의 DNA가 같나요?

IV

계열별 면접
문항 분석
& 답변 사례

가

인문계열

인문계열
면접 문항 분석 & 답변 사례

인문계열은 대체적으로 언어, 문학, 철학, 역사, 문화, 미학 등의 분야로 구분되며 인간과 인간의 근원적인 문제, 인간의 사상과 문화에 대해 탐구하는 학문적 특징을 갖고 있습니다. 학과 편성 또한 순수하게 언어를 연구하는 '언어학'에서부터 언어와 문학을 같이 공부하는 '영어영문학'과 같은 학과가 있으며, 문화와 철학, 미학 등이 어우러진 '종교학'처럼 근원적인 문제를 다루는 과도 있습니다.

언어관련학과에 대한 면접 문항을 분석해 보면 많은 질문이 독서에서 출발하고 있습니다. 얼마나 많은 양의 독서를 했는지 거기서 배우고 느낀 점 등을 물어보는 것이 면접 문항의 주축이 됩니다. 때론 독서를 통해 언어에 대한 이해도를 점검하기도 합니다. 특히 생활기록부에 있는 독서 활동 경우 지원한 학과의 언어와 관련된 책이 있다면 꼭 물어본다고 생각하고 준비해야 합니다. 특히 영어, 중국어, 일본어처럼 보편적이지 않은 희소성 있는 언어학과에 지원했다면 '왜 ○○어를 배우려고 하는지' 동기가 확실해야 하고, ○○어를 공부하는 방법적 측면도 물어볼 수 있기 때문에 사전에 준비하는 것이 면접에 도움이 됩니다.

사학과에 대한 면접 문항을 살펴보면 학교에서 선택했던 한국사, 동아시아사 등 역사 관련 교과 시간에 다루었던 주제나 탐구활동에 관해 관심을 갖고 물어봅니다. 사학과는 과거에서부터 현재에 이르기까지 정치, 경제, 사회문화 등의 활동에서 조사, 연구를 수행하면서 사료 평가와 검증 방식 등을 배우는 학과입니다. 그래서 조사와 연구를 어떻게 하는지에 초점을 맞춰 질문하는 경우도 있는데 예를 들면 '현장 답사의 필요성'을 응용한 유사 질문이 여기에 해당합니다. 따라서 사학과 면접을 준비하는 학생은 생활기록부나 자기소개서에 기재된 역사문제탐구나 발표 등 활동에 대한질문도 가능하므로 이에 대비해야 합니다.

철학과 종교학은 인간이 만들 수 있는 최고의 학문이라고 할 수 있습니다. 철학은 세계와 인간의 삶에 대한 근본 원리 등을 탐구합니다. 종교학은 인문학 요소인 언어, 문학, 미학, 철학 등 여러 요소가 모여서 하나의 종교를 만들어 내고 그 종교와 관련된 분야를 연구하는 학문입니다. 철학과의 면접 문항을 보면 생활기록부상의 윤리와 사상, 생활과 윤리 등 과목 세부 능력 특기 사항에 언급된 철학자와 관련된 문항이 많습니다. 생기부에 기재된 철학자의 사상에 대해 충분히 이해하고 있다면 면접에 큰 도움이 되고, 자기 생각과 비슷한 철학자를 사례로 답변해 보라는 것이 유용한 팁입니다.

종교학은 사람의 안녕과 번영을 위해 믿음을 기반으로 만들어진 학문입니다. 따라서 종교에 대한 기본적인 지식과 소양이 필요하고, 타인을 생각하고 이해할 수 있는 태도를 갖고 있어야 합니다. 실제 면접장에서 해당 종교와 관련된 전문적인 용어를 사용할 수 있으면 보다 효과적인 답변이 될 것입니다.

앞으로 언급하게 될 사례들은 학생부 및 자기소개서에 기반을 둔 학과별 면접 문항과 답변으로 이루어져 있습니다. 이는 공개된 실제 면접 상황을 근거로 학생들과 재구성해본 것입니다. 이런 면접 문항이 나온 이유는 생활기록부와 자기소개서에 기재되어 있기 때문인데 분석하면 다음의 시사점을 줍니다.

첫 번째는 생활기록부 및 자기소개서 문장이 어떻게 면접 문항으로 나오는지를 파악할 수 있습니다. 자신의 학교생활기록부와 자기소개서를 보면서 예상 면접 문항을 만들어 보는 작업을 할 때 아래 예시들은 큰 도움이 될 것입니다.

두 번째는 추천 답변을 이용하는 것입니다. 추천 답변은 선배들의 답변도 올렸지만, 저자라면 이렇게 답변한다고 정리했습니다. 추천 답변이 꼭 정답은 아니지만 어떻게 답변을 해야 할지 모르는 상황이라면 길라잡이가 되어 줄 것입니다. 선배들이 해놓은 답변이 타당하거나, 해당 학생의 개인 이야기가 들어가 있는 부분, 다양한 사례에 인용할 수 있는 답변에는 추천 답변을 작성하지 않고 〈학생 답변 인용〉으로 표시하였습니다. 가능한 모든 대학과 학과를 다루고 싶었으나 지원자에게 의미 있을 데이터만을 수집해 정리하였다는 말씀을 드리며 추가적인 면접 문항이 필요하다면 대학 입학처 홈페이지를 찾아보는 것을 추천합니다. 면접은 대학 입시에서 자신을 표현하는 마지막 관문입니다. 여러분의 모습을 마음껏 펼쳐나가기 바랍니다.

가. 인문계열

1) 국어국문학과

학생부 기반 문항 면접

학생부 활동 기록	수업시간에 배운 이육사, 윤동주 시인에 관해 비교 연구를 함.
면접 문항	국어 교과 세특에 이육사, 윤동주 비교 연구를 했다고 했는데, 설명해 주세요.
학생 답변	공통점, 차이점을 들며 답했습니다.
추천 답변	이육사, 윤동주 시인의 시들을 비교해보면 자신의 생각들을 어떤 방식으로 표현해 나가고 있는지를 알 수 있는데 이육사는 진취적이고 씩씩하며 희생적인 성격을 띠지만 윤동주는 그와 반대로 자기반성이 강하고 시어가 아름다우며 지식인에 대한 고뇌를 부끄러워하는 성격을 띠고 있어서 서로가 많은 차이를 보이고 있습니다. 그럼에도 불구하고 일본에 대한 저항시를 같이 썼다는 점은 공통적이라 할 수 있습니다.

학생부 활동 기록	평소에 경험해 보지 못한 것을 동아리를 통해 더 넓게 볼 수 있는 시각을 기름.
면접 문항	자율동아리 활동을 하면서 배운 점을 말해보세요?
학생 답변	X
추천 답변	자율동아리를 하면서 제가 관심 있는 분야뿐만 아니라 다양한 분야들에서 다양한 경험을 해보니 바라보는 시각이 넓어졌다는 것을 느꼈고 다른 분야에 대해서 알게 되는 것도 나에게 많은 부분에서 도움이 될 수 있다는 것을 깨달았습니다.

학생부 활동 기록	교내 대회 글쓰기 대회 수상함.
면접 문항	글쓰기 상을 많이 받았는데 가장 기억에 남는 대회는 무엇인가요?
학생 답변	저는 통일 글짓기 대회가 가장 기억에 남습니다. 그 대회에서 북한의 많은 도시를 여행하는 이야기로 글을 썼습니다. 통일에 관해 북한에 대해 관심을 갖는 것은 국문학과 학생 및 작가로서 중요한 일이라 생각됩니다. 우리나라가 지금까지 공유하고 지켜온 많은 사람과 문화가 토막이 난 채 우린 지금도 서로를 그리워하고 있기 때문입니다. 앞으로 통일시대를 대비하여 제 글을 통해 진정으로 통일시대를 맞이할 수 있도록 할 것입니다.

추천 답변	통일 글짓기 대회가 가장 기억에 남습니다. 최근 북한과의 관계가 개선될 가능성이 보이고 정치적인 활동도 활발하게 이루어지면서 통일에 대한 기대감이 높아지고 있다는 얘기를 들었습니다. 저 역시 이런 기대감으로 '통일'에 관심을 갖게 돼서 통일 글짓기에 참가하게 되었습니다. 이 대회는 제가 통일 문제를 좀 더 깊이 생각해 보게 하는데 밑거름이 되었고, 그것을 통해 한층 더 성장해 나가는 기회가 될 수 있었습니다.

학생부 활동 기록	3학년 동아리 시간에 다문화 관련된 책을 읽음.

면접 문항	3학년 동아리 때 다문화 관련 책을 읽었는데 알고 있는 다문화 정책이나 다문화 문제를 개선하는 데 필요한 것을 말해보세요.

학생 답변	다문화 사안의 가장 큰 문제점은 사람들이 실천하지 않는 모습이라고 생각했습니다. 누구나 다문화 가정을 편견 없이 보아야 한다고 생각하지만, 실생활에 옮기지 않고 머릿속으로만 인식하고 있는 것 같습니다. 저의 진로 희망 사항은 광고기획자가 되는 것이기 때문에 잘못된 다문화에 대한 인식을 개선하는 광고를 통해 다문화 문제를 해결하는 데 이바지하고 싶습니다.

추천 답변	지금까지 다문화 사안의 가장 큰 문제점은 사람들의 편견과 이런 인식을 바꾸려는 실천 의지가 부족했다는 것입니다. 정부는 이런 편견을 없애고 다문화 가정들을 도와주기 위한 정책들을 많이 추진해 왔습니다. 예를 들면 결혼 이민자의 경우 가족을 한국으로 초대하기도 하고, 농촌 및 농업 생활용어집을 발간하기도 하는 등의 정책들이 있습니다. 하지만 아직도 많은 다문화 가정들이 피해를 보고 있습니다. 정부는 좀 더 많은 정책을 만들고, 홍보하면서 사람들의 잘못된 인식을 바꿔줘야 할 것입니다. 저는 광고기획자가 되면 정부가 더 올바른 인식 교육과 캠페인을 통해 다문화 문제들을 해결해 나갈 수 있도록 광고를 통한 실질적 도움을 주고 싶습니다.

학생부 활동 기록	교과 수업시간에 궁금했던 점들을 많이 질문함.

면접 문항	교과 시간에 했던 기억에 남는 질문이 있다면 말해주세요.

학생 답변	수학 시간에 저는 선생님께 수학을 실생활과 연계해 배우면 어떤 효과가 있고, 어려움이 있는지에 대해 질문한 것이 있습니다. 실제로 저는 수학을 실생활(자신이 수행한 구체적 사례 명시)과 연관지어 공부해보았습니다.

추천 답변

수학 시간에 더 쉽고 재밌게 배우기 위해 실생활과 연계해보면 어떨지 궁금해 선생님께 질문해 보았고, 수학과 연관된 실생활들의 예시도 찾아보면서 공부했더니 훨씬 더 이해가 잘 되었습니다. 한번은 확률과 통계를 배운 후, 야구 기록을 연결시켜 분석해보았습니다. 타율이나 방어율은 물론 WHIP 등 다양한 통계 자료를 바탕으로 구단과 선수 간의 연봉 협상을 진행한다는 사실도 알게 되었습니다. 수학이 우리의 삶에서 많은 부분을 차지하고 있었고 그런 부분들이 현재까지 오기에 많은 도움을 주었다는 것을 다시 한 번 깨닫게 되었습니다.

학생부 활동 기록

- 김홍도의 '서당'이라는 미술 작품을 보고 글을 상상해서 작성하였음.
- 진로희망사항 : 국어교사를 희망함.

면접 문항

1) 2학년 문학 시간에 김홍도의 '서당'이라는 미술 작품을 보고 글을 상상해서 작성했다고 하는데, 왜 이 그림을 택했고 어떤 내용이었는지 말해보세요.
2) 국어교사가 되겠다고 다짐한 건 언제부터였나요?

학생 답변

1) 우리 민족 고유의 정서가 담긴 그림이자 익숙한 그림인 만큼 새롭게 재창작 해보고 싶었습니다. 제가 쓴 이야기는 주인공 삼돌이가 부정행위를 하여 혼이 나는 와중에도 다른 친구들은 겁도 없이 답을 공유하는 것으로 구상하였습니다.

2) 중학교 2학년 때부터입니다. 저는 힘든 일이 생겼을 때 '떨켜'라는 단어 하나에 큰 힘을 얻었던 적이 있습니다. 떨켜는 식물이 죽음이 임박했을 때 만들어 내는 세포층으로, 이 떨켜를 만듦으로써 낡은 잎을 떨어뜨리고 새로운 잎이 돋아나게 해 죽음을 준비한다고 합니다. 저는 이 떨켜를 보면서 가야할 때가 언제인지 알고 가는 이의 아름다움을 느꼈습니다. 또, 떨켜를 만들지 못하는 인간은 자신의 소유에 집착해 버려야할 것을 버리지 못한다는 생각에 수업시간에 배웠던 '차마설'이라는 작품이 떠오르기도 했습니다. 이처럼 단어 하나만으로도 큰 위로를 주는 것이 국어의 힘이라는 생각이 들어, 이런 가치를 학생들에게도 전해주고자 국어교사를 꿈꾸게 되었습니다.

추천 답변

1) 익숙한 그림에 새로운 재해석을 하고 싶어서 서당 그림을 선택했습니다. 여기서 순돌이가 커닝하고 훈장님께 혼이 나지만 뒤이은 3명 친구는 훈장님이 순돌이에게 집중할 때 계속 커닝하는 글을 만들어 보이면서 전통 문학의 특질 중 하나인 해학을 적용하여 글을 써보았습니다.

2) 〈학생 답변 인용〉

자기소개서 기반면접

자기소개서 기록	교과 시간에 고전에 대한 가치를 찾게 됨.
면접 문항	교과 시간에는 고전의 가치를 발견했다고 했는데, 봉사 활동에서는 어떤 가치를 찾을 수 있을까요?
학생 답변	X
추천 답변	봉사 활동은 '다른 사람의 마음에 공감해주고, 이해해주며 그 사람들을 위해 내가 도와줄 수 있는 게 뭘까?'라는 물음에 답을 찾아나가는 데서 봉사의 진정한 가치를 찾을 수 있습니다. 저는 이러한 가치들을 알게 되면서 비로소 누군가를 도와주는 것이 정책이나 기부만이 유일한 방법은 아니며 다양한 방법들이 존재한다는 것을 깨닫게 되었습니다.

자기소개서 기록	교과 시간, 동아리 활동 및 개인 시간에 찾은 자료로 인해 중세 국어 번역에 더 도움이 되고 싶음.
면접 문항	중세 국어 번역이 다 이루어졌는데 어떻게 할 것인가요?
학생 답변	X
추천 답변	저는 중세 국어 번역에 대해 흥미를 느끼고 있는데 이미 번역이 다 이루어졌기 때문에 제가 도울 수 있는 게 많지 않을 수 있겠지만 번역 작품들을 공부하면서 미흡하거나 잘못된 점은 없는지 다시 한 번 살펴본다면 저에게는 또 다른 기회와 도움이 될 것이라고도 생각합니다.

자기소개서 기록	문학 같은 방송을 만들고 싶은 게 제 목표임.
면접 문항	문학 같은 방송을 만들고 싶다는데 문학 같은 방송이 어떤 것인지?
학생 답변	문학은 개개인이 읽을 때 가장 빛을 발휘한다고 생각합니다. 이처럼 많은 사람의 공감을 끌어낼 수 있는 방송이라고 생각했습니다. 문학 같은 방송은 즐거움, 위로, 감동 등과 상관없이 개개인에게 공감을 줄 수 있어야 합니다.
추천 답변	개개인이 모두 공감할 수 있는 방송을 말합니다. 문학은 사람마다 느끼는 부분이 다르므로 이 부분을 모두 고민하며 요소를 집어넣는 것이 제 목표입니다.

2) 노어노문학과(러시아어학과)

학생부 기반 문항 면접

학생부 활동 기록	외국인 통역 봉사 활동을 함.
면접 문항	봉사 활동이 학생에게 어떠한 영향을 미쳤는가?
학생 답변	다양한 외국인들을 만나 이야기를 함으로써, 그들이 생각하는 사고방식을 익힐 수 있었습니다.
추천 답변	평소 길을 가다 외국인이 길을 물어보게 되더라도 잘 모른다면서 지나치는 경우도 많은데 이런 봉사경험을 통해 곁에서 다양한 외국인들과 대화를 하고 함께 지내보니 그 사람의 생각과 삶의 방식들을 알 수 있게 되면서 그들을 더 잘 이해하고 편해지게 되었습니다. 이런 경험을 통해 우리가 가진 외국인들에 대한 잘못된 인식, 잘못된 행동들과 사고방식의 문제들을 발견하였고 그런 부분들을 외국인들은 직접 받기 때문에 함께 어울려 사는데 상상 이상으로 어려움을 겪고 있다는 것을 알게 되었습니다.

학생부 활동 기록	교과 시간, 동아리 시간, 개인 시간에서 활동을 통해 러시아 작품에 대해 알아봄.
면접 문항	가장 기억에 남는 러시아 작품 하나 소개해 주세요.
학생 답변	미하일 불가코프의 〈거장과 마르가리타〉입니다.
추천 답변	미하일 불가코프의 〈거장과 마르가리타〉입니다. 이 책 내용에서는 소비에트 정부에 관한 내용이 들어있습니다. 무신론을 표방하며 시민들을 억압하는데 열중한 소비에트 정부의 암울한 현실을 충실하게 그린 책이기도 합니다. 이 책을 읽으면서 처음에는 소비에트 정부에 관한 내용에 대해서만 설명하는 줄만 알았지만, 인간의 선과 악, 신성과 악마성 등 그 사이에 놓인 나약하고 비굴한 인간을 풍자하는 내용임을 알게 되었습니다. 그로 인해 소비에트 정부를 예시로 인간성에 관해 많은 성찰을 할 수 있었습니다.

3) 동아시아언어문명학부

학생부 기반 문항 면접	

학생부 활동 기록	글로벌 활동을 많이 함.
면접 문항	러시아 활동을 되게 많이 한 것 같은데 3학년 때는 중국 활동도 했네요? 이유가 무엇인가요?
학생 답변	×
추천 답변	최근에 '한한령' 때문에 우리나라의 수출로가 막혔는데, 그것의 탈출구로서 러시아란 나라를 선택했고, 러시아에 관해 탐구해 보았지만 중국이라는 거대한 시장을 포기하는 것이 오판임을 깨닫게 되었습니다. 그래서 2학년 말부터 중국과 관련된 동아리 활동을 했는데 거기서 중국을 읽을 시간, 명견만리, 슈퍼 차이나, 판타스틱 중국 백서 등과 같은 책을 읽으며 중국에 대해 탐구하였습니다.

학생부 활동 기록	2, 3학년 때 러시아 동아리 활동을 함. 3학년 중국 동아리 활동이 추가됨.
면접 문항	3학년 때 러시아 동아리도 하고 중국 동아리도 했는데…. 그럼 3학년 때 한 러시아 동아리와 2학년 때 러시아 동아리가 같은가요?
학생 답변	×
추천 답변	2학년 때 했던 정규동아리가 3학년 때 러시아 자율동아리로 활동으로 이어진 것입니다. 3학년 때 했던 중국 동아리는 정규동아리입니다. 중국에도 관심이 생겨서 중국에 대한 친구들의 생각과 내용을 알고 싶어서 정규동아리에 들어갔습니다.

학생부 활동 기록	쿠릴열도에 많은 관심을 가지며 스스로 자료를 찾아봄.
면접 문항	쿠릴열도에 관해서 관심을 두게 된 계기는?
학생 답변	홋카이도로 여행을 갔을 때 옛 청사를 방문하게 되었습니다. 방 한편에 쿠릴열도에 관해 설명해 놓은 것을 보고 관심을 두게 되었습니다.

추천 답변

훗카이도로 여행을 갔을 때, 옛 청사를 방문하게 됐습니다. 구경하다가 방 한 평에 쿠릴열도에 관해 설명해 놓은 것을 보고 흥미를 느껴 자료를 찾아보았습니다. 쿠릴열도가 현재까지도 러시아와 일본이 영토분쟁의 결론을 쉽게 내지 못하고 있다는 것과 쿠릴열도가 독도처럼 석유, 금, 황 등의 해저 지하자원이 풍부하게 매장되어 있다는 것이 확인되어 경제적 중요도가 높아지고 있다는 것을 알게 되었습니다. 러시아로서는 태평양으로 나가는 극동의 전략적 요충지라는 것을 알게 되면서 일본이 이런 것 때문에 독도를 더 노리고 있으며 '아직 영토문제가 해결이 되지 않았기 때문에 독도라도 가져야겠다는 마음을 갖고 있지 않나?'라는 불안한 마음이 들면서 앞으로는 독도가 한국 땅임을 더 많이 알려야겠다는 생각을 하게 되었습니다.

자기소개서 기반면접

자기소개서 기록	장애인과 비장애인을 같은 인격체로 인식해야 함.
면접 문항	자소서 3번에 쓴 내용 중 장애인과 비장애인을 같은 인격체로 인식하는 자세란 무엇인가요?
학생 답변	x

추천 답변

장애인과 비장애인은 모두 사람이면서 같은 인간의 인격체를 가지고 있습니다. 하지만 사람들은 장애인들을 자신과 다르고 몸 한 부분이 불편하다는 이유로 다른 사람으로 구별하고 나와는 다른 존재로 인식하는 경향이 있습니다. 이런 문제를 해결하기 위해서는 우선은 고정관념을 버려야 합니다. 장애인이 불편하다는 이유로 우리와 다르게 생각하기 때문에 이런 상황이 발생하게 되는 것입니다. 인간은 태어나는 순간부터 인격체라는 것이 자연스럽게 생성됩니다. 평소에는 이런 문제에 대해 신경을 쓰지 않고 생활하기 때문에 관심도가 떨어질 수밖에 없습니다. 이런 문제에 대해 고민해 볼 수 있도록 자극을 주고 교육을 해야 장애인과 비장애인을 같은 인격체로 볼 수 있는 세상으로 발전할 수 있다고 생각합니다.

	요즘에는 1인 미디어도 많이 활동함.
면접 문항	1인 미디어에 대한 본인의 생각은?
학생 답변	x
추천 답변	1인 미디어라는 것은 매우 창의적이라고 생각합니다. 사람들은 방송 PD가 되면 다른 사람들과 함께 방송을 하려고는 해도 혼자서 방송을 해보려고 행동하지는 않습니다. 저는 이런 1인 미디어가 기존의 방송에서는 얻기 힘든 인생에 대한 교훈과 삶을 살아가는데 있어서 필요한 것들을 배울 수 있을 뿐만 아니라 저만의 방송 능력을 키워갈 수 있다고 생각합니다. 이런 1인 미디어들에 더 많은 투자와 힘을 실어주게 된다면 이 분야가 더 많이 발전되고, 자신에게 필요한 전문적인 지식을 많이 얻을 수 있을 뿐만 아니라 자신이 관심 있는 일을 하면서 즐겁게 살아갈 수 있다고 확신합니다.

3
인문계열

4) 불어불문학과(프랑스어학부)

학생부 기반 문항 면접

학생부 활동 기록	교내활동, 동아리 활동 등 여러 활동을 함.

면접 문항	본인이 생각하기에 본인의 활동 중에 불어불문학과와 가장 관련된 활동을 말해주세요.

학생 답변

저는 문화콘텐츠, 이미지로 따져 읽기 수업을 들었습니다. 이 수업에서 문화예술작품을 주로 배웠는데, 이 중에서 프랑스 문화예술작품에 대해 배울 때가 가장 흥미로웠습니다. 마르셀 뒤샹과 같은 프랑스 예술가들이 남들은 작품이라고 생각하지 않았던 것을 작품으로 만들어 낸 것을 보고 '아, 이것이 프랑스의 예술이구나'라고 느꼈기 때문입니다.

추천 답변

평소 프랑스에 흥미를 느끼고 있었는데 기회가 생겨 〈문화콘텐츠, 이미지로 따져 읽기〉 수업을 듣게 되었습니다. 그중에서 프랑스에 대한 수업을 듣게 되었고, 마르셀 뒤샹과 같은 예술가들의 작품들을 보면서 너무나 강렬한 인상을 받아서 더 많은 자료를 찾아보게 되었습니다. 그 자료를 통해 뒤샹의 창의성은 물론 어떤 것에도 제약을 받지 않고 자유롭게 자신만의 '예술 길'을 걸어간 것이 지금의 프랑스 예술이 발전하는데 이바지할 수 있는 요인이었다고 생각합니다.

학생부 활동 기록	동아리 활동 등 역사와 관련된 활동을 많이 함.

면접 문항	활동한 걸 보면, 역사에 조예가 깊은 것 같은데 왜 불어불문학과에 지원하게 되었나요?

학생 답변

저는 1학년 때는 한국사를 포함한 역사, 2학년 때는 역사뿐만 아니라 영어와 같은 언어에 관심이 많았습니다. 현재는 문화라는 큰 분야에 관심이 있습니다. 제가 관심을 가졌던 역사와 언어는 모두 문화와 관련이 있다고 생각합니다. 프랑스 문화를 비롯한 문화를 공부하고자 불어불문학과에 지원하게 되었습니다.

추천 답변

1학년 때 역사에 관심을 가졌고 2학년 때는 외국어에 많은 관심을 두게 되었습니다. 처음에는 단순히 외국인들이 자신들의 언어로 이야기하는 것이 멋있게만 보였지만 점점 더 그 언어에 대해 더 알고 싶다는 호기심이 생겨 자료를 찾아보게 되었습니다. 그중에서도 오래전부터 프랑스라는 나라를 가고 싶었기 때문에 프랑스에 대한 자료를 찾아보던 중 프랑스의 문화를 비롯해 풍습 및 언어를 공부하고 싶은 욕구가 생겼고, 이런 희망사항이 진학에 대한 고민으로까지 연결되어 불어불문학과에 지원하였습니다.

자기소개서 기반면접

자기소개서 기록	외국어에 관한 관심을 설명함.
면접 문항	불어불문학과에 지원한 동기를 이야기해보세요.?
학생 답변	x
추천 답변	저는 여행하는 것을 좋아해서 많은 나라를 여행할 수 있었습니다. 그중에서도 프랑스 여행을 통해 프랑스의 문화와 언어를 접하면서 외국어에 관해 관심을 갖게 되었습니다. 여러 나라의 언어와 문화를 배워 다른 사람들에게도 전해주고 싶었습니다. 그리고 저는 이런 관심을 살려서 할 수 있는 직업이 무엇이 있을까 생각해 보다가 최종적인 직업은 유럽 전문 여행 컨설턴트를 생각하게 되었습니다. 여행 컨설턴트에게 타문화에 대한 이해와 언어능력은 필수 요소인데 제가 관심을 가지는 것이 프랑스와 프랑스어였기 때문에 불어불문학과에 지원하게 되었습니다.

3 인문계열

5) 서어서문학과(스페인어학과)

학생부 기반 문항 면접

학생부 활동 기록	교내에서 P&P 발표대회에 참가함.
면접 문항	p&p 발표대회에서 무슨 내용으로 발표했나요?
학생 답변	맛집의 비결에 관한 내용이며 홍대에 직접 가서 맛집을 찾고 역할극 형식으로 발표를 구성했다고 답했습니다.
추천 답변	저희는 홍대에 직접 가서 '맛집의 비결'에 관한 내용을 발표했었습니다. 저희는 인터넷 자료를 통해 맛집 한곳을 알았고 그곳에 가서 그 맛집에 대한 자료들을 수집하기 시작했습니다. 저희는 발표 자료를 어떻게 만들까? 생각하다가 너무 평범하게 하면 다른 사람들과 똑같으니까 좀 더 특별하게 만들기 위해 역할극 형식으로 발표를 구성했고 역할극 형식이 다른 발표 자료보다 좀 더 보기 쉽고 단시간에 그 맛집에 대해 자세히 보여주는 장점도 있었습니다.

학생부 활동 기록	독도와 관련된 활동 등을 많이 함.
면접 문항	활동 보니까, 독도에 관심이 많은 것 같네요? 독도에 가본 적이 있나요?
학생 답변	독도에 직접 가본 적은 없습니다. 그런데 한국사 교과서에서는 독도에 대한 자세한 정보가 없어서 제가 개인적으로 찾아보았던 경험은 있습니다.
추천 답변	한국사 교과서에서 독도에 대해 많이 다루지 않아 그 부분에 대한 궁금증을 갖게 되었습니다. 우리 땅인 독도에도 많은 역사가 담겨있는데 책 속에 자세한 내용이 실려 있지 않은 점이 놀라웠고, 지금도 역사적으로 많이 왜곡되어 심지어는 독도가 우리 땅이 아니라는 얘기까지 나온다는 것이 당혹스러웠습니다. 이 부분은 빨리 정정되어야 할 부분이라고 생각합니다. 그리고 독도는 가보지는 못했지만, 기회가 되면 꼭 가보고 싶습니다.

학생부 활동 기록	동아리 활동 등 역사와 관련된 활동을 많이 함.
면접 문항	활동한 걸 보면, 역사에 조예가 깊은 것 같은데 왜 서어서문학과에 지원하게 되었나요?

학생 답변	저는 1학년 때는 한국사를 포함한 역사에, 2학년 때는 역사뿐만 아니라 영어와 같은 언어에 관심이 많았습니다. 현재는 문화라는 큰 분야에 관심이 있습니다. 제가 관심을 가졌던 역사와 언어는 모두 문화와 관련이 있다고 생각합니다. 스페인어를 비롯해 문화를 공부하고자 서어서문학과에 지원하게 되었습니다.
추천 답변	1학년 때 모든 역사에 관심을 가졌고 2학년 때는 외국어에 많은 관심을 두게 되었습니다. 처음에는 다양한 외국인들이 자신의 언어로 구사하는 것이 멋있어 보이는 것으로 끝이 아니라 그 언어에 대해 더 알고 싶다는 호기심이 생겨 자료를 찾아보게 되었습니다. 그중에 스페인이라는 나라를 가고 싶어 스페인에 대한 자료를 찾아보던 중 그 나라의 문화를 비롯한 풍습 및 언어를 공부하고 싶은 욕구가 생겼습니다. 이런 흥미가 저의 진학으로까지 연결되어 서어서문학과에 지원하게 되었습니다.

3
인문계열

자기소개서 기반면접

자기소개서 기록	스페인 문학뿐만 아니라 건축에도 흥미를 가져 공부를 했었음.
면접 문항	우리 학과 합격하고도 건축공부 계속할 건가요?
학생 답변	x
추천 답변	계속할 겁니다. 왜냐하면, 이런 경험을 통해 건축에 관한 공부도 하면서 스페인에 대한 문화와 역사를 좀 더 자세히 배울 수 있고, 다른 분야도 공부하기 때문에 더 많은 스페인어를 배우고 구사할 수 있어서 경험적인 면에서 더 큰 이익이라고 생각합니다.

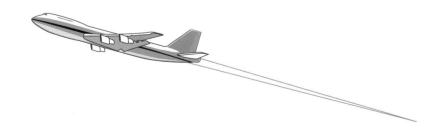

6) 영어영문학과

학생부 기반 문항 면접

학생부 활동 기록	영문학 소설을 읽음.
면접 문항	영문학 소설 중에서는 기억에 남는 작품이 있나요?
학생 답변	모비딕입니다.
추천 답변	'모비딕'이라는 책은 고래에 관한 내용을 담고 있습니다. 처음에는 고래와 관련된 내용이라고만 생각했는데 관련된 자료를 찾아보다가 이 책의 숨겨진 의미가 적대적인 세계에서의 삶의 투쟁과 운명에 저항하는 이야기이며, 신에 도전하고 개인을 절대화하는 거대한 망상이 몰고 오는 치명적인 결과를 묘사하고 있다는 것을 알게 되면서 이 책에 더 큰 매력을 느꼈고, 오랫동안 기억에 남았던 것 같습니다.

학생부 활동 기록	영문학 작품 중 가장기억에 남았던 부분에 대해 알아보는 활동을 함.
면접 문항	그러면 그 많은 내용 중에서 가장 기억에 남는 부분이 있다면 뭔가요?
학생 답변	x
추천 답변	'Call me Ishmael'이라는 문장이 가장 기억에 남습니다. 이스마엘이 사실은 구약성서에 나오는 인물인데, 이 뜻을 찾아보니까 방랑자, 세상에서 추방당한 자를 가리 킬 때 사용하는 이름이라고 하는 것을 듣고, 자신을 이스마엘이라고 부르라고 하는 데 있어서 화자의 깊고 복잡한 심경을 잘 느끼게 해준 문장이었다고 생각합니다.

학생부 활동 기록	멘토링 활동을 함.
면접 문항	그것을 하며 어려웠던 점은 없었습니까?
학생 답변	멘티와 시간을 맞추기가 어려웠습니다. 하지만 한 번에 심도 있고, 장시간 활동을 진행하여 시간문제를 해결했습니다.
추천 답변	멘티와 시간을 맞추기는 게 가장 어려웠습니다. 서로가 학원을 가야하고 할 일이 있어서 만나기가 쉽지 않았습니다. 그래서 한번 만나면 장시간 동안 멘토링 활동을 했는데 멘티를 위해 문제도 많이 내주면서 문제 해결 능력을 향상시키기 위해 노력했습니다. 심지어 밥 먹을 때도 문제를 내주면서 바로 맞출 수 있는 능력을 가질 수 있도록 도와주었습니다.

학생부 활동 기록	학습 계획서로 우수상을 수상함.
면접 문항	학습 계획서 우수상을 수상하였는데, 자신이 후배들에게 학습 방법과 관련된 조언을 할 수 있다면 어떤 조언을 해주고 싶었는가요?
학생 답변	X
추천 답변	후배들이 많이 들었겠지만 자신이 할 수 있을 정도의 학습 계획을 세워보고 다른 사람들에게도 조언을 구해가면서 많은 시간을 투자하는 것보다 꾸준히 실천하기만 하면 좀 더 좋은 성적을 거둘 수 있다는 얘기를 해주고 싶습니다. 사실 저도 이런 얘기는 많이 들었습니다. 그 때는 잘 믿지 않았지만, 직접 경험을 해보니까 계획을 크게 세운다고, 혹은 그 계획을 지킨다고 생각을 해도 쉽게 실천할 수 있는 것이 아니라는 것을 깨닫게 되었습니다. 오히려 수업시간에 들었던 내용을 매일 조금씩이라도 꾸준하게 복습하는 것이 이해하기가 더 쉬웠고, 그렇게 하면서 하나하나씩 알아가는 재미가 생겨 더 큰 욕심이 생기게 되었습니다. 후배들에게도 이렇게 꾸준히 해보라고 하고 권해주고 싶습니다.

학생부 활동 기록	영어 동아리 활동을 함.
면접 문항	영어 동아리 활동에서 가장 뜻깊었던 활동은 무엇인가요?
학생 답변	동화책 읽어주기 활동, 많은 아이에게 영어 활동 진행을 한 점입니다.
추천 답변	동화책 읽어주는 활동이 가장 뜻깊은 활동이었습니다. 영어를 좋아하는 사람들도 많겠지만 제 경험상 주변에 영어를 좋아하지 않는 사람들이 더 많습니다. 하지만 모든 사람이 영어의 중요성은 잘 알고 있습니다. 그래서 저는 그런 부분에 대해 고민을 하게 되었습니다. 저는 영어를 좋아하는 사람 중 한 명으로서 '어떻게 하면 더 쉽게 가르쳐 줄 수 있을까?' 생각하다가 먼저 아이들에게 동화책 읽어줘야겠다고 생각해 이 활동을 하게 되었습니다. 처음엔 아이들이 잘 들으려고 하지 않아서 힘들었습니다. 하지만 좀 더 재미있게 읽으려고 노력했는데 이때부터 조금씩 활동에 참여하였고 그러면서 많은 아이가 조금씩 영어에 흥미를 붙이는 것을 보면서 저 스스로 많이 뿌듯했습니다.

학생부 활동 기록	독서 활동을 함.
면접 문항	앵무새 죽이기 제목 '앵무새'의 의미는 무엇이고, 책 제목이 뜻하는바, 책 내용은 무엇인지 설명해 주세요.

학생 답변	x

추천 답변	'앵무새'는 자신이 속한 집단에 동조하며 주체적으로 판단하지 않고 여론을 형성해내는 것을 의미합니다. 제목은 '기쁨과 양심 죽이기'라고 이해할 수 있으며 사회와 인간에 대한 어두운 시각과 함께 그 반대편에 자리 잡고 있는 밝은 무엇인가를 암시하고 있습니다. 이 책은 억울한 누명을 썼지만 단지 흑인이라는 이유로 유죄가 되는 미국 남부 사회 어른들의 편견에 대한 비판과 타자와의 대화 가능성을 아이의 순수한 눈을 통해 감동적으로 그려내며 정의와 양심, 용기와 신념이 무엇인지, 더 나아가 사회에게 스스로를 돌아볼 기회를 제공합니다. 제목을 봤을 때는 '앵무새 죽이기? 이게 무슨 책일까? 진짜 앵무새 죽이기인가?'라는 생각이 들었지만 이 책을 읽으면서 사회를 바라보는 시선이 조금은 바뀔 수 있었고, 사회의 구성원으로서 많은 부정부패를 없애는 데 일조해야 한다는 생각이 갖게 되었습니다.

학생부 활동 기록	영어 서적 관련 출판 전문직에 관한 진로를 꿈꾸고 있음.
면접 문항	진로희망 칸에 영어 서적 관련 출판 전문직이라고 쓰여 있는데 꿈을 가지게 된 구체적인 계기를 말해주세요.
학생 답변	x

추천 답변	저는 평소 독서를 좋아하고 영어에 많은 흥미가 있었습니다. 그러는 도중에 봉사 활동으로 도서관에서 영어 서적 관련된 정리를 하게 되었습니다. 처음엔 많은 양이 있어서 걱정되었지만 하면 할수록 더 재밌어지고, 책 내용의 의미도 파악할 수 있었습니다. 그러면서 문득 '내가 느낀 이 감정들을 내가 책을 써서 사람들에게 전해줄 수 있지 않을까?'라는 생각이 들었습니다. 그러면서 출판과 관련된 정보에 대해 조사해 보았고, 직접 영어로 책을 써보는 활동을 해보면서 저에게 맞는 직업일 뿐 아니라 저의 특기를 살려서 제가 잘 할 수 있는 일이라고 생각하게 되었습니다.

학생부 활동 기록	독서 활동 기록에 영어독서 활동 기록됨.
면접 문항	기억에 남는 영어도서 하나만 말해볼 수 있나요?
학생 답변	원래 저는 주로 영어소설을 많이 읽는 편인데 고등학교 2학년 때 영어 영문과에 지원하려면 고전 소설 한 권은 읽어야 할 것 같아서 헤밍웨이의 '노인과 바다'라는 책을 읽었습니다. '노인과 바다'에서 노인이 바다에 나가 물고기와 격렬하게 투쟁하는 모습은 마치 '노인 대 바다'로 보이기도 합니다. 노인은 'Man is not made for defeat. Man could be distroyed but not defeated.'라는 말을 하면서 인간의 도전 정신에 대한 신념을 표현하고 있습니다. 하지만 다른 구절에서 노인은 바다를 형제라고 표현하는 모습도 보이고 있습니다. 저는 이것을 통해 노인은 자기 스스로 자신의 신념을 이루려고 끊임없이 노력하는 반면 '어부'라는 자신의 직업에 대한 깊은 이해를 가지고 있다는 생각을 하였습니다.
추천 답변	〈학생 답변 인용〉

자기소개서 기반면접

자기소개서 기록	셰익스피어 소네트를 읽음.
면접 문항	자소서에 셰익스피어 소네트를 읽었다고 되어있는데, 이게 생각보다 어려웠을 텐데 어떤 점에서 인상 깊었나요?
학생 답변	x
추천 답변	우선 셰익스피어의 130번 소네트는 화자가 사랑하는 여인이 이상적 미인의 기준에서 크게 벗어났지만 화자는 이러한 기준이 거짓 비유에 불과함을 알고, 자신이 현재 사랑하는 여인이 가장 진귀한 존재임을 밝히는 내용입니다. 이 시를 읽어보니 사랑하는 사람과 그를 향한 사랑을 아름답게 그려내는 데 있어서 가장 뛰어난 재능을 가진 사람이 셰익스피어 본인임에도 불구하고, 내가 사랑하는 사람의 모습이 조금이라도 왜곡되는 것을 원하지 않는다는 130번 소넷이 그야말로 '셰익스피어' 그 자체라는 점이 가장 인상 깊었습니다.
자기소개서 기록	나의 경험으로 음악적인 언어인 영어로 느낌 내용을 서술함.
면접 문항	자소서 4번에 '음악적인 언어인 영어~' 로 시작하는 문장이 있는데 영어가 음악적인 것이 아니고 그 문학이 음악적이라는 걸 쓰고자 한 거 아니에요? 잘못 쓴 거 아닌가요?

학생 답변	x
추천 답변	아닙니다. 지금은 영어가 워낙 익숙해서 느끼기 힘들지만 처음에 영어를 들었을 땐 이는 매우 아름다운 언어라고 생각을 했습니다. 그 중에서 'pristine'이란 단어를 들었을 때 그 뜻과 마찬가지로 단어의 소리가 맑고 깨끗하다고 생각하였습니다. 이처럼 단어의 소리가 그 의미를 나타내고, 상징적으로 표현할 수 있는 독특한 어휘가 많다는 보면서 아름답다고 생각하였습니다. 또한 스펠링이나 소리가 비슷한 단어가 많이 존재하는데 이는 말할 때 운율을 형성할 수 있다는 생각을 했습니다.

자기소개서 기록	다른 친구들보다 목표가 뚜렷한 내용을 기록함.
면접 문항	다른 친구들보다 목표가 뚜렷한데 왜 영어 교재 제작자가 되고 싶나요?
학생 답변	수준을 고려하지 않는 영어 수업이 문제가 있다고 생각했습니다. 세계화 시대에서 영어로 의사소통하는 능력 외에도 문화를 이해하는 능력 필요하므로 영어 교재 제작자가 되고 싶다고 생각했습니다.
추천 답변	저는 제가 하고 싶은 목표가 있습니다. 그 목표를 이루기 위해 많은 계단을 올라왔는데 그 과정에서 많은 문제점을 발견하게 되었습니다. 그것은 저희의 수준을 고려하지 않는 교과서와 수업방식 그리고 영어로 의사소통하는 능력만이 아닌 문화를 이해하는 능력이 필요하다는 것이었습니다. 저는 저희 친구들과 후배들을 위해 더 좋은 책, 더 좋은 공부 방식, 더 좋은 문화의 이해방법 등을 알려주고 더 재밌는 영어공부가 할 수 있도록 해주고 싶었기 때문입니다.

자기소개서 기록	채식주의자에 나오는 단어가 오역이라고 생각하는 내용을 서술함.
면접 문항	1) 자기소개서 2번에 채식주의자에 나오는 'green light'이 오역이라고 생각한다고 적었는데 그렇게 생각하는 이유는 무엇인가요? 2) 인문학의 어떤 부분이 그렇게 매력적이던가요?
학생 답변	1) x 2) 어릴 때부터 호기심이 많아 책을 통해 그 의문들을 해결하고는 했습니다. 그중에서도 가장 흥미로웠던 부분은 바로 인간의 삶과 삶의 의미였습니다. 그렇기에 자연스럽게 인간의 삶을 녹여 낸 인문학에 관심을 갖게 되었습니다. 특히 영어영문학과에서는 영어를 통해 더욱 폭넓은 인문을 접할 수 있기 때문에 저의 식견을 넓히고 생각하는 능력을 키울 수 있을 것입니다.
추천 답변	1) 이 부분에 대해서 의문점이 들어 다른 자료를 찾아본 결과 'green light'의 뜻은 청색 빛, 푸른 색이라는 뜻이 있지만 이런 뜻은 신호등의 청색 빛을 나타내는 뜻이 있으며, 청색 채소라는 뜻과는 거리가 멀다고 생각했기 때문에 오역이라고 생각했습니다. 그리고 'blue vegetables'라고 해야 제대로 된 표현이라 생각합니다. 2) 〈학생 답변 인용〉

7) 일어일문학과

학생부 기반 문항 면접

학생부 활동 기록	독서 활동을 통해 일본문화에 흥미를 느낌.
면접 문항	냉정과 열정 사이를 읽으면서 일본어와 일본문화에 흥미를 느낀 것 같은데 그 책을 읽고 일본문화와 음악에 대해 느낀 점이 있나요?
학생 답변	문화와 음악에 관해 설명은 못 하겠지만 이 책이 저에게 준 영향력에 대해 말했습니다.
추천 답변	책을 읽으면서 실제 피렌체에 있는 듯한 표현을 보고 상상을 했습니다. 그리고 글에 표현된 음악들을 찾아보면서 준세이의 마음과 아오이의 마음을 생각해 보았습니다. 이 작품은 같은 사건을 남자 여자의 다른 시선으로 바라보고 있어서 제가 잘 모르는 이성의 속마음을 이해하는데 도움을 주었습니다. 이런 방식은 일본 문학 작품에서 자주 보이는 서로 다른 심리를 상반되게 나타내는 방법이라고 생각했습니다. 마지막에 일본 특유의 열린 결말로 인해 사람마다 해석하는 방식은 다르지만 저는 두 주인공이 잘 이어지면 좋겠다고 생각했습니다.

학생부 활동 기록	일본어를 유창하게 잘함.
면접 문항	일본어 특기자로서 남들에게 배려와 나눔을 실천했던 경험과 느낀점에 대해 이야기해보세요?
학생 답변	여행 갔을 때 통역으로 남을 도왔던 경험을 말씀드렸습니다.
추천 답변	여행 중에 통역으로 인해 어려움을 겪는 사람들을 보고 도와주게 되었습니다. 저는 일본어 특기자로서가 아닌 일반인으로서 어려움을 겪고 있는 사람들을 도와주었고, 그 경험을 통해 일본어로 남을 도와주고 더 많은 흥미를 가질 수 있게 되었던 것 같습니다.

학생부 활동 기록	– 일본 관련 작품 등을 봄. – 동아리 신문부 활동을 함.
면접 문항	1) 일본과 관련된 영화, 드라마, 문학 작품 중 기억에 남는 작품을 얘기해주세요. 2) 신문부에서 학벌주의에 대한 칼럼을 썼는데 설명해보세요.
학생 답변	여행 갔을 때 통역으로 남을 도왔던 경험을 말씀드렸습니다.

추천 답변	1) 영화 중 '마루 밑 아리에티'를 보면서 일본인들이 소소한 것에 감동하고 서로를 배려하고 아끼는 모습과 문화를 보면서 깊은 인상을 받았습니다. 2) 주식과도 같다고 생각합니다. 실제 가치가 아닌 대중의 인식으로 인해 대학의 가치가 결정되고 있습니다. 대학에 대한 편견 또한 같은 맥락이라고 생각합니다. 이러한 현상을 해소하려면 시민의식의 자정이 필요하다는 취지의 칼럼을 썼습니다. 1) 우리는 일제강점기라는 암울한 역사가 있기 때문에 일본인들을 부정적으로 보는 경우가 많지만 '마루 밑 아리에티'라는 영화를 보고 나서 일본인들도 작은 것에도 감동하며 서로 잘 배려하고 아끼려는 모습이 있다는 것을 알게 되었습니다. 그래서 일본인에 대한 인상을 바꿔서 봐야겠다는 생각이 들었고, 더 나아가서는 이러한 일본인들의 문화가 아름답다는 느낌도 처음 받아보았습니다. 또한 일본 문화에서 받은 강렬한 인상 때문에 다른 부분에 대해서도 기대를 갖게 되었습니다. 2) 학벌주의는 '학력(學力)' 중심이 아니라 '학력(學歷)' 중심이 되어가는 풍토에서 만들어진 것이라고 생각합니다. 배움에 힘이 있고 알고자 함은 학력으로서 중요하고 모든 이가 충족되어야 할 것입니다. 하지만 어떤 학교에 재학한 것인지가 중시되는 사회가 학벌주의를 만들어냈습니다. 물론 해당 학교 졸업자가 모두 뛰어나다면 긍정적인 면이 있을 수도 있지만 그렇지는 못할 것입니다. 즉, 학교가 사람을 보장할 수는 없는 것입니다. 따라서 우리는 개인의 역량과 능력 중심의 사회로 사람들을 선발하고 뽑아야 학벌주의가 사라지고 학력의 뜻, 두 글자도 하나로 합쳐 공부하는 힘으로 생각할 수 있을 것입니다.
학생부 활동 기록	소논문 활동 우수상을 받음.
면접 문항	1) '미술을 통한 일본의 문화 및 역사 탐구'라는 소논문 활동은 구체적으로 어떤 내용인가요? 2) 왜 가부키가 그려진 미술 작품으로 선정하였나요?
학생 답변	1) 일본의 전통문화가 그려진 미술 작품을 선정하여 그와 관련된 일본 문화의 특징과 역사를 탐구 한 것입니다. 일본의 미술 작품을 접하였지만, 그 중에서 가부키가 그려진 미술 작품을 선정하여 가부키의 특징과 역사에 관해 탐구하고 소논문으로 작성하였습니다. 2) 가부키는 남성만이 연기하는 일본의 전통 연극으로 알고 있었지만 그 작품 속에서는 남성이 아닌 여성이 가부키를 연기하는 모습이 그려져 있었기 때문에 흥미가 일어 그 작품을 선정하게 되었습니다.
추천 답변	1) 〈학생 답변 인용〉 2) 〈학생 답변 인용〉

8) 중어중문학과

학생부 활동 기록	교과 시간, 동아리 활동에서 사드 문제에 대해 토의하고 활동을 함.
면접 문항	사드 문제에 대해 말해보세요.
학생 답변	x
추천 답변	사드는 고고도 중장거리 미사일로 중요한 시설을 지키는 방어체제입니다. 하지만 이런 방어체제를 미국에서 한국으로 들여올 때 중국의 비난이 매우 거셌습니다. 그 이유는 중국의 일부 지역을 감시할 수도 있고 사드 배치로 인한 국방력 강해로 자신들의 이익만을 챙길 수 없기 때문입니다. 또한 외교적인 문제가 크게 발생하고 서로의 사이가 악화하는 일이 발생할 수도 있습니다. 이런 일이 더 큰 갈등을 유발한다면 전쟁으로 이어질 수도 있기에 매우 민감한 문제라고 생각합니다.

학생부 활동 기록	교과 시간에 사자성어와 관련된 활동을 하였고 일상생활에서도 쓰이는 사자성어에 대해서도 배움.
면접 문항	자신이 좋아하는 한자성어를 말해보세요.
학생 답변	저는 '과유불급'이라는 한자성어를 좋아합니다. 평소 책임감이 너무 강한 나머지 자신을 힘들게 하는 경우가 많습니다. 책임감이 있는 게 좋지만, 저 같은 경우 너무 과해서 과유불급이라는 단어가 나에게 적당하다고 생각하여 좋아합니다.
추천 답변	저는 평소 책임감이 너무 강해서 본래 할 수 있는 활동 범위를 넘어서는 경우가 종종 있습니다. 이런 태도는 저 자신을 힘들게 할 뿐만 아니라 상대방을 힘들게 하기도 했습니다. 그런 경험 때문인지 과유불급이라는 사자성어가 저에게 확 와 닿았고, 그로 인해 책임감이 강해 먼저 나서서 활동하던 저의 성격을 바꾸고 다시 돌아보게 되는 계기가 되었습니다. 또한 과유불급처럼 어떤 것이든 너무 과하지 않고, 차분하고 조심스럽게 행동해야 한다고 다짐하게 되었습니다.

학생부 활동 기록	2학년 때 교사와 친분을 더 쌓기 위해 노력을 하다 실수를 하였지만, 그 부분에 대해서 자신이 깨닫고 고치려고 함.
면접 문항	2학년 행동발달사항에 보면 '교사의 기분을 헤아려'라고 적혀있는데 이건 무슨 뜻인가요?

학생 답변	만우절 선생님을 즐겁게 해드리려고 준비했다가 실수를 했는데, 선생님의 기분을 다시 풀어드리려고 했던 활동입니다.
추천 답변	만우절을 맞이해 여태 잘 이끌어 주신 감사함을 보답하기 위해 반 친구들과 작전을 짜고 선생님께 재밌게 해드리려고 했지만, 도중에 실수가 생겨 오히려 약이 아니라 독이 되어 선생님께 폐를 끼치게 되었습니다. 이를 만회하기 위해 다시 기분을 좋게 해드리려고 지금보다 더욱 노력을 기울이게 되었습니다. 이런 경험을 통해 의도치 않은 곳에서 많은 실수가 발생하게 되고 그 실수는 자신이 책임져야 한다는 생각을 다시 한 번 강하게 인식하게 되었습니다.

학생부 활동 기록	3학년 때 봉사 활동을 통해 희생정신을 향상시킴.
면접 문항	3년 동안 봉사 이렇게 많이 하면서 학업에 지장 안 받았나요?
학생 답변	x
추천 답변	솔직히 안 받았다고 하면 거짓말일 것입니다. 사실 지장을 많이 받았습니다. 하지만 봉사 활동을 하면서 멀티태스킹 능력을 향상시킬 수 있었고, 봉사의 즐거움도 느껴 학업에 스트레스를 덜어주는 방법으로 사용할 수 있었기 때문에 더 좋은 효과를 보게 된 것 같습니다. 또한 이런 경험을 통해 제가 한 걸음 더 성장할 수 있는 발판이 되었습니다.

학생부 활동 기록	– 교과 시간, 동아리 시간에 읽은 허삼관 매혈기의 대한 줄거리를 씀. – 독서 활동 : 제 7일
면접 문항	1) 독서 '허삼관 매혈기' 줄거리를 간략하게 말해보세요. 2) 위화 책 중에서 '허삼관 매혈기' 말고 읽은 다른 책이 있나요?
학생 답변	1) x 2) 위화의 '제 7일'이라는 책을 읽었습니다.
추천 답변	1) 주인공은 가족들의 생계를 지키기 위해 자신의 피를 팔아 힘겹게 살아갑니다. 처음엔 한 남자로서 그 다음은 가족의 가장으로서 가족들의 생계를 지키기 위해 고군분투하며 살아가는 허삼관의 모습이 너무 안쓰럽게 보였습니다. 2) 위화의' 제 7일'이라는 책을 읽었습니다. 이 책의 내용은 죽은 후 7일간의 자신의 삶과 이별하는 시간을 갖는 내용입니다. 대부분 사람은 죽음이라고 하면 매우 부정적이고 암울하고 침울한 상황만 생각하게 됩니다. 저도 그중에 하나였습니다. 하지만 이 책을 읽으면서 패러다임을 바꾸는 시간을 가질 수 있었습니다. 저는 이 책을 읽으면서 죽음이란 우리가 생각한 만큼의 막중한 무게를 가지지 않아도 되겠구나, 그리고 좀 더 소중하고 좋은 삶을 만들어야겠다는 것을 느꼈습니다.

학생부 활동 기록	진로희망사항이 바뀜.
면접 문항	꿈이 중국어 교사에서 통번역가로 바뀌었네요? 왜 그런지 설명해 볼래요?
학생 답변	중국어 교사와 통번역가 중 고민하던 중 2학년 겨울방학 때 한국 청소년 통역단 활동을 계기로 통번역가로 진로를 결정하게 되었습니다. 통역단 활동을 하면서 중국어 교사는 중국이란 나라를 한국 사람에게 일방적으로 알려주는 것과 달리 통번역가는 중국과 한국 두 나라의 교류를 양방향으로 한다는 것이 저에게 더 적합하다고 생각하여 진로를 통번역가로 결정하게 되었습니다.
추천 답변	〈학생 답변 인용〉

자기소개서 기반면접

자기소개서 기록	중국의 명절과 한국의 명절을 비교함.
면접 문항	중국 명절과 한국 명절 차이를 비교해서 말해보세요.
학생 답변	x
추천 답변	한국에서의 음력 1월 1일은 설날이고 떡국을 먹으면 한 살을 먹는다는 의미가 있습니다. 그런데 중국에는 '춘제'라는 중요한 명절이 있습니다. 이 춘제에는 한국과 달리 춘빙이라는 음식을 먹고 밤에는 가짜 돈을 태워 조상에게 복을 비는 풍습들이 있습니다. 또한, 한국에는 단오라는 명절에 청포 물에 머리 감기를 하지만 중국에는 쌀과 여러 가지 채소들을 넣어 싸 먹는 풍습들이 있습니다. 이런 자료들을 보면서 문화와 풍습은 세부사항이 다를 뿐 유사성이 많다는 걸 다시 한 번 깨닫게 되었습니다.

9) 언어, 한국어 및 특수언어학과(이탈리아, 스칸디나비아, 베트남, 한문)

학생부 기반 문항 면접

학생부 활동 기록

편지 번역 봉사 활동을 함.

면접 문항

편지 번역 봉사 활동을 하면서 언어학과랑 어떤 연관성이 있다고 생각했나요?

학생 답변

남미에 스페인어를 알지 못하는 시골 사람들이 사회 진출에 어려움을 겪는 등의 이야기와 엮어 말씀드렸습니다.

추천 답변

편지 번역 봉사 활동을 통해 저 역시 외국어 역량을 더 키울 수도 있지만 스페인어를 잘 모르는 시골 사람들에게 편지를 번역해 보내주면서 그 글을 더 이해하기 쉽고, 그 시골 사람들이 사회 진출에도 문제가 있으므로 그 문제에 대해서도 해결해 줄 수 있다고 생각합니다. 이 활동을 하기 위해서는 우선 그 나라의 언어를 알아야 하고, 이해할 수 있어야 더 많은 것을 알려 줄 수 있기 때문에 언어학과랑 많은 관련이 있다고 생각합니다.

학생부 활동 기록

교과, 동아리 시간을 통해 광장이라는 작품을 읽고 그 작품에 주인공에 대해 토론을 함.

면접 문항

'광장'을 읽었는데 자신이 주인공이라면 어떤 선택을 할 건가요?

학생 답변

X

추천 답변

자유주의를 선택했을 것 같습니다. 자유주의라는 사회가 살아가기에 가장 적합하다고 생각했기 때문입니다. 하지만 주인공의 극단적인 선택은 너무 무모하다는 생각도 들었습니다. 그 당시 6.25 전쟁으로 인해 피폐해진 상황에서 더 이상 삶의 가치를 찾을 수 없다는 것, 그리고 이제는 살기도 힘들다는 것 등을 직접 경험해 보진 않았지만 약간은 이해할 수 있습니다. 하지만 그 현실을 극복하려고 하는 긍정적인 생각들을 조금이라도 했더라면 그때 당시의 상황은 매우 최악이었을 수도 있지만, 서로가 의지하면 언제든 바꿀 수 있지 않을까? 하는 의문이 들기도 했습니다.

학생부 활동 기록	소논문대회 활동을 함.
면접 문항	소논문대회에서 연구 설계를 어떻게 하였는지요?
학생 답변	양적 연구를 주로 설정하여 질문지법으로 선정한 학생들을 면접하였습니다.
추천 답변	양적 연구를 주로 하면서 연구는 설문지법으로 하게 되었습니다. 그러면서 학생들에게 많은 참여를 부탁했고, 설문지법에 참여한 학생들 몇 명을 데리고 면접을 진행해 보기도 하였습니다. 처음에는 다들 많이 꺼렸지만 이 연구에 대한 목적에 관해 설명해 주고, 경험에 관해서도 이야기해 주니까 그때부터 학생들도 이해를 하면서 면접에도 잘 응해주었습니다.

학생부 활동 기록	사회현상 탐구반에서 토론 활동을 함.
면접 문항	학년 때 한 사회현상 탐구반에서 토론을 열심히 했다고 하는데 어떻게 주장하여 상대측을 설득하였나요?
학생 답변	소년법 폐지를 주장하며 요즘 학생들의 정신연령과 신체 나이가 더욱 성숙해지고 있는 것을 근거로 청소년이라는 이유 하나만으로 감형하는 것은 무리가 있다고 하였습니다.
추천 답변	요즘 학생들은 예전보다 훨씬 많은 경험을 하고 그 경험 등을 통해 좀 더 성숙해지고 자신의 문제점들을 많이 파악하고 있으면서 그 문제점들을 많이 해결하려고 하고 있습니다. 그러는 와중에도 소년법을 유지하게 된다면 극소수이겠지만 자신의 나이를 이용하여 범죄를 일으키려는 아이들도 있으므로 그런 위험성을 배제하기 위해서라도 소년법 폐지를 하는 것이 맞으며 청소년이라는 말도 안 되는 이유만으로 형을 감형하는 것은 그 아이를 더욱 악화시키는 촉진제 밖에 되지 않는다고 하였습니다.

학생부 활동 기록	진로 활동 : 유럽어문학과의 교육과정을 조사하고 자신의 꿈을 설계하는 시간을 가짐.
면접 문항	학과가 하는 활동이나 수업에 대해 아나요? 안다면 이에 대해 말해주세요.
학생 답변	저는 유럽어문학과의 교육과정에 대해 보고 왔습니다. 앞서 제가 프랑스의 문화적인 면에 흥미를 가지고 있다고 하였는데, 1학년 때부터 '프랑스의 문화와 사회'라는 과목을 배우는 것을 보고, 제가 관심 있는 분야에 대해 입학 초에도 배울 수 있어 큰 기대가 되었습니다. 그리고 4학년에 개설된 '광고 언어의 분석과 이해'라는 과목은 저의 꿈인 패션 잡지 에디터에게도 패션 아이템에 대한 광고성 글을 써야 할 확률이 높은데, 이에 대해 많은 도움을 줄 수 있을 것 같아 매우 기대되었습니다.
추천 답변	〈학생 답변 인용〉

학생부 활동 기록	아랍 관련된 도서 활동을 함.
면접 문항	친구들에게 추천해주고 싶은 아랍관련 책은?
학생 답변	〈아랍의 봄〉: 프랑스 혁명과도 연관되어 있고 중동에서 유럽의 역사까지 연결된 중요사건이기 때문에 아랍에 관심이 없어도 흥미를 느낄 수 있다고 생각했습니다.
추천 답변	〈아랍의 봄〉이라는 책이 프랑스 혁명과도 연관되어 있으며 중동에서 유럽의 역사까지 연결된 중요사건이기 때문에 프랑스나 유럽 쪽으로 관심이 있다면 아랍에 관심이 없다 하더라도 흥미를 가지고 볼 수 있으며 아랍에 대해 새로운 사실들도 알릴 기회라고 생각합니다.

학생부 활동 기록	독서활동 상황에 군주론을 읽은 기록이 있음.
면접 문항	어려운 책을 많이 읽었는데 '군주론'을 읽고 어떤 것을 느꼈나요?
학생 답변	'군주론' 자체가 다소 어렵고 추상적인 책인데, 고 2 때 읽었던 것으로 기억합니다. '리더', '군주'란 진정으로 어떤 사람이어야 하는지에 대해 생각해보는 시간을 가졌습니다.
추천 답변	전반적으로는 군주가 어떻게 해야 좋은 군주가 될 수 있으며 이를 통해 강성한 나라를 만들 수 있다는 방법을 제시하는 내용이었지만 조직이나 집단 혹은 단체의 리더에게 적용할 수 있다고 생각하면서 책을 읽었습니다. 인간의 본성 및 현실적인 내용을 강하게 담고 있어서 읽으면서도 현대 사회에서도 충분히 적용될 수 있겠다고 느꼈습니다.

자기소개서 기반면접

자기소개서 기록	춘향전에 대해 현대 사회와 비교해보고 발표함.
면접 문항	춘향이와 변 사또와의 갈등을 어떻게 사회의 갈등과 연결했나요?
학생 답변	x
추천 답변	춘향이와 변 사또의 갈등은 지금의 사장과 직원의 관계에서 나타나는 갈등과 비슷하다고 생각합니다. 변 사또의 수청을 들지 않은 춘향이는 옥살이를 하게 되는데 이처럼 사장님이 하시는 명령에 직원 이건 옳지 않다고 하다면 진급을 시켜주지 않거나 회사에서 내쫓기게 됩니다. 이런 상황을 보면서 조선시대의 계급 체계가 아직도 살아있어서 그 계급대로 움직인다는 것이 매우 안쓰럽게 느껴졌고, 쉽게 바뀌진 않겠지만 빨리 바뀌었으면 좋겠다고 생각합니다.

자기소개서 기록	조별활동에 잘 참여하지 못하는 친구들도 잘 챙겨 활동함.
면접 문항	조별활동에 참여하지 않은 친구를 어떻게 설득하여 참여시켰나요?
학생 답변	x
추천 답변	그 친구들에게는 물어보면서 이 활동에 대해 어떤 점이 맘에 들지 않고 어떤 점은 좋으냐고 물어보았습니다. 그에 대해 답변을 해주면 이 활동과 관련된 내용과 조금씩 연관시켜주면서 자연스럽게 이 활동에 녹아들 수 있게 했습니다.

자기소개서 기록	스웨덴어가 우리나라에 많이 안 알려진 언어라 공부하기 위한 자료가 부족했습니다.
면접 문항	스웨덴어를 공부하면서 무엇이 제일 어려웠나요?
학생 답변	유튜브 등 미디어를 통해 스웨덴어에 관심이 생겨 공부하려고 책을 샀는데, 그 책이 내용이 너무 어려웠습니다.
추천 답변	스웨덴어를 공부하기 위해서 서적을 찾아보았는데 시중에 책이 많이 없었습니다. 왜냐하면 스웨덴어가 우리나라 서울 인구보다 적은 인구가 사용하는 언어이기 때문이었습니다. 게다가 시중에 나와 있는 스웨덴어 관련 책들 대부분이 일반인들보다는 전공자를 위한 것이어서 공부하는데 무척 힘들었습니다. 그래서 저는 스웨덴어를 공부한 후 일반인들이 쉽게 공부할 수 있는 스웨덴 언어 관련 책을 써 보고 싶습니다.

자기소개서 기록	우리 콘텐츠의 성공은 해외 문화와 우리 문화 사이의 접점을 찾아내 이를 알리는 것이 중요합니다.
면접 문항	우리 콘텐츠의 성공을 위해서는 해외 문화와 우리 문화 사이의 문화적 접점을 찾는 일이 중요하다고 자소서에 작성하셨는데 간단한 예시를 들 수 있나요?
학생 답변	문화적 접점이란 우리가 가진 콘텐츠 기술력과 해외 지역 소비자들의 니즈를 모두 충족시킬 수 있는 지점을 말합니다. 대표적인 예시로 지난 해 '블루 홀'이라는 우리 기업에서 제작한 '배틀 그라운드'라는 콘텐츠가 있습니다. 서양 문화권에서 큰 인기를 얻은 배틀 로얄이라는 영화를 모티브로하여 우리의 기술력을 통해 제작해서 유럽과 북미에서 아주 큰 성공을 거두었습니다.
추천 답변	〈학생 답변 인용〉

10) 역사학과

학생부 기반 문항 면접

학생부 활동 기록	역사와 관련된 많은 활동을 함.
면접 문항	역사와 관련 있다고 생각하는 활동에는 무엇이 있었나요?
학생 답변	자율동아리 '윤리와 사상가' 입니다. 사상이 발생하던 시대적 배경, 사상가의 생애 등 역사를 바탕으로 그 사상에 대해 깊이 있게 이해하는 활동이었습니다.
추천 답변	윤리와 사상가라는 자율동아리를 통해 사상이 발생하던 시대적 배경과 사상가의 생애 등을 알아보는 시간을 가지면서 이러한 내용들을 이해해보았고, 한국사 탐험 동아리를 통해 우리나라의 많은 유적지를 탐방하면서 그 시대의 배경과 살아온 삶들을 보면서 '우리가 이렇게 살기까지 많은 일들이 일어났고, 이런 세상을 만들기 위해 조상들이 많은 희생을 하셨겠구나'하는 깨달음을 얻을 수 있었습니다. 또한 우리의 미래를 더 좋고, 더 행복한 사회로 만들어나가고 싶다는 생각이 들었습니다.

학생부 활동 기록	탐구한 사상가들을 알아보는 시간을 가짐.
면접 문항	탐구한 사상가 중 가장 기억에 남는 사람은 누군가요?
학생 답변	맹자입니다. 전국시대, 맹자의 생애를 바탕으로 그의 사상인 성선설, 무항산 무항심에 대해 이해해봤습니다.
추천 답변	전국시대의 맹자입니다. 맹자의 생애를 보면서 그의 사상인 성선설에 대해 알게 되었습니다. 저는 처음에 많은 의문을 가졌습니다. 사회에서 사람들이 하는 행동들을 보면 옳지 않은 것들이 더 많을 뿐만 아니라 자신의 이익을 위해서는 남을 희생시키는 말도 안 되는 일을 하고 있었기 때문이었습니다. 이런 행동들을 보면서 사람은 처음부터 악하다고 생각했지만 사상가인 맹자는 그와 반대로 '사람들은 처음에는 착하게 태어났다'라는 학설을 발표했기 때문에 무척 인상적이었고, '생활이 어려우면 바른 마음을 가지기에 어렵다.'라는 '무항산 무항심'에 대해서도 알게 되면서 '엄청난 분이셨구나'라고 생각하게 되었습니다. 게다가 그분이 제시한 이유가 현실과 너무 잘 맞고 대부분의 사람들이 경험하는 것들이기 때문에 경이로운 학설이라는 생각까지 하게 되었습니다.

학생부 활동 기록	3년 동안 역사UCC 대회에 참여하고 수상을 함.
면접 문항	3년 동안 역사UCC대회에 참여하고 모두 수상했네요. 3학년 때는 대상까지 받았는데 그때 어떤 내용으로 UCC를 만들었나요?
학생 답변	UCC를 제작할 때 메시지를 전달하는 것을 중요하게 생각합니다. 여성 독립운동가에 관한 내용을 구성하며 남성뿐만 아니라 여성들 또한 독립운동을 벌였으며 그들을 기억해야 한다는 메시지를 전달하고자 했습니다.
추천 답변	우리는 독립 운동가들에 대해 배울 때 중요한 사건에 많은 일을 하신 분들 위주로 배워 왔습니다. 하지만 큰 사건이 아니더라도 우리 사회에 영향을 끼친 여성 독립운동가들이 많다는 것을 다른 사람들에게 알리고 싶었습니다. 그분들로 인해 우리나라가 지금까지 잘 유지될 수 있는 것이기 때문에 동등한 독립운동가로서 기억해줘야 한다는 메시지를 심어주려고 했습니다.

학생부 활동 기록	답사 활동을 함.
면접 문항	우리는 답사 활동을 많이 하는데, 왜 답사가 중요할까요?
학생 답변	옛말에 '백문이 불여일견'이라는 말이 있듯, 단순히 책과 인터넷으로 역사를 배우고 정보를 얻는 것보다, 직접 역사적 장소를 방문할 때 더욱 더 생생한 느낌과 정보를 얻을 수 있어서 중요하다고 생각합니다.
추천 답변	현장 답사는 직접적인 경험을 가능하게 해주며 다양한 느낌을 통해 학습에 적용할 기회를 만들어 주기 때문입니다. 그리고 가공된 자료를 보고 느끼는 것보다 직접 관찰하고 연구하는 효과를 가지고 옵니다. 또한 현장 답사를 할 때 혼자보다는 단체로 가게 되는데 인솔자, 안내자 등 함께 관찰하는 경험이 제가 보아야 할 부분을 빈틈없이 채워주며, 또한 내 생각과 다른 부분을 인정할 수 있도록 도와줄 수 있습니다.

| 면접 문항 | 학교생활에 성실히 참여한 이유가 무엇인가요? |

| 학생 답변 | X |

| 추천 답변 | 학교라는 장소에 있으면서 학교 규칙을 따르고 학교 선생님들의 말씀을 들으면서 안전하게 생활하는 것이 학생의 도리입니다. 모든 것을 다 떠나서 무슨 일을 하든 항상 성실히 참여해야 하며, 성실히 참여해야 하는 이유는 성적뿐만 아니라 사회에 나가서도 자기계발에 많은 도움을 받을 수 있기 때문입니다. 또한 주위 사람에게 인정을 받고, 그 누구보다 더 많은 도움을 받으며 좋은 세상에서 살아 갈 수 있기 때문이라고 생각합니다. |

| 학생부
활동 기록 | 진로희망 : 학예사를 희망함. |

| 면접 문항 | 1) 장래희망(학예사)를 결정한 계기는 무엇인가요?
2) 자신에게 학예사로서의 소질이 있다고 생각한 이유는 무엇인가요? |

| 학생 답변 | 1) 학예사 전문 직업인 초청 강연을 들은 뒤, 학예사가 과거와 대중의 소통에 큰 역할을 한다는 점에 매력을 느껴 진로희망으로 학예사를 결정했습니다.
2) 다수를 대상으로 한 내용 전달에 있어 긴장하지 않고 침착하게 전달할 수 있고, 지적 호기심과 탐구의지가 강하다는 점이 자신이 학예사라는 직업에 적합하다고 생각합니다. |

| 추천 답변 | 1) 전문 직업 초청 강연을 들었는데 학예사의 매력은 작품에 대한 수집, 전시 기획을 하는 것이었습니다. 사람들에게 고전 및 현대 작품을 선보여주면서 이 작품에 숨어 있는 의도 그리고 작품을 만들 수밖에 없던 역사적 배경 등을 설명하면서 대중들에게 전달해주는 것이 매력적이어서 결정하였습니다.
2) 저는 학교에서 많은 발표 활동과 축제 사회 등을 보면서 대중 앞에서 말을 할 때 긴장하지 않는다는 것을 알았고, 역사 시간에서 몇몇 작품을 소개했을 때 그 작품이 생겨난 역사적 배경에 호기심과 흥미가 생기는 것을 보고 저에게 적합하다고 생각했습니다. |

| 학생부
활동 기록 | – 봉사활동 : 1학년 때 다양한 기관에서 지속적인 봉사. 2학년때 박물관에서 지속적인 봉사함.
– 예체능 특기 사항 : 스케치역량이 뛰어나며~
– 취미 특기 : 서양화 그리기로 기록함. |

| 면접 문항 | 그림을 잘 그리는 것 같은데 미대로 진학한 뒤 큐레이터 생각은 해보지 않았나요? |

학생 답변	그림은 독학으로 배웠고 그림을 그리는 것도 중요하지만 그만큼 이론을 배우는 것도 중요하다고 생각해서 고고미술사학과에 지원하게 되었습니다.
추천 답변	그림을 혼자서 배우다 보니 여러 가지 자료를 찾아보면서 그림에 흥미를 붙이고 있었습니다. 그러다 명작들이 시대를 품고 있고, 그 의미가 현대에서 새롭게 해석되는 것이 너무나 흥미로웠습니다. 그림으로 미대를 목표로 할 수 있으나 그림을 해석하고 사람들과 그 의미를 나누는 것에 더 흥미를 느껴 고고미술사학과에 지원하게 되었습니다.

자기소개서 기반면접

자기소개서 기록	갈등 해결에 대한 활동을 했다.
면접 문항	자기소개서 3번에 갈등 해결과 관련된 내용이 있는데요. 문화재를 복원하려고 할 때 지역 주민들이 반대한다면 어떻게 할 건가요?
학생 답변	x
추천 답변	문화재 복원을 반대하는 것은 우리의 역사, 우리의 과거를 고치지 않으려고 하며, 그 과거 또는 역사를 잊겠다는 것으로 저는 생각하고 있습니다. 그러나 문화재는 반드시 복원해야 합니다. 지역 주민들은 문화재를 복원하려는 돈이 아까워서, 아니면 자신들에게 그 돈을 써주길 바라는 것인지는 모르겠지만 그 주민들에게 역사 교육을 해줘서라도 정확하게 알려줘야 한다고 생각합니다. 끝까지 복원하고 싶지 않다고 생각하는 사람도 있겠지만 복원을 하지 않는다면 그 문화재는 없어진 상태로밖에 남지 않을 것이고 결국엔 우리의 역사를 잊게 될 것 입니다.

자기소개서 기록	역사적 인관관계를 파악할 수 있는 역사적 해석 능력을 길러야 한다.
면접 문항	역사적 인과관계를 잘 파악할 수 있는 역사해석능력을 길러야한다고 했는데, 이게 무슨 뜻인가요?
학생 답변	x
추천 답변	하나의 사건만 주목하는 것이 아닌 앞뒤의 인과관계를 잘 파악하여 전체적인 흐름을 이해하여야 한다는 뜻이었습니다. 그래야 역사에 흐름을 끊이지 않고 이해하며 알아갈 수 있기 때문입니다.

11) 철학과

학생부 활동 기록	홉스의 절대왕정에 대한 이유에 관해 토론함.
면접 문항	홉스의 절대왕정을 설명해보세요.
학생 답변	X
추천 답변	절대왕정은 지지했지만 왕의 절대적 권위에는 반대하였습니다. 홉스의 절대왕권은 신에게서 통치권을 전수 받은 통치자가 아니라, 구성원의 자연권을 보호가기 위해 개인의 동의를 바탕으로 한 사회계약을 통해 생성된 것입니다. 따라서 국가에서 정치적 권위의 출발점이 시민의 권리 보호에 있으며 개인은 생명과 재산, 자유를 보장하는 것입니다.

학생부 활동 기록	하버마스의 담론윤리에 대해 배움.
면접 문항	하버마스의 담론윤리를 설명해보세요.
학생 답변	X
추천 답변	공정한 토론 절차를 강조하며 의사소통의 합리성을 실현해야 서로 갈등하는 다양한 의견을 합리적으로 논의해, 대화에 참여하는 모든 사람이 합의 결과를 수용해야 합니다.

학생부 활동 기록	공리주의를 롤스와 노직의 입장에서 비판해보는 활동을 함.
면접 문항	공리주의를 롤스와 노직의 입장에서 비판보세요.
학생 답변	X
추천 답변	공리주의는 최대다수의 최대행복의 실현으로 윤리적 행위의 목적으로 보았습니다. 반면에 롤스의 입장은 '큰 이익을 위해 자신을 위험에 빠뜨릴 수 있는 위험한 원리를 선택하지 않을 것이다. 최소 극대화의 원칙에 따른다는 것은 최대의 이익은 누리지 못하지만, 최악의 경우에도 인생 계획을 위한 기본적 조건은 확보될 수 있는 선택을 하는 것이다.'라고 생각하였습니다. 또한 노직은 산업혁명 이후 개인의 이익과 사회 전체의 이익을 해결하기 위한 원칙 논의와 인간은 누구나 태어날 때부터 쾌락을 추구하고 고통을 피하려는 경향을 가진다고 주장하면서 공리주의와는 정반대로 남을 생각하지 않고 자신의 쾌락대로만 추구한다고 생각하였습니다.

학생부 활동 기록	아이히만과 아렌트에 대해 차이점을 알아봄.
면접 문항	아이히만에 대해 아렌트는 어떻게 평가할 것인가요?
학생 답변	X
추천 답변	아렌트는 사회의 악과 폭력에 본질에 대해 연구하여 〈폭력의 세기〉라는 책을 집필하였습니다. 이런 사회의 악과 폭력에 많은 관심을 가지고 있습니다. 그러는 도중에 아이히만의 재판에 참여하였고, 아이히만이 죄악에 비해 평범하다는 것을 알게 되면서 아렌트는 다른 사람의 처지를 생각할 줄 모르는 사람들이 가진 생각의 무능은 말하기의 무능을 낳고 행동의 무능을 낳는다는 말을 남겼습니다. 이 말을 들었을 때 아이히만은 자신만을 생각하면서 다른 사람의 처지는 조금도 생각하지 않는 무능한 사람이라고 밖에 볼 수밖에 없다고 생각합니다.

학생부 활동 기록	아이히만이 자신이 무죄라는 주장에 대해 생각해 보는 활동을 함.
면접 문항	아이히만이 자신이 무죄라고 주장한 것에 대해서는 어떻게 생각하는가요?
학생 답변	X
추천 답변	아이히만은 '자신이 한 일의 대해서 죄책감을 갖지 못한다.' 이런 상황을 봤을 때는 아무리 검사를 통해 정상이라고 나왔어도 '그 때 만큼은 속일 수 있다.'라고 생각해 이런 일을 하면서도 죄책감을 갖고 있지 않습니다. 이런 점에서 볼 때 사람으로서의 도덕적인 개념이 박혀 있지 않고, 잘못된 점들을 배우며 그런 것으로 인해 이런 상황까지 왔다고 생각합니다.

3
인문계열

12) 종교학과

학부생 기반 문항 면접

| 학생부 활동 기록 | 교내활동을 함. |

면접 문항 교내 활동 중 가장 인상 깊었던 활동은 무엇인가요?

학생 답변 사회문화 시간에 토론한 활동을 말씀드렸습니다.

추천 답변 사회문화 시간에 토론한 활동이 가장 인상 깊었습니다. 저는 평소 사회문화를 공부하면서 이해하기도 어렵고 공부하기도 어려워서 어떻게 해야 할지 잘 몰랐었습니다. 하지만 토론을 하면서 제가 배운 내용에 대해 말을 하고 친구들의 의견도 들어보면서 제가 알고 있던 내용을 훨씬 수월하게 정리 할 수 있었을 뿐더러 몰랐던 내용들도 머릿속에 입력할 수 있었던 것이 공부하는데 더 좋은 영향을 끼칠 수 있었습니다.

학생부 활동 기록 교내에서 친구들의 고민을 들어주면서 친구들의 아픔을 같이 나눔.

면접 문항 생활기록부에 친구들의 고민을 나누었다고 쓰여 있는데 어떤 고민이었나요?

학생 답변 X

추천 답변 친구들의 개인적인 고민을 들어주게 되었습니다. 그 고민을 들어주게 되면서 내가 이 고민을 잘 해결하며 이 고민으로서 벗어나게 해줄 수 있을지에 대한 의문이 많이 들었습니다. 하지만 이 고민을 저에게 털어놓은 친구를 봤을 때 '저를 많이 의존하며 이 고민의 아픔을 같이 나눌 수 있을 친구로 생각하고 있구나'라는 생각이 들어 그 고민에서 친구를 벗어나게 해 주려고 많은 조언과 위로를 해주었습니다.

나

사회계열

사회계열 면접 문항 분석 & 답변 사례

사회계열의 경우 많은 학과들이 학생부를 확인하는 면접 형태로 진행하고 있으며 학생부의 내용 중 창의적 체험활동, 교과 세특, 봉사활동, 독서 활동 등의 영역에서 주로 출제되고 있습니다. 또한 공동체 생활, 동아리나 교과 시간에 토의·토론했던 주제를 시사 분야와 연계해서 물어보는 문제, 사회적으로 논란이 되는 주제에 대한 근거를 바탕으로 자기 생각을 물어보는 질문이 자주 나오고 있기 때문에 희망하는 학과에 관련된 내용을 미리 정리하는 것이 좋습니다.

가정, 소비자학과는 학생부와 서류를 확인하는 면접으로 진행되며 봉사활동에 관련된 질문을 많이 하고 있습니다. 자소서를 제출하는 학교는 자소서에 아동이나 소비자에 관련된 내용이 있으면 꼭 물어보고, '아동이 처한 현실을 해결할 방법' 등 상황을 들어서 물어보기도 합니다.

국제학, 외교학 관련 학과는 학과에 대해 알고 있는지와 국제사회나 외교에 대한 기본적 소양을 확인하고 있습니다. 또한, 다문화 봉사활동을 했다면 봉사하면서 느낀 점에 관해 물어보는데 기본적인 대답에 다문화 봉사활동을 통해 국제시민으로서 느낀 점 등을 추가해 주는 게 좋습니다. 학교에서 실시한 민주시민 교육 활동, 다문화 교육 활동에 대해 의미 있었던 활동과 배우고 느낀 점을 정리해 보시기 바랍니다. 학교 간 공동교육과정 또는 온라인 공동교육과정으로 국제경제, 국제정치의 과목을 이수했다면 스토리가 있는 내용 정리는 필수입니다.

법학과는 수상내역 중 봉사상, 성실상을 받는 이유, 논문 대회에서 상을 받았다면 주제선정 이유와 논문을 작성하면서 배우고 느낀 점을 잘 정리해 두어야 할 것 같습니다. 안락사, 친권의 판단기준, 미디어 속 성차별, 전면적 무상급식 등 사회적으로 논란이 되는 주제에 대해 근거가 있는 자신만의 판단이 있어야 할 것 같습니다. 그리고 학생들이 '법조인이 되면 인권변호사가 될 것이다'라는 식으로 구체적인 계획 없이 단순히 사람들을 돕고 싶은 마음에 진로 희망 사항이나 자소서에 적게 되는데 근거 없이 적으면 면접 때 답변의 근거가 없어집니다. 인권변호사를 희망하는 학생이면 진로를 설정한 이유를 타당하게 설명할 수 있어야 합니다.

사회복지학과는 학생부 등의 서류 확인 면접이 주를 이룹니다. 그중에서 봉사활동 및 자치 활동 중 공동체 활동을 하면서 배우고 느낀 점이 주로 면접 질문으로 나오고 있습니다. 학생부에 기록된 내용에서 추출해 '갈등 상황이 생긴다면 어떻게 해결해 나갈 것인지'도 물어봅니다. 자신이 들어가서 모든 문제를 해결해 줬다는 표현보다는 함께 문제를 해결해 나갈 수 있는 방법을 제시하는 것이 좋을 것 같습니다.

사회학과는 교과수업시간 사회적 이슈에 관한 토론 활동, 글쓰기 활동에 질문이 많이 나오고 있습니다. 또한, 창의적 체험활동 중 이루어진 단체 활동을 할 때 배우고 느낀 점, 갈등 조정 사례 등에 대한 정리도 필요할 것 같습니다.
심리학과는 학생들이 수행한 심리학 관련 탐구 활동에 대해 꼭 확인하고 있습니다. 또한 최근 사회적으로 논쟁이 되는 조현병 환자와 주변 사회와의 효과적 공존 방안에 대해서도 자주 물어보고 있습니다.

언론, 방송, 매체 관련 학과를 지원하는 학생 중 다수는 방송반 활동을 많이 했습니다. 단순히 방송반을 한 것이 아니라 어떤 주제로 기획기사나 영상을 제작한 경험을 통해 배우고 느낀 점을 자주 물어보고 있습니다. 또 방송 관련 활동을 하면서 어떻게 성적을 유지할 수 있는지도 자주 물어보고 있습니다. 영어 성적에 관련된 질문, 사회적 이슈에 대한 자기 생각을 물어보는 질문에 대해서도 가상의 면접 문제를 만들어 스스로 정리해 두어야 할 것 같습니다. 과제탐구 활동을 한 학생이라면 주제 선정이유와 과정을 통해서 배우고 느낀 점도 중요한 면접 문제 중 하나입니다.

의료, 의상학과는 패션에 관한 질문이 많습니다. 기본적으로 지원자 대부분 패션동아리를 활동하였으며, 이 활동 속에서 본인을 드러낼 수 있는 것을 정리하는 것이 필요합니다. 또한 패션 디자인은 아이디어 창출이기 때문에 저작물 또는 표절 문제 등에 자신의 주장을 가지고 있는 것이 면접 준비에 도움 됩니다.

정치학과는 교과 시간에 토론 활동을 한 내용에 대해서 자기 생각을 물어보는 질문이 자주 출제됩니다. 전공이나 사회계열 독서 활동에 관해서 해당 책의 내용 소개 및 관점에 대한 자기 생각을묻기도 합니다. 학교에서 한 토론 주제와 시사에 대한 정리도 필요할 것 같습니다.

행정학과는 창의적 체험활동이나 교과 시간 중 리더나 모둠 장의 역할을 했던 경험에 대한 질문이 자주 출제되고 있습니다. 자신이 생각하는 리더에 대한 정의가 필요해 보입니다. 학교생활을 하면서 가장 의미 있었던 활동과 수상 내역 중 자신에게 가장 의미 있는 수상에 관해 설명할 수 있는 준비가 필요합니다. 사회계열 학과 중 상위권 학과는 현재 사회적으로 관심을 받는 시사 주제에 대해서 뉴스 등을 통해서 정보를 정리하고 자신만의 생각을 정리해 두어야 합니다.

앞으로 언급하게 될 사례들은 학생부 및 자기소개서에 기반을 둔 학과별 면접 문항과 답변으로 이루어져 있습니다. 이는 공개된 실제 면접 상황을 근거로 학생들과 재구성해본 것입니다. 이런 면접 문항이 나온 이유는 생활기록부와 자기소개서에 기재되어 있기 때문인데 이는 다음의 2가지로 분석됩니다.

첫 번째는 생활기록부 및 자기소개서 문장이 어떻게 면접 문항으로 나오는지를 파악할 수 있습니다. 자신의 학교생활기록부와 자기소개서를 보면서 예상 면접 문항을 만들어 보는 작업을 할 때 아래 예시들은 큰 도움이 될 것입니다.

두 번째는 추천 답변을 이용하는 것입니다. 추천 답변은 조사한 면접 문항에서 여러분의 선배들이 답변했던 것도 올려놓았지만 해당 영역의 저자라면 이렇게 답변했을 거라는 내용을 정리해보았습니다. 추천 답변이 꼭 정답은 아니지만 어떻게 답변을 해야 할지 모르는 상황이라면 답변의 길라잡이가 되어 줄 것입니다. 그리고 여러분의 선배들이 해놓은 답변이 타당하거나, 해당 학생의 개인 이야기가 들어가 있는 부분, 다양한 사례에 인용할 수 있는 답변 등에는 추천 답변을 작성하지 않고 〈학생 답변 인용〉으로 표시하였습니다. 가능한 모든 대학과 학과를 다루고 싶었으나 지원자에게 의미 있을 데이터만을 수집해 정리하였다는 말씀을 드리며 추가 면접 문항이 필요하다면 대학 입학처 홈페이지를 찾아보는 것을 추천해 드리겠습니다. 면접은 대학 입시에서 자신을 표현하는 마지막 관문입니다. 여러분의 모습을 마음껏 펼쳐나가시기 바랍니다.

나. 사회계열

1) 가정, 소비자, 아동학과

학생부 기반 문항 면접

학생부 활동 기록	봉사활동 : 지역아동센터에서 수학 멘토로 지속적인 봉사활동을 함.
면접 문항	1) 봉사시간이 많은데 특히 수학 봉사시간이 많네요? 왜 수학 봉사시간이 특히 많나요? 2) 그러면 수학 교육 봉사를 하면서 배운 점을 말해볼래요?
학생 답변	1) 아이들을 가르치는 게 즐거웠기 때문에 수학 교육 봉사를 특히 많이 하게 되었습니다. 2) 제가 가르친 아이는 말을 정말 안 듣는 아이였습니다. 수업을 하자고 해도 놀려고만 하고 수업에 집중을 안 했습니다. 그래도 계속해서 수업을 나가려고 노력했습니다. 그러던 어느 날 멘티가 제게 미안했는지 갑자기 공부를 해보겠다고 말했습니다. 이를 통해서 꾸준히 해서 안되는 것은 없다는 것을 배우게 되었습니다.
추천 답변	1) 제가 좋아하는 수학 과목을 아이들에게 가르치면서 아이들이 수학에 쉽게 다가갈 방법을 알게되고, 아이들에게 수학을 가르치는 일이 즐겁고 보람된 일이라는 것을 느끼게 되어 수학 봉사 시간이 자연스럽게 많아졌습니다. 2) 제가 가르친 아이는 말을 정말 안 듣는 아이였습니다. 수업을 하자고 해도 놀려고만 하고 수업에 집중을 안 했습니다. 그래도 계속해서 수업을 나가려고 노력했습니다. 그러던 어느 날 왜 수학시간에 다른 것을 했으면 좋겠는지? 어떻게 수학을 했으면 좋겠는지에 대해 편하게 대화를 나누었습니다. 이 활동을 통해 공감대가 형성되고 그 아이가 공부를 해보겠다고 말했습니다. 이를 통해서 정서적 만남의 중요성과 꾸준히 노력해서 안 되는 것이 없다는 것을 배우게 되었습니다.

자기소개서 기반면접

자기소개서 기록	1번에 아동이 처한 현실에 관련된 문제를 해결할 방법에 관해 과제탐구 활동을 한 내용 기록.
면접 문항	아동학자가 되고 싶다고 했는데, 아이들의 삶의 질을 높이는 데 있어 교육이 필요한가요?
학생 답변	아동들이 처한 문제점과 해결책을 알려주고 싶으며, 이에 교육이 무엇보다 중요하다고 판단했습니다.
추천 답변	아동학대나 정서적 폭력과 같은 아동들이 처한 문제점과 해결책을 알려주고 싶으며, 이를 위해서는 교육이 무엇보다 중요하다고 판단했습니다. 아동들에게 자신이 처한 상황과 이를 벗어나기 위한 알려주는 교육을 통해 아이들은 자신의 힘으로 무언가를 할 수 있다는 자존감을 높일 수 있을 것이고, 이것이 아이들의 삶의 질을 높여줄 수 있으리라 생각합니다.

4
사회&상경

2) 국제학, 외교학과

학생부 기반 문항 면접

학생부 활동 기록	– 방과 후 학교 : 프로젝트 그룹스터디를 함. – 진로희망 : 1, 2학년 정치가 3학년 국제공무원으로 변경됨.
면접 문항	1) 프로젝트 그룹스터디를 했는데, 가장 기억에 남는 활동은 무엇이었나요? 2) 1, 2학년 모두 꿈이 정치가였는데 3학년 때 국제공무원으로 바뀌었다. 이유가 뭔지 설명해보세요.
학생 답변	1) 그룹을 결성해 국내외 정치 현안에 관해 토론했습니다. 그중 '간통죄 폐지'에 관해 토론했던 것이 기억에 남습니다. 저는 간통죄 폐지를 찬성하는 입장이었는데, 성관계와 같은 문제는 굉장히 사적이기 때문에 국가가 형법으로 이를 벌하는 것은 개인의 자유를 침해하는 것이라고 주장했습니다. 2) 1학년 때 프로젝트 스터디와 토론 동아리 등에서 활동하며 국내 이슈를 많이 접하게 되었습니다. 이런 활동들을 통해 내가 너무 국내에만 국한되어 있었다고 느꼈고, 세계에 더 심각한 인권 문제들이 많다는 것을 알게 되었습니다. 이는 난민에 관한 관심으로 확장되어 2학년과 3학년 때 세 차례에 난민을 도와야 하는 이유와 과학 과목과의 융합, 빈민 포르노 등에 대해 발표를 했습니다. 이 과정에서 국제기구의 역할이 크다는 것을 알게 되었고 국제공무원이 되어 국경에 구애 받지 않고 세계시민의 정신으로 인류애를 실현하고 싶다는 꿈을 가지게 되었습니다.
추천 답변	1) 그룹을 결성해 국내외 정치 현안에 관해 토론했습니다. 그중 간통죄 폐지에 관해 토론했던 것이 기억에 남습니다. 저는 간통죄 폐지를 찬성하는 입장이었는데, 인간의 지극히 사적인 영역을 국가가 형법으로 이를 벌하는 것은 개인의 자유를 침해하는 것이라고 주장했습니다. 이런 부분들은 민간 기관과 협조로 문화 운동으로 만들어 가면 될 것이라고 주장했습니다. 2) 1학년 때 프로젝트 스터디와 토론 동아리 활동을 하며 국내 이슈를 많이 접할 수 있었고 자연스럽게 진로희망은 정치가였습니다. 하지만 2, 3학년 때 전 세계에 더 심각한 인권 문제가 많다는 것을 알게 되었고 이는 난민에 관한 관심으로 확장되었습니다. 이에 세 차례에 걸쳐 난민을 도와야 하는 이유, 난민과 과학 과목과의 융합, 빈민 포르노 등에 대해 발표를 하게 되었습니다. 발표를 위해 자료를 조사하는 과정에서 국제기구의 역할이 크다는 것을 알게 되었고 국제공무원이 되어 국경에 구애받지 않고 세계시민의 정신으로 인류애를 실현하고 싶다는 꿈을 가지게 되었습니다.

3) 법학과

학생부 활동 기록

- 진로희망 : 1학년 윤리교사 2, 3학년 법조인으로 변경됨.
- 법과 정치 교과세부능력특기사항 : 심신미약으로 인한 감형에 대해 근거를 들어 자신의 주장을 논리적으로 진행함.

면접 문항

1) 윤리교사에서 법조인으로 꿈이 바뀐 이유에 관해 설명해 주세요.
2) 고등학교 때 여러 가지 활동 중 가장 기억에 남는 활동은 무엇입니까?

학생 답변

1) 사회를 윤리적으로 발전시키고 싶어서 학생들이 윤리적인 사회구성원으로 성장하는 데 도움을 주고 싶었습니다. 여러 활동을 하다 보니 사회가 윤리적으로 발전하지 못하는 이유는 사회에 자리 잡고 있는 잘못된 문화와 구조 때문이라는 것을 알게 되었고, 사회의 문제를 직접 해결하고자 법조인이라는 꿈을 꾸게 되었습니다.

2) '심신미약 감형'에 대해 2학년 때 토론한 것이 가장 기억에 남습니다. 토론을 준비하면서 국민은 재심해서 무기징역을 구형하자는데 재심은 피고인의 이익을 위해서만 할 수 있다는 것을 알게 되었습니다. 극악 범죄에 대한 분노를 반영하지 못하는 현실은 부당하다고 생각해서 주취 양형기준을 엄격하게 바꿔야 한다고 주장했습니다.

추천 답변

1) 사회가 공공의 선을 추구하는 문화가 자발적으로 형성되고, 공공의 선을 추구하는 사람이 피해를 보지 않고 득을 볼 수 있는 사회구조를 만들기 위해서 법조인으로 진로를 변경하게 되었습니다. 법조인을 꿈꾸기 전까진 윤리선생님이 되어서 학생들이 올바른 사회 구성원으로 성장하는 데 도움을 주고 싶었습니다. 그렇지만 여러 활동을 하다 보니 사회가 윤리적으로 발전하지 못하는 이유는 사회에 자리 잡은 잘못된 문화와 구조 때문이라는 것을 깨닫고 사회의 문제를 직접 해결하고자 법조인이라는 꿈을 꾸게 되었습니다.

2) 심신미약 감형에 대해 2학년 때 토론한 것이 가장 기억에 남습니다. 토론을 준비하면서 극악 범죄에 대해 국민은 높은 형벌을 구형하는 것이 당연하다고 생각했는데 현실은 극악 범죄에 대한 분노를 반영하지 못한다고 생각해서 양형기준을 엄격하게 바꿔야 한다고 주장했습니다. 다만 심신미약을 판단하는 사회적 공론화 과정을 통해 판단의 기준을 엄격하게 잡아야 함도 함께 주장했습니다.

4 사회&상경

학생부 활동 기록	교과세부능력특기사항 : 안락사에 관해 토론 활동에 적극적으로 참여하고~ 친권상실에 대한 사례 연구보고서를 작성한 뒤 수업시간 발표함~ 미디어 속 성차별 문제에 대한 문제 제기를 통해~ 전면적 무상 급식에 대해 반대쪽 입장으로~~
면접 문항	1) 안락사, 존엄사에 대해 어떻게 생각합니까? 2) 친권에 대해 판결을 하는 기준이 무엇이라고 생각합니까? 3) 미디어 속 성차별적 요소에 대해 구체적으로 이야기 해주세요. 4) 전면적 무상급식 반대로 주장했던 근거는?
학생 답변	1) 단순히 목숨을 연장해 주는 것만이 환자의 인권을 보호해 주는 것이 아니므로 안락사에 대해 찬성합니다. 2) 자녀의 생각과 삶이라고 생각합니다. 3) 성차별적 언어라고 생각합니다. 4) 복지비용에는 한계가 있고 급식에 재정을 많이 투입하게 되면 다른 부분의 복지가 취약해 질 수 있다고 말했습니다.
추천 답변	1) 단순히 목숨을 연장해 주는 것만이 환자의 인권을 보호해 주는 것이 아니므로 안락사에 대해 찬성합니다. 다만 안락사 판단에서 전문가와 가족의 의견이 합리적, 법적으로 조율될 수 있는 장치가 마련되어서 윤리적 문제를 보완할 수 있어야 한다고 생각합니다. 2) 친권에 대해 판결하는 기준에서 제일 우선되는 기준은 자녀의 생각과 삶이라고 생각합니다. 그 다음으로 친권자의 자녀에 대한 태도, 경제적 지원 방안 등이 있다고 생각합니다. 3) 성 미디어에서는 표면적으로 나타나는 성차별적 언어나 행동뿐만 아니라 간접적으로 드러나는 성차별적 요소들이 있습니다. 예를 들어, 드라마에서 흔히 볼 수 있는 집안일 하는 엄마와 회사에 출근하는 아빠, 못생긴 여자가 차별받는 이야기, 키가 크고 힘이 센 남자가 우대받는 이야기 등 미디어에서 은연중에 드러나는 역할과 스토리가 모두 미디어 속에서 간접적으로 나타내는 성차별적 요소라고 생각합니다. 4) 〈사회의 의식이 성숙해짐에 따라 다양한 분야에서 높은 수준의 복지를 요구하게 된다. 그런데 높은 수준의 복지정책을 펼치기 위해서는 세금의 인상이 필수적인데 이를 위해서는 사회적 합의의 과정이 필요하다. 단순히 자라나는 학생들이 중요하고 학생들이 걱정 없이 밥을 먹는 것의 중요성 즉 도덕적 가치만을 바탕으로 전면적 무상급식을 추구하게 되면 사회적 부담이 커질 수 있다〉는 근거를 들어 반대했습니다.

자기소개서 기반면접

자기소개서 기록	1번에 다문화 사회에서 외국인들의 권리에 관한 과제탐구 활동한 내용 기록함.
면접 문항	우리나라가 지금 다문화 사회가 증가하고 있는데 외국인들에게 제재해야 할 권리가 무엇이 있다고 생각하는가요?
학생 답변	×
추천 답변	외국인들에게 제한하는 권리 중 대표적인 것은 영주권자와 이중국적자에게 참정권을 부여하는 것입니다.

4) 사회복지학과

학생부 기반 문항 면접

학생부 활동 기록	자치활동 : 학생주도 프로젝트 봉사활동 기획단 활동을 함.
면접 문항	공동체 생활을 하며 갈등 상황이 있었을 텐데 어떻게 해결했는지요?
학생 답변	'학생주도 프로젝트 봉사활동'을 통해 어르신들 대상의 봉사활동을 계획할 수 있었습니다. 아침 일찍 하는 활동이라 일어나기 힘들다는 이유로 자주 빠지는 친구들이 있었는데, '봉사활동은 어르신들과 우리의 약속이다.'라는 것을 인식시켜주며 잘 나올 수 있도록 격려했습니다. 이를 통해 사회복지사가 되면 힘들어하는 자원봉사자들을 위해 조언과 함께 하는 노력을 해나갈 것입니다.
추천 답변	어르신들 대상의 봉사활동을 계획하고 실천하는 과정에서 아침 일찍 하는 활동이라 일어나기 힘들다는 이유로 자주 빠지는 친구들이 있었습니다. 그 친구에게 '무조건 이거 해야 되는 거 아니야'보다는 그 친구의 상황을 들어주고 공감해주니까 친구도 적극적으로 참여했습니다. 이 과정을 거치면서 봉사활동도 약속이므로 처음부터 구체적인 계획을 잡고 공감대를 형성하는 것이 중요하다는 점을 배웠습니다.
학생부 활동 기록	진로활동 : 사회복지사와 심리상담사의 차이점을 조사해서 발표함.
면접 문항	사회복지사와 심리상담사의 차이는?
학생 답변	심리상담사는 상담을 통해 내담자의 마음의 병을 치유, 사회복지사는 개인적, 사회적 문제로 어려움에 부닥친 사람들을 만나 문제파악 후 해결하는데 사회적 제도 방안 등을 찾으며 대안을 제시하는 역할이라고 생각합니다.
추천 답변	심리상담사는 내담자의 마음의 병을 치유하고 자존감 향상을 위해 상담이라는 방법을 사용하고, 사회복지사는 개인적, 사회적 문제로 어려움에 직면한 사람들을 만나 문제파악 후 해결하는데 사회적 제도 방안 등을 찾으며 대안을 제시하는 역할을 합니다. 두 직업의 공통점은 '공감'이라는 정서적 역할이 중요하다는 것입니다.
학생부 활동 기록	윤리와 사상 교과세부능력특기사항 : 복지에 대한 탐구 활동 내용 중 복지의 우선 조건은 시장조사라고 주장함.

면접 문항	학생부를 보면 복지를 하려면 시장조사를 선행해야 한다는 말이 있어요. 설명 부탁드려요.

학생 답변	저는 〈적정기술, 하루 1달러 생활에서 벗어나는 법〉이라는 책을 읽은 적이 있습니다. 이 책의 지은이인 폴 폴락은 빈농인 바하더 가족을 도와주기 위해서 자기가 생각할 때 그들이 필요한 것이 아닌 그들의 필요한 것을 주라고 노력했습니다. 그 과정에서 그들의 환경을 조사하고, 시장조사를 선행해 그들에게 필요한 것을 주면서 아주 큰 도움을 줄 수 있었습니다. 저는 이를 통해 그들 즉, 소외계층을 돕기 위해선 그들에게 꼭 필요한 것을 제공해야 한다는 생각을 하게 되었습니다. 그래서 '시장조사를 해야 한다'는 등의 말을 한 것 같습니다.

추천 답변	1) 저는 사회복지사에게 가장 필요한 역량은 경청이라고 생각합니다. 사회복지사는 도움이 필요한 사람들에게 최선의 방안을 지원해주는 사람이라고 생각합니다. 이를 위해서는 그 사람들이 구체적으로 어떤 도움이 필요한지를 파악하는 것이 선행되어야 하므로 경청이 사회복지사에게 가장 중요하고 필요한 역량이라고 생각합니다. 2) 저는 빈부격차라고 생각합니다. 현재 사회는 부유한 사람들보다 가난한 사람들이 월등히 많습니다. '노블레스 오블리주'라는 말이 있듯이 부유한 사람들이 돕는 마음을 가지고 돕는다면 조금 더 나은 삶이 될 것 같습니다.

자기소개서 기반면접

자기소개서 기록	1번에 사회복지의 문제점에 대해 탐구 활동한 내용 기록함.

면접 문항	1) 사회복지사가 된다면 가장 필요한 역량은 무엇이라고 생각하는가? 2) 현재 사회의 문제점은 무엇이라고 생각하며 왜 그런 현상이 나타나는지에 대해 말해보세요.

학생 답변	1) 경청이라고 생각합니다. 아까 말한 것처럼 저는 남의 말을 잘 들어줍니다. 그분들의 말씀을 귀 기울여 들으면 무엇을 필요해 하시고, 원하시는지 알 수 있으므로 가장 중요하다고 생각합니다. 2) 저는 현 사회의 가장 큰 문제점이 극심한 빈부격차라고 생각합니다.

추천 답변	1) 저는 사회복지사에게 가장 필요한 역량은 경청이라고 생각합니다. 사회복지사는 도움이 필요한 사람들에게 최선의 방안을 지원해주는 사람이라고 생각합니다. 이를 위해서는 그 사람들이 구체적으로 어떤 도움이 필요한지를 파악하는 것이 선행되어야 하므로 경청이 사회복지사에게 가장 중요하고 필요한 역량이라고 생각합니다. 2) 저는 빈부격차라고 생각합니다. 현재 사회는 부유한 사람들보다 가난한 사람들이 월등히 많습니다. '노블레스 오블리주'라는 말이 있듯이 부유한 사람들이 돕는 마음을 가지고 돕는다면 조금 더 나은 삶이 될 것 같습니다.

5) 사회학과

학생부 기반 문항 면접

학생부 활동 기록	진로희망 : 1~2학년 외교관, 3학년 공공정책연구원
면접 문항	외교관을 희망진로로 가지고 있었는데, 공공 정책연구원으로 바꾼 계기는 무엇입니까?
학생 답변	봉사활동에 참여하였습니다. 처음으로 지역 사회에 독거노인 분들을 가까이에서 만나게 되면서 그분들의 생활환경이 열악하다는 사실을 알게 되었습니다. 국내에도 해결해야 하는 문제들이 상당히 많음을 깨닫고 문제를 개선해가는 공공 정책연구원을 희망하게 되었습니다.
추천 답변	봉사활동 중 지역 사회에 독거노인 분들을 가까이에서 만나게 되면서 그분들의 생활환경이 열악하다는 사실을 알게 되었습니다. 국제사회는 하나의 유기체이므로 이분들의 상황을 개선하는 노력이 우리나라의 외교력을 높일 방안이 되지 않을까 생각을 하게 되었습니다. 이 고민의 결과 국내에도 해결해야 하는 문제들이 상당히 많음을 깨닫고 문제를 개선해가는 공공 정책연구원을 희망하게 되었습니다.

학생부 활동 기록	동아리활동 : 1~2학년 시사토론 동아리 활동을 함.
면접 문항	시사토론 동아리에서 부장을 맡았는데, 모든 친구가 똑같이 참여하던가? 참여가 부족한 친구는 어떻게 했나요?
학생 답변	×
추천 답변	동아리원들의 관심과 준비성에 따라 참여의 정도에 차이가 났습니다. 이 부분이 장기적으로 진행되면 동아리에도 영향을 줄 수 있어 주제를 정할 때 최대한의 관심을 반영하는 주제로 선정하고 각각의 역할을 표시하는 방법을 도입해서 개인 책무성을 높여서 함께 참여하는 동아리로 운영해 나갔습니다.

자기소개서 기록	3번에 갈등을 해결하기 위해서는 현상만 보지 말고 그 갈등이 일어나는 과정을 보고 해결해 나간 활동을 기록함.
면접 문항	자기소개서 3번에 갈등 해결과 관련된 내용이 있는데요. 문화재를 복원하려고 할 때 지역 주민들이 반대한다면 어떻게 할 건가요?
학생 답변	×
추천 답변	우선 지역 주민들의 이야기를 들은 뒤에 문화재가 지역의 발전을 막는 것이 아니라 지역의 문화적 역량을 높여주고 지역 사회의 발전에 기여할 수 있다는 구체적 사례를 제시하면서 설득하겠습니다.

자기소개서 기록	1번에 사회학이라는 학문에 관한 탐구 활동을 하면서 배우고 느낀 점 기록함.
면접 문항	사회학을 연구하는 데 있어서 가져야 할 태도는 무엇인가요?
학생 답변	사회학은 서구에서 처음 발생한 학문입니다. 하지만 사회학을 연구하는 데 있어, 분명히 한국만의 다른 점이 있고, 한국에 맞는 사회학을 연구해야 합니다. 일례로, 젠트리피케이션에 문화적 자본이 결합한 형태로 나타났고, 프랜차이즈의 영향을 많이 받는 것으로 나타났습니다. 이처럼 한국만의 특수성을 고려하는 연구 태도를 가져야 한다고 생각합니다.
추천 답변	사회학을 연구하는 데 있어 가져야 할 중요한 태도 중 하나는 한국의 특수성을 고려하는 것이라고 생각합니다. 일례로, 한국의 경우 '젠트리피케이션'에 문화적 자본이 결합된 형태가 나타났고, 특히 프랜차이즈의 영향을 많이 받는 것으로 나타났습니다. 이 경우 사회학자는 단순히 젠트리피케이션에 대해 연구하기 보다는 한국의 사회적, 경제적, 문화적 여건 등을 고려하여 이 현상에 대해 접근하는 태도가 필요합니다.

6) 심리학과

학생부 기반 문항 면접

학생부 활동 기록	– 봉사활동 특기사항 : 또래상담활동 기록함. – 독서활동 : 교양 독서 활동이 1학년 때부터 꾸준히 기록되어 있으며, 철학 관련 책을 많이 읽음.
면접 문항	1) 또래상담동아리에서 설문지 작성한 과정에 관해 이야기해주세요. 2) 설문지에 어떤 문항을 넣었습니까? 3) 설문지에 왜 학년을 나눴나요?
학생 답변	1) 설문지 결과, 이를 해결하려는 방안 발표하기 위한 자료조사를 설문지로 했습니다. 2) 성별, 학년, 수업방식, 스트레스 원인, 스트레스를 풀기 위한 방법을 넣었습니다. 3) 학년별 특색 있는 결론이 나오지 않을까 싶어서 진행을 해 봤지만 같은 결과가 나왔습니다.
추천 답변	1) 연구하고자 하는 주제를 정한 뒤 어떤 내용을 조사해서 그 결과를 어떻게 분석할지를 논의하면서 설문지 문항을 한 문항씩 작성했습니다. 또한, 설문지를 적용하기 전 친한 친구 10명을 대상으로 미리 적용해 보고 수정사항을 조사해서 반영한 뒤 설문지를 적용했습니다. 2) 설문 문항은 성별, 학년, 수업 방식, 스트레스 원인, 스트레스 해소 방법으로 구성하였고 수업 방식이나 스트레스 원인을 묻는 문항의 경우에는 1-5까지 선택지를 제시하고 기타 항목도 삽입하여 선택지에 없는 내용을 추가로 작성할 수 있도록 문항을 구성하였습니다. 3) 결과를 세밀하게 분석하고 학년별로 유의미한 해석이 가능할 것 같아서 학년을 나누어 진행했습니다. 그 결과 같은 결과가 나와서 학년별로 차이가 없었던 이유에 대해 분석했습니다.
학생부 활동 기록	사회 교과세부능력특기사항 : 교사의 기대효과에 따른 학생의 성적 향상에 관한 탐구 활동 후 발표함.
면접 문항	교사의 기대효과에 의한 학생의 성적향상에 관한 탐구보고서를 작성하셨는데, 이 활동은 어떤 활동이고 어떠한 결과가 나왔는지 말씀해주세요.
학생 답변	×

| 추천 답변 | '선생님이 학생에 대한 기대가 학생에 긍정적 효과가 있을 것이다'라는 가설을 설정하고 검증하는 탐구 활동이었습니다. 탐구 활동 결과 성적과의 상관관계는 의미 있는 결과로 나오지는 않았으나 친구들이 모두 수업에 집중하게 된다는 이야기를 통해서 정의적 영역에는 긍정적 효과가 있는 결론을 이끌어 낼 수 있었습니다. |

자기소개서 기반면접

자기소개서 기록	1번에 성별에 따른 뇌 구조의 차이 및 조현병에 대한 사회적 인식에 관한 과제 탐구 활동을 한 점을 기록함.
면접 문항	사람들이 조현병을 부정적으로 인식하지 않기 위해서는 어떻게 해야 할까요?
학생 답변	×
추천 답변	조현병을 가족과 함께 국가가 치료하는 안정적인 지원체계를 만들어야 한다고 생각합니다. 이와 더불어 조현병 환자는 병에 걸렸기 때문에 주변인들에게 피해를 줄 수 있는 것이지 나쁜 사람은 아니라는 것을 사회구성원들이 받아들일 수 있는 안내도 충실히 되었으면 좋겠습니다.

4
사회&상경

7) 언론, 방송, 매체

	학생부 기반 문항 면접
학생부 활동 기록	- 동아리활동 : 2년간 교내 기자단 활동을 함. - 3학년 사회계열 교과세부능력특기사항 : 과제 탐구 활동을 함.
면접 문항	1) 3학년 때 과제탐구 활동 소개를 해 주세요. 2) 과제탐구 활동을 하면서 알게 된 점은? 3) 교내 기자단 활동을 하면서 어려웠던 점은? 4) 미디어학이란 무엇이라고 생각합니까?
학생 답변	1) 일인 방송이 청소년에게 미치는 영향을 친구들과 함께 다양한 각도에서 분석했으며 저는 문화적인 측면에서 질문지법, 면접법을 활용하면서 탐구 활동을 진행했습니다. 2) 과제탐구 활동을 하면서 일인 방송은 개인별 취향과 특성을 잘 반영해 줄 수 있다는 장점을 알게 되었습니다. 3) 친구들과 시간약속을 잡기와 활동 시간을 확보하는 부분이 가장 힘들었습니다. 4) 사람들 사이의 소통과 통로의 역할을 하는 미디어에 대해 깊이 있게 배우는 학문이라고 생각합니다.
추천 답변	1) 1인 방송이 청소년에게 미치는 영향을 모둠원들과 함께 다양한 각도에서 분석했으며 저는 문화적인 측면에서 질문지법, 면접법을 활용하면서 탐구 활동을 진행했습니다. 또한, 설문지에서 나온 결과를 원 자료와 함께 제 의견을 제시해서 친구들과 효율적으로 설문지 분석을 할 수 있게 준비했습니다. 2) 과제탐구 활동을 하면서 1인 방송은 개인별 취향과 특성을 잘 반영해 줄 수 있다는 장점을 알게 되었습니다. 또한, 혼자만의 생각을 다양한 사람에게 전달할 수 있으므로 왜곡된 정보가 전달될 수 있다는 단점도 알게 되었습니다. 1인 방송도 사회적으로 영향을 준다는 점에서 개성을 살리면서 방송이라는 책임감을 갖게 하는 균형 있는 제도가 필요함도 함께 알게 되었습니다. 3) 친구들이 다양한 활동을 하다 보니 시간약속을 잡기와 활동 시간을 확보하는 부분이 가장 힘들었습니다. 그래서 간단한 조율을 온라인상에서 하고 꼭 필요한 부분은 오프라인상에서 하는 방법을 찾았습니다. 4) 미디어라는 것은 사람들의 관심과 수요를 가장 빨리 반영하는 것 중 하나이므로 시대가 요구 하는 것, 시대가 사고하는 방법을 미디어를 통해서 어떻게 표현하고 공유할 수 있는지에 대해 연구하는 학문이라고 생각합니다. 그리고 4차 산업 시대에서 '미디어학'이란 사람들이 미디어를 통해서 어떻게 소통하고 관계하는지까지 연구의 폭을 넓혀 나가야 하는 시대를 연구하는 학문이라고 생각합니다.

학생부 활동 기록	진로희망 : 1학년 아나운서, 2학년 영상기획자, 3학년 월드비전 영상기획자를 희망함.
면접 문항	1) 꿈이 1학년 때 아나운서에서 왜 2학년 때 영상기획자로 바뀐 것인가요? 2) 꿈이 3학년 때 더 구체적인데 왜 월드비전인가요?
학생 답변	1) 저는 고등학교 2학년 때 방송부 친구들과 학교홍보 UCC 대회에 나간 경험이 있습니다. 저는 이 과정에서 기획 의도와 방향에 따라 전혀 다른 영상이 제작된다는 것을 알게 되었고, 기획의 중요성을 깨닫게 되었습니다. 그 뒤로 보도보다 기획에 더 매력을 느끼게 되어 영상기획자로 꿈을 구체화했습니다. 2) 제가 네이버에서 월드비전 국한나 대리님의 인터뷰 영상을 본 적이 있습니다. 그분은 자신이 하는 일을 정의할 때 '사람을 살리는 영상'을 기획한다고 말씀하셨습니다. 이 점이 저의 가치관과 부합한다고 느껴져서 월드비전 영상기획자를 꿈꾸게 되었습니다.
추천 답변	1) 저는 고등학교 2학년 때 방송부 친구들과 학교홍보 UCC 대회에 나간 경험이 있습니다. 저는 이 과정에서 기획자가 영상의 정확한 방향을 잡고 있지 못하면 시간이 오래 걸리고 갈등이 생기면서 다른 영상이 제작된다는 것을 경험했습니다. 이 경험을 통해서 최초 기획도 중요하지만, 기획자가 영상의 방향성을 잡고 있는 것의 중요성을 깨닫게 되었습니다. 그 뒤로 보도보다 기획에 더 매력을 느끼게 되어 영상기획자로 꿈을 구체화했습니다. 2) 〈학생 답변 인용〉

자기소개서 기반면접

자기소개서 기록	1번에 매스미디어와 담론윤리에 관련된 탐구 활동을 통해 배우고 느낀 점 기록함.

면접 문항

1) 자소서에 대중매체와 담론윤리를 결부시켰는데 이 내용은 어떻게 배웠고 간단히 설명하고 이 둘의 연관성을 설명해 주세요.
2) 담론윤리가 미디어상에 나타난 사례가 있는지요?
3) 자소서에 나와 있는 '배양이론' 같은 전문적 단어는 어디서 배운 것인가요?

학생 답변

1) 저는 담론윤리를 1학년 생활과 윤리시간에, 3학년 윤리와 사상 시간에 배웠습니다. 하버마스의 담론 윤리는 담론을 통해 모든 시민이 공론에 참여할 수 있고 소수의 의견이 묵살되지 않아야 한다는 취지에서 나타난 이론입니다. 저는 미디어의 가장 중요한 키워드가 바로 '집단지성'이라고 생각합니다. 권력과 부를 가진 사람만이 정보를 누리는 엘리트사회는 타파되어야 하고 모든 사람이 자신의 의견을 자유롭게 공유할 때 시너지 효과가 나타나 더 큰 지성의 힘을 발휘할 수 있다고 생각합니다.
그래서 저는 ○○대학교 매스미디어 수업에 담론윤리를 결부시켜 모든 국민이 평등하게 집단지성을 발휘할 수 있는 미디어 환경을 조성하고 싶습니다.
2) 미디어상에서는 기억이 안 나지만 우리 지역에서 시민 500인 토론회가 개최되어 시의 개선과 발전에 관해 논의한 사례가 있습니다. 이것이 저는 협력 활동을 기반으로 한 공론화 사례라고 생각합니다.
3) 배양이론은 제가 2학년 때 다른 학교 친구들과 연구논문을 썼던 클러스터 활동을 통해서 알게 되었습니다. 혼족 문화와 미디어의 상관성을 주제로 연구하는 과정에서 선행연구를 찾아보다가 배양이론과 의제설정 이론과 같은 미디어 이론을 배우게 되었습니다.

추천 답변

1) 〈학생 답변 인용〉
2) 〈학생 답변 인용〉
3) 〈학생 답변 인용〉

8) 의류, 의상학과

학생부 활동 기록

– 동아리활동 : 패션동아리 활동을 함.
– 취미특기 : 룩룩보기가 기록됨.

면접 문항

1) 패션동아리에서 후드집업 만들기 활동을 했다는데, 구체적으로 그 과정을 말해 주세요.
2) 취미 활동에 보면 '룩룩보기'가 있는데 어떻게 한 것인지?

학생 답변

1) ×
2) SNS를 활용해 다양한 브랜드들의 새로운 시즌 아이템들을 확인하고 브랜드들의 룩북을 보며 많은 브랜드에서 공통으로 선보인 것은 무엇인지를 파악해 본 활동이었습니다.

추천 답변

1) 후드집업을 만들기에 앞서서 동아리만의 로고 만들기를 시작했습니다. 각자 원하는 로고를 그려와 공모전을 열어 투표를 많이 받은 로고로 선정하기로 했고, 그 결과 옷걸이 모양에서 착안한 로고를 채택했습니다. 그다음에는 옷에 어떤 의미를 담고 싶은지에 대해 이야기를 나눴고, 양쪽 팔 옆에 'open your closet, show your closet'이라는 레터링을 넣어 자신의 개성을 마음껏 표현해보라는 의미를 담기로 정했습니다. 그 후에 후드 집업의 색, 레터링의 색, 로고의 색과 구현 방법을 찾았고, 저희는 저희만의 디자인이 담긴 후드집업을 완성할 수 있었습니다.

2) SNS를 활용해 다양한 브랜드들의 새로운 시즌 아이템들을 확인하고 브랜드들의 룩북을 보며 많은 브랜드에서 공통으로 선보인 것은 무엇인지를 파악해 본 활동이었습니다. 또한, 이를 바탕으로 친구들에게 시기별 패션 경향을 SNS를 통해서 안내해 줬습니다. 학기 말에는 우리들의 활동을 모아 축제 때 패션쇼 무대를 운영했습니다.

4
사회&상경

자기소개서 기반면접

자기소개서 기록

1번에 패션동아리를 하면서 했던 진로 활동을 기록함.

면접 문항

1) 패션산업 종사자로서 갖추어야 할 덕목은 무엇인가요?
2) 본인은 이러한 능력이 갖추었다고 생각합니까? 부족한 부분이라고 생각되는 점은 어떤 부분이 있나요?
3) 지원동기, 진로 및 학업계획에 대해 말해 주세요.

학생 답변

1) 저는 의사소통 능력, 외국어 능력, 제한된 자원을 효율적으로 사용할 수 있는 능력이 필요하다고 생각합니다. 옷은 혼자 만드는 것이 아니기에 다른 부서와 효율적으로 소통할 수 있는 능력이 필요합니다. 또한, 글로벌화 된 패션산업에 적응하기 위해 외국어 능력이 필요하고, 시간, 금전적인 부분을 충분히 활용하여 목표했던 것을 만들 수 있는 능력이 필요하다고 생각합니다.

2) 저는 외국어 능력, 감탄할 수 있는 센스를 갖추었다고 생각합니다. 고등학교 시절 패션 필름 동아리, 패드 필름에서 리더로 활동하며 다양한 분야의 친구들과 효율적으로 이견을 조율하고, 원하는 목표로 나아가는 경험을 하였습니다. 또한, 외국어 능력의 경우, 영어 심화 과목인 영어 심화 작문 교과목의 수강을 통해 회화분 아니라 작문 능력을 키울 수 있었고, 경기 꿈의 대학 프랑스어를 수강하였습니다. 다만, 아쉬운 부분은 제한된 자원을 효율적으로 활용하는 능력이라고 생각합니다. 고등학교의 신분으로 체험할 수 있는 것이 적었기에 이를 측정하고, 발전시킬 수 있는 충분한 환경이 아니었다고 생각합니다. 대학교에 와서 공부하고, 사회생활을 해가며 충분히 성장시킬 수 있다고 생각합니다.

3) 우연히 미용실에서 본 패션잡지에서 모델들이 착용한 옷과 아이템들을 보고 '이렇게 입어도 어색하지 않고 잘 어울릴 수 있구나'하고 생각했습니다. 옷을 잘 매치하기 위해서는 패션디자이너의 역할도 중요하지만, 잡지의 분위기와 디자인을 좌우할 수 있는 패션에디터의 역할이 중요하다고 생각했습니다.

추천 답변

1) 저는 외국어 능력, 제한된 자원을 효율적으로 사용할 수 있는 능력, 민감하게 감탄할 수 있는 센스가 필요하다고 생각합니다. 옷은 함께 만들어 가기 때문에 소통능력과 글로벌화 된 패션산업에 적응하기 위해 외국어 능력이 필요하고, 시간, 금전적인 부분을 충분히 활용하여 목표했던 것을 만들 수 있는 능력이 필요하다고 생각합니다. 마지막으로 외부의 어떤 변화에 민감하게 감탄할 수 있는 센스가 필요합니다. 평범한 자극에 감탄할 수 있는 민감성에서 패션의 아이디어가 탄생할 수 있기 때문입니다.

추천 답변

2) 저는 외국어 능력, 감탄할 수 있는 감각을 갖추었다고 생각합니다. 고등학교 시절 패션 필름동아리, 패드 필름에서 리더로 활동하며 다양한 분야의 친구들과 효율적으로 이견을 조율하고, 원하는 목표로 나아가는 경험을 하였습니다. 또한, 외국어 능력의 경우, 영어 심화 과목인 영어 심화작문 교과목의 수강을 통해 회화 분 아니라 작문 능력을 키울 수 있었고, 프랑스어를 수강하였습니다. 다만, 아쉬운 부분은 제한된 자원을 효율적으로 활용하는 능력이라고 생각합니다.

패션을 이용해 실습할 수 있는 환경과 시간이 고등학생의 삶으로는 부족했습니다. 대학에 진학하게 되면 다양한 적용을 통해서 이 부분을 보충하고 성장하고 싶습니다.

3) 우연히 미용실에서 본 패션잡지에서 모델들이 착용한 옷과 아이템들을 보고 '이렇게 입어도 어색하지 않고 잘 어울릴 수 있구나'하고 생각했습니다. 옷을 잘 매치하기 위해서는 패션디자이 너의 역할도 중요하지만 다양한 액세서리와 주변 환경과 활동하는 공간에 어울리는 전체적인

분위기를 만들어내는 패션에디터의 역할이 중요하다고 생각했습니다.

자기소개서 기록

1번에 패션 디자인의 표절 문제에 대해 탐구 활동을 하면서 배우고 느낀 점 기록함.

면접 문항

자소서 1번에 보면 패션디자인 표절 문제를 해결하는 데에는 많은 시간과 비용이 들어 비효율적이라고 했는데, 전체적으로 그런 건가요?

학생 답변

제가 조사했을 때에는 전체적으로 패션디자인 표절에 대한 재판에 많은 시간과 비용이 필요한 것으로 나타났었습니다.

추천 답변

제가 조사했을 때에는 전체적으로 패션디자인 표절에 대한 재판에 많은 시간과 비용이 필요한 것으로 나타났었습니다. 또한, 신지식 재산권에 대한 개념이 이제 형성되고 있기 때문에 아직 권리 보호의 미흡한 점이 있다는 것을 알았습니다.

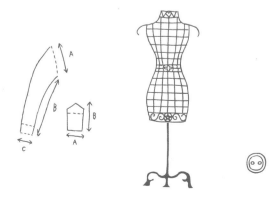

9) 정치학과

학생부 기반 문항 면접

학생부 활동 기록	– 자치 활동 : 모의 유엔 원탁 토의 참가함. – 동아리 활동 : 1~2학년 정치 관련 동아리 활동으로 각종 토의 활동 및 법원 견학 활동 실시함.
면접 문항	1) 학생부에 모의 유엔이 있는데 여기서 가장 어려웠던 점과 그걸 위해 노력한 점 말해볼래요? 2) 캐나다가 완전히 선진국도 아니고 애매한 위치에 있지요. 그걸 위해서 학생이 한 노력은 무엇입니까? 3) 그럼 학생이 한 다른 활동 중 정치에 관련 있는 다른 활동은?
학생 답변	1) 가장 어려웠던 것은 캐나다라는 나라의 특성. 자원 개발과 자연보호를 동시에 추구하는 입장에서 입장 정하기 어려운 딜레마였습니다. 2) 두 협의체 사이에 껴 있는 입장에서 둘의 입장을 잘 듣고 조율했습니다. 3) 정울림에서 토론. 소년법 개폐지 토론에서 나아가 고등법원 견학해 이론적 탐구와 현실정치 보는 눈 키웠습니다.
추천 답변	1) 가장 어려웠던 것은 캐나다라는 나라의 특성. 자원 개발과 자연보호를 동시에 추구하는 입장에서 저 자신의 입장을 정하는 과정이 가장 힘들었습니다. 2) 두 협의체 사이에 껴 있는 입장에서 둘의 입장을 잘 듣고 조율했습니다. 특히 보존하는 자연도 자원이 될 수 있음을 주장했습니다. 3) 정울림에서 토론. 소년법 개폐토론에서 나가서 자신의 주장을 정리해서 토론자로 참여했습니다. 또한, 고등법원 견학해 이론적 탐구와 현실정치를 보는 눈을 키웠습니다.

자기소개서 기록

1번에 국제정치 수업을 들으면서 작성한 논문에 관련된 내용 기록함.

면접 문항

1) 헌법에는 대한민국이 민주공화국이라는 내용이 나오는데, 그렇다면 학생이 생각하는 민주주의란 무엇인가?

2) 자기소개서에서 언론이 정부를 견제하는 역할을 한다고 쓰여 있는데, 그렇다면 언론을 견제, 감시하는 건 누구라고 생각하는지요?

3) 최근 본 뉴스 중에 가장 인상 깊었던 뉴스는?

학생 답변

1) 전문적인 대답을 드리기는 어려울 것 같지만, 제게 있어서 민주주의란 국민을 위한 정치가 이루어질 수 있도록 하는 사상이라고 생각합니다. 헌법에 대한민국의 주권이 국민에게 있다고 명시되어 있듯이, 국민이 주권을 행사하는 국가가 성립될 수 있도록 하는 사상이 민주주의라고 생각합니다.

2) 언론을 견제, 감시하는 것은 대중이라고 생각합니다. 특히 미디어가 발달한 현대 사회에서는 언론이 편파적인 보도를 하거나 확실치 않은 정보를 전달할 경우, 대중들은 미디어를 통해 의견을 표출하고 해당 언론을 신뢰하지 못하겠다는 의견을 내놓기도 합니다. 이러한 활동은 대중들 사이에서 여론을 만들어내야 하는 언론에 큰 타격이 될 수 있기에 언론에서는 대중들의 신뢰를 얻기 위해 보다 나은 보도를 하고자 노력하게 될 것이며 이러한 점에서 언론을 견제하는 것은 대중이라고 말할 수 있다고 생각합니다.

3) 고등학교 2학년 때 클러스터 국제정치를 수강하면서 북한에 관한 논문을 작성할 만큼 북한과 남한의 관계에 많은 관심이 있었습니다. 최근 남북한의 관계가 긍정적으로 발전함에 따라 여러 뉴스가 보도되고 있는데 그중에서도 평양 공연에 관한 뉴스가 가장 인상 깊었습니다. 그동안 북한과 남한은 오랫동안 문화적으로 단절되었기에 통일을 위해서는 문화적 교류가 필수적이라는 내용을 익히 들어왔는데, 이러한 문화적 교류가 실제로 일어나니 통일의 가능성이 높아진 것 같다는 생각도 들었습니다.

추천 답변

1) 〈학생 답변 인용〉

2) 언론을 견제, 감시하는 것은 국민이라고 생각합니다. 특히 1인 미디어 및 SNS가 발달한 현대 사회에서는 언론이 편파적인 보도를 하거나 확실치 않은 정보를 전달할 경우, 국민은 미디어를 통해 의견을 표출하고 해당 언론을 신뢰하지 못하겠다는 의견을 내놓기도 합니다. 이러한 활동은 국민 사이에서 여론을 만들어 언론에 영향력을 행사할 수 있기 때문에 언론에서는 국민의 신뢰를 얻기 위해 더욱 나은 보도를 하고자 노력하게 될 것이며 이러한 점에서 언론을 견제하는 것은 국민이라고 말할 수 있다고 생각합니다.

4 사회&상경

추천 답변

3) 고등학교 2학년 때 클러스터에 진행한 국제정치를 수강하면서 북한에 관한 논문을 작성할 만큼 남한과 북한의 관계에 많은 관심이 있었습니다. 최근 남북한의 관계가 긍정적으로 발전함에 따라 여러 뉴스가 보도되고 있는데 그중에서도 평양 공연에 관한 뉴스가 가장 인상 깊었습니다. 그동안 북한과 남한은 오랫동안 문화적으로 단절되었기에 통일을 위해서는 단계별 교류가 필요하다고 생각했습니다. 특히 문화적 교류가 가장 기본을 이룬다고 생각했는데, 이러한 문화적 교류가 실제로 일어나니 통일의 가능성이 높아진 것 같다는 생각도 들었습니다.

10) 행정학과

학생부 활동 기록

- 동아리활동 : 법 동아리 토론 활동을 많이 함.
- 진로희망 : 1~2학년 때 법조인, 3학년 때 행정공무원을 희망함.
- 독서활동 : 행정에 관련된 행정학 관련 책 다수 기록함.

면접 문항

동아리나 모의재판 경연대회같이 법에 대한 활동이 매우 많고, 법조인을 꿈꿔왔었는데, 3학년 때는 행정직 공무원을 진로희망으로 정했네요. 로스쿨 때문에 법학과가 많이 없어져서 행정학과를 선택한 건가요? 진짜 하고 싶은 게 뭐에요?

학생 답변

법을 통해 사회 질서를 유지하고, 사회 구성원들을 보호하고 싶다는 꿈을 가져온 것은 사실입니다. 하지만, 법에 관한 관심을 가지고 많은 사례를 보면서 법은 일탈자, 가해자를 처벌함으로써 그러한 목표를 달성하기 때문에 그 과정에서 고통 받는 피해자들의 상처를 치유하는 것은 어렵다는 것을 알게 되었습니다. 또한, 사회적으로 힘이 없는 사람들이 법으로 자신의 권리를 찾는다는 것이 쉽지 않다는 것을 알게 되었습니다. 그래서 저는 그들을 법에서 더 나아가 제도적으로 도와줄 수 있는 사람이 되고 싶었고, 행정직 공무원을 꿈꾸게 되었습니다.

추천 답변

법에 관한 관심을 가지고 많은 사례를 보면서 법은 일탈자, 가해자를 처벌함으로써 사회 유지의 목표를 달성하기 때문에 그 과정에서 고통 받는 피해자들의 상처를 치유하는 것은 어렵다는 것을 알게 되었습니다. 또한, 사회적으로 힘이 없는 사람들이 법으로 자신의 권리를 찾는다는 것이 쉽지 않다는 것을 알게 되었습니다. 그래서 저는 그들을 법에서 더 나아가 제도적으로 도와줄 수 있는 사람이 되고 싶었고, 행정직 공무원을 꿈꾸게 되었습니다.

4 사회&상경

자기소개서 기반면접

자기소개서 기록	3번에 영화를 보고 느낀 점과 봉사활동을 할 때 느낀 점을 연계해서 기술함.
면접 문항	'나 다니엘 블레이크' 영화라는 영화를 나도 봤는데 그 영화 속에서는 행정공무원이 매우 불친절한데 그 이유가 무엇이라 생각하나요?
학생 답변	어르신(노인)의 경우 컴퓨터나 휴대폰과 같은 전자매체에 익숙지 않은 것이 사실입니다. 그 영화 속 행정공무원은 이들에 대한 배려가 부족하였습니다.
추천 답변	어르신(노인)의 경우 컴퓨터나 휴대폰과 같은 전자매체에 익숙지 않은 것이 사실입니다. 그 영화 속 행정공무원은 이들에 대한 배려가 부족하였습니다. 즉 어떤 민원인이 오느냐에 따라서 맞춤형 서비스를 제공해야 하는데 일정한 규정으로만 민원인을 대한 점이 불친절함의 원인이라고 생각합니다.

자기소개서 기록	1번에 우리나라에 정의롭지 못한 부분에 대해 어떻게 개선할 수 있을지에 대한 자료 조사 활동을 했던 내용 기록함.
면접 문항	대한민국, 뭐가 그렇게 정의롭지 않은가?
학생 답변	정의의 척도는 '약자와 소수자의 권리가 얼마나 존중되고 있는가'입니다.
추천 답변	대한민국의 정의롭지 못하다기보다는 대한민국에서 이런 국민까지 포용해주면 좋겠다는 생각으로 자료 조사 활동을 했습니다. 그때 약자 및 사회적 소수자의 권리에 대해서 사회적으로 합의를 이끌어 내서 국민의 문화 속에서 배려할 수 있는 정책을 펼쳤으면 좋겠다는 의견을 적었습니다.

다

상경계열

상경계열
면접 문항 분석 & 답변 사례

전체적으로 경상계열 과제 탐구 활동 및 시사에 관련된 질문을 많이 합니다. 학생부에서는 진로관련 독서활동에 대한 질문이 자주 출제되고 있습니다. 학교생활에서 리더십을 가지고 활동을 한 경우 갈등 상황에서 어떤 판단을 할지, 어떤 목표를 가지고 리더의 역할을 수행했는지를 물어봅니다. 경상계열의 시사적인 이슈에 대해서는 관련 용어에 대한 정리를 해 두고, 그 사건에 대해 어떤 근거로 어떻게 판단하는지에 대한 자신만의 철학을 갖고 있어야 합니다.

경영학과는 동아리 활동 및 창의적 체험활동에서 경영관련 활동에 대해 꼬리 질문을 활용해서 깊이 있게 물어보고 있습니다. 학생회 및 학급 임원인 경우는 임원을 하면서 어떤 일을 하고 싶었는지를 자주 묻습니다. 단순히 임원만 하는 것이 아니라 학생수준에서 학교를 변화시킨 경험을 가지고 있어야 할 것 같습니다. 독서 활동에서는 경영에 관련된 책도 물어보지만 다양한 책을 읽은 경험이 경영에 어떻게 도움이 되는지도 물어보고 있습니다. 교과 세특에서 경영관련 과제 탐구 활동이 기록되면 심층적인 질문이 2~3개 정도 연속해서 나옵니다. 경영 관련 과제 탐구 활동을 했을 때는 연구 과정과 근거에 따른 결론을 정리해 두어야 합니다. 정답을 원하는 것이 아니라 어떤 근거로 어떤 판단을 했는지를 중점적으로 보고 있습니다. 이와 더불어 경영에 관련된 그 시기의 사회적으로 관심이 큰 이슈에 대해서도 질문을 하고 있습니다. 경영 관련 인터넷 기사를 일주일에 2회 정도씩 꾸준히 봐 주면 준비에 큰 도움이 될 것입니다.

경제학과는 경영학과와 전체적으로 비슷한데 경제학과를 희망하는 학생들이 경제 관련 독서활동을 한 경우가 많습니다. 학생이 읽은 경제 관련 책에서 전문용어나 경제와 관련해 논란이 되는 주제에 대해 근거가 있는 학생의 답변을 들어보려는 경우가 많습니다. 경제 분야와 관련해 논란이 되고 있는 주제에 대해 질문을 받았을 경우 학생의 대답에 대해 다른 시선의 질문이 꼬리 질문으로 이어지기도 합니다. 이 꼬리 질문을 통해서 정답을 찾고자 하는 것이 아니라 학생이 평소에 경제 관련 주제에 대해 깊이 있게 생각했는지를 확인하고 있습니다.

무역학과는 학교생활에서 주체적인 활동을 한 경우 그 활동에 대해 꼬리 질문이 이어지므로 왜 했는지, 무엇을 배우고 느꼈는지에 대한 내용 정리가 필요합니다. 고 3 시기에 발생한 국제적 무역 사건 및 분쟁이 우리나라와 어떤 연관성이 있는지에 대해서 스스로 근거를 가지고 판단한 내용이 준비돼 있어야 합니다.

앞으로 언급하게 될 사례들은 학생부 및 자기소개서에 기반을 둔 학과별 면접 문항과 답변으로 이루어져 있습니다. 이는 공개된 실제 면접 상황을 근거로 학생들과 재구성해본 것입니다. 이런 면접 문항이 나온 이유는 생활기록부와 자기소개서에 기재되어 있기 때문인데 이는 다음의 2가지로 분석됩니다.

첫 번째는 생활기록부 및 자기소개서 문장이 어떻게 면접 문항으로 나오는지를 파악할 수 있습니다. 자신의 학교생활기록부와 자기소개서를 보면서 예상 면접 문항을 만들어 보는 작업을 할 때 아래 예시들은 큰 도움이 될 것입니다.

두 번째는 추천 답변을 이용하는 것입니다. 추천 답변은 조사한 면접 문항에서 여러분의 선배들이 답변했던 것도 올려놓았지만 해당 영역의 저자라면 이렇게 답변했을 거라고 내용을 정리해보았습니다. 추천 답변이 꼭 정답은 아니지만 어떻게 답변을 해야 할지 모르는 상황이라면 답변의 길라잡이가 되어 줄 것입니다. 여러분의 선배들이 해놓은 답변이 타당하거나, 해당 학생의 개인 이야기가 들어가 있는 부분, 다양한 사례에 인용할 수 있는 답변 등에는 추천 답변을 작성하지 않고 〈학생 답변 인용〉으로 표시하였습니다. 가능한 모든 대학과 학과를 다루고 싶었으나 지원자에게 의미 있을 데이터만을 수집해 정리하였다는 말씀을 드리며 추가적인 면접 문항이 필요하다면 대학 입학처 홈페이지를 찾아보는 것을 추천해 드리겠습니다. 면접은 대학 입시에서 자신을 표현하는 마지막 관문입니다. 여러분의 모습을 마음껏 펼쳐나가시기 바랍니다.

다. 상경계열

1) 경영학과

학생부 기반 문항 면접

학생부 활동 기록
- 진로 희망 사항 : 1, 2학년 사회복지공무원 3학년 사회적 기업가를 희망함.
- 봉사활동 : 1, 2학년 때 일정 기관에 지속적으로 봉사활동 및 봉사활동 특기 사항에 해당 기관에서 봉사활동 하는 이유와 배우고 느낀 점이 기록되어 있음.
- 독서활동 : 다양한 교양서적이 다수 기록되어 있으며, 전공 관련 서적 '오베라는 남자' 기록

면접 문항
학생의 진로희망과 다르게 사회적 기업가를 꿈꾸며 경영학부에 지원한 동기에 관해 이야기해주세요.

학생 답변
평소 '아름다운 가게'에 자주 기부 활동을 하면서 취약계층을 지원하는 본질적인 해결책을 찾다가 사회적 기업을 떠올리게 되었습니다. 사회적 기업을 통해 취약계층을 도울 수 있는 근본적인 해결책을 찾을 수 있을 것 같습니다.

추천 답변
평소 저는 기업과 경영을 최고의 이윤을 내기 위한 방법이라는 생각을 갖고 있었습니다. 그러나 다양한 봉사활동을 하면서 사회와 함께 효율적으로 기업의 가치를 사회에 환원하는 것도 경영 방법 가운데 하나라고 2학년말에 깨닫게 되었습니다. 저는 경영이라는 분야에서 사회적 이윤 배분이라는 것에 관심을 갖고, 이를 실천하기 위해 사회와 함께 가는 경영학자가 되기 위해 지원하게 되었습니다.

학생부 활동 기록
- 내신 성적 : 대체로 3점 후반에서 계속 유지함.
- 동아리활동 : 토론동아리 활동을 하면서 신문을 활용한 토론을 많이 함.
- 3학년 과목별 세부능력특기사항 : 블루오션을 주제로 탐구 활동 발표를 함.
- 독서활동기록 : 블루오션 독후활동 기록됨.

면접 문항
1) 멘토링 활동과 발표 수업을 했음에도 성적이 오르지 않은 이유는 무엇인가요?
2) 블루오션 주제 탐구 활동을 하면서 나온 결과 소개해 주세요.
3) 신문토론 활동의 경험을 바탕으로 토론이란 무엇일까요?

학생 답변	1) 결과보다는 과정이 중요하다고 생각합니다. 과정에서 노력했기 때문에 괜찮다고 생각합니다. 2) 청소년은 가격과 품질에 영향을 많이 받는다는 결과가 나왔습니다. 과정에서 경영에 관련 된 개념을 많이 배웠습니다. 3) 토론은 이 사회가 한 단계 더 발전하게 되는 중요한 요소로 다른 생각을 합칠 수 있기 때문입니다.
추천 답변	1) 저도 그 부분은 많은 노력을 했지만, 결과가 받쳐주지 않아서 아쉽습니다. 그렇지만 선생님들의 교과세부능력특기사항 평가에서도 있듯이 항상 창의적인 사고, 융합적인 사고로 수업시간에 최선을 다했기 때문에 튼튼한 기초위에서 학문의 성과를 대학에서 꼭 낼 수 있도록 하겠습니다. 2) 청소년은 가격과 품질에 영향을 많이 받는다는 추측 가능한 결과가 나왔지만, 결과 분석과정에서 가정과 학교의 문화가 많이 작용한다는 새로운 점도 알게 되었습니다. 경제력이 없어 부모님의 지원을 받는 학생들에게 경제적 부담을 완화시켜 해당 제품에 대한 경험을 갖게 되면 현재의 이득보다 청소년이 사회인이 되었을 때 해당 기업에서 얻는 이익이 더 클 수 있다는 것을 알게되었습니다. 3) 토론은 사회 시스템의 성숙도를 보여줄 수 있는 척도인 것 같습니다. 서로 다른 주장들이 합리적 방법으로 조율해 나가면서 결론을 얻기 때문입니다. 경영에서도 각각 사람들의 가치관을 근거를 가지고 성숙하게 조율할 수 있는 중요한 요소라고 생각합니다.
학생부 활동 기록	– 동아리활동 : 경영동아리 기장으로 활동. 항공사의 문화마케팅에 대한 보고서를 작성함. – 자율동아리활동 : 기업분석 동아리를 함.
면접 문항	1) 경영동아리 기장으로 활동했네요? 전통시장을 방문해서 마케팅 방법을 알아봤다고 하는데 어떤 방법이었죠? 2) 항공사의 문화마케팅에 관한 보고서를 작성하였네요. 문화마케팅이란 뭐죠? 3) 자율동아리에서 기업조사를 할 때 사례 연구를 했다고 나와 있어요. 호텔신O랑 OO항공이랑 비교한 것 같은데 여기에 대해 말해볼래요?

4
사회&상경

학생 답변

1) 네, 저는 경영동아리 기장으로 활동하면서 동아리 부원들과 함께 전통시장을 방문하여 조사하고 두 가지 방법을 제시하였습니다. 첫 번째는 전통시장이 접근성이 낮고 편리성이 떨어진다고 생각되어 전통시장에서 어떤 물건을 팔고 전통시장까지 가는데 걸리는 소요시간, 대중교통 이용방법 등 다양한 정보를 알려주는 앱을 개발하자는 의견이었습니다. 두 번째는 젊은 세대층을 공략하기 위해 참여형 마케팅을 하는 것이었는데요, 음식을 주문할 때 자신이 원하는 재료를 직접 골라서 만들어 먹을 수 있게 하는 방식이었습니다.

2) 문화마케팅이란 기업이 문화를 매개로 하여 기업의 이미지를 상승시키기 위해 사용하는 마케팅을 말합니다. 문화마케팅의 유형에는 문화판촉, 문화지원, 문화연출, 문화기업, 문화후광 이렇게 다섯 가지 유형이 있습니다.

3) 호텔○○는 우선 고객 제일주의를 기본 원칙으로 삼고 기업을 운영하였습니다. 호텔○○는 최고의 인재를 길러 최상의 서비스를 제공하는 것을 목표로 삼고 있습니다. 이에 반해 ○○항공에서는 문화마케팅을 조사하였기에 둘을 직접 비교할 수는 없지만, 마케팅의 차이가 있기에 둘을 비교하였습니다.

추천 답변

1) 전통시장을 방문하여 조사하고 난 뒤 두 가지 마케팅 방법을 제시하였습니다. 첫 번째는 전통시장이 접근성이 낮고 편리성이 떨어진다고 생각되어 전통시장에서 어떤 물건을 팔고 전통시장까지 가는데 걸리는 소요시간, 대중교통 이용방법 등 다양한 정보를 알려주는 앱을 개발하자는 의견이었습니다. 두 번째는 젊은 세대층을 공략하기 위하여 참여형 마케팅을 하는 것이었는데요, 음식을 주문할 때 자신이 원하는 재료를 직접 골라서 만들어 먹을 수 있게 하는 방식이었습니다. 세 번째는 일정 시간대에 특색 있는 노점을 운영하는 이벤트 시간을 운영해 사람들의 발길을 모으는 프로그램을 운영하면 좋겠다고 생각했습니다.

2) 문화마케팅이란 문화와 예술에 대한 긍정적 이미지를 활용하는 방법으로 기업이 문화를 매개로 하여 기업의 이미지를 상승시키기 위해 사용되는 마케팅을 말합니다. 문화마케팅의 유형에는 문화판촉, 문화지원, 문화연출, 문화기업, 문화후광 이렇게 다섯 가지 유형이 있습니다.

3) 〈학생 답변 인용〉

학생부 활동 기록	독서활동 : 경영계열 독서 활동 다수 기록됨.
면접 문항	본인이 읽었던 책 중에 인생관에 영향을 준 책은 뭐죠?
학생 답변	'공중그네 이야기'입니다. 처음에 읽었을 때는 그저 재밌는 이야기인 줄 알았는데 다시 고등학교에 진학해서 우연히 읽게 되었는데 결국 불안감과 의심을 하기보다는 그냥 눈앞에 있는 것을 하고 그런 점들이 쌓여서 '네가 바라는 너의 미래의 모습이 형성되어 있을 것이다.'라는 교훈을 얻은 책으로 고등학교 3년 생활을 하는 데 있어서 가장 힘을 준 책입니다.
추천 답변	'공중그네 이야기'입니다. 처음에 읽었을 때는 그저 재밌는 이야기인 줄 알았는데 다시 고등학교에 진학해서 우연히 읽게 되었는데 결국 불안감과 의심을 하기보다는 그냥 눈앞에 있는 것을 하고 그런 점들이 쌓여서 '네가 바라는 너의 미래의 모습이 형성되어 있을 것이다.'라는 교훈을 얻은 책으로 고등학교 3년 생활을 하는 데 있어서 가장 힘을 준 책입니다.

학생부 활동 기록	– 방과후학교 : 뉴욕타임즈 읽고 토론하기반에 참여함. – 동아리활동 : 2학년 토론동아리, 3학년 경영경제동아리활동 – 경제 교과세부능력특기사항 : 근로 시간 단축과 청년실업을 주제로 토론 활동에 적극적으로 참여함.
면접 문항	1) 토론 활동을 어떻게 했는지 말해주세요. 2) 토론을 했던 주제 중에 기억나는 주제에 대해 2가지 정도 말해보세요. 앞서 말했던 인문학 토론 주제는 빼고요.
학생 답변	1) 1학년 겨울방학에 뉴욕타임즈의 기사를 읽고 토론하는 방과 후 수업에 참여하였고 2학년 때는 국내 언론의 기사를 읽고 토론하는 동아리와 해외 언론의 기사를 읽고 토론하는 동아리에서 활동하였습니다. 3학년이 되어서는 인문학 토론대회에 참가하였고 경영 경제 동아리에서 활동하면서 경영 경제문제를 주제로 토론과 토의를 했습니다. 2) 저는 근로 시간 단축법과 청년 실업 문제가 가장 기억에 남습니다. 근로 시간 단축법이 무엇인 지에 대해서 말하고, 경영자의 관점에서 어떻게 느꼈는지에 대해 이야기했습니다. 청년실업 문제에 대해 니트족이나 프리터족을 예시로 들어 심각성에 관한 생각을 이야기했습니다.

추천 답변	1) 〈학생 답변 인용〉 2) 저는 근로 시간 단축법과 청년 실업 문제가 가장 기억에 남습니다. 근로 시간 단축법이 무엇인지에 대해서 말하고, 경영자의 관점에서 어떻게 느꼈는지에 대해 이야기했습니다. 청년실업 문제에 대해 그들의 삶의 방식의 심각성에 대해 진지하게 생각해야 한다고 말씀드렸습니다.
학생부 활동 기록	– 경제 과목별세부능력특기사항 : 기업의 사회적 책임에 관한 토론 활동에 적극적으로 참여함. – 봉사활동 : 다양한 부분에서 지속적으로 의미 있는 봉사활동 실시함. – 진로희망 : 마케팅전문가를 희망함.
면접 문항	1) 학생부를 보면 사회적 책임에 대한 관심이 많은 것 같은데 사회적 책임에 대해 어떻게 생각해요? 2) 인상 깊었던 봉사활동이 있나요?
학생 답변	1) 사회적 책임이란 기업의 경영으로 영향을 받는 모든 사람에게 책임을 지고 경영을 해나가야 한다는 개념입니다. 즉 사회에 대한 환원이라고 생각하며 사회의 어려움을 외면하고는 기업의 미래가 없다고 생각합니다. 기업의 사회적 책임을 수행함으로 기업에 대한 이미지가 좋아지며 이로 인한 매출 증대 효과 또한 있다고 생각합니다. 사회적 책임을 수행한 ○○엔터테인먼트의 예를 들면 smile 사업으로 수익 일부를 불우이웃에게 기부하고 베트남에 재능을 기부하는 등 사회에 대한 책임을 다하는 기업이 진정한 성공을 가져온다고 생각합니다. 2) 국경 없는 마을에서 기획팀을 맡아 활동한 것이 기억에 남습니다. 카멜레온은 어떤 자연물에도 조화를 이루며 살아가는 동물입니다. 이러한 카멜레온처럼 여러 문화가 모여 있는 지역인 ○○동 이주민들과 조화를 이루고 싶었습니다. 이주민들에게 가장 힘든 점이 뭐냐고 여쭤보니 다른 지역 사람들이 ○○동을 바라보는 부정적인 시선을 견디는 것이라고 말씀하셨습니다. 이러한 이주민들의 어려움을 해결해주기 위해 차이나타운을 모델로 하여 벽화사업, 간판사업 등 환경적인 면을 개선하여 관광지역으로의 이미지를 만들어가는 여러 정책을 제안하였습니다. 이주민의 생활을 관찰하고 어려움을 찾는 과정에서 마케팅전문가에게 필요한 관찰력과 통찰력을 기를 수 있었습니다.

추천 답변	1) 기업의 사회적 책임이란 기업이 사회 구성원을 대상으로 얻는 수익 일부를 기업도 사회 구성원이라는 생각으로 돌려주는 것이 필요하다고 생각합니다. 기업만 발전하고 사회 구성원의 경제력이 떨어진다면 기업도 결국 힘들어지므로 기업도 사회 구성원과 함께한다는 마인드가 필요합니다. 사회적 책임을 수행한 ○○엔터테인먼트의 예를 들면 smile사업으로 수익 일부를 불우이웃에게 기부하고 베트남에 재능을 기부하는 등 사회에 대한 책임을 다하는 기업이 진정한 성공을 가져온다고 생각합니다. 2) 〈학생 답변 인용〉
학생부 활동 기록	– 진로희망 : 마케팅전문가를 희망함. – 독서활동 : 경영, 경제 관련 독서 다수 기록됨.
면접 문항	1) 진로가 마케팅전문가라고 하는데 어떤 마케터가 되고 싶은 거예요? 2) 가장 기억에 남는 책은? 3) 가장 힘들었던 학교 활동은 무엇인가요?
학생 답변	1) SNS를 활용한 1인 미디어가 꿈입니다. 저는 마케팅에 관한 관심으로 여러 학교 활동을 하던 중 영어 말하기 대회에서 '중국 소개하기'라는 주제로 발표했던 경험이 꿈을 갖게 된 계기가 되었습니다. 제가 중국에서 생활하면서 느꼈던 경험을 친구들과 선생님께 소개하는 과정에서 한국과 중국 사이에서 교류하는 마케터의 꿈을 갖게 되었습니다. 2) '타오바오에서 30억 벌기'라는 책이 가장 기억에 남습니다. 이 책을 읽고 중국 마케팅에 관심을 갖게 되었습니다. 타오바오가 가장 인상 깊었던 이유는 타오바오가 SNS와 연계한 마케팅 전략을 세우고 있다는 점입니다. SNS와 연계함으로써 소비자와 경영인이 언제든지 쌍방향으로 소통할 수 있다는 것에 관심을 가졌습니다. 쌍방향으로 소통하면 환불율도 적고 신뢰감을 느끼고 거래 할 수 있다는 것이 인상 깊어 이 책이 가장 기억에 남습니다. 3) 저는 3년 동안 경제탐구 대회에 참가했던 것이 가장 힘들었습니다. 저는 관심 있는 분야가 중국 시장이었기에 중국과 관련된 문헌 자료를 주로 수집했습니다. 물론 네이버나 학술 정보에서도 정보를 얻을 수 있었지만, 더 심층적인 자료를 얻기 위해 주로 중국 사이트인 바이두나 빙을 이용했습니다. 기본적인 내용은 이해할 수 있었지만, 법률적이고 경제적인 용어를 이해하는 데에는 어려움이 있었습니다. 그래서 학교에 계시는 원어민 선생님께 해석하는 일을 도움 받았습니다.

추천 답변

1) SNS를 활용한 1인 미디어가 꿈입니다. 저는 마케팅에 관한 관심으로 여러 학교 활동을 하던 중 영어 말하기 대회에서 '중국 소개하기'라는 주제로 발표했던 경험이 꿈을 갖게 된 계기가 되었습니다. 제가 중국에서 생활하면서 넓은 지역에서 어떻게 물건을 팔 수 있는가? 구매 경험을 주변 사람들과 어떻게 공유하고 있는가? 등을 친구들과 선생님께 소개하는 과정에서 소비자의 어려움을 해결하고 함께 공감하는 마케터가 되고 싶다는 꿈을 갖게 되었습니다.

2) '타오바오에서 30억 벌기'라는 책이 가장 기억에 남습니다. 이 책을 읽고 중국 마케팅에 관심을 갖게 되었습니다. 타오바오가 가장 인상 깊었던 이유는 타오바오가 SNS와 연계한 마케팅 전략을 세우고 있다는 점입니다. SNS와 연계함으로써 소비자와 경영인이 언제든지 쌍방향으로 소통할 수 있다는 것에 관심을 가졌습니다. 쌍방향으로 소통하면 소비자의 수요를 신속하게 반영하고 불만을 즉시 접수에 적시에 처리할 수 있다는 점이 인상 깊었습니다.

3) 경제탐구 대회를 준비하는 과정이 가장 즐거우면서 힘들었습니다. 저는 관심 있는 분야가 중국시장이었기에 중국과 관련된 문헌과 경제 움직임에 대한 자료를 주로 수집했습니다. 물론 네이버나 학술 정보에서도 정보를 얻을 수 있었지만, 더 심층적인 자료를 얻기 위해 주로 중국 사이트인 바이두나 빙을 이용했습니다. 기본적인 내용은 이해할 수 있었지만, 법률적이고 경제적인 용어를 이해하는 데에는 어려움이 있었습니다. 중국어를 공부해 가면서 자료의 의미를 찾고 어려운 자료인 경우에는 학교에 계시는 원어민 선생님께 도움 받았습니다.

자기소개서 기록	1번 기업가 정신에 관한 탐구 활동을 하면서 배우고 느낀 점 기록.
면접 문항	기업가 정신을 배웠다고 하는데 기업가 정신이란 뭐죠?
학생 답변	제가 생각하는 기업가 정신은 '혁신'이라고 생각합니다. 그 이유는 경제사회가 빠르게 성장하고 변화하고 있는 만큼 더욱 혁신적인 아이디어들이 필요하기 때문입니다. 기업가 정신은 단순하게 기업을 경영하는 경영자가 갖춰야 하는 것이 아닌 현실의 문제를 파악하고 문제를 해결할 때 새로운 대안을 제시할 수 있는 능력을 요구합니다.
추천 답변	제가 생각하는 기업가 정신은 '혁신'이라고 생각합니다. 그 이유는 경제사회가 빠르게 성장하고 변화하고 있는 만큼 더욱 혁신적인 아이디어들이 필요하기 때문입니다. 기업가 정신은 단순하게 기업을 경영하는 경영자가 갖춰야 하는 것이 아닌 현실의 문제를 파악하고 문제를 해결할 때 새로운 대안을 제시할 수 있는 능력을 요구합니다. 또한, 노동자를 기업 경영과 함께 하는 인원이라고 생각하고 노동자의 의견을 경영에 반영할 수 있는 경영 마인드의 전환도 필요합니다.

4
사회&상경

자기소개서 기록	1번에 투명 경영방법에 관한 탐구 활동을 하면서 배운 내용 기록.
면접 문항	1) 자소서를 보니 윤리나 투명 쪽에 관심이 많을 것 같은데, 정책이나 제도도 있는데 굳이 왜 회계사를 하고 싶나요? 2) 회계사가 무슨 일을 하나요?
학생 답변	1) 저의 수학적 감각이라는 특기를 살려 잘할 수 있고, 관심이 많은 직업이기 때문입니다. 2) ×
추천 답변	1) 제가 잘하는 수학적 능력을 이용해 제 철학이 투명 경영을 효과적으로 적용할 수 있는 직업이 회계사여서 꼭 하고 싶은 직업이 되었습니다. 2) 회계나 컨설팅, 경제적 주체들이 경제 활동을 할 때 합리적인 선택을 돕기 위해 재무적 정보를 토대로 돕는 직업입니다.

자기소개서 기록	4번에 숙박 공유플랫폼에 관한 탐구 활동 과정과 배우고 느낀 점 기록.

면접 문항	자소서 4번에 숙박업소에서 숙박 공유플랫폼을 보고 생각을 했다고 되어 있는데 이런 무인서비스가 외식업계에서는 어떻게 나타나고 있는지 설명해 줄 수 있나요?

학생 답변	×

추천 답변	패스트푸드가게에 가면 카드를 이용하여 스스로 주문과 결제를 할 수 있는 '키오스크'가 있습니다. 또한, 꼭 패스트푸드점이 아니라도 우동 가게나 쌀국수 가게 등에 요즘은 기계로 주문하는 방법이 늘어나고 있습니다. 그리고 숙박업소에 대해 공유플랫폼의 입지가 강해지면서 공유경제가 현대 사업에 있어서 긍정적인지 부정적인지에 대해 생각해보게 되었습니다.

자기소개서 기록	1번에 최저임금제에 관해 토론하면서 배우고 성장한 과정에 대해 기록함.

면접 문항	1) 최저임금제에 대해서 흥미를 느끼고 토론했다고 했는데 어떤 입장을 취했죠? 2) 그럼 지금 한 입장을 선택해보고 논지를 펼쳐보세요.

학생 답변	1) 사실 저는 그때 사회자의 입장을 갖고 있던 터라 어느 한쪽을 고르지 않고 친구들의 의견을 보다 잘 듣기 위해 두 측면의 입장 모두를 조사했었습니다. 2) 저는 사실 최저임금의 취지 자체는 부정적으로 바라보지 않습니다. 사람들에게 기본소득을 부여해서 인간다운 삶을 영위할 수 있게 한다는 측면에서는 문제가 되기는 힘들다고 생각합니다. 하지만 너무 빠른 상승 이를테면 10,000원을 목표로 최저임금을 빠르게 올리는 것은 문제가 있다고 생각합니다.

추천 답변	1) 사실 저는 그때 사회자의 입장을 갖고 있던 터라 어느 한쪽을 고르지 않고 친구들의 의견을 보다 잘 듣기 위해 두 측면의 입장 모두를 조사했었습니다. 한쪽의 입장을 집중적으로 탐구하는 것도 좋았겠지만 양쪽의 입장에 대한 기본적인 지식을 바탕으로 균형 있게 토론을 진행하는 것도 큰 의미가 있었습니다. 2) 저는 사실 최저임금의 취지 자체는 부정적으로 바라보지 않습니다. 사람들에게 기본소득을 부여해서 인간다운 삶을 영위할 수 있게 한다는 측면에서는 문제가 되기는 않는다고 생각합니다. 하지만 너무 빠른 상승 이를테면 10,000원을 목표로 최저임금을 빠르게 올리는 것은 문제가 있다고 생각합니다. 최저임금을 올리면 긍정적인 부분도 있지만, 부정적인 부분도 있으리라 생각합니다. 정책의 의도를 지속해서 홍보하고 국민적 공감대를 형성하면서 부정적인 요소를 줄일 수 있는 정책의 뒷받침이 함께 필요하다고 생각합니다.

자기소개서 기록	1번에 동아리 활동을 하면서 한국과 중국의 마케팅에 대한 탐구 활동을 통해 배우고 느낀 점 기록.
면접 문항	동아리 활동에서 한국과 중국의 차이를 파악했다고 하는데 사례 하나만 얘기해주세요.
학생 답변	중국이 QR코드 결제를 하는 것이 한국과의 차이라고 생각합니다. 중국은 온라인을 활용한 마케팅 전략을 적극 활용하는데 이가 중국의 특성을 잘 반영한 사례라고 생각합니다.
추천 답변	중국이 QR코드 결제를 하는 것이 한국과의 차이라고 생각합니다. 중국은 상대적으로 넓은 지역을 대상으로 홍보를 해야 해서 온라인을 활용한 마케팅 전략을 적극 활용하고, 한국은 직접보고 비교하는 물건과 온라인 물건의 접근 방식을 다르게 하는 것이 차이점인 것 같습니다.

자기소개서 기록	1번에 기업인과 구성원이 가져야 되는 철학에 관한 탐구 활동을 한 후 배우고 느낀 점 기록.
면접 문항	1) 기업인이 갖춰야 할 덕목은 무엇이 있을까요? 2) 기업의 조직 구성원으로서 갖춰야 하는 것은 무엇인가요?
학생 답변	1) 저는 '해외기업과 긴밀한 협약'과 '고객을 가족처럼 여김'을 덕목으로 정하였습니다. 왜냐하면, 우물안에 개구리라는 속담이 있듯이 국내에서만 활동하게 되면 더 뻗어 나갈 뿌리가 없습니다. 그래서 해외기업과 협약으로 뻗어 나갈 뿌리를 생기게 하여 기업을 발전하는데 큰 영향이 있을 거로 생각했습니다. 그리고 고객을 가족처럼 여기면 음식을 제공하는 데 있어서 질의 개선이 훨씬 더 잘 운영 될 거로 생각하여 덕목으로 설정하였습니다. 2) 저는 리더를 따른 것이 중요하다고 생각했습니다. 왜냐하면, 활동할 때 개인행동을 하게 되면 일처리가 힘들게 되면서 리더의 지휘 아래 활동을 하게 되면 일 처리 속도가 높여질 뿐만 아니라 조직의 유대도 높아지게 되어, 가장 중요한 키워드라고 생각합니다.
추천 답변	1) 저는 '해외기업과 긴밀한 협약'과 '고객을 가족처럼 여김'을 덕목으로 정하였습니다. 왜냐하면, 우물 안에 개구리라는 속담이 있듯이 국내에서만 활동하게 되면 더 뻗어 나갈 뿌리가 없습니다. 이 협약이라는 것은 문서상의 약속뿐만 아니라 인간적인 교류를 바탕으로 한 높은 수준의 사회성도 포함해야 한다고 생각합니다. 그리고 고객을 가족처럼 여기면 매 순간 최선을 다하고 공감하기 위한 활동이 생각으로 이루어지는 것이 아니라 태도와 매너로 이루어지게 됩니다. 2) 리더를 따름과 동시에 자신도 조직의 작은 부분의 리더라고 생각하는 마음가짐이라고 생각합니다. 리더의 전체적인 방향을 따라가되 업무를 추진함에 있는 창의성과 적극성을 발휘하는 주인의식 즉 작은 부분의 리더라는 의식이 필요합니다.

2) 경제학과

학생부 기반 문항 면접

학생부 활동 기록	독서활동 : 경제, 사회계열 교과 독서 다수 기록됨.

면접 문항	1) '유한계급론'이라는 책을 읽었는데 소개해 주세요. 2) 낭비적 소비를 하는 이유? 과시 욕구는 상류층에 한정되는 것인가?

학생 답변	1) 비생산적 수단으로 소득을 얻는 유한계급이 낭비적 소비를 통해 비생산적으로 소비한다는 내용입니다. 2) 자신의 재력을 과시하기 위해서 낭비적 소비가 이루어지며, 과시 욕구는 사회 전체적으로 있는 것 같습니다.

추천 답변	1) 비생산적 수단으로 소득을 얻는 유한계급이 낭비적 소비를 통해 비생산적으로 소비한다는 내용입니다. 베블런은 이러한 현상을 근거로 물건의 가격이 올라도 수요가 늘어날 수 있다고 주장했는데, 이러한 주장은 오늘 우리 사회에 잘 적용되고 있습니다. 2) 낭비적 소비를 하는 이유는 경제적 어려움을 일시적 소비를 통해서 해결하려는 심리에 기초한다고 생각합니다. 낭비적 소비를 통한 과시 욕구는 상류층에 한정되는 것이 아니라 사회 전체적인 현상이라고 생각합니다. 특히 우리나라처럼 단일민족으로 이루어져 있고 짧은 기간 경제성장을 이루는 과정에서 창의성보다는 통일성과 효율성을 강조하는 문화에서는 집단의 소속감이 중요하기 때문에 어떤 명품이 등장하게 되면 모두가 함께하려는 문화가 있는 것 같습니다. 또한, 모든 사람이 다 하고 있을 때 새로운 것을 추구하려는 개성을 추구하려는 심리가 과시욕으로 표현되기도 할 것 같습니다.

학생부 활동 기록	진로희망 : 1~2학년 선생님, 3학년 경제학자를 희망함.

면접 문항	교사가 꿈이었는데 경제학과에 지원한 이유는?

학생 답변	저는 누군가에게 제가 가진 것을 나누는 것이 큰 기쁨이라 생각했기 때문에 교사를 꿈꿨습니다. 하지만 제 안에는 나중에 제가 대학에 가서 제가 모르는 학문을 주제로 공부하면서 세상을 알아가고자 하는 마음이 있었습니다. 교사도 물론 계속해서 배우는 직업이지만 제바람과는 먼 직업이라 생각했습니다. 결국, 제가 평소에 관심이 있던 경제학을 배워보고 싶어 지원했습니다.

추천 답변	저는 누군가에게 내가 알고 있는 것을 나누는 것이 큰 기쁨이라 생각했기 때문에 교사를 꿈꿨습니다. 하지만 공부를 계속하다 보니 궁금한 학문을 찾아가면서 즐거움을 얻는 저를 발견했습니다. 그 학문이 경제학이었습니다. 경제학 공부를 통해 세상을 알아가고자 하는 마음이 있었습니다. 교사도 물론 계속해서 배우는 직업이지만 결국 제가 평소에 관심이 있던 경제학을 배워보고 싶어 지원했습니다.

자기소개서 기반면접

자기소개서 기록	1번에 ~공유 경제를 통해서 소득의 불평등을 해소하는데~ 내용으로 기록함.
면접 문항	공유경제가 소득 불평등을 해결할 수 있다는 근거는 무엇입니까?
학생 답변	소득 불평등은 가진 것을 계속 가지려고 함에서 나타나는 것으로 생각합니다. 공유경제 개념을 도입하면 재화의 차이가 줄어듦으로써 소득 불평등을 해소할 수 있을 것 같습니다.
추천 답변	공유경제를 통해서 재화의 소유라는 개념보다는 공유라는 개념을 확장함으로써 필요한 물품을 초과하는 욕심에 대해 조절할 수 있는 능력을 기를 수 있을 것 같습니다. 이런 사회적 문화가 형성된다면 함께 나누는 사회적 분위기를 통해 소득 불평등을 해결해 나갈 수 있을 것 같습니다. 또한, 어떤 재화를 얻기 위해서 경제적으로 많은 비용을 지불하지 않아도 되기 때문에 발생하는 여유를 다른 부분에 활용하게 되어 소득 불평등에 따른 삶의 질을 개선하는데 기여할 수 있을 것 같습니다.

자기소개서 기록	1번에 미·중 무역 전쟁이 한국경제에 미치는 영향을 주제로 탐구 활동을 한 내용을 기록함.
면접 문항	미·중 무역전쟁에서 한국에 끼치는 영향은?
학생 답변	미국과 중국이 서로 관세를 부과하면 중국은 미국에 수출하는 비중이 줄고 수익이 적어져 수입을 줄일 것입니다. 주로 중국에 수출하는 우리나라 입장에서는 수출량을 줄어 피해를 본다고 생각합니다.
추천 답변	미국과 중국이 서로 관세를 부과하면 중국은 미국에 수출하는 비중이 줄고 수익이 적어져 수입을 줄일 것입니다. 주로 중국에 수출하는 우리나라 입장에서는 수출량을 줄어 피해를 본다고 생각합니다. 그렇지만 미리 예견된 상황과 사드 사태를 거치면서 대비할 수 있는 역량이 높아져 그 영향을 절대적으로 받는다고 생각하지 않습니다. 다만 세계경기가 침체될 경우 영향력이 더 커질 수 있으므로 이에 대해서 대비할 수 있는 성장잠재력이 높은 나라를 대상으로 시장을 넓혀나가야 할 것 같습니다.

| 자기소개서 기록 | 1번에 오버부킹의 경제에 대해서 탐구 활동을 하면서 배우고 느낀 점 기록함. |

면접 문항
오버부킹의 문제점이 무엇이라 생각하나요?

학생 답변
오버부킹은 통계를 잘못 이용한 예입니다. 취소율은 유동적으로 변하는 수치인데 통계적인 자료를 평균을 낸 값을 일관되게 적용한 것이므로 잘못되었다고 생각합니다. 또한, 그 상황이 일어났을 때 폭력적인 방법으로 해결하려 했던 것 또한 문제였습니다.

추천 답변
오버부킹은 눈에 보이는 현상보다는 고객과 회사의 신뢰가 없다는 것이 큰 문제입니다. 그래서 평소에는 문제가 없다가 오버부킹으로 피해가 발생하면 서로를 믿지 못해서 그런 현상이 생겼다는 것으로 감정 문제로 커지는 경우가 많습니다. 소비자는 약속을 지키려는 문화를 형성하고 회사는 위약금 관련 규정을 명확하게 한 뒤 고객에게 일정한 시기에 예약 관련 사항을 두 번 정도 확인하는 과정이 필요하다고 생각합니다.

자기소개서 기록
1번에 최저시급이 경제에 미치는 영향을 주제로 탐구 활동을 한 과정을 기록함.

면접 문항
1) 최저시급 정책에 대해 어떻게 생각하나요?
2) 모든 사람이 경제를 배워야 하는 이유가 있는지요?

학생 답변
1) 물가상승과 일자리 감소라는 단점이 해당 정책의 수혜자들에게 큰 피해로 돌아간다고 생각하기에 반대합니다. 상승률을 현실적으로 낮출 필요가 있다고 생각합니다.
2) 단순한 소비생활은 경제를 배우지 않아도 큰 무리가 없지만, 최저시급과 같은 노동정책 등은 제대로 알고 있지 않으면 노동 생활에 있어서 불이익을 받을 수 있다고 생각합니다.

추천 답변
1) 물가상승과 일자리 감소라는 단점이 해당 정책의 수혜자들에게 큰 피해로 돌아간다고 생각하기에 반대합니다. 최저시급이 인상되면 노동자의 임금이 인상되어 삶의 질의 높아져야 하나 현실에서는 임금의 상승으로 노동자가 해고되는 경우가 많이 발생하고 있다고 생각합니다. 최저시급의 상승률은 현실적으로 낮출 필요가 있다고 생각합니다.
2) 단순한 소비생활은 경제를 배우지 않아도 큰 무리가 없지만, 최저시급, 세금 관련 정책 등은 관련정보를 이해하여 가계 경제의 운영에 도움을 받을 절세방법 등에 대해서는 알고 있어야 한다고 생각합니다.

3) 무역학과

학생부 기반 문항 면접

학생부 활동 기록	봉사활동 : 방학 기간에 꾸준하고 지속적인 봉사활동 기록.
면접 문항	기억에 남는 봉사활동은?
학생 답변	×
추천 답변	물놀이장에서 봉사활동을 할 때 아이의 수영모가 파도 풀에서 벗겨져서 아이가 많이 속상해하며 물놀이를 못 하는 상황이었습니다. 제가 보니 수영모가 하나 있고 속상해하는 학생이 있어 찾아서 물어보니 학생 것이 맞았습니다. 즐거운 공간에서 속상하게 마무리가 되지 않고 좋은 추억을 가지고 갈 수 있게 해서 뿌듯했습니다.

사회&상경

자기소개서 기반면접

자기소개서 기록	3번 체험학습추진위원회를 하면서 활동 내용과 배우고 느낀 점 기술 및 특별한 봉사활동의 경험 기술을 적음.
면접 문항	1) 자기소개서를 보면 체험학습추진위원회로 활동했다던데 자세히 말해줄래요? 2) 봉사활동을 하며 아이들에게 관광에 대해 알려주고 활동했다는 내용이 있는데 자세히 말해주세요
학생 답변	1) × 2) ×
추천 답변	1) 학생들이 위원회를 구성해서 학생들의 이야기를 반영하고 대표의 역할로 선생님과 소통의 과정을 거쳐 실질적인 도움을 줄 수 있는 체험학습 교육과정을 함께 구성하는 활동입니다. 2) 주변이나 한 지역의 관광을 하는 것도 요령이 필요하다고 생각합니다. 지역에 공존하는 자연환경, 인문환경에 관심을 갖고 지역애를 기를 수 있는 경험을 통해 여행 및 관광하는 안목을 길러주는데 의미를 두었습니다.

| 자기소개서 기록 | 1번에 공정무역에 관한 탐구 활동을 통해 배우고 느낀 점 기록함. |

| 면접 문항 | 1) 공정무역이 무엇이라고 생각하나요?
2) 공정무역이 왜 보편화 되지 않는지, 그리고 공정무역 활성화 방안은 무엇인가요?
3) 공정무역을 하기 위해 사람들이 가져야 할 태도를 한 단어로 표현해보세요. |

| 학생 답변 | 1) 개발도상국 생산자의 경제적 자립을 돕는 것으로 생각합니다.
2) 가격경쟁에서 어려운 점 때문에 활성화 방안은 브랜드화 시키기입니다.
3) '배려'입니다. |

| 추천 답변 | 1) 선진국과 개발도상국의 무역에서 개발도상국의 생산자에게 무역에 따른 경제적 혜택을 주기 위해 노력하는 무역방식이라고 생각합니다.

2) 무역을 담당하는 회사에서 경제적 이득을 많이 얻으려고 하고 가격경쟁에서 어려운 점 때문에 보편화되지 않았다고 생각합니다. 활성화 방안은 공정무역에 대한 홍보를 통해 소비자의 인식을 높이고 공정무역에 참여회사는 공정무역에 참여함을 표현하고 그 활동을 브랜드화하면 좋을 것 같습니다.

3) 배려와 공존입니다. 경제 활동을 통해 얻은 이익을 특정한 사람이 독점한다기보다는 최대한 많은사람과 함께 배분을 통해 성장한다는 태도를 보여야 한다고 생각합니다. |

| 자기소개서 기록 | 1번에 윤리적 무역과 공정무역에 관한 탐구 활동을 한 뒤 배우고 느낀 점 기록. |

| 면접 문항 | 1) 윤리적 무역을 실천할 방법은 무엇입니까?
2 사회적 기업의 상품이나 공정무역 제품의 가격이 비싸게 책정되는데 해외에서 소비자에게 어필할 방안은?
3 공정 무역이란? 그리고 장단점은 무엇이라고 생각합니까? |

1) 사회적 가치를 추구하는 사회적 기업의 물건을 수출하거나 수입함으로써 사회적 가치를 해외에서도 인정받을 수 있게 실현 및 성장하도록 조력해서 가능하다고 생각합니다. 예를 들어 위안부 할머님들을 후원하는 마리몬드라는 사회적 기업의 물건을 해외에 홍보하기 등이 있습니다.

2) 최근 소비자들은 가격 경쟁력뿐 아니라 사회적, 윤리적 소비에도 가치를 부여하는 사회 풍토상 경쟁력을 확보한 현실적인 무역수단이 될 수 있다고 생각합니다.

3) 개발도상국의 지속가능한 개발을 위한 취지이나 선진국 주도의 무역 시스템으로 가격책정을 선진국의 수입업자들이 결정하는 것이 가장 큰 문제라 생각합니다. 따라서 노동자들이 가격을 책정할 수 있는 시스템 마련이 필요하다고 생각합니다.

1) 사회적 가치를 추구하는 사회적 기업의 물건을 수출하거나 수입함으로써 사회적 가치를 해외에서도 인정받을 수 있게 실현 및 성장하도록 조력해서 가능하다고 생각합니다. 예를 들어 위안부 할머님들을 후원하는 마리몬드라는 사회적 기업은 기부금을 투명하게 공개하고 있습니다.

2) 최근 소비자들은 가격 경쟁력뿐 아니라 사회적, 윤리적 소비에도 가치를 부여하는 문화를 활용하는 것입니다. 사회적 기업에 대해 홍보를 하고 이때 활용한 이미지를 브랜드화 해서 상품에 부착하는 방법을 활용하면 좋을 것 같습니다.

3) 공정무역이란 선진국과 개발도상국의 무역에서 개발도상국의 생산자에게 무역에 따른 경제적 해택을 주기 위해 노력하는 무역방식이라고 생각합니다. 장점은 생산자에게 경제적 이득이 많이 돌아가게 하여 함께 성장할 수 있다는 장점이 있습니다. 단점으로는 관련 비용의 상승으로 인한 가격경쟁력 하락이 있을 것 같습니다.

라

자연계열

자연계열
면접 문항 분석 & 답변 사례

자연과학계열은 크게 수학, 물리, 지구과학, 화학, 생명과학, 환경으로 나누어 볼 수 있습니다. 그리고 이를 기준으로 세분화해 보면 수학과, 통계학과, 물리학과, 천문기상학과, 지구과학과, 해양학과, 화학과, 생명과학과, 환경학과 등의 다양한 학과들이 존재합니다.

수학과, 통계학과의 면접 문항을 보면 주된 내용은 생활기록부상의 확인 면접입니다. 대부분의 학생부종합전형에서 면접은 서류 확인이 기본입니다. 따라서 진로가 어떻게 변했는지 아니면 봉사 활동은 무엇을 하였는지 등 문항이 있습니다. 또한, 수학이 큰 골자이기 때문에 수학과 관련된 기초 공식이나 개념의 정의도 물어볼 수 있습니다. 삼각함수나 지수·로그함수의 미적분, 정규분포와 이항분포 사이의 관계를 간단히 물어볼 수 있습니다. 수학과나 통계학과처럼 세부 학과로 들어간다면 학과의 특성을 파악하는 것이 중요합니다. 수학과는 현상을 설명하고 예측하기 위해서 수학적 사고력, 문제해결과정을 즐기는 문제해결력, 논리적 사고와 분석력 등이 있는 학생을 선호합니다. 특히 수학적 사고가 얼마나 뒷받침되어있는지가 강조가 됩니다. 여기서 수학적 사고는 크고 작고, 많고 적음을 판별하는 것에서 나아가 규칙과 패턴, 공간, 상호연관성까지 잘 지각하고 이를 수리적으로 보는 것을 말합니다.

통계학과는 수학을 기본으로 하면서 사회, 경제, 자연 및 인간의 생활에 여러 가지 현상을 연관 지어 풀어내고 설명하는 것을 공부하는 학과입니다. 따라서 면접 문항도 약간의 차이가 있습니다. 학교생활기록부에 있는 내용 중에 수학적 사고를 필요로 하는 일, 그걸 해결하는 상황은 수학과 면접 문항에서 자주 볼 수 있고, 통계학과는 수학을 기반으로 사회현상 등을 표현한 활동을 중점으로 질문을 합니다. 수험생들은 학교생활기록부와 자기소개서를 보면서 지원학과를 고려했을 때 어떤 부분에 중점을 두고 물어보는지를 찾아 준비해 나간다면 면접에서 좋은 결과가 있을 것입니다.

물리학과 지구과학 분야는 매우 관련이 깊습니다. 두 개의 큰 학문이 어우러져 만들어진 것이 천문 파트, 우주 파트 등이 있습니다. 따라서 두 과목을 아울러서 보는 습관이 필요합니다. 물리학과는 모든 자연 현상에서 나타나는 일을 과학적으로 증명하고 법칙으로 설명할 수 있기에 과학의 핵심 기초학문이라고 할 수 있습니다. 따라서 면접 문항에서도 기초 과학 활동에 대한 질문이 주로 이루어집니다. '베르누이 법칙을 배웠는데 내용을 설명해보시오.', '이성질체는 무엇인가요?'라는 학교에서 배운 활동 중 기초 과학에 중점을 물어봅니다. 또한 지구과학 질문에서 물리 1, 2 수강 여부를 물어볼 수 있습니다. 그만큼 지구과학과 물리는 연관되어 있는 학문이기 때문에 물리를 수강하지 않은 독자의 경우 그 이유를 준비하는 것이 필요할 것입니다. 지구과학의 소재는 천체, 해양, 지질 등 모든 것이 학문이 될 수 있습니다. 따라서 학교에서 준비했던 연구 활동의 모든 소재를 꼼꼼히 기억하고 정리해 면접장에서 질문을 받았을 때 답변을 하면 될 것입니다.

생명과학, 응용 생물화학, 식품학, 화학과 면접 문항을 보면 기본적으로 학교에서 했던 과학 활동의 진정성을 파악하고 해당 활동에서 배우고 느낀 점을 묻는 문항이 나옵니다. 과학 활동의 진정성이란 학교에서 과학 활동에 단순히 참여하는 것이 아니라 그 활동 안에서 자신이 의미를 갖고 주도적으로 수행한 태도를 말합니다. 따라서 '어떤 활동인가?', '역할은 무엇인가?', '어떤 노력을 했고, 무엇을 배웠는가?'를 물어보게 되는 것입니다. 기초적인 봉사 활동과 진로희망사항에 대한 질문도 있지만, 이 학과들의 면접 문항을 보면 그 학과에서 공부할 수 있는 내용을 고등학교에서 해보았는지 경험적인 것을 주로 물어봅니다. '학과 관련 책', '면역 보고서', '융합탐구대회', '루미놀 반응' 등과 관련해 심도 있는 질문을 합니다. 그렇다고 이 글을 읽고 있는 독자가 루미놀 반응을 반드시 알아야 하는 것은 아닙니다. 학교생활기록부와 자기소개서에 루미놀 반응이 기재되어 있다면 루미놀 반응이 일어나는 원리부터 사용 분야까지 깊이 있게 공부해서 면접을 준비하는 것이 좋습니다. 명심해야 할 부분은 서류 기반 면접이 학생부종합전형의 큰 틀이기 때문에 생활기록부와 자기소개서에 없는 내용을 물어보지는 않는다는 것입니다. 따라서 자신의 서류에 기재되어 있는 내용을 꼼꼼히 살펴보고 면접을 준비해 나가길 바랍니다.

환경, 산림, 원예학과는 특이한 점이 있습니다. 앞서 언급한 물리, 화학, 생명과학, 지구과학과는 다르게 환경이라는 과목은 고등학교에서 많이 배우는 과목이 아닙니다. 2015 개정 교육과정에 교양과목으로 환경이라는 과목이 있긴 하지만 다양한 선택과목 중 하나로 이를 선택하는 학교가 많지는 않습니다. 대개 과학 교과의 소단원 내용으로 환경을 공부하는 정도인데 최근 환경 분야에 대한 관심과 중요성이 커지면서 환경학과가 주목을 받고 있는 상황입니다. 특히 아직 개척될 분야가 많고, 대기, 해양, 토양, 수질 등 기초 과학을 바탕으로 하지만 응용학문의 성격을 띠고 있어서 질문의 폭이 매우 넓은 편입니다. 고등학교에서 했던 과학 활동을 기본적으로 질문하지만 이 부분을 어떻게 환경과 연관 지어 이야기할 것인지는 고민해 봐야 할 부분입니다. 또한 기초 교과에서 파생된 질문뿐 아니라 인성 영역에 있어서도 학교생활기록부와 자기소개서 내용에 대한 대비를 잘 해놓을 필요가 있습니다. 왜냐하면 환경과는 환경을 보호하고 자연 치유에 목적이 있어서 봉사 정신을 필요로 하기 때문입니다. 환경과 관련해 정리된 사례들을 보면 봉사 활동에 관한 내용이 많기 때문에 학생들 스스로 봉사 활동을 하면서 환경 분야에 어떻게 이바지할지를 고민해본다면 면접에 충분히 대비할 수 있을 것입니다.

앞으로 언급하게 될 사례들은 학생부 및 자기소개서에 기반을 둔 학과별 면접 문항과 답변으로 이루어져 있습니다. 이는 공개된 실제 면접 상황을 근거로 학생들과 재구성해본 것입니다. 이런 면접 문항이 나온 이유는 생활기록부와 자기소개서에 기재되어 있기 때문인데 이를 분석하면 다음 2가지입니다.

　첫 번째는 생활기록부 및 자기소개서 문장이 어떻게 면접 문항으로 나오는지를 파악할 수 있습니다. 자신의 학교생활기록부와 자기소개서를 보면서 예상 면접 문항을 만들어 보는 작업을 할 때 아래 예시들은 큰 도움이 될 것입니다.

　두 번째는 추천 답변을 이용하는 것입니다. 추천 답변은 조사한 면접 문항에서 여러분의 선배들이 답변했던 것도 올려놓았지만 해당 영역의 저자라면 이렇게 답변했을 거라는 내용을 정리해보았습니다. 추천 답변이 꼭 정답은 아니지만 어떻게 답변을 해야 할지 모르는 상황이라면 답변의 길라잡이가 되어 줄 것입니다. 그리고 여러분의 선배들이 해놓은 답변이 타당하거나, 해당 학생의 개인 이야기가 들어가 있는 부분, 다양한 사례에 인용할 수 있는 답변 등에는 추천 답변을 작성하지 않고 〈학생 답변 인용〉으로 표시하였습니다. 가능한 모든 대학과 학과를 다루고 싶었으나 지원자에게 의미 있을 데이터만을 수집해 정리하였다는 말씀을 드리며 추가적인 면접 문항이 필요하다면 대학 입학처 홈페이지를 찾아보는 것을 추천해 드리겠습니다. 면접은 대학 입시에서자신을 표현하는 마지막 관문입니다. 여러분의 모습을 마음껏 펼쳐나가시기 바랍니다.

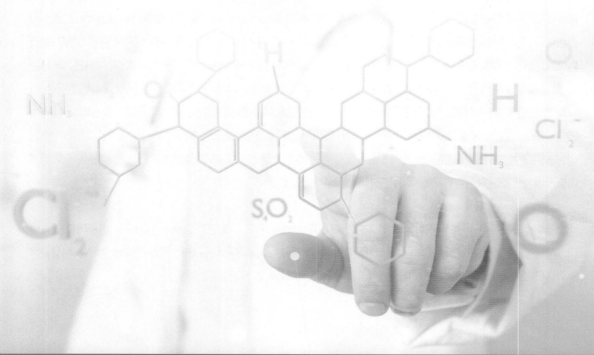

라. 자연계열

1) 물리학과

학생부 기반 문항 면접

학생부 활동 기록	세부능력특기사항에 있는 조별 활동 혹은 학급 활동을 진행함.
면접 문항	조별 활동을 하면서 협업한 경험을 말해보세요.
학생 답변	X
추천 답변	○○활동을 진행하며 조원들과 활동을 몇 단계로 나누어서 진행했습니다. 저는 어떤 일을 맡았고, 하기 힘든 부분은 이런 방식으로 했습니다.

학생부 활동 기록	수학과 물리의 성적이 다른 과목에 비교하여 높은 등급임.
면접 문항	학생부를 보니 수학, 물리의 성적이 높네요. 그러면 반대로 공부할 때 힘들었던 과목은 없었나요?
학생 답변	중국어, 한문을 정말 못합니다. 한글, 영어처럼 철자가 모여 뜻을 이루는 게 아닌 한 글자가 한뜻을 이루는 방식을 잘 받아들이지 못하는 것 같습니다.
추천 답변	중국어, 한문을 정말 못합니다. 한글, 영어처럼 철자가 모여 뜻을 이루는 게 아닌 한 글자가 한뜻을 이루는 방식을 잘 받아들이지 못하는 것 같습니다. 그것을 극복하기 위해서 한자의 어원을 찾아보며 그 글자가 그런 의미를 갖고 있는 이유를 공부하였습니다. 그로 인해 후에는 처음 보는 한자도 음과 뜻을 추측할 수 있게 되었습니다.

학생부 활동 기록	물리 Ⅰ과 물리 Ⅱ를 모두 이수함.
면접 문항	생활기록부에 물리Ⅱ를 수강했다고 나와 있는데, 물리 Ⅰ과 물리 Ⅱ를 배우면서 어려웠던 내용은 무엇이 있었나요?
학생 답변	상대성 이론을 배우면서 느낌상 알 것만 같은 이론이고 빛처럼 빠른 속도로 지나가는 물체들에 대해 경험해보지 못했기 때문에 완벽하게 이해하지 못한 것이 가장 어려웠고 힘들었습니다.

추천 답변

상대성 이론을 배우면서 느낌상 알 것만 같은 이론이고 빛처럼 빠른 속도로 지나가는 물체들에 대해 경험해보지 못했기 때문에 완벽하게 이해하지 못했던 것이 가장 어렵고 힘들었습니다. 그 부분을 익히기 위해서 상대성 이론과 관련된 다큐를 찾아보았습니다. 그 다큐를 보고 상대성 이론을 느낌으로만 이해하는 것에 그치지 않고, 제가 머릿속에서 모델을 그릴 수 있을 정도로 이해했습니다.

학생부 활동 기록

융합과학대회에서 수상함.

면접 문항

융합과학대회에서 최우수상을 받았는데 어떠한 대회였는지 설명 해줄래요.

학생 답변

2학년 때 참가한 융합과학대회는 A4용지 3장으로 구조물을 만들어 얼마나 무거운 물체를 올릴 수 있는지 알아보는 대회였습니다. 저는 이 대회에서 원기둥의 모양과 종이를 일반적으로 접착하지 않고 종이를 끼워 넣은 후 접착하는 방식 등 다른 팀들과는 세밀하게 다른 구조물을 만들었습니다.

추천 답변

융합과학대회는 A4용지 3장으로 구조물을 만들어 구조물이 어느 정도의 무게까지 버티는지에 대해 알아보는 대회였습니다. 다른 팀들이 종이를 원기둥 모양으로 만들고 접착하는 등의 방식을 사용했으나 저희 팀은 그와 다르게 종이를 끼워 넣은 후 접착하는 방식을 사용했습니다.

자기소개서 기반면접

자기소개서 기록	파인만의 '물리학 강의'라는 도서 인용함.

면접 문항	'파인만의 물리학 강의'는 어떤 책인가요?

학생 답변	X

추천 답변	캘리포니아 공과대학에서 1950년대에 파인만이 대학에서 물리학을 이해하지 못하는 학생들을 위해서 강의를 했습니다. 파인만은 물리학에 대한 관심도를 올리고자 했고 파인만은 물리학의 재미있음을 알리기 위해 강의를 했다고 합니다. 그 강의는 대학에서 처음부터 녹취되었는데, 이를 정리하여 출간한 책이 바로 『파인만의 물리학 강의』입니다.

자기소개서 기록	양자역학을 공부하고 싶어 대학에 지원하게 됨.

면접 문항	지원동기에 양자역학에 대해 써주셨는데 관심을 갖게 된 계기가 있나요?

학생 답변	X

추천 답변	어렸을 때부터 가졌던 수많은 호기심의 끝은 언제나 '세상은 어떻게 시작됐을까?', '무엇으로 구성돼 있을까?'였습니다. 그 의문을 해결하기 위해 과학의 다양한 내용을 공부하면서 세상의 모든 것은 원자로 구성돼 있다는 것을 알았고, 물리학의 양자역학은 원자 내부의 세계를 다루는 학문이란 것을 알게 됐습니다. 이러한 이유로 양자역학을 좀 더 깊게 공부하고 싶었습니다.

2) 생명과학과

학생부 기반 문항 면접

학생부 활동 기록	병원 내의 약국에서 봉사 활동을 진행함.
면접 문항	봉사 활동은 어떻게 했나요? 특정 환자 한 명을 전담으로 한 건가요?
학생 답변	한 명을 전담으로 한 것이 아니라 한 병동을 전체적으로 순찰하며 도움이 필요하신 환자분께 도움을 드렸습니다. 제가 중점적으로 했던 활동은 약국에서 약 포장을 보조하고, 외래 환자분들에게 약을 전달하는 일을 했습니다.
추천 답변	한 분을 전담으로 케어한 것이 아니라 한 병동 내를 계속 순찰하며 도움이 필요하신 환자분들께 도움을 드렸습니다. 중점적으로 했던 활동은 약국에서 약 포장을 보조하고, 외래 환자분들께 약을 전달하는 일과 도움이 필요하셨던 환자분께 의사를 불러드리는 등의 일을 했습니다.

학생부 활동 기록	수학 성적이 비교적 낮고 국어 성적이 비교적 높음.
면접 문항	이공계라서 수학 성적이 중요한데 수학 성적은 조금 낮고 국어 성적은 높네요. 설명해 줄 수 있나요?
학생 답변	수학을 공부하는데 어려움이 조금 있었고 스트레스도 있었습니다. 하지만 매일 발전해 나간다는 생각으로 계속 노력하고 있습니다. 지금도 열심히 공부하고 있기에 이 학교에 입학해서 다닐 때는 더 나은 수학 실력을 갖추게 될 것이라 확신합니다.
추천 답변	수학을 공부하는 데 있어서 어려움이 있었습니다. 그런데 문제를 이해하는 데에 어려움이 있었던 것이라 국어의 문장 해석에 도움을 받아 꾸준히 노력하다 보니 점점 나아지고 있다고 생각합니다. 매일 발전해 나간다는 생각으로 수학 문제들을 이해하고자 꾸준히 노력하고 있기에 이 학교에 입학한 후엔 더 나은 수학 실력을 갖추고 있을 것이라 확신합니다.

학생부 활동 기록	생명과학 세부능력특기사항 혹은 동아리 특기사항에 페니실린 집중 탐구 언급함.
면접 문항	페니실린 집중 탐구에서 배운 페니실린의 내용은 무엇인가요?
학생 답변	X
추천 답변	페니실린이란 과거 미생물에 의한 병에 대해 수은만으로 대처할 수 없던 시절, 화학물질로 만든 진통제가 통한다는 걸 알게 된 사람들이 곰팡이를 이용해서 만들어낸 신개념의 진통제입니다. 포도상구균을 막아내어 효과를 보게 된 페니실리움에 속해 있어 페니실린으로 명명되었으며 포도상구균을 제외한 연쇄상구균, 뇌수막염균, 임질균, 디프테리아균 등에도 특히 효과를 보였다고 합니다.

학생부 활동 기록	독서활동기록에 '달콤한 생명과학'이라는 도서 기록함.
면접 문항	'달콤한 생명과학'이라는 책을 읽었던데 어떤 내용이 기억에 남아요?
학생 답변	'달콤한 생명과학'이라는 책에서 단백질에 관한 내용이 가장 기억에 남았습니다. 단백질의 발현 과정에 대한 설명이 가장 인상적이었습니다.
추천 답변	'달콤한 생명과학'이라는 책에서 단백질에 관한 내용이 가장 기억에 남았습니다. 특히 단백질의 발현 과정에 대한 설명이 가장 인상적이었습니다. (책 내용이 검색해도 안 나와서 모르겠지만 조금 더 자세히 답하면 좋을 듯. '어떤 부분이 인상적이었는지', '그로 인한 활동이 있는지' 등등)

학생부 활동 기록	자율활동에 조회 시간에 시 읽기 활동에 대한 언급함.
면접 문항	3학년 때, 조회 시간에 했던 시 읽기 활동을 했는데, 그 계기가 뭔가요?
학생 답변	X
추천 답변	저희가 국어 공부를 하면서 알게 되는 시는 많지만 공부할 때를 제외하면 시를 접하는 친구들이 많지는 않았습니다. 그래서 공부를 하기 위해서가 아닌 다른 때 시를 본다면 다른 느낌을 주지 않겠느냐는 내용을 학급 토론시간에 건의하여 시작했습니다.

5
자연&공학

학생부 활동 기록	실험동아리 활동함.
면접 문항	동아리 활동 어떤 것이 있었나요?
학생 답변	실험설계부터 결론 도출까지, 직접 할 수 있었던 생명과학 실험이었습니다.
추천 답변	실험설계를 하고 해당 실험의 결론 도출까지 직접 해볼 수 있었던 생명과학 실험동아리였습니다. 동아리에서 ○○와 XX실험을 했습니다. ○○실험에서는 결론이 어떤 오류 때문에 계속 가설과 다른 결과가 도출되어 실패하다 몇 번의 반복 끝에 성공적인 실험결과를 내는 경험을 해보았습니다. 이런 경험을 통해 그 이후에 다른 실험을 할 때도 오류가 나는 부분은 더욱 조심하게 되었습니다.

자기소개서 기반면접

자기소개서 기록	면역화학에 대한 논문을 읽고 보고서 쓰기 대회에 참가해 배우고 느낀 점 작성함.
면접 문항	1) 자소서 2번에 면역화학이라는 분야를 더 탐구해 보고 싶어 논문 읽고 보고서 쓰기 대회에 참가 했다고 했는데 면역화학이 뭔가요? 2) 논문 읽고 보고서 쓰기 대회에서 무엇을 한 거예요?
학생 답변	1) 면역화학은 면역학과 화학을 접목한 학문입니다. 2) 보고서 쓰기 대회에서는 면역화학에 관한 논문을 읽고 제 생각 및 그 논문에 관한 내용을 정리 해 보는 것이었습니다.
추천 답변	1) 면역화학의 기본적인 정의는 면역반응을 화학적으로 해명하는 것입니다. 면역의 본태나 항원 항체 반응에 기본 하여 여러 가지 혈청학적 현상의 본질을 화학적인 입장에서 풀어내는 학문이므로 면역학보다는 오히려 혈청학에 가까운 것이라고 생각합니다. 2) 논문 읽고 보고서 쓰기 대회는 단순히 논문을 골라 읽고 보고서를 작성하는 대회였지만 저는 '두 가지 논문을 읽고 비교·분석하면 어떨까?'하는 생각을 가지고 논문을 선정하였습니다. 생명과학 수업 중 흥미로웠던 면역반응에 관심을 가지고 꽃송이 버섯과 효모 변이 주기가 면역반응에 미치는 영향에 관한 두 개의 논문을 읽었습니다. 논문을 읽은 후 저는 꽃송이 버섯과 효모 변이 주기가 베타글루칸이라는 성분을 공통으로 가지고 있기에 면역반응을 활성화할 수 있었다는 것을 알아냈습니다.

자기소개서 기록	어떤 활동을 진행하며 협동심을 기를 수 있었음.

면접 문항	협동심을 길렀다고 했는데 구체적으로 어떤 활동에서 느꼈나요?

학생 답변	X

추천 답변	이 활동은 기본단위가 조로 이루어져 있었습니다. 해당 조마다 리더를 뽑아 조원들과의 소통 및 활동을 진행하였습니다. 제가 속했던 조는 조원들도 모두 열심히 의견을 내고 리더 역시 조원들의 이야기를 무시하지 않고 잘 들어줘서 활동 내에 일등을 할 수 있었습니다. 저는 이 활동을 통하여 리더의 모습과 조원들과의 협업, 협동심의 중요성을 느낄 수 있었습니다.

자기소개서 기록	슈반세포와 관련된 질문을 직업인 특강에서 함.

면접 문항	슈반세포 관련 독특한 질문을 했는데 이를 통해 어떤 것을 알게 됐나요?

학생 답변	슈반세포의 기능에 관해서 설명했습니다.

추천 답변	슈반세포의 기능에 대해 질문을 하였는데, 미엘린 형성 슈반세포에 의해 형성된 미엘린초는 축삭돌기를 감싸는 절연체로서 기능하며, 신경세포의 축삭 둔덕에서 생성된 활동전위가 신경 말단까지 빠른 속도로 전달될 수 있게 하는 기능을 한다는 점을 새로이 알게 되었습니다.

5
자연&공학

3) 수학과

학생부 기반 문항 면접

학생부 활동 기록	진로희망사항이 3년 내내 다른 분야임.
면접 문항	3년 동안 꿈이 다양하게 바뀌었는데, 여기에 특별한 이유가 있나요?
학생 답변	X
추천 답변	그 당시에 저는 진로를 확정짓지 못할 만큼 하고 싶은 일이 많았고, 하고 싶은 분야 대부분을 할 수 있을 거라 믿었기에 계속 변화했습니다. 하지만 3학년이 다가올수록 일부지만 가능성이 줄어드는 느낌이 들었습니다. 그런 상황에서 제가 가장 하고 싶은 일이 수학과 관련되어 있다는 것을 깨닫게 되었고, 이를 통해 수학과로 진학하는 것을 결정할 수 있었습니다.

학생부 활동 기록	3학년 '창의융합수학 동아리'에서 이항분포와 정규분포에 관련된 소논문 활동을 진행함.
면접 문항	3학년 창의융합수학 동아리에서 이항분포와 정규분포에 관한 소논문을 작성한 적이 있는데 여기서 무슨 역할을 했나요?
학생 답변	X
추천 답변	소논문을 작성하는 전반적인 과정에 참여했습니다. 소논문을 함께 작성한 친구들 모두 수학과 혹은 수학과 관련된 학과를 지망했기 때문에 누군가가 한 부분을 독점적으로 작업하기보다는 모두가 전 과정에 참여하여 진행하는 것이 모두의 미래에 이롭다는 생각을 하여 그렇게 진행했습니다.

학생부 활동 기록	수학 시간에 정적분에 관련된 설명을 함.
면접 문항	수학 시간에 정적분에 관해 설명해주었다고 쓰여 있는데, 자세히 설명해줄 수 있나요?
학생 답변	정적분은 구간의 넓이를 구하는 것이며 그 도형이 어떻게 생겨도 정적분을 통하면 넓이를 구할 수 있습니다. 정적분은 밑변의 길이가 h인 직사각형의 넓이($h*f(x)$)의 합인 h를 0으로 보내어 오차를 한없이 줄여 해당 도형의 넓이를 구하는 것입니다.

추천 답변	정적분이란 주어진 구간을 n등분 하여 각 분점의 축 좌표를 구했을 때, 구간을 n등분한 길이와 함숫값을 곱한 값을 모두 합친 값의 극한값을 정적분으로 정의합니다. 함수값보다 큰 값을 기준값으로 설정한 경우와 작은 값으로 설정한 경우 이 정의는 함수의 부호에 상관없이 적분 가능한 함수에 대해 성립합니다. 함수가 주어진 구간에서 음이 아닌 경우 정적분 값은 넓이와 같습니다.

학생부 활동 기록	교육 동아리에서 교육 봉사 도중 멘토·멘티 간의 갈등을 다함께 해결하기 위해 고민하는 '활동일지시스템'을 진행함.
면접 문항	교육 동아리에서 계획하고 실행한 '활동일지시스템' 자세한 내용을 말해 보세요?
학생 답변	교육 봉사 도중 멘티와 멘토가 겪는 갈등 및 어려움을 적어놓아 다 같이 해결해나가는 시스템, 내가 겪은 어려움, 해결방법을 설명했습니다.
추천 답변	교육 봉사 도중 멘티와 멘토가 겪는 갈등 및 어려움을 적어놓고, 주에 한 번씩 다 같이 모여서 해결방법을 논의하고 해결방법을 찾는 시스템입니다. 제가 겪었던 어려움은 ○○입니다. 이것을 해결하기 위해서 찾은 해결방법은 ＿＿＿＿로 실제로 적용을 해보니 갈등을 줄일 수 있었습니다.

학생부 활동 기록	– '과학 TED상'을 수상함. – 과학과 관련된 활동이 다수 존재함.
면접 문항	과학 TED상이나 다양한 과학 부문에 관한 활동이 많은데 이러한 활동이 학생의 과학 사고력 증진에 도움이 되었는가요?
학생 답변	X
추천 답변	도움이 되었습니다. 수상을 하기 위해서라도 논리에 맞는 생각을 하려고 계속 노력했습니다. 방금 예시로 드신 과학 TED상의 경우에는 TED 강의를 보면서 자신의 고찰을 작성해서 제출하는 대회였습니다. 저의 고찰을 만들기 위해서 계속해서 생각하고 그 글을 다듬으면서 저의 생각이 논리에 맞는지를 계속해서 따져봤기 때문에 과학적 사고는 제가 늘리기 싫어도 자연스레 늘어났습니다. 그래서 현재는 논리적으로 생각하려 하지 않아도 자연스럽게 논리적으로 생각하는 습관이 생겼습니다.

학생부 활동 기록	'수리 교과 제작소'라는 동아리에서 활동함.
면접 문항	수리교과 제작소는 무슨 동아리인가요?
학생 답변	X
추천 답변	수학이나 과학같이 교보재가 필요할 수 있는 과목들의 교보재를 생각하여 만드는 동아리 입니다. 저희가 만들었던 교보재로는 적분 수업을 할 때 그래프에 직사각형을 그리는 것을 점점 늘려가는 그림을 그리는 것, 지구과학에서 태양계의 실제 비율을 반영한 모형, 화학 시간에 교과서 외에 그림이 필요할 경우 저희가 대신해서 그려드리기도 했습니다.

학생부 활동 기록	수학 성적은 비교적 높고, 국어 및 영어 성적은 비교적 낮음.
면접 문항	수학 성적은 매우 뛰어나지만 국어 영어 성적은 매우 좋지 않아 걱정되는데 이것에 대해 저를 안심시켜주세요.
학생 답변	고등학교 때는 다른 어떤 과목보다 수학을 좋아하고 관심이 많아서 더 많은 시간을 투자했더니 좋은 성적을 받을 수 있었습니다. 국어와 영어도 마찬가지로 많은 관심을 두고 시간을 투자한다면 좋은 결과를 얻을 수 있을 것입니다.
추천 답변	이전에는 국어와 영어의 언어적 매력을 잘 느끼지 못했습니다. 그런데 대학 진학준비를 하는 2학기에 읽었던 도서 중에 '황진이, 보들레르를 노래하다'라는 도서가 있었습니다. 국어 영역 중에서 가장 어려웠던 고전문학에 관한 내용이 담겨있었는데, 그 책을 읽으면서 고전문학의 매력을 느낄 수 있었습니다. 그 후 고전문학을 공부해 보니까 이전보다 더욱 더 잘 되는 것을 느꼈습니다. 그리고 영어는 원래 미국, 영국의 드라마를 보는 취미가 있었는데, 자막을 한글로 볼 때는 영어를 듣지 않고 흘려보냈습니다. 그런데 영어자막을 보게 되면서 영어를 들을 때에도 이전보다 훨씬 잘 들리는 것 같았고, 드라마를 보기 위해서 단어의 뜻도 공부하기 시작했습니다. 드라마에 나오는 단어들을 찾아 외워가면서, 단어를 외우는 속도가 점점 늘어나는 것이 느껴졌습니다. 제가 영어에서 가장 취약한 부분이었던 단어를 보완함으로써 모의고사의 등급도 이전보다 한 등급이 올랐습니다. 그러므로 저의 영어와 국어 성적이 좋지 않은 것은 걱정하지 않으셔도 됩니다.

자기소개서 기록	GraphEq를 이용한 테일러 급수에 관련된 교과 혹은 동아리 활동을 하며 배우고 느낀 점 기록함.
면접 문항	'테일러급수'에 관한 내용이 있는데 테일러급수의 일반항에 관해 얘기해 보세요.
학생 답변	'테일러급수'와 '매클로린급수'의 개념에 관해 설명했고, 일반항은 기억이 안 나서 잘 기억이 안 난다고 하였다.
추천 답변	테일러급수는 함수가 한 점에서 한없이 미분 가능한 경우 $f(a)$부터 $f'(a)(x-a)$, $f''(a)(x-a)^2$, $\cdots$, $(f^{(m)}(a)/n!) * (x-a)^n$의 규칙으로 가는 수열의 무한대까지의 합입니다.

5
자연&공학

4) 식품학과

학생부 기반 문항 면접

학생부 활동 기록	실험동아리, 과학탐구대회, 소논문 쓰기 등의 활동을 하며 여러 종류의 실험을 진행함.
면접 문항	실험 활동이 많은데 가장 기억에 남는 실험 내용은 무엇인가요?
학생 답변	X
추천 답변	잡채를 전투식량처럼 간단하게 포장되고 한 번에 조리가 가능하도록 하는 실험을 해보았습니다. 당면을 어느 정도 조리해두어야만 일정한 온도에서 함께 들어가는 부재료들과 함께 익을 수 있는지 알 수 있었습니다.

학생부 활동 기록	동아리 활동을 진행함.
면접 문항	동아리 활동 중에 가장 기억에 남는 동아리는 무엇인가요?
학생 답변	X
추천 답변	음식들은 가만히 두면 상하고 곰팡이가 나는데, 이를 조성하는 환경을 바꿔보는 실험을 해 봤었습니다. 냉동식품 등을 보면 급속 냉동으로 인해서 더욱 보존기능이 극대화되었다는 것에서부터 시작되었는데 진공 상태의 음식이 종류에 따라 얼마나 더 오래 보관되는지 알 수 있었습니다.

학생부 활동 기록	독서활동기록에 '부엌의 화학자' 기록함.
면접 문항	부엌의 화학자라는 책을 읽고 무엇을 느꼈나요?
학생 답변	X
추천 답변	'부엌의 화학자'라는 책에서 미생물에 의해 분해가 되는 포장재에 관련된 이야기가 나왔습니다. 그런데 최근에 본 생리대 중에 포장재까지 전부 생분해되는 제품을 본 적이 있습니다. 그래서 더욱 인상이 깊었고 우리나라에서 많이 사용하는 일회용품이 미생물에 의해 분해가 되는 포장재들로 바꾸는 것 또한 해보고 싶게 만든 책이었습니다.

학생부 활동 기록	진로희망사항에 푸드코디네이터, 식품연구원, 식품 마케터를 기록함.
면접 문항	최종 꿈인 식품마케터 꿈을 갖게 된 계기는 무엇인가요?
학생 답변	식품의 영양성분을 확인하면서 우리나라 식품산업의 부정적인 측면이 많다는 것을 알게 되었습니다. 국민의 식품첨가물에 대한 인식이 부족하고 기업에서의 사용은 늘어가는 것을 보고 올바른 식품을 만들고 유통을 통해 식품산업을 발전시키고 싶어 선택하게 되었습니다.
추천 답변	식품의 영양성분을 확인하면서 국민의 식품첨가물에 대한 인식이 부족함을 알게 되었습니다. 이를 악용하여 기업에서는 식품첨가물의 양이 늘어나는 것을 조사를 통해 알게 되었습니다. 따라서 올바른 식품을 만들고 국민들의 인식 개선 및 알 권리를 위해 선택하게 되었습니다.

학생부 활동 기록	독서활동기록 : '하리하라, 미드에서 과학을 보다.'를 기록함.
면접 문항	읽었던 책 중에서 가장 기억에 남는 책은 무엇인가요?
학생 답변	저는 이은희 작가님의 '하리하라, 미드에서 과학을 보다'라는 책이 가장 기억에 남습니다. 그중 일산화탄소에 의한 질식사를 다룬 내용이 가장 인상 깊었습니다. 평소 실습수업 때 선생님들께서 환풍기를 켜거나 창문을 여는 것 등을 굉장히 중요하게 말씀해주셨는데, 그 인과관계를 알 수 있어서 그 부분이 가장 인상 깊었습니다.
추천 답변	저는 '감성의 리더십'이라는 책이 가장 기억에 남습니다. 제가 고등학생 때 동아리 회장을 하면서 한 달에 한 번씩 '반일제'라는 시간이 있어 장소를 정해 밖으로 나가야 하는 활동이 있었습니다. 그때마다 동아리 친구들은 의견이 불일치하여 다툼이 일어났고 저는 그것을 어떻게 잘 해결해야 할까 고민하던 중 이 책을 읽게 되었고, 거기서 진정한 리더는 그저 이끄는 것이 아닌, 공감해 주며 이끄는 것이 진정한 리더라는 표현을 보게 되었습니다. 저는 그 후부터 항상 친구들의 말에 공감을 해주며 이끌어 주려고 노력했는데 의견이 채택되지 않은 아이들도 나중에는 '너의 의견을 많이 들어 주겠다'면서 공감해 주었더니 오히려 다툼이 일어나지 않고 화목한 동아리를 만들 수 있었습니다.

자기소개서 기반면접

자기소개서 기록	레토르트 식품에 대한 탐구 활동을 함.

면접 문항

1) 레토르트 식품이란 무엇인가요?
2) 그러면 영양소 파괴는 없나요?
3) 레토르트 식품의 예시는 어떤 것이 있을까요?
4) 평소에 레토르트 식품에서 아쉬웠던 점을 설명해보세요?

학생 답변

1) 식품을 알루미늄과 플라스틱 주머니에 넣고 105도에서 120도의 열과 압력을 가해 세균을 모두 죽여 오래 보관할 수 있도록 만드는 식품입니다.

2) 많은 방부제를 사용해 일어나는 파괴보다는 변질이 주로 발생하기 때문에 큰 문제는 없는 것으로 알고 있습니다.

3) 요즘 1인 가구가 증가하면서 기본적인 식품은 많이 레토르트 식품으로 출시되고 있습니다. 찜닭부터 미역국, 사골국까지 다양한 식품이 있습니다.

4) 레토르트 가공 특성상 미관이 좋지 않은 점이 아쉬웠습니다. 그래서 저는 한식의 특징인 고명도 살릴 수 있으면 좋겠다는 생각이 들었습니다. 메인 메뉴는 찜닭을 두고 집에서도 예쁘게 먹을 수 있도록 고명도 진공포장하면 좋겠다는 생각을 했습니다.

추천 답변

1) 레토르트 식품은 오래 보관할 수 있도록 살균하여 알루미늄 봉지에 포장한 식품입니다. 이는 단층 플라스틱필름이나 금속박 또는 이를 여러 층으로 접착하여 만든 포장재에 조리한 식품을 충전하고 밀봉하여 가열 살균 또는 멸균한 것을 의미합니다.

2) 제조 과정에서 공기와 세균 등을 완전히 제거하였기 때문에 중간에서 생기는 영양소 파괴는 없을 것입니다.

3) 예시로는 국내에서는 오뚜기가 처음으로 출시를 하였는데 오뚜기 3분 시리즈들이 바로 레토르트 식품입니다. 또한 CJ에서는 컵밥, 햇반, 즉석밥 등을 제공하고 있습니다.

4) 레토르트 식품은 단점이 포장재가 대부분 불투명한 재질로 되어 있어서 안의 내용물을 확인 하기가 어렵다는 단점이 있습니다. 따라서 기업에서도 한식 고명을 올릴 때 안의 미관을 생각하고 만들지 않기 때문에 음식에 미학이 좀 결여돼 있다고 생각했습니다. 따라서 저는 만일 찜닭을 두고 집에서도 예쁘게 먹을 수 있게 고명 또한 진공 포장을 하면 좋겠다고 생각했습니다.

자기소개서 기록	도시락과 식사에서 음식의 조리 방법에 대해 고민함.
면접 문항	1) 도시락 반찬들의 구성과 일반 식탁 반찬의 차이는 무엇이라고 생각하시나요? 2) 도시락과 조리의 관계는 무엇이라고 생각하시나요?
학생 답변	1) 도시락 반찬들은 데워먹어야 한다는 점이 있습니다. 그래서 식탁 반찬과 차이는 음식의 식감인 것 같습니다. 도시락 반찬은 식어도 맛있게 먹을 수 있어야 하고, 데워도 식감이 변하면 안 되기 때문에 식감이 가장 큰 차이인 것 같습니다. 2) 도시락을 만들기 위해서는 일단 음식을 만들 수 있어야 하기에 조리와의 관계는 깊다고 생각합니다. 좋은 레시피와 구성이 있더라도 맛이 없게 만든다면 소용이 없기에 도시락을 만들기 위해서는 조리도 역시 중요하다고 생각합니다.
추천 답변	1) 도시락 반찬과 일반 식탁 반찬의 차이점은 먹는 장소 및 시간의 차이라고 생각합니다. 따라서 구성 또한 달라진다고 생각합니다. 도시락은 일반적으로 식탁에서 먹기보다는 식탁 이외의 공간에서 먹습니다. 사무 공간 및 야외 공간 등이 있습니다. 따라서 음식물이 나오는 것을 최소화할 수 있는 반찬 구성이 있어야 하며 먹는 시간 또한 다양하기에 오래 보존하고 상온에 서도 크게 변질되지 않는 식품으로 구성합니다. 2) 도시락의 가장 중요한 것은 위생입니다. 모든 음식이 그렇지만 도시락은 상온에서 보관될 염려가 있습니다. 따라서 완벽하게 조리가 되어 음식과 관련된 병을 줄일 수 있도록 해야 합니다. 또한, 사 먹는 도시락에도 역시 맛이 빠질 수 없기에 소비자를 위해 트랜드를 분석하고 조리법에 대해서 계속해서 연구하는 모습도 필요합니다.

5 자연&공학

5) 응용생물학과

학생부 기반 문항 면접

학생부 활동 기록	동아리 활동을 깊이 있게 함.
면접 문항	자신이 동아리 활동 중 가장 인상 깊게 한 활동은 무엇이었나요?
학생 답변	X
추천 답변	가상의 위액과 장액을 만들어, 캡슐 약의 캡슐 부분으로 실험을 하는 것이 있습니다. 그 캡슐은 위액에 담갔을 때는 녹지 않았으나, 장액에 담갔을 때는 녹았습니다. 그래서 캡슐에 관해 조사를 하고 후에 직접 만들어보는 실험을 해 보았습니다.

학생부 활동 기록	진로희망사항이 2학년 때 변경됨.
면접 문항	2학년이 되면서 진로가 바뀌었는데, 진로가 바뀐 이유가 있나요?
학생 답변	X
추천 답변	이전에 화학에 흥미를 두고 공부를 했었고 신소재를 공부하던 도중 탄소 나노튜브를 보았습니다. 탄소 나노튜브를 이용한 엘리베이터나 활용방안을 보며 탄소 나노튜브 같은 나노소재를 제가 만들고 싶었습니다. 그래서 나노 공학자로 진로가 바뀌었습니다.

학생부 활동 기록	다문화 가정교육 봉사를 함. 소논문 대회에서 수상함.
면접 문항	봉사 활동 시간이 많은데 그중 가장 인상 깊었던 것은 무엇인가요? 왜 봉사를 이렇게 많이 했는지? 또 연구 활동도 많은 것 같은데 기억에 남는 것을 말해주세요?
학생 답변	다문화 가정교육 봉사 얘기하고, 봉사 활동으로 얻은 것 말했습니다. 소논문 대회의 얘기도 했습니다.
추천 답변	봉사 활동 중에는 다문화 가정교육 봉사가 가장 기억에 남습니다. 이전에 저는 외국인들과 다문화 가정에 대해 다소 편견이 있었습니다. 그런데 다문화 가정교육 봉사를 다니면서 그들도 우리나라에서 함께 서는 사람들이며, 사람마다 여러 성향을 띨 수 있다는 것을 체감했습니다. 그리고 연구 활동 중에 기억에 남는 활동은 소논문 대회입니다. 소논문을 작성하며 작문능력 등이 부족하다는 것을 깨닫고 개선하기 위한 노력을 쏟는 계기가 되었기 때문입니다.

학생부 활동 기록	독서활동기록에 '부엌의 화학자' 기록함.
면접 문항	부엌의 화학자라는 책을 읽고 무엇을 느꼈나요?
학생 답변	X
추천 답변	'부엌의 화학자'라는 책에서 미생물에 의해 분해가 되는 포장재에 관련된 이야기가 나왔습니다. 그런데 최근에 본 생리대 중에 포장재까지 전부 생분해되는 제품을 본 적이 있습니다. 그래서 더욱 인상이 깊었고 우리나라에서 많이 사용하는 일회용품이 미생물에 의해 분해가 되는 포장재들로 바꾸는 것 또한 해보고 싶게 만든 책이었습니다.

자기소개서 기반면접

자기소개서 기록	독서활동기록의 도서 중 3권을 선정해 그 책에 대한 독서 감상문 혹은 받은 영향을 기록함.
면접 문항	인상 깊은 책 세 권 올린 것 중에 가장 자신에게 영향을 준 것 한 권에 관해 이야기해보세요.
학생 답변	X
추천 답변	'1g의 용기'라는 책입니다. 만약에 어떤 일을 하고자 할 때 망설여질 때 다시 읽어보고 싶은 그러한 도서입니다. 이 책에서 인상에 남았던 말이 '이 책이 당신이 망설여질 때 당신이 마음이 가는 방향으로 1g을 더해 그쪽으로 기울여 당신을 나가도록 하는 용기를 주는 책이기를 바란다'는 말입니다. 이 책을 통해 저는 망설이던 봉사 활동을 하는 쪽으로 마음을 결정할 수 있었기 때문에 저에게 가장 영향을 준 도서로 뽑았습니다.

6) 지구과학과

학생부 기반 문항 면접

학생부 활동 기록	물리Ⅰ을 수강하고, 물리Ⅱ를 수강하지 않음.
면접 문항	물리Ⅱ는 왜 수강하지 않았나요?
학생 답변	X
추천 답변	저희 학교는 과학탐구과목의 Ⅱ과목은 한 과목만 수강할 수 있습니다. 그래서 물리보다는 지구과학을 수강하는 것이 낫다고 생각했습니다.

학생부 활동 기록	2, 3학년 때 진행한 자율동아리와 진로 동아리에서 2년간 그 지역의 하천 수질검사를 진행함.
면접 문항	학과와 관련해서 한 비교과 활동이 있나요?
학생 답변	2, 3학년 때 한 자율동아리와 진로 동아리 활동이 있습니다. 주로 환경에 대해 활동했는데 2년간 꾸준히 우리 고장의 하천 수질검사를 진행했습니다. 두 개의 하천이 흐르는데 그중 하나는 옛날 악취와 해충 등으로 악명 높은 곳이었는데 수질검사를 진행한 결과 사람이 들어가도 괜찮을 정도가 나와 관리가 잘 되어 다행이라고 생각했습니다.
추천 답변	2, 3학년 때 한 자율동아리와 진로 동아리 활동이 있습니다. 주로 환경 분야를 중심으로 활동했는데 2년간 꾸준히 우리 고장의 하천 수질검사를 진행했습니다. 두 개의 하천이 흐르는데 그중 한 곳은 악취와 해충 등으로 악명 높은 곳이었습니다. 저희는 수질검사를 진행하면서 하천의 정화 활동을 동시에 진행했습니다. 그랬더니 하천에 버려지는 쓰레기양이 줄어들었고, 저희는 하천의 변화를 보면서 뿌듯해 했습니다. 마지막 수질검사를 진행한 결과, 두 곳 모두 사람이 들어가도 괜찮을 정도가 나왔습니다. 앞으로도 관리가 잘 되기를 바라며 활동을 마쳤습니다.

7) 통계학과

학생부 활동 기록

2학년 때 사토론동아리를 개설 및 회장을 맡음.

면접 문항

사토론동아리를 2학년 때 개설했는데 그 목표, 진행 시 장애요소, 후배들에게 어떤 점을 조언할 것인지, 자신의 역할은 무엇인가요?

학생 답변

동아리 이름과 관련해 목표 설명했고, 시간 조정이 가장 어려웠습니다. 시간대를 묻고 결과를 취합한 후 결정, 구성원들의 관심을 이끌기 위해서 구성원들의 진로와 맞는 주제를 정했고, 핵심은 내가 기장으로서 모든 것들을 주도적으로 결정하기보다는 구성원들의 의견을 물어본 것입니다. 구성원들의 관심을 끌기 위해 구성원들의 진로에 맞게 주제를 설정하는 역할을 했습니다.

추천 답변

동아리명을 정할 때, 목표와 연관되도록 지었습니다. '사(私)토론'은 개개인의 생각, 즉 모두의 생각을 토론하자는 의미에서 지었습니다. 누군가가 말을 하지 않는 상황이 없도록 하자는 취지의 동아리명입니다. 가장 어려웠던 점을 고르자면 시간 조정이었습니다. 항상 적절한 시간대를 묻고 결과를 취합한 후 결정했습니다. 후배들에게는 주제를 정하기 어렵더라도 구성원들의 진로와 맞는 주제를 정하는 것을 조언하고 싶습니다. 저희 기수는 흥미가 있는 토론 주제를 선정하도록 노력했는데 동아리를 종료할 시점에는 모두가 망설이지 않고 말을 하며, 모두가 동의하는 지점에 도착하는 토론 결과를 도출할 수 있는 수준이 되었습니다. 이를 통해 모두가 말을 하며 토론하는 방법이 중요하다는 것을 배울 수 있었습니다. 동아리에서 저의 역할은 기장이었습니다. 구성원들의 의견을 물어보며 관심을 끌기 위해 구성원들의 진로에 맞게 주제를 설정하는 역할을 했습니다.

학생부 활동 기록

매스투어를 다녀옴. 3년간 통계학 연구원을 진로로 정함.

면접 문항

매스투어에서 통계에 대해 알게 된 점, 1~3학년 다 통계학 연구원을 꿈 꾼 이유, 통계에 필요한 역량을 말해주세요.

학생 답변

추상적일 수 있는 사회현상을 분석하는 도구가 통계입니다. 평소 수학을 좋아했고 문과 진학을 계획하고 있었기에 사회현상과 사회과목 관심 많았습니다. 그런데 수학과 사회의 접점을 찾다보니 통계학 연구원을 꿈꾸게 됐습니다. 융합이 가장 중요한 역량이라 생각합니다. 수학을 이론에서만 끝내는 것이 아니라 여러 학문에 응용하기 때문입니다.

5 자연&공학

추천 답변	매스투어에서는 추상적일 수 있는 사회현상을 분석하는 도구가 통계라는 것을 체감했습니다. 통계학 연구원을 꿈꾼 이유는 평소 수학을 좋아했고 문과 진학을 계획하고 있었기에 사회현상과 사회과목에 관심이 많았습니다. 이론에서 끝나고 활용하지 않는 수학과 관심 있는 사회의 접점을 찾아보니, 통계학이 바로 두 과목의 접점이었습니다. 통계학과 관련된 여러 자료를 찾아보면서 수학에 대한 매력뿐만 아니라 통계학이라는 과목 자체의 매력에 끌려서 통계학 연구원을 꿈꾸게 됐습니다. 통계에 필요한 역량은 융합이라 생각합니다. 왜냐하면 수학을 이론에서만 끝내는 것이 아니라 여러 분야 및 경향에 응용하기 때문입니다.
학생부 활동 기록	사과 농장사업계획서를 작성함.
면접 문항	학생부를 보면 동아리 활동에서 사과농장 사업계획서 작성하기에서 시장조사, 마케팅, 재무 분야를 맡았다고 했는데 그 활동을 구체적으로 말해주세요.
학생 답변	통계청 자료에서는 비료에 얼마나 자금이 필요하지 등을 알아봤습니다. 그리고 가장 많이 팔리는 사과가 부사랑 홍옥입니다. 블로그에서는 보통 농장 관리에 대한 전반적인 내용을 올리시는 분들이 많아서 그런 것을 알아봤고, 어떤 제품에 얼마나 많은 노력과 자금이 들어가고 그에 비해 제품을 팔았을 때 얼마나 많은 수입이 있는지를 판단했습니다.
추천 답변	시장조사는 동네 슈퍼부터 중심 상가에 있는 마트까지 사과 판매 종류를 확인하였습니다. 사람들이 어떤 브랜드를 선호하는지 그리고 어떻게 이미지화되어 있는지 조사하기 위해 여러 번 찾아갔습니다. 이를 통해 마케팅까지 연결 지을 수 있었는데 다량의 농장에서 판다고 광고하기보다는 작은 농장에서 키우는 사과를 선호하면서 유기농이 생각보다 강조되지 않는 것도 알게 되었습니다. 따라서 구입할 사과를 온라인에서 직접 키우는 것을 실시간으로 볼 수 있는 환경을 만들면 좋을 것 같으며 이를 광고하면 좋겠다고 제안했습니다. 그리고 재무는 사과농장에 들어갈 비료라든지 그리고 영상 설치비용을 평당 잡아서 설치비를 계산하였습니다.

자기소개서 기반면접

자기소개서 기록	문과, 이과, 통합이냐를 주제로 학생 설문을 하였고 이를 통해 학생들의 선택을 조사함.

면접 문항	1) 자기소개서를 보니까 '문·이과냐, 통합이냐'를 주제로 통계포스터를 만들었던데, 혹시 설문지 만들 때 고려한 사항이 있나요? 2) 이 설문조사에서 모집단이 뭐라고 생각해요?

학생 답변	1) 그 통계포스터를 만들 당시 문이과 통합이 한창 화제가 되었습니다. 그래서 함께 하는 친구 한 명과 설문지를 만들 때도 그 부분에 주의를 기울였습니다. 총 11문항으로 만들었는데, 자신의 현재 문·이과 계열에 대한 만족감, 취업률에 대한 생각, 그리고 문·이과 통합에 대한 찬반 입장과 그 이유 등을 주된 내용으로 넣었습니다. 2) 원래는 전국적으로 이 조사를 하고 싶었지만, 현실적으로 불가능하므로, 이 설문조사에서의 모집단은 우리 학교 학생 전체라고 생각합니다.

추천 답변	1) 만족감의 정도와 생각 등을 수치화하는 것에 비중을 두었습니다. 이유는 개인마다 만족의 편차가 다를 것이라 생각해 5등급 척도로 '매우 만족한다'는 5점 '매우 만족하지 않는다'는 1점으로 수치화 했습니다. 그리고 문·이과 통합에 이유는 구체적 선택지를 제시하고 그에 대한 꼬리 말로 친구들의 생각을 적을 수 있게 하였습니다. 여러 가지 생각을 미리 범주화해서 분류하면 데이터 정리할 때 쉬울 거라고 생각했기 때문입니다. 2) 모집단이란 정보를 얻고자 하는 관심 대상의 전체 집합을 말합니다. 저는 우리 학교 학생들의 생각을 궁금했기 때문에 제가 다는 학교의 학생 전체라고 생각합니다.

5 자연&공학

8) 화학과

학생부 활동 기록

실험동아리에서 아스피린 합성실험을 진행함.

면접 문항

실험동아리에서 가장 기억에 남는 실험은 무엇인가요?

학생 답변

아스피린 합성실험입니다. 이유는 동아리에서 처음으로 제가 주도해서 진행하기도 했고 결정을 석출하는 과정에서 물 온도가 낮지 않아서 실험하는 과정에서 어려움이 있었는데 얼음을 가지고 와서 실험을 성공적으로 마쳤기 때문에 가장 기억에 남습니다.

추천 답변

아스피린 합성실험입니다. 그 이유는 결정을 석출하는 과정에서 물 온도가 낮지 않아서 실험하는 과정에서 어려움이 있었는데, 이유를 깨닫지 못하고 있다가 제가 먼저 온도가 낮다는 것을 떠올려 얼음을 가지고 와서 실험을 성공적으로 마쳤기 때문에 가장 기억에 남습니다.

학생부 활동 기록

크로마토그래피 실험을 동아리 혹은 화학 시간에 진행함.

면접 문항

크로마토그래피가 무엇인가요?

학생 답변

X

추천 답변

크로마토그래피는 다양한 분자들이 섞여 있는 혼합체로부터 이들을 분리하는 실험방법입니다. 혼합물을 이동속도 차이를 이용하여 분리하는 것이라고 알고 있습니다.

학생부 활동 기록

2학년 때 '전자파가 강낭콩 성장에 미치는 영향'에 대한 실험을 진행함.

면접 문항

1) 2학년 수행평가 중 '전자파가 강낭콩 성장에 미치는 영향' 실험과정 말해 보세요.

2) 물리 화학자라고 진로를 정해서 그런지 코펜하겐 해석에 대해서 써놨는데 코펜하겐 해석에 관해서 설명해볼 수 있나요?

3) 그럼 그게 맞는 것 같아요? 다른 해석이 여러 개 있는데 혹시 알고 있는 해석 있나요?

4) 그럼 이렇게 써놓은 것도 그렇고 물리학과에 더 적합하지 않나요?

학생 답변

1) 변인통제 어떻게 했는지 답변했습니다.

2) 코펜하겐 해석에서는 관측하지 않은 상태의 입자의 상태를 과학적 지식이 아니라 상상의 산물이라고 해석합니다. 또, 관측하기 이전에는 여러 가지 상태의 확률이 중첩되어 있다가 관측하는 순간 어느 한 가지로 정해진다고 알고 있습니다.

3) 제가 알고 있는 해석 중에는 다세계 해석도 있습니다. 다세계 해석 같은 경우에는 평행우주 이론과 관련된 해석이라고 알고 있습니다. 다만 평행우주와 관련된 그러한 부분이 직관적으로 사실 이해가 많이 안 가는 부분이 있는 것은 사실이지만 다세계 해석 같은 경우에도 더 많은 연구를 통해서 구체적인 체계를 구축한다면, 자연을 더 정확히 기술할 수 있다고 생각합니다.

4) 아닙니다. 저는 화학기술을 근본적으로 규명하는 일을 하고 싶습니다. 예를 들면 화학으로 이루어진 세상이라는 책에서는 공장에서 1,000℃, 몇 백 기압에서 발생하는 화학반응이 몸 속에서는 37℃, 1기압의 대기압에서 발생할 수 있다고 적혀져 있습니다. 어떻게 이러한 반응이 가능한지 그러한 메커니즘을 더 근본적이게 물리적 성질에 기인하여 규명하고 싶습니다.

추천 답변

1) 같은 개체에서 나온 강낭콩을 한 덩굴은 학교 뒷산에서 키우고, 한 덩굴은 전자기기의 사용이 가장 많은 교무실에서 허락을 맡고 키웠습니다.

2) 코펜하겐의 해석은 양자역학에 대한 다양한 해석 중 하나로 가장 잘 알려진 해석이라고 생각합니다. 내용은 전자를 예로 들었을 때 전자의 파동함수에서 측정되기 전에는 여러 가지 상태가 확률적으로 중첩되어 있지만, 관측자가 측정을 시행하는 순간 파동함수의 붕괴가 일어나 전자의 파동함수가 겹친 상태가 아닌 하나의 상태로만 결정되는 것을 말합니다.

3) 저는 다세계 해석이 생각납니다. 다세계 해석은 파동함수붕괴가 실재하지 않고, 대신 모든사건에 대해 가능한 모든 결과가 양자 결 풀림이라는 현상을 통해 각자의 세계가 실재한다고표현합니다.

4) 〈학생 답변 인용〉

자기소개서 기반면접

자기소개서 기록	레이먼드 브릭스의 소설을 원작으로 한 영화를 만들고 이에 대해 배우고 느낀 점을 기록함.
면접 문항	자소서에서 레이먼드 브릭스의 소설을 원작으로 한 영화에서 일어난 비극을 막는 방법이 있을까요?
학생 답변	X
추천 답변	이러한 비극은 예방하는 것이 가장 중요하다고 생각합니다. 영화에서는 핵폭탄이 떨어지기 전에 정부가 지침서를 내놓는데 문짝을 떼서 집안에 대피소를 만들라고 하거나 핵폭탄이 떨어지기 직전에 종이봉투를 뒤집어쓰는 등 잘 맞지 않는 방안을 내놓습니다. 정부나 이러한 과학자들이 사람들에게 위험성을 알리고 최대한 신속하게 대피를 시키는 것이 이 비극을 막을 방법이라고 생각합니다.

9) 환경, 산림, 원예학과

학생부 활동 기록	프로젝트형 봉사 활동을 진행함.
면접 문항	프로젝트형 봉사 활동이 무엇인가요?
학생 답변	X
추천 답변	연간 혹은 학기 간의 봉사 활동을 계획한 후 실행하는 계획적인 봉사 활동입니다.

학생부 활동 기록	봉사 활동을 한 학기 이상 매일 한 시간씩 진행함.
면접 문항	봉사 활동을 한 계기? 봉사 활동을 매일 1시간씩 했던데 힘들지 않았나요?
학생 답변	X
추천 답변	봉사는 기계적으로 시간을 채우기 위해 하는 것이 아니라 삶의 일부가 되어야 한다고 생각했습니다. 그래서 하루에 1시간씩 봉사 활동을 했는데 제 삶의 한 부분이라고 생각하면서 매일 꾸준히 할 수 있었습니다.

학생부 활동 기록	진로 희망 사항이 1, 2학년 때는 제약연구원이었고 3학년 때는 생태학자임.
면접 문항	1, 2학년 때까지는 제약연구원이랑 생명공학 쪽을 희망했는데 3학년 때 생태학자로 진로를 바꾼 이유는 무엇일까요?
학생 답변	X
추천 답변	1, 2학년 때는 사람을 살리고 생명을 이용한 산업에 관심이 있다고 생각했습니다. 그런데 여러 활동을 해보니 그러한 활동보다는 생명 그 자체에 관심이 있다는 것을 알게 되었습니다. 그 계기가 된 일 중에는 동아리에서 배추를 심고 관찰일지를 쓰는 활동을 했었는데 제약과 관련된 활동을 했을 때보다 더 즐거워하고 있는 제 모습을 발견했습니다. 그래서 저는 생태학자가 제가 하면서 즐길 수 있는 직업이라 생각해 희망하게 되었습니다.

학생부 활동 기록	'삶을 미분해보자'라는 제목의 발표는 어떤 발표였나요?
면접 문항	'삶을 미분해보자'라는 제목의 발표는 어떤 발표였나요?
학생 답변	X

5
자연&공학

| 추천 답변 | 인생 곡선을 그려서 그 그래프를 수직화를 한다면 미분이 가능할 것이라 생각했습니다. 그래서 그 식을 미분한다면 그 기울기가 양수라면 인생이 이전보다 행복하다는 것이고, 기울기가 음수이면 이전보다 불행하다는 것일 것이라는 발상에 대한 발표를 한 것입니다. |

| 학생부 활동 기록 | 진로희망사항에 환경공학자로 변경됨. |

| 면접 문항 | 꿈이 통계학자에서 환경공학자로 바뀌게 되었는데 계기가 있어요? |

| 학생 답변 | 제 직업관은 사람들의 생활에 널리 이로운 활동을 하는 것입니다. 대중들에게 통계를 올바르게 알려주고 싶다는 열망에 통계학자를 꿈꾸게 되었습니다. 그러나 1학년 때 미세먼지에 관한 연구를 통해 통계학자보다 환경공학자로서 환경의 질을 보존하고 개선함으로써 실생활에 본질적인 도움을 주는 것이 더 큰 사회적, 공동체적 이익을 줄 수 있다고 판단되어 환경공학자로 꿈이 바뀌게 되었습니다. |

| 추천 답변 | 〈학생 답변 인용〉 |

| 학생부 활동 기록 | 화학 교과세부능력특기사항 중 해캄의 활용 가능성에 대한 탐구보고서를 작성함. |

| 면접 문항 | 3학년 때 해캄의 활용 가능성에 대한 탐구를 했네요. 탐구 계획과 탐구 과정 중에서 어려웠던 점이 있었다면 어떻게 극복했는지 말해줄래요? |

| 학생 답변 | 화학 시간 발표를 통해 CCU에 대해서 알게 되었고, 지역 하천 주변에 흔한 해캄이 이 기술에 적용될 수 있는지 궁금증이 생겼습니다. 질소 및 인의 제거도 측정, 이산화탄소 감축량 측정, 바이오에탄올 추출 실험을 했습니다. 첫 실험에서 바이오에탄올을 미량 채취에 그쳤기 때문에 조금밖에 나오지 않았던 원인을 알아내는 과정에서 어려움을 겪었습니다. 변인을 조절하면서 실험을 여러 번 반복하면서 발효가 잘 안 되었다는 원인을 알아냄으로써 극복할 수 있었습니다. 그러나 실험기구의 부족과 정확한 변인 통제가 안 되었기 때문에 저희가 알아내지 못한 다른 원인도 분명히 존재했을 것이라고 생각합니다. ○○대학교 사회환경공학부에 진학하여 이와 관련된 더 정밀한 실험과 연구를 하고 싶습니다. |

| 추천 답변 | 〈학생 답변 인용〉 |

학생부 활동 기록	생활기록부 독서 활동 상황에 많은 책이 기록됨.
면접 문항	독서활동이 많은데 인상 깊게 읽었던 책이 있으면 소개해주세요.
학생 답변	저는 모집 라티프의 기후의 역습이라는 책이 가장 기억에 남습니다. 평소에 저는 지구 온난화에 대한 심각성을 크게 느끼지 못하고 있었습니다. 하지만 이 책을 읽고 난 후 스스로 현재의 기후변화를 직시하고 심각성을 깨닫게 되었습니다. 기후변화에 따라 제가 할 수 있는 일은 무엇인지, 무엇을 해야 인류에게 유익할지 생각해보기도 했고, 이 생각을 발전시켜 아까 말씀드린 스마트 팜 활동을 직접 계획해 진행하기도 했습니다. 그때의 생각은 지금의 제 진로를 정하는 데 도움이 되었습니다.
추천 답변	〈학생 답변 인용〉

자기소개서 기반면접

자기소개서 기록	CCU 기술을 통해 이산화탄소를 줄일 수 있음을 알게 됨.
면접 문항	CCU 기술이 뭔지 알아요?
학생 답변	이산화탄소를 포집하는 것에 그치지 않고 포집하여 벽돌이나 다른 유용한 자원으로 바꾸는 기술입니다.
추천 답변	이산화탄소를 단순히 포집하는 것에 그치는 것이 아니라 유용한 자원으로 재활용하여 부가가치가 높은 물건으로 전환하는 기술로 이 전에 방식은 CCS보다 좀 더 활발하게 연구가 되는 기술입니다.

자기소개서 기록	환경오염의 원인을 통계를 통해서 알아내고 해결책을 제시하는 사람이 되고 싶음.
면접 문항	환경과 통계를 접목하는 사고를 해본 적이 있나요?
학생 답변	환경정보를 해석하여 환경오염의 원인을 알아낸 다음 해결책을 생각하고 개발을 하는 것이 제 목표입니다. ○○대학교에 입학하여 환경정보 nexus팀에서 환경정보를 해석하여 환경솔루션을 제공하고 싶습니다.
추천 답변	환경정보를 해석해서 이와 비슷한 상황의 해결 원인을 빅데이터화 하는 것을 생각했습니다. 단순 통계 자료보다는 실질적으로 해결책을 제시하는 것이 저의 목표이기 때문에 환경 또한 빅데이터 기술의 접목이 필요하다고 생각됩니다.

5 자연&공학

마

공학계열

공학계열
면접 문항 분석 & 답변 사례

고등학교 교육과정 중 공학 계열에 관련된 수학교과 및 과학교과의 교과 세특을 통한 학생의 계열적합성 및 전공에 대한 준비와 노력 정도를 확인하고 있습니다. 그리고 해당 교과의 진로선택과목 이수를 통한 학문적 열정을 확인합니다. 수학에서는 통계 및 기하, 과학교과에서는 과학Ⅱ 과목, 정보통신분야에서는 지식재산일반 및 프로그래밍 교과 활동에 대한 정리가 필요합니다. 대부분의 지원자들은 희망학과 관련 동아리활동과 심화 주제에 관한 탐구 활동을 하는데 면접에서 전공 관련 심화 탐구 활동을 확인합니다. 4차 산업혁명 시대에 맞춰서 공학적 변화가 요구되고 있습니다. 단순히 공학을 적용하는 것이 아니라 변화된 시대에 맞춰서 해당 공학이 어떻게 변화되어야 하는지 학생의 철학이 정리되어 있어야 합니다. 또한, 해당 학과를 졸업한 뒤 어떻게 학문을 이어나갈지?, 사회에 적용할지? 등에 대한 졸업 후 계획이 있어야 합니다.

건축학, 건축공학과는 건축 관련 탐구 활동을 했을 경우 설계 및 건축까지의 과정을 통해서 배우고 느낀 점을 면접을 통해서 확인하고 있습니다. 최근에는 건축이 단순히 건물을 짓는 것이 아니라 삶의 질과 관련되어 있는 시대적 흐름을 반영해 건축을 통해서 표현하고 싶은 것, 주거의 의미와 건축과의 관련성 등 건축에 대한 학생의 철학을 물어보고 있으므로 미리 정리해 가야 할 것 같습니다. 기본적인 질문인 건축에 관련된 독서 활동을 통한 꼬리 질문, 외국과 우리나라 건축물의 차이점 분석, 에너지효율과 건축 신소재 등에 관련된 질문을 통해서 학생이 평소에 건축에 관심이 있었는지를 확인하고 있습니다. 또한 지원하는 대학에 건축학과와 건축공학과가 동시에 있는 경우는 두 학과를 차이점을 정리하고 면접에 참여해야 합니다.

기계공학과의 교수·사정관님들은 특히 물리Ⅱ와 수학 심화 과목을 이수했는지 이를 통해서 학생이 어떤 성장을 이루었는지를 확인하고 있습니다. 또한, 지원자의 고등학교에서 과목을 개설했는지, 개설했다면 학생이 이수했는지도 확인하고 있습니다. 4차 산업혁명에 따른 시대의 변화에 따라 웨어러블, AI 등 기계가 인간의 삶 속에서 어떻게 진화할지를 통해 학생의 전공적합성을 확인하고 있습니다. 기계공학과를 지원하는 학생들의 대부분은 기계·발명·로봇 동아리를 하고 있으며, 진로 탐색 활동 및 동아리 활동으로 기계 및 로봇에 관련된 다양한 탐구 활동을 통해 학생이 도전하고자 했던 것과 학문적 몰입의 경험을 확인하고 있습니다.

교통공학과, 도시공학과는 현대건축물이 고층화되면서 발생할 수 있는 주차문제 및 차량정체 해소 등 도시 공간의 효율적 활용에 대한 질문이 많아지고 있습니다. 또한, 시대적 흐름을 반영한 자율주행차, 스마트도시에 대한 학생의 생각을 물어보고 있습니다. 도시가 점점 미래화 되면서 한옥과 미래 도시와의 조화에 대한 질문도 종종 나오고 있습니다. 전통을 보전하면서 미래도시와 어떻게 조화를 이룰 수 있는지 자신의 생각 정리가 필요합니다. 건축공학과에 질문이 겹칠 수 있는 지속 가능한 건축과 건축 관련 도서에 대해 질문이 이루어지고 있습니다. 도시와 교통 문제에 관한 학생의 탐구 활동이 있으면 꼭 질문이 이어지고 있습니다.

바이오의공학과의 경우 생명과학 Ⅰ·Ⅱ 수준의 면역체계에 관련된 심화 질문이 나오고 있습니다. 면역체계와 의료기기에 대해 평소 학생의 관심과 공부가 필요합니다. 학생의 탐구 활동에 대해서는 꼬리 질문까지 이어지면서 전공적합성을 확인하고 있습니다. 헬스케어 등 시대적 관심을 끄는 주제에 대해서도 기본적인 지식이 필요합니다.

산업공학과는 전공에 관련된 고등학교 시절의 활동을 통해 지원동기와 전공적합성을 확인하고 있습니다. 최근 학생들 가운데 창업동아리 활동을 많이 한 지원자들이 있어 창업 관련 질문이 많아지고 있으며, 경영학과와 겹치는 질문인 경영컨설턴트에 관련된 질문도 자주 나오고 있습니다. 시대적 연구과제인 자율주행차에 대한 질문에 대답할 수 있는 기본적인 공부가 필요합니다.

생명공학과는 물리Ⅰ, 생명과학Ⅰ, 화학Ⅰ 교육과정과 교과 활동에 관련된 질문이 복합적으로 나옵니다. 과학 전 부분에 대해 생명과학과 관련된 부분은 함께 정리할 필요가 있습니다. 생명과학 교과에서는 생명과학Ⅱ까지 교육 과정에서 면접 문항이 만들어지고 있으므로 소속 학교에서 생명과학Ⅱ 과목이 개설되어 있지 않더라도 학생이 스스로 공부하는 과정을 통해 전공에 대한 준비과정과 전공적합성을 보여줘야 할 것 같습니다. 또한 동아리 및 자율 활동을 통해 학생이 진행했던 토론과 실험 활동은 꼭 정리해야 합니다. 줄기세포, 면역과 유전, 질병에 관련된 면접 심화 질문이 나오기도 합니다.

식품공학과의 경우엔 생명과학 및 기술가정 교과 등에서 전공 관련 교과 활동에 대한 면접 문항이 기본적으로 나오고 있습니다. 평소 수업시간 활동을 통해서 전공적합성을 표현해야 하고 학생부 내용에 대한 숙지가 필요합니다. 해당 학과 지원자의 대부분은 식품관련 탐구 활동을 한 경험이 있습니다. 효소의 역할, GMO 식품, 발효 식품, 청소년의 다이어트가 자주 등장하는 탐구주제입니다. 자주 등장하는 탐구주제 관련 지식 및 알레르기, 필수영양소, 곤충과 미생물을 이용한 미래 식량에 관련된 지원자의 관심도를 질문을 통해 확인하고 있습니다. 식품공학과와 관련된 독서 활동을 통해 기본 지식을 함양하고 독서기록에 기록하면서 전공을 위한 노력과 열정을 표현해 주는 것이 좋을 것 같습니다. 준비과정뿐만 아니라 졸업 후 계획에 대한 질문이 자주 나오고 있어서 별도의 정리가 필요해 보입니다.

신소재공학과, 재료공학과는 학과 특성상 대부분의 지원자가 관련 동아리 활동을 많이 하고 있으며, 주요 동아리 활동으로 다양한 탐구 활동을 해 오고 있습니다. 또한, 지원자의 소속 학교에 과제연구 과목이 개설되어 있으면 대부분 과제연구 과목을 이수하고 그렇지 않으면 공동교육과정으로 과제연구 과목을 이수하고 있습니다. 또한 동아리 활동이나 선택교과 활동을 통해 학생이 수행한 탐구 활동에 대한 질문이 많습니다. 교과 활동에 대한 질문은 주로 화학 관련 교과 활동에 질문이 집중되고 있습니다. 최근 개발되고 있는 신소재나 학생이 특별히 관심을 두고 있는 신소재에 대한 특징과 내용도 숙지하는 것이 좋습니다.

에너지공학과는 화학, 지구과학 수업시간 학습 활동 중 이산화탄소, 인공광합성, 신재생에너지 등 관련 주제에 대한 모둠 활동 및 탐구 활동에 대한 질문이 자주 나옵니다. 교과에서 전공 관련 단원을 학습할 때 적극적으로 참여하는 것이 좋습니다. 지원자들은 화학 및 기계 관련 동아리 활동을 많이 하고 있으며, 전지 및 재생 에너지 관련 탐구 활동들을 많이 하고 있습니다. 동아리에서 탐구 활동에 대한 계기와 배우고 느낀 점에 대한 정리가 필요합니다.

전기·전자공학과는 학과에 대한 이해 및 고등학교 교육과정 안에서 학과 관련 지식을 통해 전공적합성을 확인하고 있습니다. 특별히 어려운 질문이 아니라 직류와 교류의 차이점, 발전소에서 가정까지 송전 과정 등 수업시간에 적극적으로 참여하면 모두 알 수 있는 내용을 주로 질문하고 있습니다. 최근 학생들이 아두이노를 이용한 회로 구성 및 제작 경험이 많아지고 있는데 이 활동으로 인해 배우고 느낀 점에 대한 질문이 증가하고 있습니다. 단순히 재미있어 보여서 참여했다기보다는 자신만의 의미에 대한 정리가 필요합니다. 전기는 공공재적 성격이어서 관련 직종에 종사할 때의 직업윤리에 대한 질문도 나오고 있습니다. 공공재적 성격을 많이 가지고 있는 자원을 활용하는 경우 수익과 공공성에 대한 학생의 생각 정리도 필요합니다. 최근 학생들의 선택교과가 활성화 되면서 지식재산일반 교과를 이수하면서 4차 산업혁명에 관련된 학생들의 다양한 탐구 활동 기록이 많아지고 있습니다. 해당 교과를 이수하지 않더라도 4차 산업혁명이 전기전자분야에 일으킬 변화에 대한 정리를 통해 전공에 대한 열정을 표현하는 것이 좋을 것 같습니다.

컴퓨터공학과, 소프트웨어공학과, 정보통신공학과의 경우 해당 학과 지원자들은 대부분은 컴퓨터 관련 동아리 활동을 하고 있는데 구체적으로는 C언어, 스크래치, 파이선, 에저, EV3 관련 활동을 많이 하고 있습니다. 해당 활동을 할 때 '어떤 주제로 프로그래밍 했는지?' '그 활동을 통해 분석하고 표현한 결과물이 최초 계획과 같은지?' 등 학생의 깊이 있는 프로그래밍 활동에 대한 질문이 많습니다. 학과의 특성상 지원자의 수상내역 중 창의력 대회, 산출물 대회, 정보융합 대회 등에 관련된 수상실적이 있으면 의미 있는 질문이 이어집니다. 교과에서는 과학 교과 관련 실험 과목에 대한 질문을 통해 학생이 스스로 문제를 해결해 나간 과정에 대한 확인 질문이 자주 나옵니다. 그리고 수학 교과에서는 통계를 이용한 심화 탐구 활동이 있으면 유리합니다. 평소 고교 생활 중 뉴미디어 활동, 아두이노를 이용한 탐구 활동, 전공 관련 주제가 있는 심화한 블로그 및 SNS 활동 등이 있으면 질문을 통해 확인하므로 정리가 필요합니다. 졸업 후 4차 산업 시대에 전공을 어떻게 살려서 활동할 수 있을지에 대한 질문이 가끔 나오므로 졸업 후 계획에 대한 정리가 있으면 좋을 것 같습니다.

화학공학과의 경우 화학 교과 시간 또는 동아리 활동에서 실험 탐구 활동을 할 때 각 과정의 의미 및 어떤 화학반응으로 결과가 나타나는지에 대해 실험 후 이론에 대한 정리가 필요합니다. 실험 탐구 활동의 각 과정과 시약의 의미 등 탐구 활동 과정에서 학생이 적극적으로 참여했는지, 단순하게 과정만 수행했는지를 질문을 통해 확인합니다.

또한 실험 탐구 과정에서 중화반응, 크로마토그래피, 킬레이트적정, 지시약 반응 등 화학 기초 지식과 실험에 참여한 태도를 통해 전공적합성을 확인하고 있습니다. 또한 화학 II 의 핵심개념을 정확하게 이해하고 있는지 묻는 질문도 많습니다. 그리고 졸업 후 화학공학과에서 배운 학문을 이용해 어떤 분야로 진출할지에 대한 질문이 자주 나오고 있으므로 정리가 필요합니다.

앞으로 언급하게 될 사례들은 학생부 및 자기소개서에 기반을 둔 학과별 면접 문항과 답변으로 이루어져 있습니다. 이는 공개된 실제 면접 상황을 근거로 학생들과 재구성해본 것입니다. 이런 면접 문항이 나온 이유는 생활기록부와 자기소개서에 기재되어 있기 때문인데 이를 분석하면 다음의 2가지입니다.

첫 번째는 생활기록부 및 자기소개서 문장이 어떻게 면접 문항으로 나오는지를 파악할 수 있습니다. 자신의 학교생활기록부와 자기소개서를 보면서 예상 면접 문항을 만들어 보는 작업을 할 때 아래 예시들은 큰 도움이 될 것입니다.

두 번째는 추천 답변을 이용하는 것입니다. 추천 답변은 조사한 면접 문항에서 여러분의 선배들이 답변했던 것도 올려놓았지만 해당 영역의 저자라면 이렇게 답변했을 거라는 내용을 정리해보았습니다. 추천 답변이 꼭 정답은 아니지만 어떻게 답변을 해야 할지 모르는 상황이라면 답변의 길라잡이가 되어 줄 것입니다. 여러분의 선배들이 해놓은 답변이 타당하거나, 해당 학생의 개인 이야기가 들어가 있는 부분, 다양한 사례에 인용할 수 있는 답변 등에는 추천 답변을 작성하지 않고 〈학생 답변 인용〉으로 표시하였습니다. 가능한 모든 대학과 학과를 다루고 싶었으나 지원자에게 의미 있을 데이터만을 수집해 정리하였다는 말씀을 드리며 추가적인 면접 문항이 필요하다면 대학 입학처 홈페이지를 찾아보는 것을 추천해 드리겠습니다. 면접은 대학 입시에서 자신을 표현하는 마지막 관문입니다. 여러분의 모습을 마음껏 펼쳐나가시기 바랍니다.

마. 공학계열

1) 건축학, 건축공학과

학생부 기반 문항 면접

학생부 활동 기록	– 독서활동 : 건축의 역사, 철학에 관련된 책 다수 및 교양 서적 다수 읽음. – 선택교과 : 물화생지 Ⅰ, Ⅱ 모두 8개의 과학 과목을 이수함.
면접 문항	1) 지원 동기는 무엇인가요? 2) 건축학과와 건축공학과 중에 어느 곳을 희망하며 이유는? 3) 소통이 잘 되는 건축물의 예시 하나를 예를 들어보세요.
학생 답변	1) 지원 동기는 무엇인가요? 2) 건축학과와 건축공학과 중에 어느 곳을 희망하며 이유는? 3) 소통이 잘 되는 건축물의 예시 하나를 예를 들어보세요.
추천 답변	1) 사람의 삶에 가장 큰 영향을 미치는 공간의 기초인 건축에 대해 관심이 많고, ○○ 책을 읽으면서 자신만의 철학을 가진 행복한 건축사가 되기 위해서 지원했습니다. 2) 인간의 삶과 연결되는 건축물에 관심이 많아 건축공학과를 희망했으나 철학을 담은 건축을 하고 싶어서 건축철학과 건축의 학문에 관심이 많아져서 건축학과로 희망을 변경하게 되었습니다. 3) ○○고등학교 건물을 예로 들고자 합니다. 보통의 학교 건물은 안전을 고려해 일자 구조로 지어져 있습니다. 이런 구조는 통제와 안전이 중심이 되어 있고, 학교의 구성원 중 많은 수를 차지하는 학생에 대한 배려가 없는 구조입니다. ○○고등학교 건물은 삼각형의 건물 구조로 삼각형의 두변에 교실을 배치하고 복도가 순환구조로 이루어져 있습니다. 또한 가운데 정원이 위치해서 소통과 교류에 적합하고, 학생들의 심리를 고려한 구조물이라고 생각합니다.
학생부 활동 기록	– 동아리활동 : 미국의 주택 양식에 대해 조사함. – 수상실적 : 수학 관련 3개 수상함. – 창의적 체험활동 : 수학 관련 활동에 적극적으로 참여함. – 독서활동 : 수학 관련 독서가 한 권도 없음.

면접 문항	1) 미국의 주택 양식에 대해 조사했다고 하는데 미국 주택 양식과 한국 주택 양식의 차이점은 무엇인가요? 2) 수학과 관련된 활동은 많은데 왜 수학과 관련된 책은 안 읽으셨나요?
학생 답변	1) 한국 주택 양식은 주로 한옥에서 파생되어 조금씩 변화한 구조가 많으나 미국 주택 양식은 튜더나 빅토리안처럼 여러 나라의 문화 양식이 섞여 있기 때문에 다양한 주택 양식이 있는 것이 차이점이라 생각한다고 이야기했습니다. 2) 수학동아리나 수학과 관련된 활동을 통해 직접 실험, 친구들과 토의를 하면서 수학적 지식을 쌓았기에 책보다는 활동 위주로 했습니다. 그래서 수학 관련 책보다는 진로와 관련한 책을 더 많이 읽었습니다.
추천 답변	1) 한국 주택 양식은 주로 한옥에서 파생되어 조금씩 변화한 구조가 많으나 미국 주택 양식은 튜더나 빅토리안처럼 여러 나라의 문화 양식이 섞여 있기 때문에 다양한 주택 양식이 있는 것이 차이점이라 생각합니다. 또한 한국은 역사가 오래되고 유교문화의 영향이 건축에 반영되어 있으나 미국은 상대적으로 역사가 짧고 개척의 역사이므로 각 나라의 문화가 건축에 미친 영향으로 건물 구조에 차이가 발생했습니다. 2) 수학을 '직접 느끼고 체험하고 대화하자'라는 제 자신의 철학에 따라 수학동아리나 수학과 관련된 활동을 통해 직접 실험해 보고, 친구들과 토의를 하면서 수학적 지식을 쌓았기에 책보다는 활동 위주로 했습니다. 이런 활동과 더불어 인문학적 교양을 쌓기 위해 독서 활동을 하다 보니 수학 관련 독서 활동이 부족해진 것 같습니다.

자기소개서 기반면접

자기소개서 기록	1번에 건설업 사상자에 관한 프로젝트 혹은 연구 활동 기록함.
면접 문항	(학생이 한)건설업 사상자에 관한 연구에서, 증가하는 건설업 사상자의 비율을 줄이는 방안은 무엇이 있나요?
학생 답변	드론과 인공지능을 이용한 스마트건설의 도입이 필요합니다. 책임 감리를 비롯한 제도적 기반이 다듬어졌을 경우 실질적인 도움을 받아야하기 때문입니다. 따라서 드론으로 건축물의 구조를 쉽게 파악하고 인공지능으로 위험요소와 개선해야 할 부가적 요소를 제안한다면 건설업의 사상자 수는 감소할 겁니다.

5
자연&공학

추천 답변	드론과 인공지능을 이용한 스마트건설의 도입이 필요합니다. 책임 감리를 비롯한 제도적 기반이 다듬어졌을 경우 실질적인 도움을 받아야하기 때문입니다. 따라서 드론으로 건축물의 구조를 쉽게 파악하고 인공지능으로 위험요소와 개선해야 할 부가적 요소를 제안한다면 건설업의 사상자 수는 감소할 겁니다. 또한 건축 자제의 충분한 안정성이 확보된 상태에서 건축이 진행될 수 있도록 빨리 짓는 건축물이 아닌 안전하게 짓는 건축물이라는 사회적 문화의 형성도 장기적으로 필요합니다.

자기소개서 기록	1번에 주택형태에 따른 에너지 효율성에 대한 조사 활동 기록함.
면접 문항	엑티브하우스와 패시브하우스 중 환경에 더 친화적인 것은?
학생 답변	'엑티브하우스'는 에너지를 생산해야 하고 '패시브하우스'는 열을 보존해야 합니다. 생물이 물질대사를 하며 노폐물을 내놓듯 에너지를 생산할 때 환경에 좋지 않는 것이 배출될 것이라고 예상 됩니다. 그래서 패시브하우스가 더 환경친화적이라고 생각합니다.
추천 답변	'엑티브하우스'는 태양열 흡수장치, 풍력발전기 등의 장비를 이용해 에너지를 생산해서 사용하는 형태이고, '패시브하우스'는 열을 보존해 에너지 소비량을 최소화하는 형태를 말합니다. 현재 우리나라의 주택구조는 아파트나 공동주택의 형태가 많으므로 붙어 있는 건물들이 서로 에너지 손실을 최소화해주는 패시브하우스가 더 환경 친화적이라고 생각합니다.

2) 기계, 메카트로닉스, 로봇공학과

학생부 활동 기록

- 자율동아리 : 자동차 연구 동아리 활동을 함.
- 정규동아리 : 3년간 방송반 활동을 함.
- 자치활동 : 3학년 반장을 함.
- 독서활동 : 기계금속과 문화의 발달에 관련된 책 다수 기록됨.

면접 문항

1) 자율동아리에서 가장 기억나는 활동은?
2) 반장과 방송반 활동을 하면서 갈등상황을 해결한 방법은?

학생 답변

1) 자동차의 연비를 늘리기 위해 자동차 차체의 무게를 줄일 수 있는 방법에 대해 연구해서 경금속과 알루미늄을 활용하는 방법에 대해 탐구해 봤습니다.

2) 방송반 활동을 할 때는 각자 업무를 명확하게 하여 일을 나누는 방법을 활용하였고, 3학년 때는 자습시간에 발생한 갈등 상황을 목적에 따른 자습 장소를 선생님과 함께 조절해서 갈등을 해결했습니다.

추천 답변

1) 자동차의 연비를 늘리기 위해 자동차 차체의 무게를 줄일 수 있는 방법에 대해 연구했는데 경금속과 알루미늄을 활용하는 방법에 대해 탐구해 봤습니다. 자체의 재질을 변경했을 때 안정성에 문제가 발생할 수 있어 경금속에 합금을 이용하는 방법으로 결론을 지었고, 이전 운전습관을 시동을 걸 때 리포트로 게기판에 제시하는 방법, 차량 무게를 줄일 수 있는 AI의견 등을 종합적으로 활용하는 방법을 찾았습니다.

2) 방송반은 일이 많을 때 주로 갈등상황이 발생했고, 3학년 때는 공부에 대한 목표 의식이 달라 갈등상황이 발생했습니다. 문제는 서로를 이해함으로써 해결할 수 있다고 판단해서 서로 오해가 일어날 수 있는 상황에 대해 많은 이야기를 하며 풀어냈고, 명확히 업무를 나누는 점과 공부 장소를 다양한 곳에서 할 수 있도록 하는 방법이라는 결론을 함께 도출해서 해결해 나갔습니다.

학생부 활동 기록

수상실적 : 과학탐구대회에서 웨어러블 기술 관련 활동으로 수상함.

면접 문항

1) 기억에 남는 비교과 활동은?
2) 웨어러블 로봇에는 어떤 기능이 있나요?
3) 웨어러블 기술의 단점은 무엇이 있나요?
4) 탐구활동 시 자신의 역할은 무엇이었나?

학생 답변	1) 주제탐구대회에서 웨어러블 기술을 조사했습니다.(소논문작성) 2) 신체보조기능으로 힘을 강하게 하고 신체가 불편한 사람에게도 큰 도움을 줄 수 습니다. 3) 배터리 문제가 가장 크고 이를 해결하기 위해선 에너지 하버스팅 기술을 방안이 있습니다. 4) 웨어러블 기술의 기능과 활용 분야 조사와 논문 양식을 친구들에게 알려주어 논문 작성과 정의 지원역할을 했습니다.
추천 답변	1) 주제탐구대회에서 평소에 관심이 많았던 웨어러블 기술의 발달과정과 현재 한계점에 대해 조사하고 관련 자료를 분석했던 활동이 가장 기억에 남습니다. 2) 하반신 마비로 걷지 못하는 사람에게 다리의 근력을 보조로 제공하는 로봇 등이 있습니다. 3) 너무 커서 휴대하기가 불편하고, 오래가지 않는 배터리 문제가 가장 큽니다. 이를 해결하기 위해선 에너지 하버스팅 기술이 하나의 방안이 될 수 있을 것 같습니다. 4) 전체적으로 역할을 분담해서 각 담당자들이 정확한 목표를 가지고 자료조사 및 분석을 할 수 있게 안내해 주는 역할과 관련 자료 조사를 담당했습니다.

자기소개서 기반면접

자기소개서 기록	1번에 적정기술 관련 탐구 활동 기록함.
면접 문항	1) 서류를 보니까 적정기술이란 단어가 굉장히 많이 보이는데 혹시 개발하고 싶은 적정기술이 있나요? 2) 그럼 농기구를 개발하기 위해 기계공학과에서 무엇을 배워야 할까요? 3) 그래서 농기구를 개발하기 위해 기계공학부에서 무엇을 배워야 한다고 생각해요?
학생 답변	1) 개발도상국 사람들의 주요 생계수단은 농업입니다. 그래서 저는 그 나라의 기후조건과 풍토 조건에 맞는 농기구를 개발하고 싶습니다. 2) 사실 제가 기계공학과에 지원한 이유는 적정기술보다는 개발도상국 사람들의 자립을 위해서 그들에게 기술교육을 하고 싶었기 때문에 지원을 한 것입니다. 기술교육과 더불어 적정기술도 개발하면 그들에게 더 도움이 되지 않을까 생각을 해서 적정기술도 개발하고 싶었습니다. 3) 기계가 사업에 효율성을 어떻게 높일 수 있고, 함께 할 수 있는지를 배워야 된다고 생각합니다.

1) 〈학생 답변 인용〉

2) 농기구 개발을 위해서 기계공학과에서는 해당 지역 사람들이 가장 필요로 하는 것을 잘 파악해 가장 편리하고 간단한 장비를 개발하는 것이라고 생각합니다. 이렇게 하면 기계가 효율적이겠다는 것이 아니라 해당 지역 사람들의 삶의 질을 향상시킬 수 있는 철학을 바탕으로 기계를 설계하고 제작하는 것이 기계공학과에서 해야 되는 일이라고 생각합니다.

3) 기계공학과에서는 기계 동력의 전달과정, 기계설계 등 기계의 설계부터 동작까지의 과정을 꼼꼼하게 배워야 한다고 생각합니다.

5
자연&공학

3) 교통, 도시공학과

학생부 기반 문항 면접

학생부 활동 기록	– 동아리활동 : 유비쿼터스, 스마트 도시 관련 활동을 함. – 한국지리 교과세부능력특기사항 : 도시 문제 관련 탐구 활동 후 발표함.
면접 문항	유비쿼터스, 스마트도시가 무엇인가요?
학생 답변	모든 것이 언제든지 연결되는 도시를 말합니다.
학생 답변	어디서나 인터넷접속이 가능해 자신이 원하는 것은 IoT 기술을 활용하여 적시에 지시하거나 참여할 수 있게 만든 도시를 말한다고 생각합니다.

학생부 활동 기록	– 동아리활동 : 지속 가능한 건축 관련 활동함. – 한국지리 교과세부능력특기사항 : 고층 빌딩 관련 주제 탐구활동 후 발표함.
면접 문항	1) 지속 가능한 건축이란 무엇인지 설명하고, 그때 건축가가 가질 능력 및 자질은 무엇이 있을까요? 2) 최근 복잡한 도시와 고층 빌딩이 많아지고 있는데 이로 인해 위험한 일이 있다면 무엇이 있을까요?
학생 답변	1) 건축이 환경과 인간을 함께 생각하는 건축을 말하며, 건축가는 항상 환경과의 조화를 생각해야 한다고 생각합니다. 2) 재난 사건이 발생했을 때 대처하기가 힘들어 집니다.
추천 답변	1) 지속 가능한 건축이란 환경과 인간의 삶과 공존하는 건축이라고 생각합니다. 오래된 건물이라고 해서 새로 짓는 것이 아니라 오래된 건물의 안정성을 보강하면서 건축물이 가진 역사를 함께 공유하는 것이 지속 가능한 건축이라고 생각합니다. 2) 화재나 자연재해 시 대피하는데 걸리는 시간이 길어진다는 점과 고층 건물로 인해 주변에 그늘이 많아져 눈 또는 비가 왔을 때 결빙되는 지역이 늘어날 것으로 생각됩니다. 또한 한 곳에 밀집되어 있는 환경구성으로 인해 교통 문제 등의 부수적인 문제들이 함께 발생할 수 있을 것 같습니다.

자기소개서 기록	1번 내용에 소형 건설현장의 건설업 사상자에 관한 연구 기록함.
면접 문항	학생은 소형 건설현장의 건설업 사상자에 관한 연구를 했어요. 하지만 제2롯데월드 타워를 시공하면서 발생하는 사상자가 나왔었다는 뉴스도 있었지요. 대형 건설현장에서의 사상자를 줄이기 위한 방안은 무엇입니까?
학생 답변	사상자를 방지하기 위한 감리제도가 있습니다. 공사감리, 상주감리, 그리고 책임감리로 나뉠 수 있지만, 공사감리와 상주감리는 설계사가 직접 감리자격을 얻기 때문에 안전의 책임이 흐려지는 한계가 있습니다. 하지만 책임 감리는 독립적으로 행해지기 때문에 책임이 명확해지고, 이를 확대한다면 사상자를 줄일 수 있습니다.
추천 답변	대형건설현장은 공사기간이 길어지면서 안전에 대한 민감도가 시간이 지날수록 떨어질 수 있습니다. 이를 해결하기 위해서 주기적인 안전교육과 매일 공사 전 공사과정을 공사에 참여하는 사람들이 공유하는 시간을 갖는 것이 좋다고 생각합니다. 또한 안전사고가 발생하면 크게 발생할 수 있으므로 감리회사와 지자체간 공사 감리 상황 공유 및 지자체의 비상시적 감독이 필요할 것으로 생각됩니다.

5 자연&공학

4) 바이오의공학과

학생부 기반 문항 면접

학생부 활동 기록	동아리활동 : 의료기기에 대한 원리를 파악한 후 직접 만들어 보는 활동을 함.
면접 문항	의료기기 공부를 많이 했네요. 기억에 남는 의료기기는?
학생 답변	스탠트 구조와 직접 만들어 본 심장박동측정기가 기억에 남습니다.
추천 답변	〈학생 답변 인용〉

자기소개서 기반면접

자기소개서 기록	1번에 인체의 면역체계에 관련된 소논문 혹은 연구 진행의 과정 및 느낀점 기록함.
면접 문항	1) Th1과 Th2의 차이는 무엇인가요? 2) 항체 다양성이란? 3) CAR-T세포에 대해서 설명해 주세요.
학생 답변	1) 각각 다른 면역체계입니다. 2) 다양한 항원에 대응할 수 있는 항체의 능력을 말합니다. 3) X
추천 답변	1) Th1은 바이러스와 박테리아를 제거하는 면역 체계이고, Th2는 독소와 알레르기와 같은 외부 위협에 대해 항체 생산을 늘리는 적응 면역을 유도하는 것입니다. 2) 면역 관련 유전인자가 재배열하면서 성질이 다양하게 형성된 항체를 말하며 항원을 인식한 후 제거하는 면역기구에서 중요한 역할을 합니다. 3) CAR-T세포는 CAR-T세포 치료제에서 사용되는 용어이며, 키메릭 항원 수용체 T세포를 조작해 암세포만 찾아 유도탄처럼 공격하도록 만든 혈액암 치료제로 환자 혈액에서 T세포를 추출한 뒤 암세포에 반응하는 수용체 CAR DNA를 T세포에서 증식해 몸에 넣어 치료하는 방식을 말합니다.

5) 산업공학과

학생부 활동 기록

- 동아리 활동 : 창업동아리을 함.
- 자율동아리 : 독서 동아리 활동을 함.

면접 문항

1) 그럼 지원자는 상대성 이론 논문 활동 말고 산업공학부에 연관이 되는 활동이 있나요?
2) 독서 동아리가 산업공학이랑 무슨 연관이 있죠?
3) 방금 산업공학과의 목표가 효율성 극대화라고 했잖아요? 그럼 효율성을 어떻게 지표 화시킬 것인지 말해보세요.

학생 답변

1) 창업 관련 동아리와 독서 동아리가 있습니다.

2) 독서 동아리는 모든 학과와 연관이 있다고 생각함. 산업경영공학 같은 경우에는 효율성을 극대화하는 방법을 찾는 것이 주된 목표라 생각합니다. 이를 위한 창의적 방법을 찾기 위해서는 무엇이 방법이 될 수 있는지 파악할 수 있어야 하고, 그러기 위해서는 충분한 배경지식이 필요하다고 생각합니다. 책을 읽는 것은 정보를 습득하기 위함이기에, 배경지식을 쌓는다는 점에서 독서 동아리와 산업공학과가 연관이 있습니다.

3) 먼저 인간공학 측면에서는 질문지법을 통해 만족도를 수치화시키고, 정보전달은 초단위로 재서 수치화시킬 수 있을 것 같다고 생각합니다.

추천 답변

1) 〈학생 답변 인용〉

2) 독서 동아리를 통해서 하나의 문제에 다양하게 접근할 수 있는 방법을 알게 되었습니다. 또한 생산, 재무, 판매, 유통 등이 복잡하게 연결되어 있는 산업공학이라는 학문을 대학에서 깊이 있게 들어가기 위해서는 특정분야가 아니라 다양한 분야에 대한 지식이 필요할 것이라고 생각합니다. 이런 부분들에서 독서 활동이 산업공학도로써 많은 도움이 되었다고 생각합니다.

3) 정량적인 수치와 함께 정성적이 분석이 필요하다고 생각합니다. 그냥 흘러간 여러 데이터를 모아 빅 데이터 분석을 통해 예전과 현재의 효율성 비교가 가능할 것으로 생각됩니다. 정성평가의 경우는 심리적 영향에 대한 인터뷰나 무기명 설문을 통해 수치화 할 수 있다고 생각합니다.

5 자연&공학

자기소개서 기반면접

자기소개서 기록	4번에 자신의 가치관과 성장에 관련된 책으로 상세히 기록함.
면접 문항	1) 만약 공익과 개인의 이익이 충돌한다면? 2) 자소서에 보면 82년생 김지영이라는 책을 읽었는데, 성차별이나 뭐 성과 관련된 이슈에 있어서 본인이 경험한 게 있다면?
학생 답변	1) 자소서 4번 책 '성장의 한계 얘기'를 통해 내 삶을 유지할 정도의 돈을 번다면 그때부턴 공익에 더 초점을 맞추고 싶습니다. 2) 제가 학생회를 할 때 여학생들도 교복 바지를 입게 해달라고 한 학생이 있었습니다. 그런데 사실 그런 제도가 이미 마련되어 있었고, 저는 제도가 바뀐다고 해도 가치관이 바로 바뀌는 것은 아니라고 생각했습니다.
추천 답변	1) 공익과 개인의 이익이 충돌한다면 평소 제 삶의 철학에 맞춰서 판단하겠습니다. 2) 〈학생 답변 인용〉

6) 생명공학과, 화학생명공학과

학생부 활동 기록	– 생명과학 교과세부능력특기사항 : 면역과 유전에 관한 탐구 활동 후 발표함. – 수상실적 : 생명과학 관련 다수 수상함.
면접 문항	면역과 유전은 어떤 연관성이 있을까요?
학생 답변	유전을 통해서 기본적인 면역체계가 형성됩니다.
추천 답변	유전물질을 통해서 기본적인 면역체계가 자식에게 형성이 됩니다. 이를 통해서 외부 환경에 대해 체계적인 면역체계를 이룰 수 있는 기초가 만들어집니다.

학생부 활동 기록	– 수상실적 : 2학년 때 '주제탐구보고서 작성대회' 최우수상 수상함. – 화학 교과세부능력특기사항 : 화학반응식의 양적관계에 대해 발표함.
면접 문항	고2 화학 I 에서 화학반응식의 양적 관계에 대해 발표했다고 하는데, 화학 반응식의 양적 관계가 무엇인가요?
학생 답변	화학반응 전후의 양적 변화에 대해 말해 주는 법칙을 말합니다.
추천 답변	화학 반응식에서 양적 관계란 화학반응 전후에 기체반응의 법칙, 질량보존의 법칙등과 같은 기본법칙이 모두 성립한다는 내용입니다.

학생부 활동 기록	– 진로희망 : 생명과학연구원을 희망함. – 생명과학 교과세부능력특기사항 : DNA 구조에 대해 조사 후 발표함. – 독서활동 : 판스워스 교수의 '생물학 강의' 등 생명과학 관련 다수 독서 활동을 함.
면접 문항	DNA 이중 나선 구조에 대해 설명해 보세요.
학생 답변	x
추천 답변	인산 뼈대는 바깥에 존재하며 4가지 염기는 상보적으로 결합한다는 내용입니다.

5
자연&공학

자기소개서 기반면접

자기소개서 기록	1번에 곰팡이와 타감작용과 관련된 실험을 진행하면서 배우고 느낀 점 기록함.
면접 문항	자기소개서에서 한 실험에서 얻은 생각은 무엇인가요?
학생 답변	곰팡이 관련 실험에서 얻은 것인 타감 작용은 한 물이 다른 생물의 번식을 억제하기 위해 생화학물질을 뿜어내는 것입니다. 이 작용을 이용해서 부상이나 병으로 인한 세균 감염을 억제하는 약품을 만들 수 있지 않을까라는 생각을 하게 되었습니다.
추천 답변	인체에 무해한 물질의 '타감 작용'을 이용한다면 부작용을 최소화하는 치료법을 개발할 수 있겠다는 생각이 들었습니다. 또한 큰 질병이 아니라 단순한 상처인 경우 타감 작용을 이용한 소독제나 밴드를 개발해 적용한다면 높은 효율성을 가질 수 있겠다는 생각이 들었습니다.

7) 식품공학과

학생부 활동 기록	– 생명과학 교과세부능력특기사항 : GMO와 관련된 탐구 활동 후 발표함. – 기술·가정 교과세부능력특기사항 : 필수 영양소 3가지에 대해 발표함.
면접 문항	1) GMO를 만드는 원리가 뭘까요? 2) GMO의 장점이 뭐가 있을까요? 3) 몸의 필수 영양소 3가지 → 단백질이 몸에 필요한 이유
학생 답변	1) 특정 유전자에 변형을 일으켜 원하는 형질이 많이 나오게 하는 것입니다. 2) 식량 문제를 해결할 수 있을 것 같습니다. 3) 기본을 이루기 때문입니다.
추천 답변	1) 유전자 중 일부에 변형을 가해 특정 형질의 발현을 높이거나 줄이는 조작을 가해서 만들어 집니다. 2) 인류의 증가와 경작지의 감소로 인해 발생하는 식량난을 해결할 수 있고, 식품의 영영을 강화 하거나 친환경적인 가축사료로 활용될 수 있는 장점이 있습니다. 3) 사람 몸의 세포를 형성하며 근육의 발달에도 관여합니다. 또한 호르몬, 효소 등의 구성 성분이기 때문에 필수영양소입니다.

학생부 활동 기록	– 자율활동 : 주기적으로 학급 학생들을 대상으로 다이어트 정보를 제공함. – 독서활동 : 다이어트에 관련된 다수의 독서 활동 기록됨.
면접 문항	다이어트에 관한 책을 읽었다고 생활기록부에 기재되어 있는데 요즘 식이요법 중심의 다이어트를 어떻게 생각하는지요?
학생 답변	장기적으로 영양소를 고루 섭취하며 운동을 병행해야 한다고 생각합니다.
추천 답변	식이요법만으로 다이어트를 하는 것보다는 적절한 칼로리를 소비할 수 있는 운동과 병행하는 것이 신체의 균형을 생각하는 다이어트라고 생각합니다. 식이요법에서는 과도한 칼로리를 섭취하는 것을 조절하는 것이지 특정 영양소만 섭취하는 것은 바르지 않다고 생각합니다.

5
자연&공학

학생부 활동 기록	- 독서활동 : 밀가루의 누명 등 조리 관련 독서 기록 다수 기록함. - 진로희망 : 기능성 식품 연구원을 희망함.
면접 문항	1) 조리 관련 자격증도 많이 취득하였는데, 이러한 부분을 학과 수업에 어떻게 접목시킬 것인가요? 2) 고등학교 수업과 본인의 진로가 식품영양학과와 더 잘 맞는 것 같은데, 왜 식품생명공학과에 지원하셨나요? 3) 밀가루의 누명이라는 책을 읽었는데 이 책은 어떠한 내용이고, 새롭게 알게 된 점은 무엇인가요?
학생 답변	1) 저는 조리 관련 자격증들을 취득하며, 동시에 학교 수업도 충실히 할 수 있었고, 그로 인해 식품과 관련된 지식을 충분히 쌓을 수 있었다고 생각합니다. 이 부분을 학과 수업에 적용시켜가며 심화적인 학습을 할 수 있을 것입니다. 2) 제과제빵에 대해 공부하며 빵이 어떻게 발효가 되는지, 쿠키와 빵에는 왜 다른 밀가루에 사용하는지 등 다양한 탐구를 진행했고, 이를 통해 식품과 과학이 서로 관련이 깊은 분야라는 것을 알게 되었습니다. 또한 다양한 활동 중 관심을 갖게 된 기능성 식품에 대해 깊게 공부하며 기능성식품연구원이라는 제 꿈을 이루기 위해 식품생명공학과에 관심을 갖게 되었고, 지원하게 되었습니다. 3) 밀가루가 갖고 있는 오명에 대해 풀어주는 책이었습니다. 저는 책을 읽으며 '셀리악 병'에 대해 알게 되었는데 셀리악 병이란 글루텐 민감성 장질환으로 글루텐 프리 식이법을 실천해야 하는 질환을 말합니다. 하지만 일반인들이 다이어트 식이법으로 글루텐 식이법을 실천하는 경우가 있는데 이 때 글루텐이 함유된 식품을 피할 수 있지만 쌀과 같은 다른 탄수화물을 과다 섭취할 수 있기 때문에 다이어트 식이법으로 글루텐 프리가 옳지 않다는 점을 알 수 있었습니다.
추천 답변	1) 저는 조리 관련 자격증들을 취득하며, 동시에 학교 수업에도 충실히 할 수 있었고, 그로 인해 식품과 관련된 지식을 충분히 쌓을 수 있었다고 생각합니다. 자격증을 취득하는 과정에서 기본을 다지고 학과 수업을 통해서 현실적인 응용력과 철학을 함께 공부해나가면서 학과 수업과 시너지 효과를 낼 수 있을 것 같습니다. 2) 〈학생 답변 인용〉 3) 〈학생 답변 인용〉

자기소개서 기록

1번에 발효와 알레르기의 연관성에 대한 연구, 토론 등 활동을 진행한 후 배우고 느낀 점 기록함.

면접 문항

1) 발효에 대해 설명해 주세요.
2) 알레르기 반응에 대해 설명해주세요.
3) 알레르기의 예시에 대해 얘기해보세요.

학생 답변

1) 미생물이 작용해서 유익한 성분들이 많아지는 과정을 말합니다.
2) 외부 자극에 대해 과민하게 반응하는 형태를 모두 말합니다.
3) 땅콩알레르기 등이 있습니다.

추천 답변

1) 미생물이 가지고 있는 효소를 이용해 유기물을 분해하는 과정에서 인간 생활에 유용한 물질이 만들어지는 경우를 발효라고 합니다. 발효를 잘 모르는 것이 부패라고 생각할 수 있으나 부패는 유기물이 분해되는 과정에서 인간 생활에 유해한 물질이 만들어지는 경우를 말해서 발효와는 차이가 있습니다.
2) 외부 자극에 대한 신체의 과민 반응이 알레르기 반응입니다.
3) 알레르기성 결막염, 비염, 아토피, 땅콩 및 우유 알레르기 등이 있습니다.

5
자연&공학

자기소개서 기록

3번에 반찬 나눔 봉사활동을 하면서 배우고 느낀 점 기록함.

면접 문항

반찬 나눔 봉사에 참여하였는데, 이 봉사가 어떤 내용인지, 이 봉사에서 본인이 어떤 역할을 하였는지 말해주세요.

학생 답변

제가 참여한 독거노인 분들을 위한 반찬 나눔 봉사는 1학년부터 3학년까지 전 학년이 참여하는 봉사로 메뉴 선정부터 재료 구입, 조리, 배달까지 전적으로 저희들의 주도로 진행됩니다. 제가 봉사에 처음 참여한 1학년 때는 조리에 서툴기 때문에 간단한 재료 손질 등을 했지만, 시간이 지나면서 메뉴 선정에 더 적극적으로 참여하고, 학교에서 배운 조리 지식 등을 바탕으로 후배들에게 도움을 주는 역할을 하였습니다.

추천 답변

〈학생 답변 인용〉

8) 신소재, 재료공학과

학생부 기반 문항 면접

학생부 활동 기록	– 동아리활동 : 1~2학년 과학탐구 동아리 활동을 함. – 자율활동: 3학년 학생회 부회장, 두발 규정 완화를 위해 전교학생회와 선생님간의 회의를 통해 합리적 결론을 도출함. – 진로희망 : 웨어러블기기 연구원을 희망함.
면접 문항	1) 동아리 활동에서 기억나는 점은 어떤 것인가요? 2) 학생회 회장을 했다면 어떤 역할을 했을 것 같습니까?
학생 답변	1) 물의 전기분해 실험이 가장 기억에 남습니다. 수소와 산소의 비율이 2:1로 나와야 하는데 결과가 그렇게 나오지 않아서 여러 가지 통제 변인을 조절한 결과 원하는 결론을 얻을 수 있었습니다. 2) 학생회 회장과 부회장의 역할을 차이는 없다고 생각합니다. 저와 함께 열정을 가지고 있는 회장과 경쟁보다는 협력을 하고 싶었습니다.
추천 답변	1) 물의 전기분해 실험이 가장 기억에 남습니다. 수소와 산소의 비율이 2:1로 나와야 하는데 결과가 그렇게 나오지 않아서 일정한 전압 공급하기, 전극과의 연결방법 등 조작변인을 제외한 통제 변인의 일정함을 유지하기 위해서 노력한 결과 원하는 결론을 얻을 수 있었습니다. 2) 학생회 회장을 했다면 학교 간 학생 대표 회의를 통해 우리 학교만이 아니라 우리 지역의 학교문화 개선을 위한 노력을 좀 더 했을 것 같습니다. 그렇지만 부회장이라고 해서 '이런 부분까지 해야지.'라고 생각하지는 않습니다. 회장과 협력을 해서 학교 학생회가 멋진 모습을 갖게 되면 우리 학생회의 대표가 다른 곳에서 의견을 말할 때 훨씬 더 설득력을 가질 수 있다고 생각했습니다. 부회장, 회장이 아니라 학생들의 대표로서 최선을 다하는 것이 맞다고 생각합니다.
학생부 활동 기록	화학 교과세부능력특기사항 : 엔지니어링 플라스틱에 관련된 탐구 활동 후 발표함. 자율활동 : 양자역학 멘토링 활동을 함.
면접 문항	1) 엔지니어링 플라스틱에 대해 소개해 보세요. 2) 양자역학에 대해 공부를 많이 했다고 쓰여 있는데, 공유결합을 양자역학적 측면에서 설명할 수 있는가요?

학생 답변	1) 열에 약한 일반적인 플라스틱과는 달리 열에 강한 플라스틱입니다. 2) 보어의 원자모형과 달리 원자 속 전자는 일정한 궤도 위에 있는 것이 아니라 '오비탈'이라는 전자구름에 확률적으로 분포하고 있으며 위치와 운동 상태를 동시에 알 수 없다는 사실이 밝혀졌습니다. 원자는 결합할 때 옥텟 규칙에 따라 최외각 전자가 8개가 되도록 공유결합을 합니다.
추천 답변	1) 열에 약한 일반적인 플라스틱과는 달리 열에 강한 플라스틱입니다. 김도연 교수의 책 〈세상을 뒤흔든 재료 세상〉에서 엔지니어링 플라스틱으로 비행기를 만들 경우 무게가 적게 나가서 연료 사용을 줄일 수 있기 때문에 초음속 비행기를 만들 수 있다는 대목을 인상 깊게 읽었습니다. 2) 〈학생 답변 인용〉

자기소개서 기반면접

자기소개서 기록	2번에 학술제 활동내용과 그 활동으로 인해 배우고 느낀 점 기록함.
면접 문항	학술제에 대한 질문과 지원한 전공(신소재공학부)에 어떤 면에서 도움이 되었는가요?
학생 답변	2학년 물리 시간에 핵발전소 찬반 토론 중 반대 입장에서 토론을 한 후 핵발전소를 안전하게 해체하는 방법이 궁금하여 '원자력발전소 해체의 과학적 원리'를 주제로 팀을 이루어 학술제를 진행했습니다. 미세조류의 광합성을 이용해서 방사성 물질을 제거할 수 있다는 점은 전혀 상관없어 보이는 두 분야를 접목시켰다는 점에서 인상 깊었습니다. 미세 조류에 대한 연구 끝에 방사성 물질 제거 효능이 밝혀진 것처럼 한 주제에 대해 꾸준히 연구하는 끈기가 신소재공학자에게 필요한 중요한 자질이라고 생각합니다.
추천 답변	〈학생 답변 인용〉

자기소개서 기록	1번에 전자파 차폐 기술에 대한 탐구 활동을 하면서 배우고 느낀 점 기록
면접 문항	전자파 차폐기술에 대한 설명해 주세요.
학생 답변	잘 기억나지 않습니다.

추천 답변	현대 전자제품들은 각 회들이 고밀도 집적화 되는 경향이 있습니다. 이로 인해 각 부품들의 전자파 간섭이 생겨 반도체들이 예상하지 못한 이상 작동을 방지하기 위해서 각 부품들에 전자파 차폐기술이 적용되고 있음을 알게 되었습니다. 이를 통해서 단순히 회로를 설계하고 구현해 내는 것만 중요한 것이 아니라 각각의 부품들이 정상적인 기능을 할 수 있도록 환경을 유지시켜주는 것 또한 중요함을 알게 되었습니다.

자기소개서 기반면접

자기소개서 기록	2번에 학술제 활동내용과 그 활동으로 인해 배우고 느낀 점 기록함.
면접 문항	학술제에 대한 질문과 지원한 전공(신소재공학부)에 어떤 면에서 도움이 되었는가요?
학생 답변	2학년 물리 시간에 핵발전소 찬반 토론 중 반대 입장에서 토론을 한 후 핵발전소를 안전하게 해체하는 방법이 궁금하여 '원자력발전소 해체의 과학적 원리'를 주제로 팀을 이루어 학술제를 진행했습니다. 미세조류의 광합성을 이용해서 방사성 물질을 제거할 수 있다는 점은 전혀 상관없어 보이는 두 분야를 접목시켰다는 점에서 인상 깊었습니다. 미세 조류에 대한 연구 끝에 방사성 물질 제거 효능이 밝혀진 것처럼 한 주제에 대해 꾸준히 연구하는 끈기가 신소재공학자에게 필요한 중요한 자질이라고 생각합니다.
추천 답변	〈학생 답변 인용〉

자기소개서 기록	1번에 전자파 차폐 기술에 대한 탐구 활동을 하면서 배우고 느낀 점 기록
면접 문항	전자파 차폐기술에 대한 설명해 주세요.
학생 답변	잘 기억나지 않습니다.
추천 답변	현대 전자제품들은 각 회들이 고밀도 집적화 되는 경향이 있습니다. 이로 인해 각 부품들의 전자파 간섭이 생겨 반도체들이 예상하지 못한 이상 작동을 방지하기 위해서 각 부품들에 전자파 차폐기술이 적용되고 있음을 알게 되었습니다. 이를 통해서 단순히 회로를 설계하고 구현해 내는 것만 중요한 것이 아니라 각각의 부품들이 정상적인 기능을 할 수 있도록 환경을 유지시켜주는 것 또한 중요함을 알게 되었습니다.

9) 에너지공학과

학생부 기반 문항 면접

학생부 활동 기록	지구과학 교과세부능력특기사항 : 이산화탄소에 대한 탐구 활동 후 발표함.
면접 문항	1) 이산화탄소에 주목하는 이유는 무엇인가요? 2) 인공광합성에 대해 설명하면?
학생 답변	1) 지구환경에 보이지 않게 심각한 영향을 주는 요소로 밝혀졌기 때문입니다. 2) 물과 이산화탄소로부터 화합물을 만들어내는 인공적인 과정을 말합니다.
추천 답변	1) 이산화탄소는 지구온난화의 주범으로 나쁜 효과가 많이 알려져 있으나 지구의 일정한 온도를 유지해 주는 역할도 하고 있습니다. 또한 이산화탄소를 어떻게 조정하느냐에 따라 산업의 효율성을 조정할 수 있어서 이산화탄소에 대해서 탐구활동을 진행했습니다. 2) 물이나 이산화탄소로부터 화학물질을 합성하는 것은 인공광합성이라고 합니다. 화석연료에 의존하지 않고 이산화탄소배출량도 줄일 수 있어서 새로운 기술 각국에서 관심을 기울이고 있습니다.

자기소개서 기반면접

자기소개서 기록	1번에 금속연료전지와 관련된 실험 혹은 연구를 진행하고 그에 대해 배우고 느낀 점을 기록. 그리고 신재생에너지와 결합한 융복합형 원자로에 관련된 실험 혹은 연구를 진행하고 그에 대해 배우고 느낀 점도 기록함.
면접 문항	1) 자소서를 보니 금속연료전지와 관련된 실험을 했다. 그래서 어떤 방법이 가장 효과적이었나요? 2) 신재생에너지와 결합한 융복합형 원자로의 정확한 의미가 무엇인가요?
학생 답변	1) 분극 현상의 원인인 수산화마그네슘을 가장 잘 제거해야 했습니다. 여러 방법 중에서 양이온교환막이 가장 효과적으로 수산화마그네슘을 제거했습니다. 2) 후쿠시마 사고를 보면 냉각수가 재빨리 유입되지 않아 문제가 되었습니다. 그래서 신재생에너지가 일조량이나 바람의 세기에 따라 발전량이 일정하지는 않지만 후쿠시마 같은 사고가 일어나도 발전은 할 수 있다는 장점을 이용하여 비상전력장치를 신재생에너지로 사용하는 것입니다.
추천 답변	1) 〈학생 답변 인용〉 2) 〈학생 답변 인용〉

10) 전기, 전자공학과

학생부 기반 문항 면접

학생부 활동 기록	– 정보 교과세부능력특기사항 : 브래드 보드 위에서의 회로 연결 방법을 배우고 이해함. – 진로활동 : 전기전자공학기술자가 가져야 하는 직업 윤리에 대한 강의를 듣고 조사함.
면접 문항	1) 브래드 보드 위에서의 회로 연결 방법을 이해할 수 있었다고 했는데 뭘 이해했다는 건가요? 2) 3학년 때 전기전자공학기술자가 가져야하는 직업윤리에 대해서 했다고 나와 있는데 뭔가요? 표정을 보니까 기억이 잘 안 나죠? 내가 그런 걸 했었나? 하는 표정인데 한 번 지금 생각해서 말해보세요
학생 답변	1) 브래드 보드에 플러스, 마이너스와 직렬, 병렬연결이 처음에는 조금 어려웠는데 계속 하다 보니 익숙해져서 이해할 수 있게 되었습니다. 2) 전기라는 것은 많은 사람들에게 없어서는 안 되는 것인데 독점을 하게 되면 가격이 너무 비싸서 그러지 말고 값싼 전기를 줄 수 있어야 합니다.
추천 답변	1) 브래드 보드 위에 회로를 구성하면서 전류의 흐름을 머릿속에서 작동원리로 연결시키는 과정이 힘들었는데 계속 활동을 하다 보니 자연스럽게 회로의 작동 원리로 연결과정을 이해할 수 있었습니다. 2) 전기전자의 기술은 인간이 살아가는데 필수적인 요소이므로 이윤만을 추구하는 것이 아니라 인간의 보편적 복지를 추구하는 공공재라는 의미로 기술에 참여해야 합니다.

학생부 활동 기록	물리 교과세부능력특기사항 : 송전의 과정에 대해 조사한 뒤 발표함.
면접 문항	발전소에서 가정까지 송전되는 과정을 말해 주세요.
학생 답변	발전소에서 고압으로 만들어진 전기를 가정 근처에 변전소까지 송전한 뒤 변전소에서 가정에 적합한 전압으로 조정해서 사용하는 과정을 거치게 됩니다.
추천 답변	발전소에서 만들어진 전기는 승압과정을 거쳐 전류를 줄어 송전과정에서 일어나는 손실을 최소화해서 교류의 형태로 송전하게 됩니다. 변전소까지 송전된 전기는 전압을 하강해서 변압기까지 송전하게 되고 변압기에서는 가정에서 사용하는 220V의 전압으로 맞춰지게 됩니다.

| 자기소개서 기록 | 1번에 태양전지에 관련된 연구를 진행하고 배우고 느낀 점 기록함. |

| 면접 문항 | 1) 자기소개서 4번에 보면 염료 감응형 태양전지에 대해 나와 있는데 왜 그것에 대해 연구하고 싶나요?
2) 기존의 태양전지는 왜 외벽에 사용 못 하나요? |

| 학생 답변 | 1) '염료 감응형 태양전지'의 경우 건물 외벽에 사용하여 더 많은 면적에 사용할 수 있어 효율이 좋아진다면 더 많이 발전시킬 수 있을 것 같다고 생각했습니다.
2) 기존의 태양전지는 직사광선에 의해서만 발전되는데 염료 감응형 태양전지는 가시광선에도 발전이 됩니다. |

| 추천 답변 | 1) 곡면으로 만들 수도 있고, 색상도 다양해 건물의 외장재로 활용한다면 미래 친환경 에너지 사회에서 건물 각각이 친환경 발전소의 역할을 수행할 수 있을 것입니다.
2) 태양전지는 전지에 들어오는 태양빛의 입사각에 따라 에너지 효율의 편차에 가서 태양전지에 거의 수직으로 들어오는 빛에서만 효율성이 높았습니다. 이로 인해 건물 외벽에 사용하게 되면 상황에 따라 투자된 비용에 비해 에너지 효율이 낮아서 사용하지 않았습니다. |

| 자기소개서 기록 | 1번에 4차 산업사회에 대비할 수 있는 IoT 및 회로 탐구 활동에 대해 기록함. |

| 면접 문항 | 1) 자소서에 보면 4차 산업에 관련된 활동을 했다고 써 있는데 IOT가 뭔가요?
2) 브래드 보드 위에서의 회로 연결 방법을 이해할 수 있었다고 했는데 뭘 이해했다는 건가요? |

| 학생 답변 | 1) IOT는 사물인터넷으로 제가 여기 있어도 집에 있는 가스 불을 끌 수 있는 것으로 알고 있습니다.
2) 브래드 보드에 플러스, 마이너스와 직렬, 병렬연결이 처음에는 조금 어려웠는데 계속 하다보니 익숙해져서 이해할 수 있었습니다. |

| 추천 답변 | 1) IOT는 사물 간 또는 사물과 통제하는 사람이 인터넷으로 연결되어 있어 사물이 스스로 판단해서 최적의 상황을 구현하거나 시공간을 넘어 사물을 통제할 수 있는 기술을 말합니다.
2) 〈학생 답변 인용〉 |

5
자연&공학

자기소개서 기록	1번에 4차 산업사회에 대비할 수 있는 IoT 및 회로 탐구 활동에 대해 기록함.
면접 문항	자소서 4번에 보면 염료 감응형 태양전지에 대해 나와 있는데 왜 그것에 대해 연구하고 싶나요?
학생 답변	염료감응형태양전지의 경우 건물 외벽에 사용하여 더 많은 면적에 사용할 수 있어 효율이 좋아진다면 더 많이 발전시킬 수 있을 것 같다고 생각합니다.
추천 답변	'염료 감응형 태양전지'의 경우 일정 공간에 고정형으로 설치되지 않고 특정한 공간에 효율적으로 설치할 수 있습니다. 예로 든다면 건물 외벽에 사용하여 더 많은 면적에 사용할 수 있어 효율이 좋아질 것이고 이런 개선을 경제와 삶의 질을 압도적으로 개선할 수 있을 것 입니다. 인간의 삶을 질을 개선하고 환경문제를 해결할 수 있는 방법 중 염료 감응형 태양전지라는 방법이 효과적일 것이라고 생각해 연구하고 싶습니다.

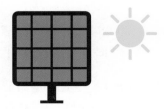

11) 컴퓨터, 소프트웨어, 정보통신공학과

학생부 기반 문항 면접

학생부 활동 기록	– 방과 후 학교 : 1학년 C언어와 알고리즘 이수함. – 3학년 대학생 멘토링 때 '텐서플로우' 기술과 '객체지향프로그래밍'에 대해 배움.
면접 문항	학교생활 중 컴퓨터에 대해 배운 것이 있다면?
학생 답변	1학년 때 C언어와 알고리즘에 대해 배웠습니다. 3학년 때는 대학생 멘토링 때 '텐서플로우' 기술과 '객체지향프로그래밍'의 이론에 대해 간략히 배웠습니다.
추천 답변	〈학생 답변 인용〉

학생부 활동 기록	–동아리 활동 : 컴퓨터 동아리에서 Udacity라는 웹사이트에서 컴퓨터에 관련된 것에 대해 공부함. –수상실적 : 창의적 산출물 대회 게임부분에서 수상함.
면접 문항	1) Udacity라는 웹사이트에서 스스로 공부했다고 하였는데, 어느 정도까지 공부했는지요? 2) 창의적 산출물 대회에서 어떤 게임을 제작하였는지요?
학생 답변	1) web crawling이라는 부분까지 공부했습니다. Intro to computer science라는 course가 있었는데 여기 중에서 절반까지 공부하였습니다. 2) 주인공이 있고 기둥 장애물이 위아래로 있는데 다가오는 장애물을 사용자가 점프해서 피하는 동시에 코인을 획득하여 점수를 얻는 게임을 제작했습니다.
추천 답변	1) 〈학생 답변 인용〉 2) 〈학생 답변 인용〉

학생부 활동 기록	동아리활동 : 컴퓨터 동아리에서 Python과 R을 공부함.
면접 문항	1) Python과 R의 차이점은? 2) R프로그래밍으로 트와이스 멤버의 인기도 분석은 어떻게 했나요?
학생 답변	1) 통계처리 프로그램인데 표현하는 방법에서 차이점이 있습니다. 2) 어느 연령층에 인기가 있는지 이에 따라 어떻게 대중에게 접근해야 하는지에 대한 분석을 했습니다.

추천 답변	1) R은 데이터 분석용으로 만들어진 언어이기 때문에 데이터 처리와 통계 분석 기능에 특화되어 있습니다. 특히 프로그래밍 지식이 많지 않아도 간단한 문법으로 데이터 분석을 할 수 있습니다. 파이썬은 데이터 분석 작업을 웹 어플리케이션과 통합하거나 통계코드를 데이터베이스에 통합해야하는 경우 주로 사용합니다. 2) R을 활용해 트와이스 멤버들이 어떤 연령에서 인기가 가장 높은지를 판단해 어떻게 대중에게 접근하는 것이 가장 효과적인지를 분석했습니다.

자기소개서 기반면접

자기소개서 기록	1번에 유비쿼터스에 관련된 축전기를 이용한 일상생활의 가전제품을 탐구하고 그에 대한 연구 혹은 실험 진행함.
면접 문항	1) 유비쿼터스란 무엇인가요? 2) 축전기가 일상생활에서 어떻게 사용되는가요?
학생 답변	1) 모든 공간에서 다양한 연결이 가능한 것을 말합니다. 2) 에너지 소비자에서 에너지 생산자로 문화의 전환을 일으킬 것입니다.
추천 답변	1) 사람이 네트워크나 컴퓨터를 의식하지 않고 장소에 상관없이 자유롭게 네트워크에 접속할 수 있는 클라우드 기반 정보통신 환경을 말합니다. 2) 요즘 주택에서 많이 설치되고 있는 가정용 태양광 발전에서 축전지가 많이 활용되고 있습니다.

12) 화학공학과

학생부 활동 기록	– 화학 교과세부능력특기사항 : 완충용액을 사용한 실험을 진행 후 발표함. – 동아리활동 : 바이오 소재에 대한 탐구 활동 진행함.
면접 문항	1) 완충 용액에 대해 설명해 주세요. 2) 바이오소재에 관심이 많아 보이는데 이것에 대해 설명해 줄 수 있나요?
학생 답변	1) 완충용액은 산이나 염기를 넣었을 때 pH변화가 거의 없는 용액을 말합니다. 2) 미생물과 식물 등을 이용한 가공품을 만들 수 있는 원료를 총칭합니다.
추천 답변	1) 완충용액은 산이나 염기를 넣었을 때 pH변화가 거의 없는 용액을 말합니다. 우리 몸 안의 pH가 어떤 외부물질이 들어오더라도 일정하게 유지되는 반응이 완충용액에서의 반응과 유사합니다. 2) 미생물, 식물·동물세포를 직간접적으로 이용하여 생산되는 유용한 물질을 가공 또는 조제함으로써 제품화가 가능한 산물을 말하며, 자연계의 식물, 동물, 미생물의 생물체에서 유래하는 천연화합물과 이를 가공, 발효, 합성과정을 거쳐 부가가치를 높인 가공소재를 모두 포함하는 물질 또는 소재를 말합니다.

학생부 활동 기록	화학 교과세부능력특기사항 : 펩타이드 결합에 대한 탐구 활동 후 발표함.
면접 문항	'펩타이드'에 관심이 많은 것 같은데 펩타이드가 무엇이고, 펩타이드 결합은 무엇이고 결합 결과 무엇이 발생하나요?
학생 답변	'펩타이드'는 아미노산이 2개 이상 결합된 것을 말합니다. 펩타이드 결합은 탈수축합 반응으로 결합을 형성하면 물이 빠져나오는 결합을 말합니다.
추천 답변	'펩타이드'는 아미노산이 2개 이상 결합된 것을 말합니다. 펩타이드 결합은 두 아미노산에서 한쪽 카르복시기와 다른 쪽 아미노기가 결합을 하면 물이 빠져나오는 것을 말합니다.

5
자연&공학

바

교육 · 사범계열

교육·사범계열 면접 문항 분석 & 답변 사례

유·초·중등학교 교사만의 전문성에 대한 정리가 필요합니다. 즉, 학교급에 맞는 교직관이 필요합니다. 지원자의 대부분은 지원하고자 하는 학과와 관련된 동아리 활동을 하고 있습니다. 동아리 활동을 통해 알게 된 지식과 이 지식을 어떻게 전달할 수 있을지에 정리가 필요합니다. 교육계열 관련 학과는 학교생활 충실도를 상당히 중요하게 생각하고 있습니다. 학생부의 내용을 숙지하고 전공 관련 수상실적, 교과 세특에 대해 꼼꼼하게 정리할 필요가 있습니다. 유·초등학교 쪽은 독서교육과 학생과의 공감에 대한 질문이 많이 나오고 있으며 중등학교는 학교 수업시간 부적응 학생 지도 및 전공에 대한 지식과 관련된 질문이 나오고 있습니다. 전체적으로는 해당 학과와 관련된 교육 이슈에 대한 지원자의 생각을 종종 물어보고 있습니다. 이에 대한 근거 있는 답변이 준비되어야 합니다.

교육학과는 진로희망에 영어교사, 수학교사 등 특정 과목이 정해지지 않았기 때문에 해당 학과를 지원한 학생들에게는 왜 교육학과를 지원했는지를 꼭 물어봅니다. 학과 변경의 이유, 졸업 후 진로 등을 미리 정리해 두어야 합니다. 다양한 교내 대회에 참여한 계기, 배우고 느낀 점에 대한 질문도 자주 나옵니다. 동아리 활동 등을 통해 교육 주제에 관한 토론 활동이나 탐구 활동은 지원자 대부분이 참여하고 있어서 이 주제에 대한 꼬리 질문이 이어집니다. 토론 및 탐구 활동을 한 주제는 우리나라 교육제도의 특징, 다른 나라와의 비교, 다문화 교육 등이 있습니다. 시사적인 주제는 특목고 폐지, 무상교육, 공교육 활성화 등이 있습니다. 독서 활동에 교육 관련 독서 활동이 있는 경우 그 주제에 대한 생각을 물어보기 때문에 교육학과에 지원하려는 학생은 교육 관련 주제에 대한 자기 생각과 철학이 있어야 합니다.

국어교육과는 문학, 독서, 화법과 작문 등 국어 교과 시간에 참여한 활동 및 자기 생각을 다양하게 표현했던 활동이 기재되어 있는 교과세특 내용에 대한 질문을 자주 합니다. 수상실적 중 토론대회, 글쓰기 관련 대회 등과 인문사회 관련 탐구 활동은 어떤 내용으로 작성했는지와 생각을 물어보기도 합니다. 또한 대부분의 지원자가 지속적인 봉사활동이 있거나 멘토링 활동을 하고 있는데 이 활동에 대해서는 활동 계기와 배우고 느낀 점을 확인하고 있습니다. 독서 관련 활동에서는 문학기행, 자기소개서에 기술한 독서 활동 등을 중심으로 활동 후 느낀 바를 물어보기도 합니다. 전체적인 면접 질문을 봤을 때 학생부에 관한 내용 숙지는 꼭 필요합니다. 다른 과와 공통된 질문으로 교육 주제 및 시사에 대한 자기 생각과 교사가 되고 싶은 이유에 대해서는 기본 질문으로 물어봅니다.

사회교육과는 거의 모든 지원자가 교육 관련 동아리 활동을 하고 있습니다. 동아리 활동 중 교육 관련 주제 토의 토론 활동, 수업 시연 활동 등을 하면서 배우고 느낀 점을 질문을 통해 확인합니다. 학급 임원 또는 학생회 임원을 하면서 학교를 변화시킨 경험과 리더십에 대한 지원자의 생각을 물어보고, 다른 과와 공통된 질문으로 교육 주제 및 시사에 대한 자기 생각과 교사가 되고 싶은 이유에 대해서는 기본 질문으로 물어보기도 합니다. 특징적인 것은 다른 과와 달리 시사와 관련된 질문이 많이 나온다는 것입니다. 이때 자기 생각을 표현하는 과정에서 한쪽의 생각을 절대적으로 지지하는 표현을 하면 오히려 면접에 나쁜 점수를 받을 수 있습니다. 교사는 자기 생각도 있지만, 학생들의 생각을 스스로 형성할 수 있도록 경험과 생각을 유도하는 역할을 해야 하기 때문입니다.

수학교육과는 수학 교과 학습활동에서 적극적으로 참여한 내용 및 고등학교 수학 교육과정에서 관심 있는 주제에 관한 심화 탐구를 한 뒤 발표한 내용에 대해 질문을 자주 합니다. 자신만의 수학 성적을 유지하는 방법, 수학에서 특별히 관심을 가진 부분과 이유 등을 통해 전공적합성을 확인합니다. 다른 교과에서는 자주 나오지 않았지만, 동아리 활동 등을 하면서 수업 시연을 할 때 학생들에게 쉽게 설명하는 방법에 대한 질문 등 수학 교과에 대해 학생들의 흥미와 열정을 유지하는 방법에 대해서도 질문이 자주 나오고 있습니다. 수상실적에 수학구조물 대회, 수학 창의력 대회 등 수학 관련 수상이 있다면 대회에 참가한 계기와 자신의 역할, 배우고 느낀 점을 정리해 두어야 합니다. 다른 과와 공통된 질문으로 교육 주제 및 시사에 대한 자기 생각과 교사가 되고 싶은 이유에 대해서 기본으로 묻습니다.

역사교육과는 역사라는 학문의 의미와 어떤 역사교사가 되고 싶은 지가 핵심 질문으로 면접에서 활용하고 있는데 단순한 대답이 아니라 역사에 대해서 학생이 어떤 가치관을 가지고 있는지를 확인하는 질문입니다. 다른 과와 동일하게 교육 봉사활동, 멘토링 활동을 할 때 자신만의 특별한 방법이 있었는지, 활동하면서 무엇을 느꼈는지도 물어봅니다. 면접을 보는 학년도에 특별히 쟁점이 된 역사적 사건과 현재 우리나라에서 쟁점이 되고 있는 역사 이슈에 대해 자기 생각을 정리한 뒤 면접에 임해야 합니다.

영어교육과의 경우엔 영어교육에서 사교육을 줄일 방법과 자신만의 영어 성적 향상법을 자주 물어봅니다. 사교육의 영향을 많이 받는다는 점과 실제 현장에서 사용되지 못하는 영어교육이라는 비판을 많이 받고 있는데 이런 비판을 이겨낼 수 있는 자신만의 영어교육법이 근거를 가지고 정리되어 있으면 좋을 것 같습니다. 정답을 물어보는 것이 아니라 고등학교 기간 영어교육을 받으면서 얼마만큼 영어교육에 관한 관심이 있는지를 확인하는 질문입니다. 영어 수업시간 중에 적극적으로 학습활동에 참여한 경험, 영어 관련 동아리 활동 내용을 면접에서 자주 물어보기 때문에 학생부 내용에 대한 숙지가 필요해 보입니다. 또한 영어교육에 관련된 책을 읽었을 경우 독서 활동 후 자기 생각을 물어보기도 합니다. 질문을 전체적으로 봤을 때 영어교육에 대한 자신만의 근거 있는 철학이 있어야 합니다.

윤리교육과는 수업시간에 학습활동을 한 여러 가지 사상가의 주장과 그에 대한 자기 생각을 자주 물어보는데 철학과 가치판단이 들어갈 수 있는 독서 활동을 했다면 해당 책의 내용정리와 자기 생각을 미리 정리해 두어야 합니다. 학습자 참여형 수업의 형태로 고교에서 대부분의 수업이 진행되면서 모둠 활동 시 무임승차를 하는 학생들에 대해 어떻게 지도할 것인지 등 학습활동 과정 중에 책임과 권리에 관련된 상황을 주고 질문을 하기도 합니다.

유아교육과의 경우엔 해당 학과 지원자들 대부분의 진로희망이 1학년 때부터 유치원 선생님이며, 유아교육 관련 동아리 활동을 꾸준히 해 오고 있습니다. 동아리 활동 중 책 만들기, 수업 시연, 동화 구연 등 유아교육에 관련된 활동을 하게 된 계기, 직접 적용해 봤다면 느낀 점 등을 질문을 통해 확인하고 있습니다. 다른 과보다 독서교육을 많이 강조하고 있으며 유아교육에 관련된 책을 읽었다면 어떻게 현장에 적용할 수 있는지 지원자의 의견을 물어봅니다. 그리고 초·중등교사와 유치원교사의 차이점에 대해 물어보면서 지원자가 유치원교사로서 준비되어 있는지, 바른 교육 철학을 가졌는지도 확인합니다. 고등학교 기간 멘토링 활동, 봉사활동, 학생회 및 학급 임원 활동에 대해서도 기본 질문으로 면접 때 자주 등장합니다. 대학에 지원하는 해에 유아교육 관련 시사내용, 사회적 관심 사안 등에(예: 공립유치원 확대, 장애통합유치원 등) 지원자의 생각을 정리해야 합니다.

지리교육과는 지리 중에서 관심 있는 분야와 이유에 대해 정리해 봄으로써 전공적합성을 높일 수 있습니다. '지원자가 다니고 있는 학교 주변의 지형을 이용해 어떻게 학습활동을 진행할 수 있을까?' 등 현재 지원자가 사는 지역의 지리적 특징을 정리해 두어야 합니다. 동아리 활동에서 지리교육 관련 활동을 했다면 면접 질문에 꼭 나온다고 봐야 합니다. 다른 과와 같이 교육 봉사활동, 멘토링 활동을 할 때 자신만의 특별한 방법이 있었는지, 활동하면서 무엇을 느꼈는지도 물어봅니다.

초등교육과는 중등학교 교사와 초등학교 교사의 차이점을 물어보면서 초등교사의 자질을 확인하고 있습니다. 수상실적 중에서는 개근·성실 관련 상, 글쓰기 관련 상, 독서 관련 상에 질문이 집중되고 있습니다. 유아교육과와 비슷하게 독서교육 부분에 상당히 중요성을 가지고 있으므로 지원자가 읽었던 책에 관해 내용 정리 및 학생의 의견 정리는 필수입니다. 또한 예체능 교과 특기 사항란에 유의미한 활동이 있으면 긍정적으로 생각하며 질문을 통해 학생의 소양을 확인합니다. 봉사활동 영역에서는 지역아동센터 등 학생을 지도하거나 도움을 준 봉사활동, 또래 상담 등을 하면서 배우고 느낀 점을 정리해 두어야 합니다. 초등교육과에서는 기본적으로 학교생활충실도를 학생부를 통해서 확인하기 때문에 학생부 내용에 대한 숙지가 필요합니다. 현재 초등학교에서 문제점으로 떠오르고 있는 수학교육, 다문화 학생지도, 핸드폰 사용문제 등에 대해서는 질문을 한 개 정도 꼭 한다고 봐야 합니다.

특수교육과의 경우엔 지원자의 대부분이 장애시설 봉사활동을 했으며 봉사활동을 하게 된 계기와 배우고 느낀 점에 대해 면접을 통해 확인하고 있습니다. 학생회 및 학급 임원으로 활동한 경험이 있다면 함께 하지 못하는 친구들을 어떻게 이끌고 나갔는지 학생의 경험에 대해 질문을 합니다. 만약 특수교육 관련 동아리 활동을 했다면 활동 중 의미 있는 경험에 대해서 반드시 정리를 해 두어야 합니다. 특수교사만의 전문성에 대한 정리와 특수교육에 대한 지원자의 근거 있는 철학이 필요합니다.

화학교육과, 생명과학교육과는 지원자의 대부분이 화학, 생명과학 동아리를 꾸준히 하고 있는데 거기서 했던 실험이나 탐구 활동에 대한 질문을 많이 하고 있습니다. 화학, 생명과학 교과시간 또는 동아리 활동 중 탐구 활동을 했던 경험이나 사례 중에서 질문을 뽑아 전공적합성을 확인하고 있습니다. 전공과 관련된 과목의 교과 세특에 대한 숙지도 필요합니다. 전공 관련된 수상실적이 있으면 해당 대회에 참여하기 위해 준비했던 과정과 배우고 느낀 점에 대한 정리는 필수입니다. 또한 다른 과와 동일하게 교육 봉사활동, 멘토링 활동을 할 때 자신만의 특별한 방법이 있었는지, 활동하면서 무엇을 느꼈는지를 물어봅니다.

앞으로 언급하게 될 사례들은 학생부 및 자기소개서에 기반을 둔 학과별 면접 문항과 답변으로 이루어져 있습니다. 이는 공개된 실제 면접 상황을 근거로 학생들과 재구성해본 것입니다. 이런 면접 문항이 나온 이유는 생활기록부와 자기소개서에 기재되어 있기 때문인데 이를 분석하면 다음의 2가지입니다.

첫 번째는 생활기록부 및 자기소개서 문장이 어떻게 면접 문항으로 나오는지를 파악할 수 있습니다. 자신의 학교생활기록부와 자기소개서를 보면서 예상 면접 문항을 만들어 보는 작업을 할 때 아래 예시들은 큰 도움이 될 것입니다.

두 번째는 추천 답변을 이용하는 것입니다. 추천 답변은 조사한 면접 문항에서 여러분의 선배들이 답변했던 것도 올려놓았지만 해당 영역의 저자라면 이렇게 답변했을 거라는 내용을 정리해보았습니다. 추천 답변이 꼭 정답은 아니지만 어떻게 답변을 해야 할지 모르는 상황이라면 답변의 길라잡이가 되어 줄 것입니다. 그리고 여러분의 선배들이 해놓은 답변이 타당하거나, 해당 학생의 개인 이야기가 들어가 있는 부분, 다양한 사례에 인용할 수 있는 답변 등에는 추천 답변을 작성하지 않고 〈학생 답변 인용〉으로 표시하였습니다. 가능한 모든 대학과 학과를 다루고 싶었으나 지원자에게 의미 있는 데이터만을 수집해 정리하였다는 말씀을 드리며 추가적인 면접 문항이 필요하다면 대학 입학처 홈페이지를 찾아보는 것을 추천해 드리겠습니다. 면접은 대학 입시에서 자신을 표현하는 마지막 관문입니다. 여러분의 모습을 마음껏 펼쳐나가시기 바랍니다.

바. 교육·사범계열

1) 교육학과

학생부 기반 문항 면접	
학생부 활동 기록	– 교과성적 : 전 과목의 성적이 상승함. – 진로희망 : 1학년 영어 선생님, 2~3학년 교육학 연구원임. – 동아리활동 : 3년간 교육 관련 동아리 활동을 함. – 교과세부능력특기사항 : 여러 과목에 교육과 관련된 탐구 활동 및 토의 활동에 적극적 참여함. – 독서활동 : 교육 관련 책 다수 읽음.
면접 문항	1) 성적 향상의 과정에서 친구들과 교우 관계에 문제를 겪었던 적이 있나요? 2) 영어 교사에서 교육학 연구원으로 꿈이 바뀌었는데, 그렇다면 본인은 교육학과에 가고 싶은지? 영어교육과 복수전공을 할 것인지? 3) 공교육의 수준이 향상되기 위해선 어떻게 해야 한다고 생각하는가요?
학생 답변	1) 없습니다. 2) 교육학과와 영어교육과를 복수전공할 예정입니다. 3) 선생님들이 하는 교육과정 편성의 자율성을 높이고, 학생들이 원하는 교과목 개설이 진행되어야 된다고 생각합니다. 평가는 절대평가로 점차 변경되어 가야 된다고 생각합니다.
추천 답변	1) 성적이 계속 올라갈 때 친구들이 진심으로 축하해 줬고, 친구들에게 고마워하고 내가 했던 공부법을 공유하면서 공부했기 때문에 갈등은 없었습니다. 2) 현재는 교육학과로 가서 교육 관련 정책에 대해 깊이 있게 공부하고 싶습니다. 이를 통해 학교에서 학생들이 즐거워하고 선생님들이 자부심을 느낄 수 있는 교육시스템 변화에 기여하고 싶습니다. 3) 교육과정 편성의 자율성을 높이고, 학생 선택 과목의 개설이 진행되어야 한다고 생각합니다. 또한 선생님과 학생, 학부모 모두가 만족도가 높은 공교육이 되기 위해 평가 방법도 달라져야 한다고 생각합니다. 단순 지식을 묻는 것은 절대평가로, 학생의 성장 과정을 평가하고 그 성장을 도울 수 있는 평가가 시행되어야 한다고 생각합니다.

학생부 활동 기록	– 진로희망사항 : 3년간 초등학교 선생님 희망함. – 동아리활동 : 교육 관련 동아리, 초등학교 지필고사 폐지 등 주제 토론 활동을 많이 함.

면접 문항	1) 초등교사가 꿈인데, 우리 과는 교육과로 초등교사가 되는 길과는 거리가 있습니다.
	  우리 과를 지원하신 동기는 무엇인가요?
	2) 동아리 활동에 '초등 지필고사 폐지'가 있는데, 본인의 생각은 무엇입니까?
	3) 논술형은 공정성 논란 있는데, 교사에게 주관적인 부분을 어느 정도 부여해야 한
	  다고 생각합니까?

학생 답변	1) 교육제도와 교육과정에 관심이 생겨서 지원하게 되었습니다.
	2) 폐지하는 것이 맞다고 생각합니다. 평가는 서술형, 과정형 평가를 수시로 확인하는
	  수준에서만 진행하면 좋을 것 같습니다.
	3) 여러 교사가 어느 정도 채점 기준을 정하고, 학생들에게 공개하면 공정성 확보는
	  가능하다고 생각합니다.

추천 답변	1) 초등학교 교육과정과 초등학교 선생님에 대해 평소 관심이 많습니다. 이런 관심을
	  가지고 지속적으로 고민을 하던 중 초등학교에서 적용받는 교육과정과 제도가 학
	  생들이 발달과정에 상당히 중요하다는 점을 알게 되었습니다. 초등학교 선생님으
	  로 학생들의 성장을 지원하는 것도 뜻깊은 일이지만 초등학교 선생님들이 뜻을 펼
	  칠 수 있는 교육제도와 교육과정도 뜻깊은 일이라고 생각해서 교육학과에 지원하
	  게 되었습니다.
	2) 초등학교에서는 일정한 학업 성취도보다는 출발점 대비 학생의 성장 과정을 기록
	  하는 것과 이 성장을 지원하는 것이 더 중요하다고 생각합니다. 지필고사를 통해
	  서 현재 상황을 파악할 수는 있으나 이 부분은 교사의 관찰로서 충분히 대체할 수
	  있다고 생각합니다.
	3) 어떠한 평가도 완벽히 객관적일 수 없다고 생각합니다. 사전에 학생들에게 평가에
	  관련된 사항이 충분히 안내되고 이에 따른 학습과정이 진행되었다면 교사가 설정
	  한 채점기준표에 맞게 채점이 되는 것은 당연하다고 생각합니다. 또한 결과가 아닌
	  과정의 평가, 성장 모습의 평가이기 때문에 근거와 함께 평가한다면 충분히 공정성
	  은 확보될 수 있다고 생각합니다.

**6
교육 & 사범**

학생부 활동 기록	진로희망 : 교육학 교수님 희망함.

면접 문항	1) 학생이 교육학 교수를 꿈꾼다고 하는데, 어떤 교육학 교수가 되고 싶나요? 2) 그러면 최근의 무상 교육이나 무상 지급에 대해서는 어떻게 생각해요?

학생 답변	1) 국가 교육 회의에 교육학 교수로 소속되어 앞으로 우리나라의 교육 정책을 만들고 싶습니다. 2) 이 질문은 교육의 기회균등과 관련하여 답변을 드리고 싶습니다. 저는 교육의 차별을 해결하기 위한 교육의 평등은 크게 기회, 과정, 결과 이 세 가지로 나누어진다고 알고 있습니다. 특히 사회문화 시간에 배운 교육의 기회균등은 교육 접근 기회의 평등은 보편적 평등과 실질적 평등으로 나눌 수 있다고 배웠습니다. 보편적 평등권을 보장하기 위해 의무 교육을 실시하고 있고, 의무 교육에는 무상 교육이나 지급이 필수적이라고 생각합니다. 이 부분은 우리나라에서 어느 정도 잘 이루어지고 있다고 생각합니다. 그러나 작년에 있었던 서진 학교, 나래 학교가 세워지는 데 겪은 어려움을 보면 우리나라는 아직 실질적 평등을 이루기 위해 힘쓰고 싶습니다.

추천 답변	1) 현장 연구와 그 연구를 바탕으로 대학에서 강연, 토론 등을 통해 학생들과 나누고 고민하며 현장의 소리에 귀를 기울인 후 국가 교육 회의에 교육학 교수로 소속되어 앞으로 우리나라의 교육 정책을 만들고 싶습니다. 2) 사회문화 시간에 배운 교육의 기회균등은 교육 접근 기회의 평등은 보편적 평등과 실질적 평등으로 나눌 수 있다고 배웠습니다. 보편적 평등권을 보장하기 위해 의무 교육을 실시하고 있고, 의무 교육에는 무상 교육이나 취학필수 경비 지원이 필수적이라고 생각합니다. 이 부분은 우리나라에서 어느 정도 잘 이루어지고 있다고 생각합니다. 그러나 작년에 있었던 서진 학교, 나래 학교가 세워지는 데 겪은 어려움을 보면 우리나라는 아직 실질적 평등에 사회적 벽이 높습니다. 이 부분을 이루기 위해 힘쓰고 싶습니다.

자기소개서 기반면접

자기소개서 기록

1번에 동아리, 소논문, 연구, 수업시간에 하브루타 토론을 진행하고 그로 인해 도출된 결과와 배우고 느낀 점을 작성함.

면접 문항

1) 하브루타 토론의 장점은 무엇인가요?
2) 하브루타 토론을 교육에 도입했을 때 어떤 문제가 발생하리라 생각하나요?
3) 하브루타를 모든 과목에 적용하는 것이 가능할까요?

학생 답변

1) 서로 가르쳐 줄 수 있는 점입니다.
2) 교육과정 내용 조정의 문제가 발생할 것으로 생각합니다.
3) 모든 과목에 약간씩 변형을 줘서 적용이 가능하다고 생각합니다.

추천 답변

1) 가르침을 주는 사람, 가르침을 받는 사람이 있는 것이 아니라 동등한 관계에서 서로 질문과 답변을 통해 어떤 주제를 찾아가는 과정이 장점입니다.

2) 선생님은 새로운 수업모델에 적응할 시간, 학생들은 토의하는 방법, 질문하는 방법 에 대해 연습할 시간을 충분히 가지는 것이 필요합니다. 사회적으로 이 시간을 기 다려 줄 수 있는 공감대가 필요할 것 같습니다.

3) 가능하다고 생각합니다. 특정 수업방식으로 모든 학습 내용을 진행하는 것이 아니 라 단원과 내용에 맞게 학습 방법을 적절하게 적용하는 것이므로 모든 과목에 적용 이 가능하다고 생각합니다.

6
교육&사범

2) 국어교육과

학생부 기반 문항 면접

학생부 활동 기록	– 수상실적 : 사회 탐구 대회 등 여러 가지 대회에서 수상을 함. – 봉사활동특기사항 : 멘토·멘티, 지역아동센터에서 학생들을 가르친 경험이 있음.
면접 문항	1) 상을 많이 받았는데, 학생이 참여했던 대회 중에 가장 기억에 남는 것과 그 이유는 무엇인지 말씀해 주세요. 2) 학생을 직접 가르쳐 본 경험은 없나요?
학생 답변	1) 사회 탐구 대회가 가장 기억에 남습니다. 세계 교육 방식을 우리나라에 맞게 어떻게 적용하면 좋을지 적용 방법에 관해 탐구하였습니다. 평소에 세계 교육 방식에 관해 관심이 있었고, 다른 나라의 좋은 교육 방식을 나중에 교사가 되면 제 수업에도 적용해 보고 싶다는 생각이 있었는데, 이 대회를 통해 구체적인 방안과 적용 시 유의점에 대해서 생각해볼 수 있었습니다. 2) 멘토·멘티 활동을 했고, 지역 아동센터에서 1년 동안 아이들을 가르쳐 본 경험이 있습니다. 센터에서 다문화 가정 학생과 탈북자 학생을 만났는데 처음에는 탈북자 학생의 센 억양 때문에 오해가 있었지만 대화하고 공부를 가르쳐주면서 오해를 풀어 나갔습니다. 이 경험을 통해 교사는 학생의 외면보다는 내면의 목소리에 귀 기울일 줄 아는 사람이어야 한다는 것을 느꼈습니다.
추천 답변	1) 사회 탐구 대회가 가장 기억에 남습니다. 세계 교육 방식을 우리나라에 맞게 어떻게 적용하면 좋을지 적용 방법에 관해 탐구하였습니다. 평소에 세계 교육 방식에 관해 관심이 있었고, 다른 나라의 좋은 교육 방식을 나중에 교사가 되면 제 수업에도 적용해 보고 싶다는 생각이 있었는데, 이 대회를 통해 구체적인 방안과 적용 시 유의점에 대해서 생각해볼 수 있었습니다. 특히 스카이프를 활용한 수업 방식이 가장 인상 깊었습니다. 2) 멘토·멘티 활동을 했고, 지역 아동센터에서 1년 동안 아이들을 가르쳐 본 경험이 있습니다. 센터에서 다문화 가정 학생과 탈북자 학생을 만났는데, 처음에는 탈북자 학생의 센 억양 때문에 오해가 있었지만 대화하고 공부를 가르쳐주면서 오해를 풀어갔습니다. 이 경험을 통해 교사가 가지는 학생에 대한 인상이 얼마나 큰 변화를 일으킬 수 있는지와 학생의 내면을 보는 교사의 자세에 대해서 많이 배웠습니다.

학생부 활동 기록	화법과 작문 교과세부능력특기사항 : 설득하는 글 혹은 다른 글을 작성함.
면접 문항	화법과 작문 시간에 설득력 있는 글을 썼다고 하셨는데, 본인이 생각하는 설득력 있는 말하기란?
학생 답변	청자와 공감하는 말하기라고 생각합니다.
추천 답변	청자와 공감을 우선으로 하고 그 가운데 전달하고자 하는 주제가 흔들리지 않은 간결한 말하기와 논리적인 전개를 바탕으로 한 말하기가 설득력 있는 말하기라고 생각합니다.

자기소개서 기반면접

자기소개서 기록	– 1번에 독서 활동 후 토론 활동을 하면서 배우고 느낀 점 기록함. – 4번에 융합교육을 연구하고 발전시켜나가고 싶다고 기록함.
면접 문항	1) 자기소개서에는 동아리 시간에 82년생 김지영에 대해 읽었다고 기재되어 있네요. 혹시 이 책 이외에 다른 책을 읽고 토론한 거 있나요? 2) 자기소개서 4번에 융합적 학습을 연구해보고 발전시켜보고 싶다는 생각을 했다고 하는데, 융합적 학습을 해본 경험이 있나요?
학생 답변	1) 저는 헤르만 헤세가 쓴 '수레바퀴 아래서'라는 작품을 읽은 적이 있습니다. 이 책의 주인공 한스기벤라트는 낚시하기를 좋아하고 산책하기를 좋아하는 아이였습니다. 하지만 교장 선생님과 아버지의 강요 때문에 하고 싶지 않은 공부를 하게 되고, 결국 죽음을 맞게 되는, 삶이 황폐화 되는 결과를 맞습니다. 저는 이 책을 보고 학생에게 강요되는 공부가 한 개인의 삶을 얼마나 황폐화하는지 알 수 있었습니다. 그래서 학생의 진로, 관심에 맞는 교육이 필요하다는 것을 역설했고, 자유학기제와 같은 교육이 필요하다는 것을 느꼈습니다. 저는 이 책을 친구들과 토론했던 것처럼 교육자를 꿈꾸는 친구들과도 토론해보고 싶다고 생각했습니다. 2) 저는 한글 손수건 디자인 대회에서 국어와 미술을 융합적으로 학습해 본 경험이 있습니다. 실제로 손수건을 만들기 전, 좋아하는 시 구절이나 글귀를 찾아보고 그것을 자신만의 생각으로 손수건에 디자인해보는 대회였습니다. 이 활동을 하며 미술과 국어를 함께 학습한다면 문학 공부를 쉽게 할 수 있도록 유도할 수 있다고 생각했고, 실제로 친구들이 시를 친근하게 다가가 읽는 것을 볼 수 있었습니다. 또 손수건에 글귀를 꾸며내는 것을 보며 학생들의 창의력을 자극할 수 있다는 것도 느꼈습니다.

6
교육 & 사범

추천 답변	1) 〈학생 답변 인용〉 2) 저는 한글 손수건 디자인 대회에서 국어와 미술을 융합적으로 학습해 본 경험이 있습니다. 실제로 손수건을 만들기 전, 좋아하는 시 구절이나 글귀를 찾아보고 그것을 자신만의 생각으로 손수건에 디자인해보는 대회였습니다. 이 활동을 하며 미술과 국어를 함께 학습한다면 문학 공부를 쉽게 할 수 있도록 유도할 수 있다고 생각했고, 실제로 친구들이 시를 친근하게 다가가 읽는 것을 볼 수 있었습니다. 또 손수건에 글귀를 꾸며내는 것을 보며 학생들의 창의력을 자극할 수 있다는 것도 느꼈습니다. 이 활동 후 융합학습이라는 것은 학문간 시너지, 깊이 있는 학습을 하고 싶게 하는 호기심의 발현의 의미도 있다는 것을 깨달았습니다.

3) 사회교육과

학생부 활동 기록

– 동아리 활동 : 3학년 때까지 교육 동아리 활동을 함.
– 자율활동 : 부반장 역할을 수행함.

면접 문항

1) 동아리 활동 중 특히 기억에 남는 것은 무엇인가요?
2) 부반장으로서 학급에 기여를 한 것이 있나요?

학생 답변

1) 3학년 때 교육 동아리 활동에서 방과후학교에 대하여 학생들을 대상으로 한 설문 조사가 기억에 남습니다. 방과 후 보충수업 참여율이 왜 저조한지에 대해 분석하기 위해 시행한 설문 조사였으며, 조사 결과 통계를 내면서 공교육 활성화 방안에 대해서도 함께 논의해 보았습니다.

2) 학급회의 때 '타반 출입을 제지하자.'라는 안건이 제시되자 학급에서 찬성과 반대 의견의 대립이 팽팽한 상태였습니다. 이 때 한 가지 제안을 제시했는데, 학급 친구들이 잘 따라와 주었습니다. 이 경험을 통해 의견 충돌이 일어나는 상황에서 학급 전체의 의견을 잘 조율하여 합당한 결론을 내는 것이 얼마나 중요한지에 대해 깨달았습니다.

추천 답변

1) 3학년 때 교육 동아리 활동에서 방과후학교에 대하여 학생들을 대상으로 한 설문 조사가 기억에 남습니다. 방과 후 보충수업 참여율이 왜 저조한지에 대해 분석하기 위해 시행한 설문 조사였으며, 조사 결과 통계를 내면서 공교육 활성화 방안에 대해서도 함께 논의해 보았습니다. 또한 우리들이 연구한 결과를 이용해 선생님들과 토의 시간을 가졌던 것이 의미 있었습니다.

2) 학급회의 때 '다른 반 출입을 제지하자.'라는 안건이 제시되자 학급에서 찬성과 반대 의견의 대립이 팽팽한 상태였습니다. 이 때 점심시간, 저녁시간에 식사 후 공부를 할 때는 다른 반 학생들이 못 들어오게 하고 쉬는 시간에는 다른 반 친구들도 우리 반에 들어올 수 있게 하자는 제안을 했는데 학급 친구들이 잘 따라와 주었습니다. 이 경험을 통해 의견 충돌이 일어나는 상황에서 학급 전체의 의견을 잘 조율하여 합당한 결론을 내는 것이 얼마나 중요한지에 깨달았습니다.

6 교육 & 사범

4) 수학교육과

<table>
<tr><td colspan="2" align="center">학생부 기반 문항 면접</td></tr>
<tr>
<td>학생부
활동 기록</td>
<td>
– 동아리 활동 : 1~2학년 교사체험반 활동을 함.
– 진로희망 : 전 학년 수학 선생님을 희망함.
– 수학교과세부능력특기사항 : 관심 있는 주제에 대해 조사하고 발표하는 활동을 자주 가짐.
</td>
</tr>
<tr>
<td>면접 문항</td>
<td>
1) 교사체험동아리 활동에서 지도안 작성 시 중점을 뒀던 부분은 무엇입니까?
2) 수학 시간에 수학의 역사에 대해 조사를 많이 해서 발표했는데 기억나는 내용 하나만 소개해 주세요.
3) 수학 선생님이라는 진로 희망에 대해 확신을 가진 이유는 무엇입니까?
</td>
</tr>
<tr>
<td>학생 답변</td>
<td>
1) 그 당시 사회적으로 관심 있는 주제로 수학과 접목을 시켰고 모둠 활동 시 뒤쳐지는 학생이 없도록 하는 부분에 중점을 뒀습니다.
2) 로그의 역사와 활용에 대해 조사하고 수업시간에 발표한 점이 가장 기억에 남습니다.
3) 중학교 때 생활 속의 물건을 활용한 놀이식 수업으로 수학을 접하면서 많은 관심이 생겼고, 선생님께서 던져주는 질문에 스스로 답을 찾아가는 과정, 이 과정을 통해서 칭찬을 받은 기억을 통해 진로에 대한 확신을 가지게 되었습니다.
</td>
</tr>
<tr>
<td>추천 답변</td>
<td>
1) 그 당시 사회적으로 관심이 있는 주제를 수학과 접목시켜서 수업 지도안을 작성했습니다. 수학이 학문으로만 존재하지 않고 생활 속에 있다는 부분과 학급 내 수준별 수업을 진행할 수 있는 방법에 중점을 두고 지도안을 작성했습니다.
2) 〈학생 답변 인용〉
3) 중학교 때 생활 속의 물건을 활용한 놀이식 수업으로 수학을 접하면서 많은 관심이 생겼고, 선생님께서 던져주는 질문에 스스로 답을 찾아가는 과정, 이 과정을 통해서 칭찬을 받은 기억을 통해 진로에 대한 확신을 갖게 되었습니다. 또한 고등학교에서도 문제풀이식의 수업이 아니라 사고를 하는 학문으로 수학 수업을 접하면서 나도 저렇게 학생들의 성장을 지원하는 교사가 되고 싶다는 예비 교사로서의 철학을 갖게 되었습니다.
</td>
</tr>
</table>

학생부 활동 기록	– 진로희망 : 수학 선생님을 희망함. – 자율동아리 : 수학동아리 활동을 함.
면접 문항	1) 수학교사를 희망하게 된 계기는 무엇인가요? 2) 지원자가 담임교사가 되었을 때 학급 학생이 징계위원회에서 퇴학을 당할 위기에 있다고 가정합시다. 담임으로서 학생의 평소 생활에 발언을 할텐데 어떤 이야기를 하실 것 같습니까?
학생 답변	1) 고등학교 입학 후 자율동아리, 고급수학 등 다양한 활동과 수업을 통해 수학을 좋아하게 되었습니다. 그러다보니 수학을 열심히 공부했고 자연스레 친구들이 물어보고, 가르쳐주게 되었습니다. 이 과정을 반복하여 학생들이 수학을 재미있어 했으면 좋겠다고 생각해 수학교사를 진로로 결정하게 되었습니다. 2) 그 학생에 대해 솔직하게 말해야 한다고 생각합니다. 그 학생은 이 일로 인해 더 나쁜 길로 갈 수 있고 혹은 좋은 방향으로 갈 수도 있습니다. 가까이에서 학생을 지켜본 담임교사로서 솔직하게 임해야 한다고 생각합니다.
추천 답변	1) 고등학교 입학 후 자율동아리, 고급수학 등 다양한 활동과 수업을 통해 수학을 좋아하게 되었습니다. 그러다보니 수학을 열심히 공부했고 자연스레 친구들이 물어보고, 가르쳐주게 되었습니다. 이 과정을 통해 학생들이 처음 수학에 대한 두려움을 흥미로 바꿔주고, 제가 좋아하는 수학을 통해서 학교에서 배우는 공부의 즐거움을 알려주고 싶다는 생각을 했으며 포기하는 수학이 아닌, 생활 속의 수학을 가르쳐 주고 싶어서 수학교사로 진로를 결정했습니다. 2) 그 학생과 담임교사인 제가 상담했던 과정과 담임교사로서의 느낌을 진술하게 이야기 드리도록 하겠습니다. 과연 학생에게 무엇이 도움이 되는지를 중심에 놓고 선도위원님들께 저의 솔직한 의견을 말씀드리도록 하겠습니다.

자기소개서 기반면접

자기소개서 기록	3번에 교육 봉사에서 시각적인 자료로 교육했던 활동에 대해 배우고 느낀 점을 기록함.
면접 문항	자소서에 교육 봉사에서 시각적인 자료를 통해 설명했다고 했는데 어떤 방법인가요?
학생 답변	정육면체를 모형으로 만들어 꼬인 위치에 있는 선분의 개수를 알려주었습니다.
추천 답변	정육면체를 모형으로 만들어 꼬인 위치에 있는 선분의 개수를 알려주었습니다. 기초 개념을 형성할 때는 머릿속으로 상상하기보다는 직접 만지고 보면서 하는 활동이 효과적임을 느낄 수 있었습니다.

5) 역사교육과

학생부 기반 문항 면접

학생부 활동 기록
- 진로희망 : 역사교사를 희망함.
- 봉사활동특기사항 : ~지역아동센터에서 독도를 주제로 수업함.

면접 문항
1) 지역아동센터에서 독서 수업을 하면서 느낀 점은?
2) 역사는 정답이 없는 학문일까요?

학생 답변
1) 친구들을 대상으로 모의 수업을 하는 것과 실제 초등학생을 대상으로 수업을 하면서 학습자들의 상황에 따라 다양한 접근을 해야 하는지를 알았고, 수업의 도입부의 중요성을 알았습니다.
2) 역사는 사실을 전달하는 것이기도 하지만 역사가의 가치가 개입 될 수밖에 없다고 생각하기 때문에 역사는 정답이 없는 학문이라고 생각합니다.

추천 답변
1) 〈학생 답변 인용〉
2) 역사는 사실에 기초해서 정확한 사실을 전달하는 학문이어서 정답이 있는 학문입니다. 다만 시대와 문화에 따라 역사가 사회에 전달하는 메시지가 다양하게 해석되는 부분이 있습니다. 이 부분 때문에 정답이 없는 것처럼 보일 수도 있으나 사실에 기초한 역사는 본질적인 것이 있습니다.

6) 영어교육과

학생부 활동 기록	– 영어 교과세부능력특기사항 : 수업에 적극적으로 참여하고 여러 활동으로 영어 표현력을 기름. – 동아리활동 : 영어 회화 동아리에서 외국인들과 실제로 대화를 함.
면접 문항	1) 학생부를 보니까 영어 수업시간에 정말 많은 활동을 했네요. 이 활동들 중에서 가장 본인의 영어 실력을 향상시켜줬다 생각되는 것은 무엇이었을까요? 2) 영어회화동아리를 했다고 돼 있는데 어떻게 활동을 했고, 이 동아리 활동이 본인이 영어교사가 되는 것에 어떤 도움을 주었다고 생각하나요?
학생 답변	1) 저는 영어 일기 쓰기 활동이 가장 도움이 되었다고 생각합니다. 2) 외부로 나가서 외국인들에게 영어로 한국의 문화를 소개하는 활동을 했습니다. 처음에는 외국인 눈만 봐도 말도 못 꺼내고 수동적으로 참여했지만, 친구들과 더 많은 영어표현을 공부하고 연습함으로써 자신 있게 적극적으로 할 수 있었습니다. 이를 통해 자신감과 함께 말하기 실력을 길렀던 것 같고 이것이 제가 나중에 교사가 되었을 때 도움이 될 것이라고 생각합니다.
추천 답변	1) 저는 영어 일기 쓰기 활동을 통해서 평소의 생각을 영어로 표현하는 활동을 많이 한 점이 가장 도움이 되었다고 생각합니다. 2) 동아리 시간에 학교에 있는 것이 아니라 학교 밖으로 나가서 외국인들에게 영어로 한국의 문화를 소개하는 활동을 했습니다. 처음에는 외국인 눈만 봐도 말도 못 꺼내고 수동적으로 참여했지만, 친구들과 더 많은 영어표현을 공부하고 연습함으로써 자신 있게 적극적으로 할 수 있었습니다. 이를 통해 자신감과 말하기 실력을 길렀던 것 같고 이것이 제가 나중에 교사가 되었을 때 도움이 될 것이라고 생각합니다. 또한 현장에서 영어 회화를 하는 주제를 동아리원들과 논의해서 정한 뒤 외국인들과 대화하면서 여러 가지 시사 상식도 넓힐 수 있었습니다.

6
교육 & 사범

7) 예체능교육과

학생부 기반 문항 면접

학생부 활동 기록	체육 세부능력특기사항 : 럭비를 배운 것을 언급함.
면접 문항	'럭비'를 통해 배운 점은 무엇인가요?
학생 답변	운동은 함께 하는 것 그리고 평소의 연습을 통해서 팀의 움직임을 자연스럽게 나올 수 있게 하는 것이 중요하다는 것을 배웠습니다.
추천 답변	운동은 함께 하는 것이라는 점과 평소의 수많은 연습을 통해서만이 팀의 움직임과 경기가 자연스럽게 나올 수 있다는 점을 배웠습니다. 또한 그런 점들이 쌓여 팀웍이라는 이름하에 보여진다는 것을 깨달았습니다.

8) 윤리교육과

학생부 활동 기록

- 선택과목 : 윤리 선택함.
- 윤리교과세부능력특기사항 : 성선설, 성악설, 성기호설에 대한 발표 내용이 기록되어 있음.

면접 문항

1) 윤리를 배운 것 같은데 기억에 남는 동양 사상가와 서양 사상가 한 분씩 말씀해 주실 수 있어요?
2) 두 사상가의 주요 사상을 말씀해 주실 수 있겠어요?
3) 성선설과 성악설, 성기호설의 차이를 말씀해 주시겠어요?

학생 답변

1) 기억에 남는 동양 사상가는 정약용입니다. 그리고 기억에 남는 서양 사상가는 요나스입니다. 두 분 모두 당시 시대의 편견을 깨고 본인의 주장을 하는 모습에 감명을 받았습니다.

2) 정약용의 주요 사상은 사람의 본성은 기호로 정해진다는 성기호설이고, 요나스의 주요 사상은 책임 윤리로 예견되는 결과에도 책임을 져야할 뿐 아니라 예견되지 않는 결과에도 책임을 져야하고 사람뿐 아니라 동물과 생태계도 책임져야 한다는 것이 주요 사상입니다.

3) 성선설은 사람의 본성이 선하다는 것이고 성악설은 사람의 본성은 악하다는 것 입니다. 성기호설은 앞선 두 사상과 달리 사람의 본성은 착함과 악함 모두 있고 기호로 선택한다는 사상입니다.

추천 답변

1) 기억에 남는 동양 사상가는 정약용입니다. 당시 인간의 욕구는 억제하고 통제해야 한다는 편견을 깨고 인간의 욕구가 삶의 원동력이 된다고 주장했습니다. 그리고 기억에 남는 서양 사상가는 요나스입니다. 책임을 져야하는 대상을 인간으로만 생각하던 당시 사람들과 달리 동물과 생태계까지 책임을 져야한다고 주장했습니다. 두 분 모두 당시 시대의 편견을 깨고 본인의 주장을 하는 모습에 감명을 받았습니다.

2) 〈학생 답변 인용〉

3) 〈학생 답변 인용〉

6 교육 & 사범

9) 유아교육과

학생부 기반 문항 면접

학생부 활동 기록	창의적체험활동 : 선택형 현장 직업 체험 학습으로 유치원을 다녀옴.
면접 문항	현장직업체험학습에서 유치원에 직접 다녀왔다고 되어있는데 계기 및 배운 점은 무엇인가요?
학생 답변	그냥 재미있게 활동하는 것이 아니라 교육적 활동이 끊임없이 진행되고 있음을 배웠습니다.
추천 답변	유치원을 옆에서만 바라보면 그냥 귀엽고 사랑스러운 학생들만 보이는데 현장체험학습으로 긴 시간을 함께 보내면서 아이들의 미세한 심리변화와 그런 학생들과 눈을 맞추면서 공감해주는 선생님들의 모습을 보면서 유치원선생님의 역량에 대해 많이 생각해 볼 수 있었습니다.

학생부 활동 기록	- 봉사활동 : 유치원에서 지속적인 봉사활동을 함. - 진로희망 : 1학년 초등교사에서 2학년 유치원교사로 바뀜. - 수상실적 : '꿈발표대회' 3위 수상함. - 자율활동 : 학급 반장을 3년 동안 함.
면접 문항	1) 초등교사에서 유치원교사로 진로가 전환된 계기와 노력에 대해 설명해 주세요. 2) 수상 내역 중 전공과 관련된 상은? 3) 학급반장을 3년 하여 힘든 점, 극복 과정, 교사가 되어서 이 점이 어떻게 도움이 될까요?
학생 답변	1) × 2) 꿈 발표 대회 3위입니다. 대회를 준비하면서 유치원 교사가 되고자 하는 가치관과 꿈에 대해서 생각해 볼 수 있는 기회가 되었습니다. 3) 모든 학생이 의견일치가 되지 않고 적극적인 학급 활동에 참여하지 않아 힘들었습니다. 회의를 통해 학생들의 의견을 수렴하였고, 혼자가 아닌 상의와 협력하여 긍정적인 변화를 꾀하여 반을 이끌어 나갔습니다.

추천 답변	1) 유치원 교사와 초등학교 교사는 아동의 성장기에 많은 영향을 주는 역할이라는 점에서 거의 같습니다. 결정적으로 유치원 교사로 진로를 변경하게 된 계기는 유치원의 아동학대 사건을 접하게 되면서부터입니다. 자신의 생각을 잘 표현하지 못하는 시기에 끔찍한 경험을 하게 되면 그 이후에 받는 초등교육에서도 악영향을 줄 수 있기 때문에 아이들의 생각과 가치관이 아직 정립되지 못한 시기에 제가 유치원 교사가 되어서 긍정적 경험을 많이 만들어주고 싶어서입니다. 2) 〈학생 답변 인용〉 3) 모든 학생이 의견일치가 되지 않고 적극적인 학급활동에 참여하지 않아 힘들었습니다. 이때 저는 '나-메시지 기법'을 활용해 내 생각을 먼저 열고 각자의 생각을 여는 시간을 가졌습니다. 이런 회의를 통해 학생들의 의견을 수렴하였고, 혼자가 아닌 상의와 협력하여 긍정적인 변화를 꾀하여 반을 이끌어 나갔습니다. 교사가 된다면 선생님이 느끼는 점을 솔직하게 말하면서 학생들과 마음을 열고 대화하는 소그룹 상담을 자주할 것 입니다.

자기소개서 기반면접

학생부 활동 기록	3번에 장애 학생들을 위해 봉사를 하여 배우고 느낀 점을 기록함.
면접 문항	1) 장애통합유치원을 세우고 싶은 이유는? 2) 장애통합유치원의 이점은 어떤 것이 있을까요? 3) 학부모들이 장애통합유치원에 부정적일 때 어떻게 대처할 것인가요?
학생 답변	1) 비장애 학생과 장애 학생들이 함께 지내면서 배울 점이 많이 있으므로 통합 유치원을 세우고 싶습니다. 2) 더불어 살아가는 세상 속에서 다른 사람을 배려하고 공감해야 한다는 정서교육에서 큰 장점이 있을 것 같습니다. 3) 끊임없이 대화를 해서 풀어나가겠습니다.
추천 답변	1) 자신과 다른 사람을 배척하는 것이 아니라 함께 받아들이면서 살아가는 경험을 가져야 사회 속에서 올바른 인간으로 살아갈 수 있다고 생각하기 때문입니다. 2) 장애통합유치원에 유치원생들이 다니면서 세상에는 이상한 사람이 아니라 몸이 불편한 사람이 함께 살고 있으며 어떻게 도움을 줘야 하는지를 자연스럽게 알게 됨으로서 인성교육에 많은 도움이 됩니다. 3) 100% 설득을 목표로 하기 보다는 함께 하고 싶은 학부모님과 유치원을 함께 만들어 나가며 우리들이 교육하는 모습으로 부정적인 학부모님을 설득하고자 합니다.

6
교육 & 사범

10) 지리교육과

학생부 기반 문항 면접

학생부 활동 기록	지리교과세부능력특기사항 : 지리학과 관련된 다양한 활동 및 모둠 발표를 진행함.
면접 문항	지리학의 분야가 많은데 특별히 더 관심 있는 분야는?
학생 답변	기후와 지역적 특성에 관심이 있습니다.
추천 답변	해당 지역의 기후가 해당 지역에 거주하는 인간의 삶에 어떤 영향을 주는지에 관심이 있습니다.

11) 생물교육과

학생부 활동 기록

- 수상기록 : 학교생활충실도를 표현할 수 있는 다양한 교내수상, 2학년때 과제 연구 발표 활동 등 과학 탐구 활동의 다수 수상함.
- 진로희망 : 1, 2학년 약사 3학년 생물교사를 희망함.
- 동아리 : 생명과학 관련 동아리 활동을 함.
- 선택교과 : 2학년 때 학교 간 공동 교육과정으로 생명과학실험수업 이수함.

면접 문항

1) 수상이 많은데 가장 기억에 나는 수상은 무엇인가요?
2) 진로 희망이 변경된 이유는?
3) 생물교사의 임용고사 경쟁률이 어떻게 되는지 알고 있나요?

학생 답변

1) 오랜 기간 탐구 활동을 한 과제 연구발표대회가 가장 기억이 남습니다. 식물성 농약과 화학적 농약을 비교하면서 식물성 농약의 효능을 검증해 봤습니다.
2) 공부 때문에 힘들었을 때 2학년 선생님께서 용기와 격려를 해 주셔서 마음의 감동이 커서 생물교사로 진로를 변경하게 되었습니다.
3) 1:1은 아니겠죠.

추천 답변

1) 〈학생 답변 인용〉
2) 약사를 꿈꿨던 이유도 다른 사람들을 도와주고 싶어서였습니다. 2학년 2학기부터 내가 좋아하는 것을 하면서 다른 사람을 도와줄 수 있는 방법에 대해 깊은 고민을 하다가 생물에 대한 지식을 학생들과 나누면서 학생들을 도와주면 어떨까라는 생각이 들었고 학교에 선생님들과 상담을 하면서 제 진로에 대한 확신을 가지게 되었습니다.
3) 자세한 경쟁률을 모르겠지만 높다고 생각이 됩니다. 저도 생물교사를 희망했을 때 이 부분에 대해서 걱정을 많이 했지만 '내가 원하는 꿈을 이루기 위해서는 경쟁률 때문에 포기하지 말고 열심히 노력해서 경쟁률을 뛰어 넘자'는 생각을 했습니다.

학생부 활동 기록

동아리활동 : 동아리활동에서 장애인학교와 관련된 활동을 함.

면접 문항

○○동아리에서 장애인학교 설립반대문제를 다뤘는데 본인의 의견은 어떻게 됩니까?

학생 답변

장애인학교가 혐오시설 등으로 이야기 된다는 것과 설립되지 않았을 때 문제점과 주장, 장애인들 역시 사회구성원으로 존중받아야 마땅하다는 것 등을 이야기했습니다.

추천 답변

장애인은 이상한 사람이 아니라 몸이 불편한 사람이어서 더불어 살아가는 미래사회에서는 함께 도와주면서 살아가야 하는 사람이라고 주장했습니다. 또한 각각의 장애에 따른 직업훈련을 통해 사회구성원으로서 자리를 잡을 수 있도록 국가가 책임을 지고 교육을 해야 한다고 제 의견을 말했습니다.

12) 화학교육과

학생부 활동 기록

- 진로희망 : 1학년 조향사, 2~3학년 화학교사를 희망함.
- 동아리활동 : 화학 탐구 동아리에서 주제 발표를 자주함.
- 봉사활동 : 멘토링 활동을 2년간 꾸준히 함.

면접 문항

1) 진로 희망이 2학년 때부터 화학교사로 변경된 이유는 무엇입니까?
2) 학교생활에서 주도적으로 노력한 활동은 무엇입니까?
3) 가장 기억에 남는 봉사활동은 무엇입니까?

학생 답변

1) 선생님들 중 폭력적인 선생님을 만나 교사에 대한 진로 희망을 조향사로 변경했다가 2학년 때 학생들과 공감하는 선생님을 만나 원래 꿈에 대한 확신이 다시 서게 되었습니다.

2) 동아리에서 진행했던 주제 발표 및 동아리원을 대상으로 모의 수업 시연을 했던 부분이 가장 기억에 남습니다. 학생들과 소통하는 수업으로 진행하였으나 다소 산만해 지는 부분을 잡지 못해서 아쉬웠습니다.

3) 우리나라 교육이 경쟁시스템이어서 경쟁에 따라오지 못하는 친구들을 도와주고자 멘토링을 시작했습니다. 기출문제로 친구들의 수준을 생각하지 않고 멘토링을 하다가 개념 위주의 수준에 맞춘 멘토링을 하면서 친구가 점차 자신감을 회복하는 모습을 볼 수 있었습니다.

추천 답변

1) 〈학생 답변 인용〉

2) 〈학생 답변 인용〉

3) 우리나라의 교육환경에서 학급 내 수준별 맞춤형 교육을 하기에는 많은 어려움이 있습니다. 우리 반 친구 중 화학의 기초가 약해 수업 시간에 힘들어하는 친구가 있어 이 친구를 도와주기 위해 멘토링을 시작했습니다. 처음에는 기출문제로 친구들의 수준을 생각하지 않고 멘토링을 하다가 개념 위주의 수준에 맞춘 멘토링을 하면서 친구가 점차 자신감을 회복하는 모습을 봤습니다. 멘토링은 친구와 제가 함께 성장할 수 있었던 기억에 남는 봉사활동 입니다.

6
교육 & 사범

13) 특수교육과

학생부 기반 문항 면접

학생부 활동 기록

- 자율활동 : 학생회, 동아리 부장, 부반장으로 활동함.
- 봉사활동 : 3년 동안 같은 장애인 시설에서 봉사함.

면접 문항

1) 장애인 시설에서 봉사활동을 한 내용은 무엇입니까?
2) 3학년 때도 봉사활동을 했는데 학업과 병행하며 겪은 어려움 여부는 없었나요?

학생 답변

1) 특수교사를 희망하고 있어 진로에 대한 목표 의지를 다시고 나중에 특수교사가 되었을 때 학생들에게 준비되어 있는 교사로 다가가기 위해서입니다.
2) 없습니다.

추천 답변

1) 교육 활동 보조하는 역할을 주로 했습니다. 봉사활동을 하기 전 제 진로에 대해 선생님께 말씀드리고 의미 있는 봉사활동을 하고 싶다고 말씀드렸는데 제 의견을 잘 반영해 주셨습니다.
2) 봉사활동이 공부시간을 빼앗는 것이 아니라 제 진로와 관련된 경험을 쌓는 시간이어서 크게 어려움은 없었습니다.

14) 초등교육과

학생부 활동 기록	국어 교과세부능력특기사항 : 아동 애착과 관련된 독서프로젝트를 진행함.
면접 문항	아동 애착 관련하여 독서프로젝트를 진행했는데, 미래에 교사가 되어 가정폭력을 당하는 아이를 만난다면 어떻게 할 것인가요?
학생 답변	전문 상담사 선생님과 함께 공감하는 상담을 진행하겠습니다.
추천 답변	미술심리상담 교사와 함께 심리치료를 기획하여 운영하며 학생의 마음을 먼저 어루만져 주고 싶습니다. 그리고 그 결과를 이용해 Wee센터 선생님과 부모님과도 함께 상담하는 시간을 갖도록 하겠습니다.

학생부 활동 기록	– 동아리활동 : 에듀클럽이라는 동아리에서 활동함. – 취미특기 : 교육봉사와 교육 이슈 보기로 기록함.
면접 문항	1) 에듀클럽에선 어떤 활동을 했나요? 2) 취미 특기란에 교육 봉사하기, 교육 이슈 보기가 있는데 어떤 도움이 되었나요?
학생 답변	1) '에듀클럽'은 유치원, 초등, 중등교사를 희망한 학생들이 함께 모여 활동한 동아리, 수업시연, 상황극, 이슈 토론토의 등을 하고 그중에서도 가장 기억에 남는 활동은 5분 수업입니다. 처음 했을 때 전달하는 것에 어려움을 느끼고 직접 초등학교 선생님을 인터뷰하면서 조언을 얻어 다음 5분 수업에 보강하여 성공적으로 할 수 있었습니다. 2) 교육 봉사를 하며 한 아이가 즐겼던 게임과 수학을 연관 지어 수학 보드게임을 만든 것이 가장 기억에 남고, 이를 통해 흥미와 연관 지어 수업을 하면 효과적인 것을 느낄 수 있었고, 교육 이슈를 보면서 미래 교직상황에 대해 생각해보는 시간을 가졌습니다.
추천 답변	1) 〈학생 답변 인용〉 2) 교육 봉사를 하며 한 아이가 즐겼던 게임과 수학을 연관 지어 수학 보드게임을 만든 것이 가장 기억에 남고, 이를 통해 흥미와 연관 지어 수업을 하면 효과적인 것을 느낄 수 있었습니다. 그리고 교육이슈를 보면서 미래 교직상황에 대해 생각해보는 시간을 가졌습니다. 특히 공립 유치원이 확대되면서 유치원교육을 국가가 책임지는 시대가 오면 어떤 변화가 생길까라는 주제가 가장 기억에 남습니다.

6
교육 & 사범

학생부 활동 기록	수상내역 : 3년간 학년별로 균등하게 다양한 상이 존재함.
면접 문항	수상경력이 화려한데, 본인은 근면상과 효행상을 탄 이유는 무엇인가요?
학생 답변	근면상의 경우는 개근을 한 학생들에게 주는 상인데 학교를 꼭 다녀야 한다고 생각해서 매일 규칙적으로 등교하여 수상하게 됨. 효행상은 선생님께서 아이들의 투표를 통하여 선정하는데, 부모님께 편지를 쓰는 활동에서 친구들이 제가 쓴 편지를 공개적으로 본 적이 있었음.
추천 답변	근면상의 경우는 개근을 한 학생들에게 주는 상인데 그것은 성실함과 책임감을 말해준다고 생각합니다. 저는 학교에 무슨 일이 있어도 등교를 하였고 책임감 있게 학교생활을 했기 때문에 받았다고 생각합니다. 그리고 효행상은 반 아이들의 투표를 통해 선정했는데 짝꿍의 말 한마디가 큰 영향을 끼쳤던 것 같습니다. 부모님께 편지 쓰는 활동에서 제가 활동을 하는 모습을 본 친구가 다른 친구들에게 저를 본받아야겠다는 생각을 말한 적이 있습니다. 이것이 계기가 되어 효행상을 친구들이 추천해 준 것 같습니다.

학생부 활동 기록	– 수상내역 : 글쓰기 대회의 수상이 많음. – 진로희망 : 3년간 초등 교사임. – 봉사활동 : 다양한 교육 관련 기관에서 3년간 봉사활동을 많이 함.
면접 문항	1) 글쓰기 수상이 많은데 글을 잘 쓰나요? 글짓기하는데 자신의 팁이 있다면 무엇인가요? 2) 3년간 초등교사를 희망해왔는데 그 이유를 초등교사와 중등교사의 차이점과 연관 지어 말해주세요. 3) 봉사활동을 굉장히 많이 했는데 봉사하면서 성적을 유지할 수 있었던 이유가 무엇이라 생각하나요?
학생 답변	1) 저는 전교에서 글짓기가 관련 수상이 가장 많다고 자부할 수 있습니다. 제가 여러 분야에서 글짓기 수상을 많이 할 수 있었던 것은 매사 적극적으로 참여하는 자세였기 때문입니다. 그러한 좋은 태도와 저희 글짓기 능력이 같이 시너지 효과를 발휘하여 좋은 결과를 얻었다고 생각합니다. 첫째, 글의 통일성을 갖추어야 합니다. 주제에 벗어나는 내용은 삼가고, 주제와 연관된 내용만을 작성하면 몰입감이 높아집니다. 둘째, 문장을 짧게 쓰고, 주어와 서술어의 호응이 정확하도록 해야 합니다. 독자의 가독성을 높여주기에 더 완성도 높은 글이 만들어 질 수 있습니다. 마지막으로, 한 단어만을 사용하지 않고, 유사한 뜻의 다른 여러 단어를 사용함으로써 단조로운 느낌보다 다채로운 느낌을 주었습니다. 이와 같은 방법으로 좋은 결과를 얻을 수 있었습니다. 2) 처음에는 막연하게 교사를 하고 싶었지만, 초등교사와 중등교사의 차이점에 대해 알게 된 이후로부터 초등교사를 꿈꾸게 되었습니다. 중등교사는 지식전달을 주목적으로 하지만, 초등교사는 전인적인 교육을 합니다. 공부 외에 인성교육, 공동체 생활교육, 예절교육 등을 실시해야 합니다. 인성교육을 통해 아이들이 바르게 성장할 수 있도록 지도하여 요즘 초등학생들의 문제들을 감소시키고자 하는 바람이 있었고, 훗날 성공한 아이들을 보면 큰 보람과 뿌듯함을 느낄 수 있을 거라는 생각에 초등교사를 꿈꾸게 되었습니다. 3) 몰아서 봉사활동을 한 게 아니라 매주 토요일 2시간씩 꾸준히 했기에 공부에 크게 지장을 받지는 않았습니다. 또한 시험 전주는 봉사활동을 쉬었고, 또 저는 제 자신에게 효율적인 공부방법을 찾고, 그 공부 방법을 사용하여 공부했기에, 다른 친구들보다 적은 시간을 투자하고 더 좋은 결과를 얻을 수 있었습니다. 제 공부 방법은 셀프티칭으로 칠판을 이용하여 직접 쓰고 제 자신에게 가르치는 느낌으로 말하고 또 그것을 들으면서 다양한 감각을 활용하는 것이었습니다. 이 같은 공부 방법으로 봉사활동을 충분히 하면서도 성적을 유지할 수 있었습니다.

6 교육 & 사범

추천 답변

1) 매사에 적극적으로 참여하는 자세였기 때문입니다. 그러한 태도와 저의 글짓기 능력이 시너지 효과를 발휘해 좋은 결과를 얻었다고 생각합니다. 저만의 팁이 있다면 글의 통일성을 갖추어 쓰는 것입니다. 주제에 벗어나는 내용은 삼가고, 주제와 연관된 내용만을 작성하면 몰입감이 높아집니다. 둘째, 문장을 짧게 쓰고, 주어와 서술어의 호응이 정확하도록 해야 합니다. 독자 들의 가독성을 높여주려고 노력해야 더 완성도 높은 글이 만들어질 수 있습니다. 마지막으로, 한 단어만을 사용하지 않고, 유사한 뜻의 다른 여러 단어를 사용함으로써 단조로운 느낌보다 다채로운 느낌을 주었습니다. 이와 같은 방법으로 좋은 결과를 얻을 수 있었습니다.

2) 초등, 중등교사 모두 미성숙한 학생을 대상으로 한다고 생각합니다. 하지만 중등교사는 자아정체성을 확립해 가는 완성기에 있는 학생들을 지도하는 것이고, 학업 쪽에 지도 역량이 좀 더 치우쳐 있다고 생각합니다. 하지만 초등교사는 학업 외에 인성교육, 공동체 생활교육, 예절교육 등 사회생활에 필요한 기초적인 것, 가장 근본적인 것에 역점을 두어 지도한다고 생각합니다. 저는 이런 초등교육에 더 매력을 느꼈습니다. 인성교육을 통해 아이들이 바르게 성장 할 수 있도록 함께해 훗날 따뜻한 인간으로 성정한 아이들을 보게 된다면 큰 보람과 뿌듯함을 느낄 수 있을 것 같아서 초등교사를 꿈꾸게 되었습니다.

3) 몰아서 봉사활동을 한 게 아니라 매주 토요일 2시간씩 꾸준히 했기에 공부에 크게 지장을 받지는 않았습니다. 시험 전주는 봉사활동을 쉬었고, 제 자신에게 효율적인 공부 방법인 셀프 티칭을 찾아 그것을 활용해 공부했기 때문에 다른 친구들보다 적은 시간을 투자하고도 더 좋은 결과를 얻을 수 있었습니다. 또한 봉사활동을 하면서 대학가기 위한 봉사활동이 아니라 봉사 활동 자체가 즐거워서 했기 때문에 그곳에서 더 많은 에너지를 받아왔습니다.

자기소개서 기록	1번 내용에 모르는 척하는 기술을 다문화가정학생 학습지도 봉사에서 활용하고 그에 대해 배우고 느낀 점을 기록함.
면접 문항	1) 자기소개서에 '모르는 척하는 기술'이 있는데, 구체적으로 어떤 기술이에요? 2) 학생 스스로 생각해서 변화할 수 있다고 생각해요?
학생 답변	1) 학생이 어떠한 잘못을 했을 때 그 행동을 바로 그 자리에서 훈계하며 바로잡으려고 애쓰는 것이 아니라 학생 스스로 자신의 행동에 대해 생각할 수 있는 시간을 주는 것입니다. 2) 말처럼 쉬운 일은 아니지만 불가능한 일은 아니라고 생각합니다. 모르는 척하는 그 시간동안 그저 나 몰라라 하고 있는 것이 아니라, 교사가 자연스럽게 생각할 수 있는 기회를 제공하는 등 적절한 조치를 취하는 융통성을 발휘해야 한다고 생각합니다.
추천 답변	1) 학생이 어떠한 잘못을 했을 때 그 행동을 바로 그 자리에서 훈계하며 바로잡으려고 애쓰는 것이 아니라 학생 스스로 자신의 행동에 대해 생각할 수 있는 시간을 주는 것입니다. 또한 자존감이 상당히 강한 학생들은 실수했을 때 지적하는 것보다 그냥 넘어가는 것이 학생의 성장에 도움이 되는 경우가 있을 수 있습니다. 그때 적용하는 것이 모르는 척하는 기술입니다. 2) 학생들은 스스로 변화할 수 있는 능력을 가지고 있다고 생각합니다. 모르는 척하기는 잘못에 대한 지적 또는 교육을 그 상황에서 바로 활용하지 않는다는 것이지 방임은 아니라고 생각합니다. 학생이 자연스럽게 생각할 수 있고 학습할 수 있도록 교사가 안내하는 역할을 하면 된다고 생각합니다.

6
교육 & 사범

사

의료·보건계열

의료·보건계열
면접 문항 분석 & 답변 사례

의예과는 서울대를 포함한 11개의 의대에서 다중미니면접(MMI)을 실시합니다. 특히 서울대, 성균관대, 울산대가 적극적으로 MMI면접을 실시하고 있습니다. MMI란 3~5개 내의 각 방에 상황을 부여해 지원자의 인성을 집중적으로 평가하는 면접 방식을 의미합니다. 'MMI를 도입하지 않는 의대 지원 학생들은 준비하지 않는 것이 좋으냐?'는 물음엔 'NO!'라는 답변을 하겠습니다. 기초적 인성평가가 의대에서 강화되고 있는 만큼 인성 부분에 대해서는 면접을 충실히 하는 것이 중요합니다. 그리고 지원 서류 확인도 하는데 이 부분은 자신이 제출한 서류에서 해당하는 독서, 봉사 활동, 학교 활동 등을 잘 기억해 정리하면서 면접을 준비하면 됩니다. 의예, 수의예, 치의예, 한의예, 약학대 등은 대부분 지원 학생들이 학업 성적이 높습니다. 따라서 그때 무슨 활동을 어떻게 했는지 파악하는 것이 중요합니다. 인성 확인 문제는 꼭 실시하기 때문에 준비를 철저히 하시기를 바랍니다.

간호학과는 최근 들어서 매우 높은 커트라인과 경쟁률을 가지고 있습니다. 따라서 대학에서도 면접 문항뿐만 아니라 학생을 파악하는 정성, 정량 평가에서 매우 고민하고 있습니다. 대부분 대학에서 서류기반 확인 면접을 합니다. 생활기록부상에서 어떤 일을 했는지 그리고 자기소개서에 기록되어 있는 일을 실제로 진행했는지를 물어봅니다. 통상적으로 '간호학과에 지원한 동기는 무엇인가요?'는 대부분 질문합니다. 그걸 제외하고 중앙대학교 다빈치 전형을 빼면 역시 지원자의 인성 부분을 평가하는 문항입니다. 독서, 봉사 활동, 교내 수상, 교내 대회에서의 느낀 점 등 미래의 간호사를 준비하는 학생의 태도를 중점으로 보고 있습니다. 이유는 지원자 인력풀 자체가 높고 봉사가 필요로 하는 직종 상 인성에 접근이 필요한 것입니다. 따라서 지원자분들은 학교생활기록부에서 인성을 드러낼 수 있는 부분을 잘 찾아보고 문항을 만들어, '나라면 어떻게 답을 할지'를 준비한다면 좋은 결과가 있을 것입니다.

그 외는 보건계열로서 **방사선, 물리치료, 작업치료, 재활 등** 우리 몸의 치료를 위해 다방면에 필요한 학과입니다. 이 학과들은 크게 2가지의 면접 방식을 갖습니다. 학교 서류면접형 그리고 제시문 면접형입니다. 의예과나 간호학과보다 지원 인력풀이 높지 않지만 최근 인기 있는 학과로서 각광받고 있습니다. 4년제 대학, 주요 거점 지역의 물리치료학과 등은 자기소개서를 요구하는 학과들도 있습니다. 이때는 서류기반 면접이 대부분이기 때문에 자기소개서의 내용과 학교생활기록부의 내용을 눈여겨보면서 예상 면접 문항을 만들어보고 공부하는 것을 추천합니다. 또한, 의예과와 간호학과와는 달리 생명 그리고 과학 관련 교과세부특력특기사항에 대한 질문도 하므로 이점을 주의합니다. 또 다른 면접 방법은 면접하기 며칠 전 대학에서 면접 문항을 제시하는 경우입니다. 이는 다른 형태의 제시문 면접인데 이런 대학들은 전문대학의 보건계열 학과들이 대표적입니다. 이러한 면접 방식을 준비할 때는 3~4

년치 기출 면접 문항을 분석하고 답변을 만들어서 친구들과 해보는 것이 효과적입니다. 그리고 일주일 전, 면접 문항이 나왔을 때 미리 답변을 만들어가서 면접장에서 해 보는 것을 추천합니다.

앞으로 언급하게 될 사례들은 학생부 및 자기소개서에 기반을 둔 학과별 면접 문항과 답변으로 이루어져 있습니다. 이는 공개된 실제 면접 상황을 근거로 학생들과 재구성해본 것입니다. 이런 면접 문항이 나온 이유는 생활기록부와 자기소개서에 기재되어 있기 때문인데 이를 분석하면 다음의 2가지입니다.

첫 번째는 생활기록부 및 자기소개서 문장이 어떻게 면접 문항으로 나오는지를 파악할 수 있습니다. 자신의 학교생활기록부와 자기소개서를 보면서 예상 면접 문항을 만들어 보는 작업을 할 때 아래 예시들은 큰 도움이 될 것입니다.

두 번째는 추천 답변을 이용하는 것입니다. 추천 답변은 조사한 면접 문항에서 여러분의 선배들이 답변했던 것도 올려놓았지만 해당 영역의 저자라면 이렇게 답변했을 거라는 내용을 정리해보았습니다. 추천 답변이 꼭 정답은 아니지만 어떻게 답변을 해야 할지 모르는 상황이라면 답변의 길라잡이가 되어 줄 것입니다. 그리고 여러분의 선배들이 해놓은 답변이 타당하거나, 해당 학생의 개인 이야기가 들어가 있는 부분, 다양한 사례에 인용할 수 있는 답변 등에는 추천 답변을 작성하지 않고 〈학생 답변 인용〉으로 표시하였습니다. 가능한 모든 대학과 학과를 다루고 싶었으나 지원자에게 의미 있는 데이터만을 수집해 정리하였다는 말씀을 드리며 추가적인 면접 문항이 필요하다면 대학 입학처 홈페이지를 찾아보는 것을 추천해 드리겠습니다. 면접은 대학 입시에서 자신을 표현하는 마지막 관문입니다. 여러분의 모습을 마음껏 펼쳐나가시기 바랍니다.

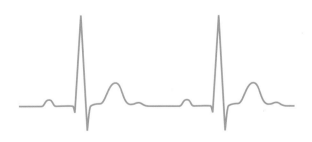

사. 의료·보건

1) 의예, 수의예, 치의예, 한의예, 약학과

학생부 기반 문항 면접

학생부 활동 기록	독서 활동 기록에 '항암 치료는 무엇인가?'가 기재됨.
면접 문항	'항암 치료란 무엇인가?'를 읽었죠? 느낀 점을 말해보세요.
학생 답변	X
추천 답변	암과 관련해 암의 원인, 진단방법, 치료법에 관심이 있어 읽게 되었습니다. 다양한 암 치료 방법, 암 치료 실제 사례 등을 통해서 항암 치료에 대한 전공지식을 쌓게 되었고, 항암 치료의 부작용에 대해서도 알게 되었습니다. 또한, 표적 항암제에 관련된 연구를 통해 성과를 내고 싶습니다.

학생부 활동 기록	과학 멘토링 동아리에서 활동함.
면접 문항	과학멘토링 동아리에서 인상적이었던 일을 말해보세요.
학생 답변	과학멘토링 동아리에서 저는 주로 멘토였습니다. 그래서 친구들이 과학, 특히 물리를 이해하지 못해서 도움을 요청하는 경우가 많았습니다. 그 중에서 물리 공식을 외우지도 않고 도움을 요청했던 친구가 있었습니다. 그 친구는 자신은 "도저히 식을 외우지 못하겠다."라고 했습니다. 그래서 저는 친구의 연락처를 받고 저녁 11시에서 12시쯤에 그 친구에게 매일 공식을 하나씩 문자로 물어봤습니다. 저는 그 친구에게 손으로 답안을 작성하여 사진으로 보내라고 했습니다. 그래서 그 친구는 저와 매일 저녁 문자를 했고, 시험 기간 즈음에는 학교에서 모든 공식을 써보라고 했더니 모든 공식을 막힘없이 썼던 기억이 있습니다.
추천 답변	물리 공부에 어려움을 겪었던 친구에게 도움을 준 적이 있었습니다. 그 친구는 물리는 공식을 외우고 열심히 공부해도 성적이 나오지 않는다며 공부를 등한시하였고 이 친구를 위해서 물리 공부의 경우 공식을 외우는 것에서 더 나아가 이를 어떻게 응용하는지에 대해서 자세히 설명해주었습니다. $P=mv$로만 운동량 식을 외웠던 친구에게 질량과 속도의 단위의 중요성 등 공식을 응용하는 과정을 설명해 주니까 친구도 점차 이해할 수 있게 되었습니다.

학생부 활동 기록	생명과학 시간 혹은 동아리 시간에 의료사고와 의료분쟁에 대해 발표함.
면접 문항	의료사고와 의료분쟁에 대해 발표했다고 하는데, 그 사례를 이야기해보세요.
학생 답변	X
추천 답변	제가 발표한 사례는 분만 합병증인 자궁파열로 인한 의료사고였습니다. 분만 이후에 혈압이 떨어져 약을 투여했으나 질에서 출혈이 발생해 봉합했습니다. 초음파 검사를 하고 수혈을 하여도 혈압이 올라서 다른 병원으로 이송했습니다. 그런데, 응급실에 도착하자마자 다시 혈압이 떨어지고, 맥박이 올라서 자궁적출술을 시행했습니다. 수술 과정에서 열상에서 다량의 출혈이 발견되었고 수혈을 했습니다. 그런데 2일 후 산모는 사망하였고, 사망원인은 분만 합병증인 자궁파열로 인한 의료사고였습니다. 이 사건에서 의료분쟁이 나오게 된 이유는 피고인인 의료진이 산후출혈이 발생한 망인에 대해 전원 조치를 하지 않아서 과다출혈이 생겼다는 부분 때문입니다. 의료인의 경우는 원인 규명을 위해 골반검진, 초음파 검사 등을 통해, 수혈, 혈장 대용제 투여 등 임상 의학 분야에서 실천되고 있는 수준에 적합한 방법으로 치료하였다고 주장하였고, 양측의 의견이 엇갈려 의료분쟁이 나타나게 되었습니다.

학생부 활동 기록	1학년 때 학교에서 농촌 봉사 활동을 진행함.
면접 문항	농촌봉사 활동을 했는데 어떻게 하게 된 건지, 느낀 점을 이야기해보세요?
학생 답변	학교 프로그램으로 1학년 다 같이 가는 것, 농사일이 생각보다 힘들었던 것, 노인분들이 대단하다고 생각한 것을 말했습니다.
추천 답변	학교에서 1학년들을 대상으로 지원자를 받아서 진행하는 프로그램입니다. 프로그램을 진행하며 농사일을 체험해 보았는데, 저의 생각보다 농사일하면서 체력적으로 지친다는 생각이 들었습니다. 할머니, 할아버지께서 농사일하신다는 것에 존경심이 들었습니다. 힘든 농사일로 인해 병원에 가실 일이 있으셔도 거동이 불편한 탓에 어려움을 겪는 분들이 많다는 것을 알게 되어 의료봉사를 더욱 많이 다녀야겠다는 결심을 했습니다.

7
의료&보건

학생부 활동 기록	독서 활동 기록에 '종의 기원' 기재.
면접 문항	종의 기원을 읽었다 했는데, 장애인들은 다윈의 관점에서 보았을 때 자연선택이 발생해야 하는 결점을 가진 이들이다. 어떻게 생각하나요?
학생 답변	생명은 절대 선이고 어떤 것보다도 소중하며 인간도 그렇습니다. 장애는 선사시대에 자연선택이 일어나는 결점으로 작용할 수 있었겠지만 고도의 사회화와 기술발전을 이룬 현대 시대에는 결점으로 작용하지 않습니다. 사회화에 어려움이 있지만, 그들은 인간이고, 소중한 인간은 장애 때문에 차별받지 않아야 합니다. 그러므로 도태되어야 하는 존재가 아닙니다.
추천 답변	처음 종의 기원을 읽었을 때 암이나 장애 유전자를 가진 이들은 모두 도태되어야 하는 것인가라는 질문과 비슷한 생각을 한 적이 있었습니다. 그러나 제게는 그들 모두가 절대 선인 생명입니다. 더욱이 고도의 사회화와 기술발전을 이룬 현대 시대에는 결점으로 작용하지 않습니다. 그러므로 장애인들도 인간이고, 도태되어야 하는 존재가 아니라고 생각합니다.

학생부 활동 기록	독서 활동 기록에 '종의 기원' 기재.
면접 문항	1) 한약 관련 활동이 있다면 이야기해보세요. 2) 면역이란 무엇이라고 생각하나요?
학생 답변	1) 면역치료법에 관련된 책을 읽은 뒤 해당 책에서 소개된 한약재를 스스로 분류기준을 만들어 표로 정리해 봤습니다. 2) 면역이란 사람의 건강이라고 생각합니다.
추천 답변	1) 면역치료법에 관련된 책을 읽고 그 책에 소개된 한약재를 스스로 만든 분류기준에 근거하여 표로 정리했습니다. 그 과정에서 책과는 다른 분류기준을 만들기 위해 한약재를 조사했습니다. 그 한약재들을 조사하면서 살펴본 다른 한약재들 또한 그 분류기준에 추가하는 활동을 했었습니다. 예를 들어, 같은 보약이라도 기가 부족할 때, 혈이 부족할 때, 양의 기운 전체가 부족 할 때 등을 기준으로 보기약, 보혈약, 보양약으로 나누고, 녹용, 감초, 당귀 등의 약재를 세분화해서 분류하는 작업을 했습니다. 2) 면역이란 외부환경과의 조화를 통한 적응과정이라고 생각합니다. 외부환경이 인체에 영향을 줄 때 인체 내부의 환경에 피해가 가지 않게 조화를 만들어 내는 과정을 면역이라고 생각합니다.

학생부 활동 기록	– 수상 기록에 과학 관련 수상이 다수 존재함. – 탐구과목 중 과학 과목을 수강함. 과학 과목 성적이 오름.
면접 문항	한약학과는 생명과학이 매우 중요하다. 문과생으로서 어떻게 극복할 것인가요?
학생 답변	수상 기록을 보면 과학에 많은 관심을 가지고 학교생활을 했다는 것을 확인할 수 있습니다. 또한, 다재다능한 인재가 되기 위해 과학 공부에 소홀하지 않았으며 과학 성적도 향상됐습니다. 한약학과에 진학하여 다른 친구들에게 뒤처지지 않도록 생명과학 공부를 게을리하지 않을 것입니다.
추천 답변	한의학에 흥미가 있어서 생명과학에 관한 공부를 꾸준하게 하였고, 문과생이지만 고등학교 2학년 때 생명 과학1을 선택하고 수업을 들으면서 꼼꼼하게 내용을 정리했습니다. 또한, 관심 있는 생명과학과 관련된 '하리하라의 청소년을 위한 의학 이야기' 등의 독서 활동을 했습니다. 이러한 저의 관심으로 인해 생명과학 성적이 계속 상승하였기에 문과생이지만 한약학과에 진학하더라도 전공지식의 부족으로 인해 어려움을 잘 이겨낼 수 있을 그것으로 생각합니다.

자기소개서 기반면접

자기소개서 기록	In vivo Tumor growth assay를 만들고 항암 치료에 관련된 활동을 하며 배우고 느낀 점.
면접 문항	In vivo Tumor growth assay(체내 종양 성장 분석)가 무엇이며 왜 하게 되었나요?
학생 답변	X
추천 답변	체내에서 종양이 어떻게 성장하고 있는지 분석하는 것이 항암 치료의 우선 과제라 생각하여 논문을 읽게 되었습니다. 암의 성장에 반응해서 체내 또는 암 조직 자체에서 생성되는 종양 표지자를 자세히 조사했습니다. 종양 표지자를 통해 암의 진행 상황 관측, 항암 치료 방향 선정 등에 대한 정보를 공부할 수 있게 되었습니다. 저희 주변에도 종양이나 암을 앓으시는 분들이 계셨습니다. 그래서 이에 대한 이해가 필요하다고 생각을 했습니다. 저희 조는 의예과에 진학하고 싶어 하는 친구들이 많고, 비슷한 내용을 궁금해 하는 친구들도 있어서 이를 주제로 에세이를 작성했습니다.

자기소개서 기록	항생물질을 연구하고 보고서를 작성하며 배우고 느낌.
면접 문항	항생물질 연구했는데, 어떻게 실험하고 어떤 결과가 나왔나요?
학생 답변	X
추천 답변	항생제에 관심이 많아 항생제에 대하여 조사하고, 항생제의 내성 및 감수성을 확인할 수 있는 실험을 수행했습니다. 항생제가 세균에 작용하기 위해 세균 내에 항균제의 표적 분자가 있고, 그 부분으로 침투할 수 있는지, 표적 분자와 만나 상호작용을 통해 항균 작용이 일어나야 한다는 사실을 알게 되었습니다. 또한, 항생제의 내성을 알아보기 위해 대장균을 이용해 원판 확산법, 디스크 확산법 실험을 수행했습니다.

자기소개서 기록	유전자 돌연변이에 관한 연구, 실험, 소논문 등의 활동을 하며 배우고 느낀 점 기록함.
면접 문항	유전자 돌연변이에 관심이 많은 것 같은데 진화에 있어서 돌연변이가 갖는 의미는 뭐라고 생각하는지, 최근 유전자 가위가 발달하고 있는데 돌연변이를 치료할 방법을 아는 게 있는지, 유전자 가위의 장단점은 무엇이라고 생각하는지 말해보세요.
학생 답변	돌연변이는 집단에 새로운 대립유전자를 제공하고 유전자 풀을 변화시키는 가장 중요한 요인이고, 최근 유전자 가위로 말라리아 모기가 불임이 되도록 하는 기술을 개발한 기사를 봤는데 95% 정도 박멸된 지역이 있었고, 장점은 질병의 근본적인 예방 기능, 단점은 생태계 혼란과 윤리적 문제라고 생각합니다.
추천 답변	돌연변이는 집단에 새로운 대립유전자를 제공하고 유전자 풀을 변화시키는 가장 중요한 요인입니다. 그러므로 변화하는 사회 혹은 자연에서 필수적인 것으로 생각합니다. 최근 유전자 가위로 말라리아 모기가 불임이 되도록 하는 기술을 개발한 기사를 봤고, 95% 정도 박멸된 지역도 있었습니다. 장점은 질병의 근본적인 예방 기능, 단점은 생태계 혼란과 윤리적 문제라고 생각합니다.

자기소개서 기록	병원에서 봉사 활동을 하며 배우고 느낀 점을 기록함.
면접 문항	1) 의료수가 때문에 문제가 많은데, 어떻게 해결할 수 있을까요? 2) 마음 따뜻한 의사와 실력 있지만 차가운 의사 중 어느 쪽이 낫다고 생각하나요?
학생 답변	1) 국민의 건보료 부담을 주지 않으면서 적정 수가 책정을 위해 사무장 병원 등 문제가 되는 부분 척결하면 가능합니다. 2) 실력 있는 의사가 좋습니다.
추천 답변	1) 국민에게 부담을 주지 않는 적정한 건강보험료를 책정하는 것은 물론, 건강보험료를 병원에 분배하는 것도 적절하게 해야 할 것입니다. 그리고 문제가 있다고 생각되는 사무장 병원 등을 척결해야 한다고 생각합니다. 2) 실력 있는 의사지만 차가운 의사가 더 좋다고 합니다. 마음이 따뜻하더라도 실력이 없으면 사람을 살리는 데에 어려움을 겪을 것입니다. 그러나 실력이 있으면 일단 그 환자를 살릴 수 있습니다. 환자를 살리는 것에 의의를 두는 의사인 만큼 실력이 좋은 것이 의사의 필수적인 요건이라고 생각합니다.

자기소개서 기록	병원 혹은 약국에서 직업 체험 활동 혹은 봉사 활동을 하고 그에 대해 배우고 느낌.
면접 문항	1) 자기소개서에 약업 신문을 자주 읽는다고 되어있는데 기억에 남는 내용이 있나요? 2) 글리벡이라는 단백질이 현재 활발히 사용되고 있나요? 그리고 효과가 확실한가요?
학생 답변	1) ○○○ 교수님께서 류마티스 관절염의 유발원인을 발견해냈다는 기사가 기억에 남습니다. 이 유발 물질은 히프단백질이라는 명칭이었던 것으로 기억합니다. 2) 아직 글리벡이라는 물질은 효과가 확실하지 않기 때문에 더 발전된 의약품으로 3세대 글리벡이 연구된 것으로 알고 있습니다.
추천 답변	1) 〈학생 답변 인용〉 2) 만성골수성백혈병 환자 중에 글리벡에 내성을 처음부터 가지고 있는 환자인 1차 내성 환자는 10%이고, 치료 중 내성이 생기는 2차 내성 환자는 20%입니다. 그래서 어떤 교수님은 글리벡의 효과는 높지만 10명 중 3명은 약이 듣지 않는다고 하셨습니다. 그러나 GCA 단백질이라는 단백질이 발생한 급성백혈병의 환자들이 글리벡에 강한 내성을 보이는 것을 확인했다는 기사를 본 적이 있습니다. 그렇기에 새로운 진단법과 치료법이 개발될 것입니다.

2) 간호학과

학생부 기반 문항 면접

학생부 활동 기록	봉사 활동 기록에 요양원 봉사, 다문화 교육 봉사, 중등 교육 봉사 등이 기재됨.
면접 문항	요양원 봉사를 하면서 가장 기억에 남는 상황이 있나요?
학생 답변	X
추천 답변	네, 저는 요양보호사님들과 간호사님이 저에게 "이제는 우리 직원이다. 가족이다."라고 말씀해주신 게 가장 기억에 남습니다. 제가 봉사를 오래 하기도 했고, 궂은일을 마다하지 않고 했을 때 힘들진 않았냐며 다독여주시며 해주셨던 말입니다.

학생부 활동 기록	수학과 관련된 상을 많이 받음.
면접 문항	수학 관련 상이 많은데 이유는 무엇인가요?
학생 답변	제가 가장 즐겁게 배운 과목이 수학이었고, 그만큼 잘하는 과목이기도 했습니다. 그러므로 수학 관련 수상이 많다고 생각합니다.
추천 답변	제가 고등학교에서 배우던 과목 중에 가장 즐거운 과목이 수학이었고, 그만큼 잘하는 과목 중 하나입니다. 수학에 관한 관심은 자연스럽게 교내 대회로 이어졌고, 교내 수학 관련 대회를 모두 참가하게 되었습니다. 특히 수학탐구대회를 통해 확률과 통계 수업시간에 배웠던 통계 내용을 이용해 다양한 통계 이론 및 통계 이론의 실제 사례에 대해 알게 되었고, 탐구 과정에서 수학에 대해 더 많은 호기심을 갖게 되었습니다.

학생부 활동 기록	진로 희망 사항에 3년간 간호사가 있고, 3학년 때 생명과학 교사도 함께 작성되어 있음.
면접 문항	3학년 때 진로희망 중에 생명과학 교사가 있는데 교직원으로서의 꿈을 가지고 있는 것인가요?
학생 답변	간호사의 꿈을 키워나가면서 생명과학을 공부하면서 관심을 가지게 되었고 3학년 때 담임 선생님께서 생명과학 담당 선생님이셔서 잠시 관심이 생겼었지만, 입시를 준비하면서 원래 꿈이었던 간호사라는 꿈을 위해 간호학과에 지원하게 되었습니다.

추천 답변	간호사의 꿈을 키워나가면서 생명과학을 공부하면서 관심을 가지게 되었고 3학년 때 담임 선생님께서 생명과학 담당 선생님이셔서 잠시 관심이 생겼습니다. 그러나 입시를 준비하면서 간호사의 실무에 대해 조금 더 자세히 알아보고 일정 부분 체험하면서 간호사가 제 꿈에 적합하다고 생각을 하였습니다. 그래서 간호사라는 꿈을 위해 간호학과에 지원하게 되었습니다.

학생부 활동 기록	'식물세포를 이용한 삼투압 작용 실험' 프로젝트를 진행함.
면접 문항	화학2 '식물세포를 이용한 삼투압 작용 실험' 프로젝트를 어떻게 한 것인지 이야기해보세요.
학생 답변	X
추천 답변	저희는 원형질체 융합법 실험을 진행했습니다. 식물이나 균류 등은 세포벽을 가지고 있는데 세포벽을 제거한 원형질체를 이용하여 서로 다른 형질을 가진 두 세포를 융합하는 기술이 원형질체 융합법입니다. 고농도의 삼투압 용액에 금속이온을 첨가하여 세포막에 일시적으로 작은 구멍이 생기도록 원형질체를 노출하여 원형질체의 DNA 흡수를 증가시키는 실험이었습니다.

학생부 활동 기록	과학 과목에서 여러 종류의 실험을 진행함. 프로젝트 탐구 활동을 진행함. 소논문 쓰기 활동을 진행함.
면접 문항	실험을 많이 했는데, 한 가지만 설명해주세요.
학생 답변	X
추천 답변	태평양의 플라스틱으로 이루어진 쓰레기 더미를 보고, 플라스틱을 없앨 방법에 대해서 생각했습니다. 그중에서 밀웜이 플라스틱을 분해한다는 사실을 알게 되었고, 밀웜을 통해 플라스틱 분해 효과 가능성에 대한 과제연구실험을 진행했습니다. 맨눈으로 플라스틱 분해 정도를 확인하는 것에서 더 나아가 플라스틱 분해 시 이산화탄소가 나온다는 과학적 근거를 바탕으로 아두이노 CO_2 센서를 이용해 밀웜의 플라스틱 분해 가능성을 볼 수 있는 연구를 진행했습니다.

7
의료&보건

학생부 활동 기록	무단 지각이 존재함.
면접 문항	무단 지각이 있는데, 어떠한 사유인가요?
학생 답변	고등학교 1학년 때 지각한 적이 있습니다. 하지만 이후 지각하지 않고자 노력하고 학급에서 출결관리 역할을 자처해 매일 친구들이 일찍 등교할 수 있도록 캠페인과 출결 체크를 했습니다.
추천 답변	하루 늦잠을 잔적이 있어서 그날 무단 지각으로 표시를 하셨습니다. 그 이후에는 늦잠을 자지 않기 위하여 학급 출결관리 역할을 맡았습니다. 출결관리 역할을 맡아 책임감도 생기게 되었고, 그 이후에는 아침 일찍 학교에 나오게 되었고 아침 시간을 활용해 캠페인 활동이나 뉴턴 및 과학동아 등의 잡지를 읽는 활동을 했습니다.

학생부 활동 기록	총무부 부장으로 활동함.
면접 문항	총무부 부장 활동 중 힘들었던 일이 있나요?
학생 답변	X
추천 답변	총무부 부장이었을 때 힘들었던 일은 예산의 배분으로 인한 갈등을 조정하는 것이 힘들었습니다. 저희 학교에서는 부서 활동에 대한 예산을 총무부에서 분배하고, 그로 인한 갈등 또한 총무부에서 조정했습니다. 그랬기 때문에 갈등 상황의 조정을 하는 경우 대부분 제가 중재해서 진행했습니다. 저는 공적 자금은 공정한 절차에 근거하여 예산 분배를 해야 한다고 생각했습니다. 그래서 원리원칙을 중심으로 예산을 배부하였는데 저와 친분 있는 친구들 사이에서 불만이 나왔습니다. 이런 상황 속에서 친구들과 갈등이 있었던 부분이 힘들었습니다. 하지만 총무부장의 역할에 대해서 친구들에게 잘 설명을 해주고 그 친구들도 나중에는 이해를 해주게 되어 갈등을 잘 해결했습니다.

학생부 활동 기록	과학수업시간 혹은 동아리 시간에 마이크로비즈 실험을 진행함.
면접 문항	마이크로비즈 실험방법이 뭐였나요?
학생 답변	X

추천 답변	환경 시간에 마이크로비즈(미세 플라스틱)가 해양 생물에 악영향을 끼친다는 내용에 대해서 배우게 되었습니다. 생물 속에서 분해가 어려운 마이크로비즈를 생분해성으로 만들 방법에 대해서 생각해보았습니다. 이를 위해 생분해성 플라스틱에 관한 최신 연구 내용을 살펴보았고 미생물로 생분해성 플라스틱을 대량생산할 수 있는 연구 내용을 조사하게 되었습니다.

학생부 활동 기록	토론 혹은 사회, 윤리 시간에 담뱃값을 인상하자는 주장을 함.
면접 문항	담뱃값 인상하자는 주장을 했는데, 지금도 그 생각이 똑같은가요?
학생 답변	X
추천 답변	네. 토론했을 당시에 사용했던 자료 중에는 2015년 담뱃값 인상으로 인해서 담배의 판매량이 줄었다는 통계자료가 있었습니다. 그 자료의 담배 판매량은 2014년에서 2015년으로 넘어오는 시기에 담배의 판매량은 무려 10억 갑가량 줄었고, 2018년에도 그 줄어든 담배 판매량에서 크게 오르지 않은 결과를 보였습니다. 그러므로 담뱃값을 올린다면 흡연자들의 비율을 줄이고, 비흡연자들을 간접흡연으로부터 보호할 수 있습니다. 이를 통해 국민의 건강을 증진할 수 있기에 담뱃값 인상에 찬성합니다.

학생부 활동 기록	진로희망사항 : 간호사를 희망함.
면접 문항	자기소개 한번 해볼까요?
학생 답변	저는 어렸을 때부터 주변 사람들이 아플 때면, '그 사람들의 고통을 내가 치료해 줄 수 있으면 좋겠다'는 생각을 많이 했습니다. 그러다 보니 저는 제 나름의 방식대로 주변 사람들의 고통을 없애주기 위한 노력을 하기도 했습니다. 예를 들면, 부모님이 머리가 아프시다고 하면 머리 아플 때 마시는 차를 인터넷에 검색해보기도 하고, 항상 가방에는 대일밴드와 연고를 들고 다니며 상처가 난 친구들을 치료해 주었습니다. 이렇게 생활을 하던 중, 저는 엄마와 함께 우연히 '병원 24시'라는 다큐멘터리 프로그램을 시청하게 되었습니다. 그 프로그램에는 응급 환자를 치료하는 의사와 간호사의 모습이 생생하게 드러났습니다. 그때 저는 문득 그 프로그램을 시청하며, 왠지 저도 같이 행복하고 뿌듯하다는 느낌을 받게 되었고, 결국 간호사라는 꿈에 대한 간절함도 가지게 되었습니다. 따라서 저는 이러한 제 꿈에 조금이라도 다가가고자 간호학과에 지원하게 되었습니다.
추천 답변	〈학생 답변 인용〉

학생부 활동 기록	세부능력 특기 사항에서 영어 시간에 학생이 간호사가 되기 위 기본자세를 주제로 발표를 함.
면접 문항	글로벌 간호사가 되기 위해서는 어떻게 해야 하나요?
학생 답변	X
추천 답변	글로벌이란 뜻으로는 '세계적인, 지구의'라는 뜻이 있습니다. 따라서 글로벌 간호사가 되기 위해서는 다양한 사람들과 원활하게 의사소통할 수 있어야 한다고 생각해 공통 언어인 영어를 필수적으로 공부해야 한다고 생각합니다. 또한, 많은 사람과 공존할 수 있어야 한다고 생각하기 때문에 세계 각국의 다양한 문화를 이해하고 수용할 수 있는 개방적인 태도를 보여야 한다고 생각합니다.

자기소개서 기반면접

자기소개서 기록	봉사 활동으로 다문화 가정의 아이들을 돌보는 봉사 활동을 진행하고 이에 대해 배우고 느낀 점을 기록함.
면접 문항	아이들을 훈육하셨다고 했는데 어떤 식으로 하셨나요?
학생 답변	아이들이 어리고, 한국말이 서툴렀기 때문에 말로 하기보단 단호한 목소리 톤과 표정을 사용해서 훈육했습니다.
추천 답변	아이들은 어리고, 우리나라에서 한국어를 학습하기 시작하는 단계이기 때문에 어려운 단어보다는 쉬운 단어를 선정하여 잘못된 행동에 대해서 단호한 목소리 톤과 표정을 사용하여 훈육했습니다. 그리고 처음 잘못한 일이라면 어떤 일을 잘못한 것인지 차근차근 설명해서 아이를 이해시켜주었습니다.

자기소개서 기록	자소서 3번에서 배우고 느낀 점을 서술하는 과정에서 좌우명 언급함.
면접 문항	'베풀며 살자'라는 좌우명을 가지게 된 계기는 무엇인가요?
학생 답변	X

추천 답변	요양원이나 병원에서 장기간 봉사 활동을 하는 과정에서 지켜본 일부 할머니와 할아버지의 이야기입니다. 자식들에 의해 기관에 맡겨지고 오랫동안 단 한 번도 자식을 보지 못한 할머니와 할아버지는 제가 봉사 활동을 오면 다른 분들보다 저를 열렬히 반겨주셨습니다. 그런 모습이 제게는 더욱 애잔하게 다가왔습니다. 그래서 저는 저의 가족과 친구들에게 잘하는 것은 물론이고 다른 사람들에게도 물질적인 지원뿐만 아니라 '마음을 베풀며 살자'라는 의미에서 좌우명을 '베풀며 살자'라고 했습니다.

자기소개서 기록	3학년 때 과학과제 연구대회에서 수상함.
면접 문항	어떤 부분이 참가자가 우수한 대회 성적을 거둘 수 있게 한 것 같은지 말해보세요.
학생 답변	X

추천 답변	피톤치드의 항염 효과를 알아보기 위해 세균을 배양하는 과정에서 많은 실패를 겪었습니다. 항온수조를 통해 배양한 세균배양 배지에 물이 들어가 실패하거나 세균 배양 중 기계가 꺼지는 등의 문제를 겪었고, 실패할 때마다 포기하지 않고 잘못된 부분을 수정해나가면서 실험을 수행했다는 점에서 좋은 평가를 받았다고 생각합니다.

자기소개서 기록	친환경 제설제 프로젝트를 진행하며 배우고 느낀 점.
면접 문항	친환경 제설제 프로젝트는 무슨 내용인가요?
학생 답변	X

추천 답변	제설제란 눈의 어는점을 낮추어 내린 눈이 얼지 않고 녹도록 하는 것으로 염화칼슘 등이 주로 쓰입니다. 하지만 염화칼슘이 물과 만나 이온화되면서 염소 이온이 차나 도로를 부식시키고, 식물의 광합성을 방해해 도로변의 나무들을 말라 죽게 합니다. 이러한 문제점을 해결하기 위해 친환경적인 성분의 제설제를 찾게 되었습니다. 그러던 중 불가사리의 추출물로 친환경 제설제를 만들 수 있다는 사실을 알게 되었고, 불가사리의 추출물이 염화이온을 흡착시켜 제설제가 환경에 악영향을 미치는 요인들을 제거하는 효과가 있다는 것을 알게 되어 프로젝트를 시작하게 되었습니다.

3) 방사선, 임상병리, 응급구조학과

학생부 기반 문항 면접

학생부 활동 기록	화법과 작문 세부능력특기사항에 '의료방사선, 위험한가?'에 대한 글짓기를 함.
면접 문항	화법과 작문 시간에 '의료방사선, 위험한가?'라는 내용을 썼는데 이에 대한 본인의 의견을 말해보세요.
학생 답변	X
추천 답변	최근에도 방사선은 선량이 적더라도 인체에는 해로운 것으로 분석된다는 종합적 연구 결과에 대한 기사를 본 적이 있습니다. 또한, 반대되는 내용으로는 아주 적은 양의 방사선이 오히려 생물에 적응력이나 면역력을 높여주거나 수명을 늘려주는 긍정 효과(호메시스 효과)를 준다는 기사를 보았습니다. 그러므로 현재로서는 한쪽의 특성만을 가졌다기보다는 적은 양의 방사선은 긍정적 및 부정적 영향을 준다고 생각합니다.

학생부 활동 기록	독서 활동 기록에 여러 책이 기재됨.
면접 문항	최근에 읽은 책이나 감명 깊게 읽은 책은 무엇이며 그 이유는 무엇인가요?
학생 답변	저는 오영환 작가님의 어느 소방관의 기도를 감명 깊게 읽었습니다. 오영환 작가님께서 소방관 활동을 하시면서 겪은 일을 쓴 책입니다. 저는 소방관의 마음가짐이 타인을 위한 희생이 되어야 한다고 생각했지만, 이 책을 읽고 소방관도 그 어느 사람도 희생되지 않게 하는 공익을 위한 헌신이 중요하다고 느끼게 되었습니다.
추천 답변	〈학생 답변 인용〉

	자기소개서 기반면접

자기소개서 기록	방사선 기기로 진단 및 치료를 하는 질병에 관련된 소논문, 발표 등의 활동을 진행하며 배우고 느낌.
면접 문항	방사선을 사용한 의료기기에 관해 설명해보세요.
학생 답변	X
추천 답변	Angiography (혈관에 조영제를 넣어서 보는 방법), X-RAY, CT, 3DCRT (3D로 재구성해서 여러 방면에서 쪼이는 방법), IMRT (세기를 조절해서 강한 곳과 약한 곳을 나눠서 쪼이는 방법), IGRT (영상으로 봐가면서 방사선을 쪼일 곳을 보는 방법), 사이버 나이프 (어디를 얼마큼 쪼일 것인지 계산을 해서 방사선을 쪼이는 방법), 토모테라피 (영상을 실시간으로 확인을 하면서 치료대상의 변화를 관찰하는 방법) 등을 알고 있습니다.

자기소개서 기록	방사선 학과분 아니라 다른 간호학과 혹은 타 의예과에 진학할 만한 이유가 될 만한 내용을 자기소개서 결론으로 작성함.
면접 문항	많은 보건계열 중에 왜 방사선 학과인지?
학생 답변	평소 생명과학을 좋아하고 현미경을 통해 관찰하고 보고서 작성하는 것을 좋아합니다. 저의 관심 분야인 생명과 기계 조작능력이 합쳐진 학과가 방사선학과라는 생각이 들어서 방사선학과에 지원하게 되었습니다.
추천 답변	〈학생 답변 인용〉

4) 물리치료 및 재활학과

학생부 활동 기록	학생회에서 활동함.
면접 문항	학생회 활동을 하면서 가장 아쉬웠던 활동은 무엇인가요?
학생 답변	X
추천 답변	학생회 활동 초기에 경험이 부족해서 학우들이 토론하는 과정에서 의견을 중재하는데 어려움을 겪었습니다. 토론 중재를 위해 다양한 TV 토론 속 사회자의 모습, 토론 관련 독서 등을 통해 많은 정보를 얻으며 다양한 의견을 조율하는 법을 터득하게 되었습니다. 학생회 활동을 하면서 경험 부족에 따른 아쉬움을 겪었지만 이러한 경험은 부족한 부분을 노력을 통해 해결할 수 있다는 자신감을 얻는 계기가 되었습니다.

학생부 활동 기록	생명 과학 시간에 BMI 기술에 대해 발표함. 혹은 BMI와 관련된 프로젝트를 진행함.
면접 문항	BMI 기술을 설명해보세요.
학생 답변	X
추천 답변	BMI (Brain-Machine Interface)는 인간의 뇌를 기계와 연결하여 뇌 신경 신호를 실시간 해석하여 활용하거나, 외부 정보를 입력하는 기술입니다. 이 기술은 뇌파의 측정과 분석을 통해 뇌 활동 상태를 파악하여 실시간으로 나타나는 뇌파 성향이 건강한 형태를 보이도록 스스로 조절하게 하는 '뉴로피드백' 훈련도 수반합니다. 현재 BMI는 사고나 질병으로 인체의 손상을 입은 환자를 치료하는 의료 중심으로 개발되고 있다는 기사를 보았습니다.

학생부 활동 기록	'나는 물리치료사다' 독서 기록 등 다수의 의료보건 관련 독서 활동이 기재됨.
면접 문항	'나는 물리치료사'라는 책을 통해 공감하는 부분과 공감하지 못하는 부분을 말해보세요.
학생 답변	물리치료사가 기계를 잘 작동시켜서 물리치료를 하는 것이 아니라 도수치료 등으로 환자 맞춤형 치료를 한다는 부분이 공감되었고, 공감되지 않는 부분은 없었습니다.

| 추천 답변 | '나는 물리치료사'라는 책은 물리치료사가 하는 실무를 사실적으로 보여주는 책이었습니다. 물리치료사의 실무에 관한 내용이었으므로 물리치료사를 꿈꾸는 제게는 많은 부분이 공감되었습니다. 그중에서 기계를 잘 작동시켜서 물리치료를 하는 것이 아니라 도수치료 등으로 환자 맞춤형 치료를 한다는 부분이 공감되었습니다. 반면에 공감되지 않는 부분은 제가 물리치료사의 실무를 아직은 체험해 본 적이 없다는 것입니다. |

자기소개서 기반면접

자기소개서 기록	교내 학술제에서 물리치료학에서 사용되는 치료법을 소개하면서 배우고 느낌.
면접 문항	교내 학술제를 통해서 배우고 느낀 점이 무엇인지 말해보세요.
학생 답변	물리치료는 단순히 기계의 힘을 빌려서 치료하는 것이 아니라 근육과 뼈의 움직임을 이해하고 환자와 공감하는 치료라는 것을 발표할 수 있어서 좋았습니다.
추천 답변	그냥 단순히 알고 있는 물리치료에도 새로운 치료법이 끊임없이 개발되고어 적용되고 있다는 점을 알게 되었습니다. 기계를 잘 다루는 물리치료사가 아니라 환자와 함께 현재 아픈 부위를 풀어나갈 수 있는 물리치료사의 중요성을 알게 되었고, 제가 관심 있는 분야를 친구들에게 설명하면서 나도 공부하고 나의 진로에 관해 관심을 가지는 친구들을 통해 많은 에너지를 얻을 수 있었습니다.

5) 치기공학, 치위생학

학생부 기반 문항 면접

학생부 활동 기록	학과에 적합하다는 단어를 자기소개서에 작성함.
면접 문항	학과와 본인의 적합한 점을 이야기해보세요.
학생 답변	치과기공사라는 직업 특성상 꼼꼼함과 끈기가 중요합니다. 저는 꼼꼼하다는 소리를 자주 들었을 뿐 아니라, 끈기도 넘칩니다. 또한, 치과기공사의 업무는 세밀한 작업분만 아니라 야근이 잦기 때문에 체력이 중요합니다. 그런 맥락에서 태권도 4단을 보유하고 있는 저는 체력적인 면에서는 문제가 없다고 생각합니다.
추천 답변	손재주라고 생각합니다. 치기공사의 일은 수작업으로 하므로 무엇을 만드는 일과 유사하다고 생각합니다. 제가 학교에 다니면서 한 수작업의 대표적인 것은 수상 기록에 있는 과학탐구구조물 대회입니다. 출품물을 제작할 때 세밀하여 만들기 어려운 부분이 많았습니다. 하지만 끝까지 포기하지 않으며 결국 최종 완성품을 만들어 냈습니다. 그 활동을 통해 저에게 끈기와 세심함, 손재주가 있다는 사실을 알게 되었고 이러한 저의 강점은 치기공과와 적합하다고 생각하였습니다.

학생부 활동 기록	스케일링의 중요성 언급함.
면접 문항	스케일링이 왜 중요하다고 생각하나요?
학생 답변	치석같이 딱딱하게 굳은 것은 스케일링을 해야 완벽하게 제거가 되며 충치 예방을 위해 스케일링이 중요하다고 생각합니다.
추천 답변	치석과 같이 딱딱하게 굳은 경성 침착물과 색소나 세균막 같은 연성 침착물은 스케일링을 통해서 제거할 수 있습니다. 또한, 스케일링의 과정을 통해 치아가 매끄러워져 침착물의 생성을 방지할 수 있습니다. 그러므로 치아 및 잇몸의 건강을 위해서 스케일링은 중요합니다. 또한, 색소 침착 같은 경우 웃었을 때 보인다면 인상을 깎아 먹을 수 있으므로 대인관계를 위해서도 스케일링은 중요합니다.

아

시샤

시사 면접 문항 분석 & 답변 사례

대부분의 대학들은 학생부와 자기소개서를 기반으로 한 서류확인 면접을 실시하고 있는데 여기에 더해 사회 현상이나 이슈에 대한 질문을 하기도 합니다. 사전에 제시문과 질문을 제공한 후 답변을 정리할 시간과 그것을 발표하는 형태로 진행되는 심층 면접도 있지만 자신이 지원한 학과나 계열과 관련된 최근의 이슈에 대해 직접적으로 면접장에서 답변을 해야 하는 경우도 있습니다. 특히 학과나 계열과 관련된 이슈의 경우 전공과의 연관성이 크기 때문에 최근에 어떤 일이 화두가 되는지 어느 정도는 알고 있어야 하고, 이를 활용해 예상 질문도 만들어 보면서 면접을 준비해 나가야 합니다.

시사 분야는 방대한 현상이나 주제를 다루지만 '현재성'이 크기 때문에 최근에 이슈가 되는 것들을 중심으로 질문하는 경우가 많습니다. 대개 정치, 경제, 사회, 인문, 자연, 환경, 공학, 보건 등의 분야에서 최근에 어떤 일이 이슈가 되는지를 알아야 하기 때문에 배경 지식은 물론 사회 현상에도 꾸준한 관심을 갖고 있어야 합니다. 가볍게 보고 면접장에 갔다가 낭패를 볼 수 있는 게 시사 분야이기 때문에 인성이나 서류 확인 면접보다 더 체계적으로 준비해야 합니다.

시사 면접을 준비할 때는 자신이 지원한 대학의 기출문제, 선행학습 영향평가 보고서, 신문기사, 뉴스, 인터넷 등을 활용하는 것이 가장 쉽고 효과적입니다. 내가 제출한 서류를 활용해 물어보는 것이라면 사전 준비가 쉽지만 시사 분야는 즉석에서 대응을 하는 경우가 많아서 그만큼 어려울 수밖에 없는데 그렇다고 상식을 벗어난 기상천외한 질문이 나오진 않습니다. 고등학생이라면 교과 시간에 배운 내용, 나의 전공과 관련된 내용, 누구나 한번쯤 들어봤을 최근 사건 등을 중심으로 질문을 하기 때문에 면접장에서 당황하지만 않는다면 문제될 이유는 없습니다.

수험생들 대부분이 기출 문제를 활용해서 시사 면접을 준비합니다. 인터넷 포털 등에 '올해의 시사 이슈', '최근 시사 이슈', '최근 ○○(나의 전공) 분야 시사 이슈' 등의 명칭으로 검색해 보면 다양한 내용들이 나옵니다. 이를 활용해 예상 질문과 기본적인 답변을 만들어 보고, 그 답변을 활용한 추가 질문과 답변 또한 만들어 보면서 준비해 나가면 혼자서도 충분히 해결할 수 있습니다.

세부적인 영역을 중심으로 준비해야 할 것들을 좀 더 살펴보면 다음과 같습니다.

정치나 경제, 사회, 문화 분야는 우리 생활에서 가장 흔하게 접할 수 있다보니 사례를 찾는데 큰 어려움은 없을 것 같습니다. 해당 분야 모두 쟁점이 되는 사안들이 많기 때문에 한 가지 주제가 정해지면 찬반의 주장을 명확하게 하거나 긍정과 부정으로 구분해 발표할 수 있도록 내용을 정리해 볼 필요가 있습니다.

인문, 철학, 역사 분야의 경우 학문적인 성격이 드러나는 질문을 하는 경우도 많기 때문에 관련 교과에서 배운 개념들을 중심으로 전공 소양과 배경 지식을 길러나가는 것이 좋겠고, 이런 것들이 우리 사회에서 어떻게 나타나고 있는지를 찾아보고 자신의 생각을 정리해 보면 좋을 것 같습니다.

자연계열이나 공학, 환경 분야처럼 과학적 지식을 기반으로 하는 경우엔 해당 분야에 대한 전문적인 지식 함양은 필수입니다. 때로는 과학 이론이나 실험 결과를 활용한 문항도 면접의 소재가 될 수 있지만 고교교육과정 안에서 출제하기 때문에 평소 교과 시간에 배운 내용에 대한 점검도 다시 한 번 꼼꼼하게 해 둘 필요가 있습니다.

의학, 보건 분야는 의료 관련 실제 사례를 활용한 문항을 출제하거나 생명과학 교과에서 다루는 유전, 질병 등을 소재로 한 문항을 출제하는 경우가 많습니다. 전공 분야에 대한 전문적인 지식에 대한 답변도 준비해야 하지만 사회적으로 이슈가 되었던 의료 및 보건 관련 사건들을 찾아 정리해 보면서 연습해 나가는 것이 가장 효과적인 대비 방법입니다.

유념할 점은 시사 문항의 경우엔 학과의 특성만을 고려해 관련된 주제만 묻지 않는다는 것입니다. 나의 전공과 관련된 것은 기본으로 알아야 하지만 평소 뉴스나 신문 기사 등을 통해 다양한 사회 현상에 대해 관심을 갖고, 비판적으로 생각하고 분석해 볼 수 있는 역량을 키워 나간다면 면접에서 좋은 결과를 기대해 봐도 좋을 것 같습니다.

(1) ···· 정치

◉ 질문 1

현재 우리나라 대통령의 임기는 5년 단임제이다. 이 제도는 1987년 개정된 이후 지금까지 30여년째 유지되어 오고 있다. 2016년 최순실을 비롯한 소위 비선 실세들의 국정농단에 의해 대통령 탄핵이 이루어지면서 '대통령제'에 대한 개헌 요구가 제기되는 상황이다. 우리나라의 대통령제는 많은 권력이 한 사람에게만 집중되어 있어 '제왕적 대통령제'라는 비판을 받기도 하는데 이를 고려해 권력분산에 대한 논의는 물론 개헌의 방식이나 방향에 대한 논의도 활발하게 이루어지고 있다. 각계의 의견이 분분하기는 하지만 대체로 미국과 같은 방식인 4년 중임제로의 변화에 어느 정도 의견이 모아지고 있는 상황이다. 가장 큰 이유는 현행 5년 단임제가 장기적인 국정 운영을 어렵게 할 뿐만 아니라 여야 간의 끊임없는 권력 쟁탈의 원인이 되기 때문이다. 권력을 놓고 한 치의 양보도 없는 여야 간 극한 대립이 이어지는 현실을 고려할 때 대통령 중임제로의 변화에 대한 자신의 생각을 말해보세요.

◉ 학생 답변

중임제 찬성 저는 중임제를 찬성합니다. 현행 5년 단임제의 경우, 임기말 레임덕 기간을 제외하면 실질적으로는 3~4년 정도가 대통령의 역할을 제대로 수행할 수 있는 기간이라고 봐야 합니다. 이 기간은 성과를 내기엔 너무나도 짧은 시간이라 정권교체로 인해 중단되는 정책들이 많을 수밖에 없습니다. 반면에 중임제가 되면 연임을 위해 민생을 돌보는데 더 주력하게 되고, 이를 통해 국민들에게 좋은 평가를 받는다면 정책을 지속적으로 추진해 나갈 수가 있습니다. 이런 점을 고려한다면 대통령 중임제로의 변화가 필요해 보입니다.

중임제 반대 저는 중임제를 반대합니다. 대통령제의 임기를 바꾸는 것은 좀 더 신중한 논의가 필요한 문제입니다. 우리나라의 정치사나 정치 현실을 보면 장기집권으로 인한 잡음이 끊이지 않았습니다. 지금의 5년 단임제는 이런 잡음을 줄이는 것은 물론 차기 대권을 의식하지 않으면서도 자신이 내세운 공약을 소신 있게 추진해 나갈 수 있습니다. 차라리 대통령 임기 동안 정책을 잘 수행할 수 있도록 여야 간의 화합을 통한 공조가 이루어질 수 있도록 제도적인 장치를 마련해 노력하는 것이 더 바람직해 보입니다.

중임제 찬성 저는 중임제를 찬성합니다. 왜냐하면 지금의 대통령 단임제는 5년 임기 안에 모든 정책을 수행해야 하기 때문에 임기가 끝나고 나면 책임을 묻기가 쉽지 않습니다. 반면에 중임제를 실시하게 되면 대통령이 국민들의 재평가를 받기 때문에 책임감 있는 정치를 할 수 있습니다. 게다가 연임의 가능성이 높아진다면 장기적인 정책 수행이 가능해지기 때문에 국익에도 도움이 되고, 임기 초 적응 과정이나 임기 말 레임덕 현상 등의 걱정도 줄일 수 있습니다. 이런 점을 감안한다면 중임제로의 변화가 바람직해 보입니다.

중임제 반대 저는 중임제를 반대합니다. 한국의 정치사를 보면 장기집권이 자행된 경우 권력자의 횡포나 비리, 부정부패를 비롯한 잡음이 끊이지 않았습니다. 우리의 현대 정치사를 보더라도 장기집권으로 인한 폐해가 많았는데 중임제를 하게 되면 오히려 대통령의 권한을 강화시켜 장기집권의 폐해를 다시 초래할 확률이 높습니다. 게다가 미국 방식의 중임제는 대통령이 소신을 갖고 정책을 추진하기보다 연임을 고려한 인기 위주의 정책 추진을 하게 할 수 있습니다. 이런 점을 감안한다면 지금의 5년 단임제가 더 효과적이라고 생각합니다.

질문 2

'양승태 사법행정권 남용 의혹'은 양승태 전 대법원장의 6년 재임 기간 동안 상고법원 도입을 위한 로비 활동을 위해 법원행정처를 통해 일선 판사들에게 배정된 자금을 횡령하여 불이익을 주고, 박근혜 정부가 요구하는 주요 사건들(전교조 및 KTX 승무원 해고 등)에 대한 재판 결과를 정부의 입맛에 맞게 판결해 주면서 재판 거래를 한 사건이다. 내부에 비자금까지 조성했다는 것으로 기존에는 사법행정권 남용 의혹이란 명칭으로 대법원에서 자체 조사를 했는데 2018년 5월 28일로 종료되었으며, 6월부터 검찰의 공식적인 조사 명칭은 사법농단 수사로 명시되었다.(내용 출처–위키백과)

이 사건으로 인해 사법농단 특별재판부를 설치하기 위한 법안이 국회에서 발의되었지만 '위헌' 여부를 놓고 대법원과 법무부의 상반된 견해가 나와 접점을 찾지 못하고 있는 상황이다. 이런 상황을 감안했을 때 법관의 비리를 전담하는 특별재판부 설치에 대해 어떻게 생각하는지 자신의 생각을 말해보세요.

학생 답변

설치 찬성 저는 특별재판부 설치를 찬성합니다. 법관의 비리를 법관이 처리하게 되면 '제 식구 감싸기'로 끝날 가능성이 큽니다. 일반적인 사안을 처리할 때도 제척 사유가 있으면 판결이나 심사에 참여하지 않는데 법관이라고 특혜를 준다면 형평성에도 맞지 않습니다. 객관적인 상황에서 올바른 판단을 하려면 특별재판부를 설치하는 것이 맞다고 생각합니다.

설치 반대 저는 특별재판부 설치를 반대합니다. 특별재판부 설치는 헌법에 명시되어 있는 삼권 분립의 근간을 흔드는 행위입니다. 법원의 독립성을 보장하지 못하는 상황에서 정치적 이해관계에 따른 판결이 이루어진다면 향후 다른 사건 또한 권력의 입맛에 맞는 판결이 이루어질 수밖에 없습니다. 법관도 사람이라 잘못을 저지를 수는 있지만 양심에 따라 판결할 수 있도록 제도를 보완하고 스스로 자정하려는 노력을 하는 것이 맞다고 생각합니다.

추천 답변

설치 찬성 저는 특별재판부 설치를 찬성합니다. 사건 관련 당사자가 영향력을 끼칠 수 있는 재판부가 재판을 하는 경우 공정한 재판을 기대하기는 어렵습니다. 이번 사건만 해도 사법부가 국민들의 불신을 스스로 자초한 것이고, 단순히 정의와 상식에 어긋나는 수준을 넘어 국가적인 위기까지 초래할 수 있는 중대 범죄에 해당합니다. 특별재판부 설치는 사법 농단 관련자들에 대해 공정한 재판을 담보하기 위한 최선의 조치이자 주권자를 대표하는 기관의 헌법수호적 조치이기 때문에 특별재판부를 설치하는 것이 맞다고 생각합니다.

설치 반대 저는 특별재판부 설치를 반대합니다. 특별재판부를 설치하는 것은 헌법상 근거가 없을 뿐만 아니라 법률이 정한 법관에 의해 재판받을 권리마저 침해할 소지가 있는 사안입니다. 재판의 공정성이나 신뢰성을 저하시키는 것은 물론 차후에 '위헌 법률 심판'이 제기될 경우 해당 사건에 대해 또 다른 논란도 불러올 수 있습니다. 더욱 문제가 되는 것은 삼권분립을 침해하는 행위이기 때문에 별도의 재판부를 설치하는 것은 바람직하지 않다고 생각합니다.

◉ 질문 3

일반적으로 가짜뉴스(Fake News)는 정치적, 경제적 이익을 위해 사실이 아닌 정보를 마치 사실처럼 가장해 기사 형식으로 작성하여 배포한 것을 말한다. (내용 출처 – 다음백과) 미디어와 인터넷의 발달로 정보 접근성이 높아지면서 가짜뉴스도 급격히 증가하고 있는데 특히 SNS를 매개로 한 가짜뉴스는 파급력이 커 실제 현실에 영향을 줄 수 있다는 점에서 사회문제가 되고 있다.

최근 들어 정부는 가짜뉴스와의 전쟁을 선포했는데 가짜뉴스를 생산하거나 유통한 사람은 명예훼손 및 업무방해, 전기통신 기본법 위반 혐의를 적용해 엄정 단속할 방침이라고 밝혔다. 하지만 표현의 자유를 위축시킬 수 있다는 반론도 만만치 않기 때문에 처벌에 대해 신중해야 한다는 주장도 있는 상황이다. 이런 상황을 봤을 때 가짜뉴스를 제작하고 유통한 사람들을 단속하거나 처벌하는 게 옳다고 생각하는지 자신의 생각을 말해보세요.

◉ 학생 답변

처벌 찬성 가짜뉴스를 제작하는 행위에 대해서는 단속과 처벌이 필요하다고 생각합니다. 표현의 자유도 중요하지만 공동체 사회를 유지해 나가기 위해서는 공익이 우선시 되어야 하기 때문입니다. 표현의 자유나 사생활 침해를 근거로 무분별하게 가짜뉴스가 제작되고 유통되는 것을 방치한다면 개인의 피해를 넘어 사회의 혼란을 부추길 수 있습니다.

처벌 반대 가짜뉴스나 허위사실 유포로 인한 불법 행위는 처벌받아야 마땅하지만 일부의 일탈 때문에 전체를 제한하려 하는 것은 '빈대를 잡으려다 초가삼간을 태우는 행위'와 다를 바가 없습니다. 가짜뉴스를 정부가 나서서 검열하고 처벌하게 된다면 또 다른 분쟁의 소지가 생길 수 있기 때문에 정부의 개입은 최소화하는 것이 바람직하다고 생각합니다.

◉ 추천 답변

처벌 찬성 저는 처벌에 찬성합니다. 가짜뉴스를 제작하고 유포하는 것은 부정확한 정보를 양산해 국민의 알 권리를 침해할 뿐만 아니라 공익을 해치는 중대한 범죄 행위가 될 수 있습니다. 특히 개인의 명예를 훼손하거나 정치적으로 편향된 내용 등으로 가짜뉴스를 제작하고 유포하게 되면 사회의 혼란만 더욱 가중시킬 수 있습니다. 정부 차원에서 상시적으로 계도하는 것도 좋지만 경우에 따라서는 엄중하게 처벌하는 것이 바람직하다고 생각합니다.

처벌 반대 저는 처벌에 반대합니다. 개인의 생각, 발언 등을 모두 감시하고 처벌할 권리가 정부에게 있다면 헌법에서 보장하는 표현의 자유는 위축될 게 뻔하고, 정부의 입맛에 맞는 내용만 살아남기 때문에 이것이 또 다른 가짜 뉴스를 양산하게 될 수 있습니다. 더구나 정치적 풍자나 의혹까지도 모두 가짜뉴스에 포함시켜 볼 수 있기 때문에 또 다른 갈등의 원인이 될 수 있습니다. 강압적으로 해결하려고 하는 것보다는 국민들이 기사의 사실관계를 판단할 수 있는 능력을 키울 수 있도록 역량을 길러주는 것이 더 효과적이라고 생각합니다.

8 시사관련

② ┈┈ 경제

◎ 질문 1

'임금피크제'는 근로자의 고용을 정년까지 보장하되 일정한 연령에 도달하는 시점에서 임금을 일정 부분씩 삭감하는 제도인데 이 제도를 실시할 경우 생기게 되는 장점과 단점을 말해보세요.

◎ 학생 답변

임금피크제의 장점 임금피크제를 실시할 경우 기업의 입장에서는 임금 동결이나 삭감을 통해 인건비 부담을 줄일 수 있고, 적은 비용으로도 숙련 노동자를 효율적으로 활용할 수 있습니다. 또한 노동자의 입장에서 보면 특정한 시기까지 고용이 보장되기 때문에 중장년층 근로자의 실업을 완화시킬 수가 있습니다.

임금피크제의 단점 임금피크제를 실시할 경우 기업이 노동자들의 임금 삭감을 위한 편법으로 악용할 소지가 있습니다. 또한 노동자의 사기를 저하시켜 생산성을 감소시킬 우려가 있고 노후 빈곤의 원인이 될 수 있습니다.

◎ 추천 답변

임금피크제의 장점 임금피크제는 정년이 60세 이상으로 의무화되면서 기업의 부담을 완화시키고 인건비 절감을 통해 청년 채용을 확대시킬 수 있는 장점을 갖고 있습니다. 이는 노동자들의 고용을 일정 시기까지 보장해 중장년층을 넘어 노인빈곤 문제까지도 완화시킬 수 있음은 물론 숙련된 노동력을 계속 활용할 수 있을 뿐만 아니라 인사 적체 문제까지도 해결할 수 있게 하는 효과적인 방법입니다.

임금피크제의 단점 법률에 의한 보장 등 별도의 안전장치 없이 임금피크제를 실시하게 되면 기업이 이를 악용할 가능성이 높습니다. 특히 정년이 보장되지 않다보니 임금 삭감의 가능성이 크고, 기업들이 삭감된 비용을 청년 신규 채용에 활용한다는 보장도 없습니다. 결국 생산성이 이전보다 더 떨어질 수밖에 없고, 청년실업 문제 또한 지금보다 악화될 가능성이 높습니다.

● 질문 2

'전기요금 누진제'는 전기를 많이 사용할수록 요금 단가가 높아지는 전기요금 체제로 사용 용도별로 차등 요금 제가 적용되는데 이중에서 주택용에만 누진제가 적용되고 있다. 2016년 개편안에는 기존 6단계 11.7배수의 누진구조를 3단계 3배수로 대폭 완화했고, 2018년 8월에는 1~3단계의 사용량 구간을 늘려 전기요금 부담을 완화했다. 최근 시민 21명이 가정용 전기 요금 누진제에 관해 한국전력공사를 상대로 전기요금 부당이득 반환 청구 소송을 낸 바 있는데 주택용 전력에만 누진율을 적용하는 전기 공급 규정이 산업용 전력과의 형평성 부분 에서 어긋난다는 취지이다. 사실 연평균 전력 사용량의 절반 이상을 차지하는 산업용 전력은 가정용 전력과는 달리 누진세를 적용받지 않아 절전의 효과에도 의문이 드는 것은 사실이다. 누진세제가 최초 도입될 당시에는 에너지 절약 및 소득 재분배 등의 순기능을 포함하고 있었지만 가정용 누진제를 반대하는 측에서는 시대의 흐 름을 따르지 못하는 비효율적인 방안이라 비판한다. 이런 점을 고려할 때 가정용 전기요금 누진제는 현행대로 유지되어야 하는지 자신의 견해를 말해보세요.

● 학생 답변

누진제 유지 찬성 1970년대 석유 파동을 계기로 만들어진 본 제도의 가장 큰 목적이 에너지 절약인데 가정에 서 전력 소비를 줄이기 위한 방법으로 잘 활용만 된다면 굳이 폐지할 이유는 없다고 생각합니다. 특히 2011 년의 대규모 정전 사태와 같은 일을 다시 겪지 않으려면 형평성만을 이유로 누진제를 폐지하는 것은 바람직하 지 않습니다.

누진제 유지 반대 저는 누진제를 유지하는 것에 반대합니다. 국민 생활과 직결되는 전력의 사용을 제한하면서 에너지 절약을 하자고 하는 것은 모순입니다. 에너지를 절약을 위한 다양한 방법이 있을 텐데 세금으로 국민을 옥죄면서 에너지를 절약하라고 하는 것은 바람직한 방법이 아닌 것 같습니다.

● 추천 답변

누진제 유지 찬성 누진제를 유지해야 하는 가장 큰 이유는 전기를 만드는 데 드는 비용을 고려해야 하기 때문입니 다. 전기는 국산이지만 원료는 수입해야 하는 상황이기 때문에 에너지 절약은 필수입니다. 만약 누진제가 폐 지돼 기본요금이 인상된다면 이를 빌미로 물가 또한 상승할 것이고, 장기적인 관점에서 보면 전기요금이 지속 적으로 인상될 가능성이 높기 때문에 유지하는 것이 바람직하다고 생각합니다.

누진제 유지 반대 저는 누진제를 유지하는 것에 반대합니다. 대한민국 전기요금 누진제는 주요 선진국의 전기 요금 누진제보다도 높은 비율을 적용하고 있습니다. 조사에 의하면 주요 선진국의 전기요금 누진제 배수는 2배 를 넘지 않는데 미국의 경우 1.1배, 일본은 1.4배로 거의 차이가 없고 프랑스와 독일의 경우 누진제가 없는 것 으로 알려져 있습니다. 국가마다 사정은 다르겠지만 여전히 주요 선진국에 비해 높은 전기요금 누진제를 채택 하고 있고 가정용 전기에만 적용하고 있는 것은 불합리한 제도입니다. 게다가 수십 년이 지난 제도를 지금도 똑 같이 적용하고 있다는 것은 현실적으로도 맞지 않기 때문에 폐지하는 것이 맞습니다.

질문 3

비정규직이란 임금이나 계약기간, 노동시간 등 중요 근로조건 기준에서 벗어나는 노동자를 지칭하는 의미로 사용된다. 정규직에 비해 해고가 쉽고, 적은 임금으로 고용할 수 있기 때문에 기업입장에서는 유리하겠지만 노동자의 입장에서는 해고에 대한 불안감과 저임금으로 생활해야 하는 어려움이 있다. 최근 비정규직에 대한 권리를 상승시키기 위한 다양한 의견이 제시되고 있고, 처우를 개선하려는 노력 또한 많은 논의가 이루어지고 있는 실정이다. 특히 통상적인 비정규직 기간(2년)이 지나면 정규직화하자는 논의가 핵심인데 이 문제에 대한 학생의 생각을 말해보세요.

학생 답변

찬성 비정규직을 정규직화 할 경우 미래에 대한 불안을 해소할 수 있다는 장점이 있습니다. 질문에서도 언급된 것처럼 비정규직은 저임금과 해고가 쉬운 고용형태를 가지고 있는데 이런 이유로 인해 경제가 어려워지면 가장 먼저 해고가 됩니다. 이런 불안감을 노동자가 갖고 살아간다면 양질의 성과를 내기도 쉽지 않을 거라 생각합니다. 비정규직의 정규직화야말로 노동자의 불안감을 해소시키면서 성과를 향상 시킬 수 있는 최선의 방법이라고 생각합니다.

반대 저는 비정규직을 무조건적으로 정규직화하는 것은 반대합니다. 기업은 규모에 맞는 정해진 인원을 필요로 하는 곳입니다. 무턱대로 비정규직을 정규직으로 전환하게 된다면 고용의 포화로 인해 인력은 남아돌고, 일하지 않아도 비용을 지불해야 하는 일이 생길 수 있습니다. 게다가 신규 채용의 기회마저 줄어들기 때문에 역차별이 발생할 수 밖에 없습니다. 정부 입장에서는 신규 채용을 늘리기 위한 법안을 마련 중이라고는 하는데 이것이 비정규직 전환 법안과 상충될 가능성도 배제할 수가 없습니다.

추천 답변

찬성 저는 '비정규직을 정규직화'하는 것에 찬성합니다. 이것은 조직 내에서의 갈등을 없앨 수 있는 가장 현명한 방법이기 때문입니다. 조직 사회에서 갈등이 생기면 성장 가치를 훼손할 수밖에 없기 때문에 기업의 입장에서도 득이 되진 않습니다. 기업의 본질이 이윤 추구에 있겠지만 사회적 책임 또한 져야 하기 때문에 비정규직의 처우를 개선하는데 좀더 관심 가질 필요가 있습니다.

반대 저는 '비정규직을 정규직화'하는 것에 반대합니다. 이 문제를 법제화한다면 시장 논리를 침해할 수 있습니다. 최근 정부의 지나친 시장 개입으로 여러 문제점들을 지적하고 있는데 이 문제까지도 법제화할 경우엔 비정규직의 도덕적 해이를 불러올 수 있습니다. 그렇게 되면 기업들의 이익은 줄어들고, 이는 다시 고용 하락으로 이어져 새로운 문제를 야기하게 될 것입니다. 또한, 비정규직을 정규직으로 전환하는 과정에서 임금이 상승한다면 신규 채용에도 걸림돌이 될 수밖에 없습니다.

③ ⋯⋯⋯ 사회

● 질문 1

정부가 공공부문에서 블라인드 채용제도를 의무화하면서 민간부문에서도 이 제도의 도입을 적극 권장하고 있다. 블라인드 채용 시 지원자는 입사원서에 학력, 사진, 신체조건, 출신 지역 등의 인적 정보를 기재하지 않는데 이 제도의 장단점을 중심으로 아는 대로 말해보세요.

● 학생 답변

블라인드 채용제도는 혈연, 지연, 학연 등을 배제한 상황에서 지원자를 선발할 할 수 있기 때문에 학벌 중심의 사고를 완화시킬 수 있는 장점을 갖고 있습니다. 지원자에 대한 인적 정보가 전혀 없는 상황에서 업무 능력과 경험을 중심으로 면접 등의 방식을 통해 선발하기 때문에 능력 있는 사람이 차별 받지 않고 실력으로만 승부할 수가 있습니다. 다만 이 제도를 시행하는 기관들이 아직까지는 응시자를 객관적으로 평가할 수 있는 기준이 부족하고, 채용시스템을 개발하기 위한 비용 또한 크게 증가할 것으로 예상되기 때문에 이를 해결하기 위한 노력이 필요합니다.

● 추천 답변

블라인드 채용은 지금까지의 학벌 중심 사회를 능력 중심의 사회로 바꿀 수 있는 최적의 방법입니다. 이 제도가 잘 정착된다면 경쟁을 부추기는 사교육 감소에도 큰 효과를 볼 수 있고, 학연, 혈연, 지연 등의 이유로 취업을 포기한 사람들이 적극적으로 구직 활동을 하게 될 것입니다. 하지만 객관적인 평가 기준을 마련하는 것이 쉽지 않은 상황에서 짧은 시간 안에 지원자를 평가하다보면 능력이 아닌 면접 당일의 역량이나 첫인상 등이 선발 과정에 영향을 미칠 수 있을 것이고, 이는 오히려 학력이나 스펙 등을 쌓기 위해 열심히 노력한 사람들에겐 역차별이 될 수도 있을 것입니다. 모두가 만족할 수 있는 선발 방식은 있을 수 없겠지만 기회를 공평하게 준다는 점에서 의미가 크기 때문에 앞으로 문제점들을 보완해 나가려는 노력을 기울여야 할 것 같습니다

◉ 질문 2

'노키즈존'이란 5세 미만, 미취학 아동, 유모차 등 조건은 다소 다르지만 어린 아이들의 출입을 금지하는 곳을 의미하는데 주로 커피 전문점이나 음식점, 고급 가구숍 등에 많은 것으로 알려져 있다. 노키즈존을 선택한 업주들은 부모와 함께 찾은 아이들이 소란을 피우면 사고 발생 위험이 크고, 다른 고객들의 불만도 크기 때문에 어쩔 수 없다고 항변한다. 음식점에서 제멋대로 행동하는 아이들 때문에 불편을 겪어본 사람들도 노키즈존의 등장에 대체로 동의하지만 어린이를 둔 부모들은 어디로 가야 하느냐며 너무 지나친 처사라고 고충을 토로한다. 이렇게 논란이 계속되고 있는 노키즈존에 대한 학생의 생각을 말해보세요.

◉ 학생 답변

설치 찬성 저는 '노키즈존' 설치에 찬성합니다. 노키즈존을 도입하는 식당이나 카페는 타당한 이유가 있기 때문입니다. 특히 에티켓을 지키지 않는 어린이를 동반한 부모', '아이 우는 소리', '식당 테이블에 앉아 기저귀를 처리하는 부모' 등은 다른 손님들에게 불쾌감을 줄 수 있고, 무분별하게 뛰어다니다가 기물을 파손하거나 다칠 위험도 있기 때문에 다소 불편하더라도 이런 시스템은 운영되는 게 맞다고 생각합니다.

설치 반대 저는 '노키즈존' 설치에 찬성합니다. 노키즈존은 아동과 기혼 여성 등 사회적 약자에 대한 차별이라고 생각합니다. 일부 몰지각한 부모들이 소란을 피우는 아이를 제지하지 않는 것은 문제지만 이를 모든 부모와 아이 때문으로 일반화하는 것은 말이 안 됩니다. 타인들에게 피해를 주는 부모와 아이에 대해서만 제한을 두는 방향으로의 개선이 우선이지 노키즈존을 설치해서 모두에게 제한을 두는 행위는 바람직하지 않습니다.

◉ 추천 답변

설치 찬성 저는 '노키즈존' 설치에 찬성합니다. 노키즈존을 찬성하는 이유는 어린이의 안전사고를 예방할 수 있을 뿐만 아니라 이용객들의 불편을 줄일 수 있기 때문입니다. 실제로 한 식당에서 뜨거운 물이 담긴 그릇을 들고 가던 종업원과 10세 어린이가 부딪혀 아이가 화상을 입는 사고가 발생하였고, 일부이긴 하지만 음식점 테이블에 앉아서 아이의 기저귀를 갈거나 음식점 컵에 아이의 소변을 보게 하는 등 공공장소에서 다른 손님들에게 불편을 주는 사례도 있었습니다.
클래식 공연장에서도 공연 감상에 방해가 되는 것을 나이를 제한하기도 하듯 맛있는 음식을 먹기 위해 비용을 지불한 사람도 존중해주어야 맞습니다.

설치 반대 저는 '노키즈존' 설치에 반대합니다. 노키즈존은 아이들의 인권과 부모들의 권리를 제한하고 있기 때문에 명백한 차별 행위입니다. 사회는 공동체가 모여서 더불어 살아가는 방법을 배우는 곳이기 때문에 무작정 출입을 금지시키는 것은 결코 대안이 될 수 없습니다.
아이들이 소란을 피울 때 예의를 가르치고 조용히 시키는 것은 단순히 부모만의 책임이 아니라 우리 모두가 지혜를 발휘해 함께 해결해 나가야 하는 일이기 때문에 노키즈존을 설치해 강제적으로 제한하는 것은 반대합니다.

④ ········ 교육

최근 대학수학능력시험 영어 과목과 한국사 과목의 등급을 산출하는 방식이 상대평가에서 절대평가로 바뀌었고, 이를 다른 과목으로도 확대하자는 의견이 있다. 이러한 변화는 교육과 사회에 큰 영향을 미칠 것으로 예상이 되는데 절대평가를 확대하는 것에 대한 본인의 의견을 말해보세요.

학생 답변

찬성 저는 절대평가를 확대하는 것에 찬성합니다. 지금의 입시는 남보다 더 좋은 등급을 받기 위해 학습의 질적인 측면을 발전시키는 것이 아니라 하나라도 정답을 더 맞히기 위해 공부를 해야 하는 방식입니다. 이런 방식은 경쟁 일변도의 교육과 지나친 사교육 부담으로 이어져 교육의 파행을 가져올 수밖에 없습니다. 교육이 미래 사회에 적합한 인재를 기르는 방향으로 나가려면 평가 방식 또한 절대평가 방식으로의 전환이 이루어져야 한다고 생각합니다.

반대 저는 절대평가를 확대하는 것에 반대합니다. 수능 절대평가 방식을 도입할 경우 영어 과목은 100점 만점을 기준으로 90점 이상은 1등급, 80점 이상은 2등급 등 10점 단위로 점수를 끊어 등급을 매기기 때문에 해당 구간에 포함되면 학생의 인원수와 상관없이 모두 같은 등급을 받게 됩니다. 이렇게 되면 또 다른 형평성의 문제가 제기될 수밖에 없는데 이런 상황에서 수능 전 과목 절대평가를 시행하게 된다면 동점자의 규모 또한 커져서 공정 선발에 문제가 생길 수 있습니다.

추천 답변

찬성 저는 절대평가를 확대하는 것에 찬성합니다. 지금의 수능 상대평가는 창의적 인재를 양성하고자 하는 시대의 흐름에 역행하는 방식입니다. 교육부는 4차 산업시대에 맞는 창의적 인재 양성을 목표로 교육개혁을 하겠다는 뜻을 밝힌 바가 있는데 성적순으로 줄을 세워 대학 진학을 결정하게 된다면 이런 취지를 벗어난다고 봐야 합니다. 또한 수능이 절대평가로 전환되고 대학에서 학생을 뽑는 방식이 사라진다면 대학 서열화나 점수로 학생 줄 세우는 문제도 해소할 수 있을 것입니다. 절대 평가 방식은 선진 교육의 추세이고, 학생들의 학업 부담을 줄일 수 있다는 점도 간과할 수 없습니다.

반대 저는 절대평가를 확대하는 것에 반대합니다. 수능이 절대평가로 바뀌게 되면 대학들은 수능 성적만으로 학생을 선발하는 게 불가능해질 것으로 예상되기 때문입니다. 이렇게 되면 대학은 정시 모집을 줄이고 수시를 대폭 늘리거나 정시에서도 내신이나 면접 등을 추가적으로 활용할 수밖에 없기 때문에 이를 준비는 수험생들은 추가적인 사교육 비용을 부담해야 하고, 학업 외에도 새로운 '스펙'을 쌓아야 하는 악순환이 계속될 수밖에 없습니다.

8
시사관련

◉ 질문 2

특수목적고등학교(이하 '특목고')와 자율형사립고등학교(이하 '자사고')는 교육과정을 다양화, 특성화하여 학생들의 선택권을 확대한다는 취지로 시작되었지만 어느 때부턴가 설립 목적과 다르게 대학입시만을 위한 목적으로 전락하기 시작했다. 우수한 인재가 쏠림 현상으로 인재 일반고의 학업 역량을 약화시키는 원인이 되었고, 결국 폐지해야 한다는 목소리가 나오기 시작했는데 문재인 대통령이 특목고·자사고 폐지를 공약으로 내세우면서 움직임이 구체화되었고, 동시에 찬반 논란 또한 거세지고 있는 상황이다. 자사고나 특목고를 폐지해야 하는지에 대한 학생의 의견을 말해보세요.

◉ 학생 답변

찬성 저는 폐지를 찬성합니다. 지금의 자사고나 특목고는 일반 고등학교들과의 차별성이 느껴지지 않습니다. 오히려 좋은 대학을 가기 위한 입시 교육의 장으로 전락했다는 느낌이 많이 들고, 핵심적인 이유인 사교육비의 절감 문제 또한 전혀 효과가 없는 상황입니다. 내부경쟁이 매우 치열하기 때문에 여기서 살아남으려고 또 다시 사교육을 시키다보니 비싼 등록금에 더해 추가적인 비용이 발생하는 부작용을 낳고 있습니다. 이런 상황이 해결될 기미가 보이지 않는다면 공정한 경쟁을 위해서라도 폐지하는 것이 맞다고 생각합니다.

반대 저는 폐지를 반대합니다. 자사고나 특목고의 무조건적인 폐지는 교육의 획일화를 불러올 수 있습니다. 학교엔 다양한 학생들이 존재하기 때문에 이들에게 다양한 교육을 제공하는 것은 당연한 이치입니다. 학생과 학부모들의 선택권을 무시한 채 강제로 일반고로 전환하는 것은 문제가 있다고 생각합니다. 게다가 일반고의 학업역량이 약화된 원인이 꼭 특목고나 자사고 때문이라고 단정 지을 수는 없습니다.

◉ 추천 답변

찬성 저는 폐지를 찬성합니다. 가장 큰 이유는 자사고나 특목고에 입학하기 위해 더 많은 사교육을 받게 된다는 점 때문입니다. 사교육은 빈부 격차에 의한 차이를 내포하고 있기 때문에 부유층의 자녀일수록 이점이 클 수밖에 없고, 이것은 교육의 평등에도 어긋나는 것입니다. 더구나 자사고, 특목고는 설립 취지와 다르게 이미 명문대 진학의 발판으로 변질되었기에 더 이상 존립할 명분이 없다고 생각합니다. 최근의 자사고 논란을 보더라도 자사고나 특목고는 폐지되는 게 맞습니다.

반대 저는 폐지를 반대합니다. 자사고나 특목고를 설립한 취지는 개인의 특성과 무관하지 않습니다. 다양한 역량을 가진 학생들의 특성을 계발하기 위해서는 학교를 선택할 수 있는 권리가 주어져야 한다고 생각합니다. 자사고와 특목고를 일방적으로 폐지하게 된다면 일반 고등학교에서 전문적인 인재를 양성할 수 있는 프로그램이 생기는 데 많은 어려움이 따르게됩니다. 무조건적인 폐지보다는 자사고와 특목고가 설립 취지대로 운영될 수 있는 여건을 만드는 것이 더 효과적이라고 생각합니다.

2012년 도입된 '서울 학생인권조례'에 따르면 '학교가 학생 의사에 반해 용모를 규제해선 안 된다'는 내용이 포함돼 학교 열 곳 중 여덟 곳이 머리 길이 단속을 없앴다. 하지만 염색과 파마는 일부 혁신학교를 제외하면 대부분 학칙으로 못하게 하는 상황이다. 최근 조희연 서울시 교육감이 "머리 모양을 결정하는 권한은 자기 결정권에 해당하는 기본권"이라며 '서울 학생 두발 자유화 선언'을 했는데 이번 두발 자유화에는 머리 길이를 자유롭게 하는 것뿐 아니라 염색과 파마를 허용하는 방안도 포함돼 학교 현장에서는 찬반이 엇갈리고 있는 상황이다. 이 문제에 대한 자신의 의견을 말해보세요.

◉ 학생 답변

찬성 저는 두발 자유화에 찬성합니다. 학생다운 모습을 요구하며 학생들이 염색이나 파마를 하지 못하도록 하는 건 기성세대의 편견일 뿐입니다. 두발 자유화는 자기표현의 수단이기 때문에 규제가 사라지면 오랜 기간 개성 표현을 못했던 학생들이 자기표현을 할 수 있게 돼 상상력과 창의력이 풍부해질 수 있을 것이고, 단속하는 선생님들과 이를 피하려는 학생들 간의 갈등 또한 줄어들게 될 겁니다.

반대 저는 두발 자유화에 반대합니다. 두발 길이까지는 그렇다 해도 염색과 파마까지 허용하면 청소년들의 외모지상주의가 심해지고 학생들 사이에 위화감이 생길 수 있습니다. 학생들이 머리 모양에 신경 쓰느라 공부를 소홀히 할 수 있고, 염색이나 파마를 하는 비용 또한 만만치 않아 경제적으로 어려운 학생들이 소외감을 느낄 수 있습니다. 학교에서마저 이런 부분에 대해 규제를 하지 못한다면 학습 분위기마저도 나빠질 수 있습니다.

◉ 추천 답변

찬성 저는 두발 자유화에 찬성합니다. 두발을 규제하는 것은 기본권을 침해하는 것으로, 두발의 길이뿐만 아니라 염색, 파마 등 그 어떠한 것도 정당화될 수 없다고 생각합니다. 그동안 대부분의 학교들이 교칙을 명분으로 학생들의 두발을 단속해 왔는데 이는 학생들의 자기 결정권과 인격을 침해하는 행위라 할 수 있습니다. 2012년 공포된 학생인권조례 제 4절 제12조에 따르면 학생은 복장, 두발 등 용모에 있어서 자기 개성을 실현할 권리를 갖는다고 명시되어 있습니다. 파마나 염색을 하는 것은 개인의 결정권이지 학생 본분에 적합하지 못하거나 면학 분위기를 해치는 것이 아닙니다. 민주주의 사회에서 건강한 구성원을 양성하는 곳으로 학교가 존립하려면 학생들의 이러한 자기 결정권과 자율성을 보장해주는 방향으로 나아가야 한다고 생각합니다.

반대 저는 두발 자유화에 반대합니다. 청소년은 교사나 학부모가 보호해야 할 의무가 있고, 건강한 성장을 위해 최소한의 규제는 반드시 필요하다고 생각합니다. 두발을 제한하는 것도 그 중 하나입니다. 기본권 침해라는 주장으로 제한하지 못한다면 절제력이 약한 청소년들의 일탈 또한 배제할 수가 없습니다. 더불어 두발 자유화는 면학 분위기를 해칠 가능성이 많습니다. 염색과 파마를 허용할 경우 머리를 꾸미는 데 많은 시간을 허비하게 되고, 이는 면학분위기를 해치는 결과를 초래할 수 있습니다.

(5) ···· 문화

◉ 질문 1

청와대 국민청원은 '국민이 물으면 정부가 답한다'는 국정철학을 지향·반영하고자 도입한 국민과의 직접 소통의 수단 중 하나이다. 2017년 8월 17일 문재인 정부 출범 100일을 맞이하여 19일 청와대 홈페이지를 '국민소통플랫폼'으로 개편하면서 신설하였다. '국민소통광장'이라는 탭을 새로 만들어 토론방, 국민신문고, 인재추천, 효자동사진관과 함께 처음 선보인 것이다. 가장 많이 언급된 단어는 '대통령'이었고 '처벌', '정책' 등도 많았지만 인권, 성평등 등 사회적 약자를 위한 호소의 장으로서 기능을 하고 있다.(내용 출처-위키백과) 그런데 일부이긴 하지만 사법부에서 최종 판결이 난 사안임에도 국민청원을 활용해 자신의 억울함을 호소하는 사례가 늘면서 우려하는 목소리가 나오기 시작했고, 여론을 유리한 쪽으로 이끌어가기 위한 장으로 변질되고 있다는 지적도 나오기 시작했다. 이런 청와대 국민청원 게시판의 순기능과 역기능에 대한 자신의 생각을 말해보세요.

◉ 학생 답변

순기능 인간은 누구나 표현의 자유를 누릴 수 있는 권리를 갖고 있습니다. 개개인의 의견을 마음껏 표출할 수 있는 공간이 생겼다는 점만으로도 국민청원 제도는 매우 긍정적이라고 생각하고, 정부의 입장에서도 많은 국민들의 고충을 파악할 수 있기 때문에 좋은 제도라고 생각합니다.

역기능 국민 청원 제도는 다수 국민들의 의견을 수렴한다는 취지와 달리 사적 피해에 대한 하소연, 마구잡이식 비방, 현실과 동떨어진 내용도 많은 상황입니다. 사실에 근거한 내용이 아닌 조작된 진실이나 허무맹랑한 내용들이 청원에 있을 것을 보면 표현의 자유라는 긍정적인 측면보다 근거 없는 억측을 만들어 낼 수 있다는 우려가 생깁니다.

◉ 추천 답변

순기능 국민을 위한 청원 게시판 등 직접적으로 호소할 수 있는 공간이 있다는 것은 정부의 입장에서 여론 흐름을 신속하게 파악하고, 정책 방향을 설정할 때도 매우 용이한 방식이라고 할 수 있습니다. 특히 자유롭게 자신의 의견을 표현할 수 있다는 점에서 긍정적인 공론의 장이라고 생각하며 궁극적으로는 많은 국민들의 정치 참여를 유도할 수도 있습니다.

역기능 익명성을 전제로 한 온라인 국민청원 방식은 대중의 즉흥적인 감정을 증폭시키는 도구일 뿐입니다. 심도 있는 논의가 필요한 이슈마저도 충분한 논의 없이 마구잡이식으로 의견을 표출하게 되고, 이 과정에서 특정인에 대한 '마녀 사냥식' 비판여론을 키울 수도 있습니다. 또한 정치적으로는 국회의 역할이 위축되고 행정부 중심의 국정운영이 강화되어 잘못된 여론에 이끌려 정책을 제대로 수행하지 못하는 사태가 생길 수도 있습니다.

● 질문 2

세계보건기구(WHO)는 오는 20일 열리는 세계보건총회(WHA)에서 게임장애를 질병으로 분류하는 국제질병 분류 개정판(ICD-11) 확정 여부를 결정키로 한 가운데 한국 게임계가 이를 저지하기 위해 총력을 기울이고 있다. 게임업계에 따르면 국내 게임 관련 협·단체 등 업계와 학계, 국회까지 나서 반대 의견을 강하게 피력하고 있다. 한국게임학회 등이 주축이 돼 '게임질병코드 도입 반대를 위한 공동대책 위원회'도 발족했다.

게임중독을 둘러싼 이견은 이전부터 있어 왔는데 특히 학부모들은 자녀가 장시간 게임을 하는 것에 대해 오래 전부터 우려를 표명해 왔다. 반면에 관련업계와 이용자들은 게임을 계속하게 만드는 '재미 요소'를 '중독 요인'으로 보고, 이를 제재하려는 발상이 게임에 대한 편견을 낳는다고 주장하고 있다. 접점을 찾기 어려운 양측의 주장에 WHO가 '게임중독의 질병 분류'를 들여다보면서 논쟁이 가속화 되고 있는데 게임중독을 질병으로 분류해 치료해야 하는 것인지에 대한 자신의 생각을 말해보세요.

● 학생 답변

찬성 중독이라는 용어를 사용하는 것 자체가 질병이라는 것을 전제로 하는 것입니다. 자신의 의지로 제어하지 못할 만큼 게임에만 빠져 있는 경우라면 다른 사람이나 약물 등의 도움을 받아서라도 치료하는 것이 맞다고 생각합니다. 그런 의미에서 WHO가 게임 중독을 질병으로 분류하는 것은 적절하다고 생각합니다.

반대 게임 행위를 중독으로 단정을 짓는 기준은 게이머들이라기보다 게임과 무관한 사람들이 만든 편견이라고 생각합니다. 오락이나 운동이 재미를 추구하듯 게임도 마찬가지입니다. 이런 재미를 중독으로 몰아간다면 스포츠에 중독된 사람들 또한 질병으로 분류해서 치료의 대상이 돼야 합니다. 게임을 질병으로 보는 것은 일부의 그릇된 선입견일 뿐 치료를 받아야 하는 것은 아닙니다.

● 추천 답변

찬성 게임을 중독으로 보고 제재하려는 이유는 개인의 의지만으로는 해결할 수 없는 치료의 대상이기 때문입니다. 치료를 한다는 것은 의학적 진단을 필요로 하는 것이기 때문에 원인이나 증상을 파악하는 것이 우선이고 이를 위해서는 예방시스템을 구축해야만 합니다. 부모의 지도만으로 게임을 자제시키는 것이 힘들다면 국가적 치원에서라도 이런 중독을 해결할 수 있도록 규제할 필요가 있습니다.

반대 인간의 삶에서 유희는 없어서는 안 되는 것이고, 게임은 그것을 가능하게 해 주는 도구 가운데 하나입니다. 전 세계적으로 수많은 사람들이 즐기는 게임을 질병으로 분류하는 것 자체가 어불성설이라고 생각합니다. 게임은 인간이 즐기는 다양한 취미활동 중 하나일 뿐인데 다른 질병처럼 인식한다는 것은 게임에 대해 선입견을 갖고 있는 기성세대의 편견일 뿐입니다.

⑥ ⋯⋯⋯ 인문

◉ 질문 1

최근에 정부는 '신고리 5·6호기 원전'에 대한 공사재개 문제에 대하여, '공론화 위원회'가 주도한 공론조사를 통하여 결론을 내렸다. 공론조사에 참여한 500명의 일반시민은 3개월 동안의 논의를 거쳐 최종 결론을 도출하였다. 정부가 중요한 정책을 결정하는 방법으로서 공론조사의 장점과 단점에 대하여 설명해보세요.

◉ 학생 답변

장단점 공론조사의 장점은 일반 여론조사와 달리 응답자들이 토론과 학습을 통해 해당 정책에 대해 충분히 숙지한 후에 설문에 응답할 수 있기 때문에 정책을 올바르게 결정하는데 도움을 줄 수 있습니다. 반면에 공론조사는 일반 여론조사와 달리 시간과 비용이 많이 드는데다 다양한 분야의 구성원이 모이다보니 논제와 관련이 없는 사람들이 전문적인 견해를 가진 사람들에게 끌려갈 수가 있다는 단점이 있습니다.

◉ 추천 답변

장단점 공론조사의 장점은 일반 여론 조사에 비해 정제된 의견을 수렴할 수 있기 때문에 다른 민주주의 형태보다 폭넓게 공유된 합의를 생산하는 경향이 있습니다. 또한 명확한 근거를 바탕으로 추론하기 때문에 반대 입장에 대한 공감을 더 쉽게 유도할 수 있습니다. 하지만 공론조사는 법안이나 정책을 결정하는 주체인 의회의 권한이 아니기 때문에 의회 민주주의 제도에 반하는 방식입니다. 또한 단순 여론 조사와 달리 비용이 많이 들고, 언변이 뛰어난 사람이나 주제와 관련해 전문적인 견해를 가진 사람이 유리한 쪽으로 결정을 유도할 수 있다는 단점이 있습니다.

● 질문 2

2018년 6월 28일 헌법재판소는 대체복무제가 없는 병역법 제5조 1항은 헌법불합치 결정을 내렸다. 헌법재판소의 결정에 따라 '병역의 종류'를 규정하는 병역법 제5조 1항은 2019년 12월 31일까지 개정되어야 하는데 이에 국방부는 지난해 12월 28일 새로운 병역법 개정안을 공개했다. 국방부의 개정안에 따르면, 새로운 대체복무제는 합숙 근무의 형태로 36개월을 복무해야 하며 그 분야는 군 관련 업무가 아닌 민간분야의 업무로 결정되었다. 이런 내용이 공개되자 국가인권위원회와 시민단체들은 우려를 표했는데 우선 대체복무 기간이 현역 군 복무기간의 1.5배를 넘겨서는 안 된다는 국제권고사항에 비해 너무 길다는 점, '양심적 병역거부자'를 '종교적 신앙 등에 따른 대체복무자'로 변경한 점 등이 문제가 되었다. 앞으로도 논란은 계속될 것으로 예상이 되는데 양심적 병역거부 및 대체복무에 대한 자신의 생각을 말해보라.

● 학생 답변

찬성 저는 대체복무 제도를 찬성합니다. 대체복무 기회를 제공하지 않고 양심적 병역 거부자를 형사 처벌하는 것은 헌법이 정한 양심의 자유를 침해하는 일입니다. 물론 대체복무가 실시되면 이를 악용해 병역 의무를 회피할 수 있고, 상대적으로 군복무를 해야 하는 현역병들이 박탈감을 느낄 수는 있습니다. 그러나 선발 기준을 엄격히 하고, 제도의 보완을 통해 양심적 병역 거부자들을 선발할 수 있다면 복무기간 연장 등을 통해 문제점들을 충분히 보완할 수 있습니다.

반대 저는 대체복무 제도를 반대합니다. 대한민국에서 병역은 의무 사항이기 때문입니다. 양심적 병역거부라는 이름으로 의무를 저버린다면 군 입대를 앞둔 사람은 물론 이미 군복무를 마친 사람과 군복무 중에 있는 사람들에 대한 또 다른 차별이 될 수 있습니다. 더구나 양심이나 신념에 의한 병역거부라는 것을 판단할 수 있는 기준도 모호해 악용의 소지가 늘어갈 가능성이 매우 높습니다. 이런 점을 감안한다면 양심적 병역 거부로 인한 대체 복무의 허용은 잘못된 판단이라고 생각합니다.

● 추천 답변

찬성 저는 대체복무 제도를 찬성합니다. 대체복무는 이미 세계적인 추세입니다. 많은 이들이 국가 안보를 이유로 대체복무 허용을 반대하고 있지만 독일이나 대만 등은 제한적으로라도 대체복무제를 시행하고 있습니다. 대체복무는 국가의 안보와 직결된 문제이기도 하지만 살생과 인권 등의 근원적인 고민을 하게 하는 문제입니다. 병역거부는 병역비리가 아니기 때문에 양심에 따른 행위를 단순히 군대 가기 싫은 이들과 동일시해서는 안 됩니다. 제도를 악용할 소지가 있다고 해서 대체복무 자체를 막거나 비난할 수는 없습니다.

반대 저는 대체복무 제도를 반대합니다. 병역 문제는 대한민국 국민으로서의 의무입니다. 개인의 권리를 행사하려면 스스로가 수행해야 할 의무 또한 잘 지켜야 합니다. 양심의 자유 또한 의무를 수행하고 나서야 주장할 수 있는 권리입니다. 단지 양심이라는 이유 때문에 일방적으로 대체복무제를 허용하게 된다면 병역기피의 수단으로 악용하는 사람들이 늘어날 가능성이 많습니다. 심지어는 현역병으로 입영해야 하는 사람들까지도 다양한 이유를 들어 병역을 거부할 수 있습니다. 소수자의 인권은 보호받아야 하지만 형평성을 고려한다면 대체복무를 허용하는 것이 또 다른 불평등을 낳을 수 있습니다.

8
시사관련

⑦ ……… 철학

○ 질문 1

장기매매란 금전적 대가를 받고 신체의 일부(모든 장기)를 사고파는 행위를 의미하는데 현행법상 불법이기 때문에 돈으로 신체를 사고파는 행위 자체를 범죄로 규정하고 있으며, 대다수가 비윤리적이라는 인식을 갖고 있다. 그러나 장기를 이식받아야 하는 사람은 해마다 계속 늘어나고 있고, 이를 해결하기 위해 장기기증 운동 또한 적극적으로 하고 있지만 그 수요를 따라가기 힘든 상황이다. 그러다보니 장기매매를 통한 불법적인 이식 수술이 암암리에 이루어지고 있는 실정이다. 이런 현실을 고려할 때 장기매매를 합법화하는 것은 타당하다고 생각하는지 학생의 의견을 말해보세요.

○ 학생 답변

찬성 장기매매를 제재하는 것은 헌법에서 보장하고 있는 신체의 자유를 억압하는 행위라고 생각합니다. 모든 장기를 매매하진 못하겠지만 신장처럼 하나만 있어도 지장이 없는 경우라면 죽어가는 생명을 살릴 수 있다는 것에 정당성을 부여할 수 있는 것이 장기매매 행위입니다. 더구나 자발적 기증이 쉽지 않은 현실적인 어려움을 해결하기 위해서라도 장기매매는 합법화되어야 한다고 생각합니다.

반대 장기를 사고파는 것은 매우 비윤리적인 행위입니다. 이런 행위를 합법화하게 된다면 윤리적 차원을 넘어 음성적으로 이루어지고 있는 불법 장기매매 또한 정당화할 우려가 있을 뿐만 아니라 처벌도 불가능해지게 됩니다. 게다가 사람을 물건처럼 취급하는 것이기 때문에 인간의 존엄성에 대한 심각한 도전이 될 수도 있습니다.

찬성 1 저는 장기매매 합법화에 찬성합니다. 당장 죽어가는 사람을 살릴 수 있는 가장 현실적인 대안이기 때문입니다. 장기이식을 기다리는 수요는 많은데 기증자의 숫자는 턱없이 부족한 상황에서 자발적 기증이 어렵다면 스스로 판단해서 매매라도 하게 하는 것이 옳다고 생각합니다. 법, 윤리 등을 따지기 전에 꺼져가는 생명을 살리는 일이 우선이어야 합니다.

찬성 2 저는 장기매매 합법화에 찬성합니다. 인간의 장기에 대한 권리는 각 개인에게 있습니다. 타인에게 피해를 주지 않으면서도 도움을 줄 수 있다면 자기의 소유를 매매하겠다는 권리를 막을 근거는 어디에도 없습니다. 장기가 소중한 것이기 때문에 보호받아야 마땅하지만 그렇다고 제한받을 이유도 없습니다. 문신을 하고 염색을 하는 것이 개인의 자유인 것처럼 장기매매 역시 개인의 자유의지에 맡겨야 한다고 생각합니다.

반대 1 저는 장기매매 합법화에 반대합니다. 장기매매가 허용되면 혜택 받는 사람이 많아지겠지만 장기적인 관점에선 보면 문제점이 더 커질 수 있습니다. 특히 매매되는 장기를 물건처럼 인식하게 될 것이고, 이런 풍조가 보편화된다면 자신의 장기뿐만 아니라 타인의 장기까지도 가볍게 볼 개연성이 큽니다. 한 사람의 생명을 살리는 것이 중요한 일이긴 하지만 생명경시 풍조가 생기면 오히려 많은 사람들의 생명을 위협하게 될 수도 있습니다. 이런 점을 감안한다면 장기매매는 금지되어야 합니다.

반대 2 저는 장기매매 합법화에 반대합니다. 장기매매를 합법화하게 된다면 그 혜택이 특정 계층에게만 돌아갈 가능성이 많습니다. 장기의 특성상 고액에 거래될 수밖에 없는데 경제적인 여유가 없는 서민들은 이런 혜택을 누리기가 쉽지 않습니다. 더 큰 문제는 장기를 제공하는 주체가 가난한 서민들로 한정될 수 있다는 것입니다. 현재 음성적으로 이뤄지는 장기매매는 대부분 금전적으로 큰 어려움을 겪고 있는 일부 서민이 제공 주체가 되는 경우가 많습니다. 이런 상황에서 장기 매매가 합법화가 된다면 경제적 논리에 따라 매매가 아닌 착취로 변질될 수 있습니다.

배아가 생명이냐의 여부가 중요한 이유는 인간과 동일한 도덕적 지위를 가질 수 있느냐와 관계되기 때문에 매우 중요한 문제이다. 대부분의 과학자와 배아줄기세포연구를 지지하는 사람들은 배아가 아직 세포덩어리에 불과하다고 주장하지만 종교계 등에서는 수정되는 순간부터 인간으로서의 생명이 시작된다고 본다. 이런 논란을 고려할 때 배아에게도 인간으로서의 도덕적 지위를 부여해야 한다고 생각하는지 자신의 견해를 말해보세요.

⊚ 학생 답변

찬성 저는 배아가 도덕적 지위를 갖고 있다고 생각합니다. 배아는 과학적으로는 세포일 뿐이지만 세포분열을 통해 태아가 된다는 점에서 일반 세포와는 다릅니다. 자아를 갖고 있지 않기 때문에 우리와 같은 수준의 도덕적 지위를 부여할 수는 없다 하더라도 이에 준하는 정도의 도덕적 지위는 부여해야 한다고 생각합니다.

반대 저는 배아에게 도덕적 지위를 부여할 필요가 없다고 생각합니다. 배아가 사람이 될 수 있는 상태인 것은 맞지만 그 자체가 사람은 아니라고 생각합니다. 배아가 사람이 되는 과정에서 사람으로 살아갈 수 없는 형질이 나타난다면 사람으로 태어날 수 없습니다. 그렇기 때문에 도덕적 지위를 부여하는 것은 맞지 않습니다.

⊚ 추천 답변

찬성 1 배아는 인간으로서의 출발점이라고 할 수 있습니다. 수정란에서 배아로, 그리고 태아로 이어지는 과정에서 어느 한 순간을 단절시키는 것은 인간의 시작을 규정하는데 모순이 될 수 있습니다. 인간이 살아있는 동안 겪게 되는 여러 변화 과정은 늘 연속성을 유지하기 때문에 배아도 인간과 동일한 도덕적 지위를 가져야 한다고 생각합니다.

찬성 2 배아는 인간의 유전정보를 가졌기 때문에 도덕적 지위를 가진 생명체로서 존중받아야 합니다. 일정 시간이 지나면 완전한 인간의 형상이 될 것이기 때문에 배아가 인간의 형태를 갖추지 못했다고 해서 함부로 다룰 수는 없습니다. 배아를 죽이는 것은 태어날 인간을 죽이는 것과 마찬가지이므로 도덕적 지위를 가져야 한다고 생각합니다.

반대 1 과학적으로 14일 이전의 배아는 단순 세포일 뿐 인간으로 볼 수는 없습니다. 난자 수정 이후 60~70%가 자연 유산으로 사라지게 되는데, 배아가 인간이라면 우리는 수없이 많은 살인을 저지르는 존재가 될 뿐입니다. 인간 생명의 시작을 난자와 정자가 수정되는 시기로 명확하게 결정할 수 없다면 배아에게 도덕적 지위를 부여할 수는 없습니다.

반대 2 배아는 인간의 유전정보를 지닌 생명체이기 때문에 절대적으로 존중받아야 마땅하지만 도덕적 가치는 상대적인 것입니다. 완전한 인격체인 인간과 동등하게 보호받아야 한다면 제한적이라 하더라도 배아줄기세포 연구도 허용해선 안 됩니다. 이렇게 본다면 배아에게 도덕적 지위를 부여할 수는 없습니다.

⑧ ······ 역사

◉ 질문 1

'문화재 반환'이란 해당 문화재가 제작된 원래 국가를 떠나 불법적인 과정을 거쳐서 타 국가의 공공 기관 및 개인이 소장하게 된 문화재에 대하여 원소유국이 반환을 주장하는 일련의 행위를 의미한다. 불법적으로 해외로 반출된 문화재를 환수하기 위해서 유엔 산하 전문기구인 유엔 교육 과학 문화 기구(UNESCO)를 중심으로 관련 협약이 제정되어 왔지만 강제력이 없는 국제법이고, '문화재의 불법 반출입 및 소유권 양도 금지와 예방 수단에 관한 협약'도 1970년 이후 거래된 문화재에만 적용되기 때문에 한계가 있다. 이런 이유 때문에 반출 문화재를 반환 받기 위해서는 이해당사국 간의 협상이나 기증 등을 통해 반환이 이루어질 수밖에 없는 실정이다. 이런 고려할 때 도난 등의 불법 행위를 통해 반출된 문화재를 다시 환수하는 것에 대한 자신의 생각을 말해보세요.

◉ 학생 답변

찬성 저는 불법 행위를 통해 반출된 문화재는 다시 환수해야 한다고 생각합니다. 한 국가의 문화재를 인류역사의 보편적인 부분이라고 주장하는 것은 다른 나라의 문화를 서구 역사 사이에 끼워 넣는 식민 담론에 불과합니다. 게다가 문화유산이 식민 지배를 받았던 국가에서 반출된 사례가 많은데 문화재의 손상도 문제지만 약소국을 겁박해서 탈취한 것이기 때문에 반출된 문화재를 제자리로 돌려놓는 것이 합당하다고 생각합니다.

반대 어떤 이유로든 타국으로 나간 문화재를 다시 반환하는 것은 현실적으로도 쉬운 문제가 아닙니다. 유적이나 유물 등의 문화재는 인류의 공동 유산이기 때문에 부당한 경우로 반출되었다 하더라도 인류문화발전에 기여할 수 있다면 해당 국가에서 운영하는 박물관을 통해 전 세계인들이 공유할 수 있는 기회를 주는 것이 더 좋을 것 같습니다.

◉ 추천 답변

찬성 저는 불법 행위를 통해 반출된 문화재는 다시 환수해야 한다고 생각합니다. 문화재는 한 국가의 상징이자 정체성이기 때문입니다. 역사적으로 가치 있는 예술품들을 불법으로 반출했다는 것은 주권 국가에 대한 모독일 수 있습니다. 특히 전쟁이나 식민지배 과정에서 도굴 등의 불법적인 방식으로 강제 탈취해 간 것이라면 범죄 행위나 다름이 없습니다. 문화재의 진정한 가치는 그것이 만들어진 국가에서 관리하고 보존해야 정당성을 가질 수 있기 때문에 반환은 반드시 이루어져야 합니다.

반대 문화재는 각 나라마다 고유한 특성을 갖고 있는 것이지만 어떤 경로로든 타문화와의 연결 고리가 분명 존재한다고 생각합니다. 어떤 문화재가 그들만의 것이라는 생각은 민족주의적인 사고방식이기 때문에 설득력이나 명분은 떨어질 수밖에 없습니다. 문화 예술은 전문적인 지식의 교환을 장려할 수 있는 분야이기 때문에 가능한 많은 사람들이 보고 평가할 수 있게 해 주는 것이 바람직합니다.

8

시사관련

● 질문 2

이미 일어난 과거의 역사를 후세에 자신들에게 유리하게 거짓으로 다시 지어 쓰는 일을 '역사 왜곡'이라고 한다. 부끄러운 역사는 감추거나 왜곡하고, 자부심이 느껴지는 역사는 과장을 하게 된다. 또한 현재의 국가적 문제를 유리하게 해결하기 위해 역사를 왜곡하기도 한다. 일본의 독도 영유권 주장, 중국의 동북공정 등이 대표적인 사례라 할 수 있는데 이로 인해 한일, 한중간의 갈등이 끊이지 않고 있다. 심지어 국내에서조차도 역사에 대한 왜곡된 인식을 갖고 있는 사례들이 있는데 "일제강점기에 친일은 어쩔 수 없는 것이었다.", "그 시대에 친일파 아닌 사람이 얼마나 있겠냐?"하는 식의 발언이 바로 그것이다.

이런 왜곡된 역사 인식에 올바르게 대처하려면 어떻게 해야 하는지 자신의 의견을 말해보세요.

● 학생 답변

왜곡된 역사 인식에 대해 올바르게 대처하려면 무엇보다도 역사에 대한 배경 지식을 길러야 합니다. 배경 지식이 없으면 역사의 진위 여부 자체를 판단할 수 있는 능력을 갖출 수가 없을 뿐만 아니라 설령 안다고 해도 감정적으로 접근할 가능성이 높습니다. 배경 지식의 함양을 통해 역사를 정확히 이해한 다음이라야 왜곡된 역사를 바꾸는 데도 앞장 설 수 있을 것입니다.

● 추천 답변

질문에 있는 사례처럼 '그 시대 현실로 봤을 때 어쩔 수 없었다'는 생각을 갖고 있는 사람들이 있다는 것은 역사적 상황에 대한 편의주의적인 사고방식으로부터 시작되었다고 생각합니다. 이런 상황을 극복하려면 개인은 물론 정부나 관련 단체에서도 역사에 대한 인식을 바로잡을 수 있는 교육을 지속적으로 이끌어나가야 합니다. 이를 위해서는 먼저 학교에서의 역사 교육이 바로 서야 합니다. 또한 요즘 일부 정치인들이 당리당략에 사로잡혀 망언을 서슴지 않고, 역사적인 사실마저도 왜곡하려고 하는데 국민들에게 큰 영향력을 갖고 있는 사람들이 모범을 보이지 않는다면 왜곡된 역사에 대처하기란 매우 어렵다고 봐야 합니다.

⑨ ······· 자연과학

🔘 질문 1

최근 과학기술이 고도화 되면서 4차 산업시대가 도래하고 있으며 물질적으로 더욱 풍요롭고 편리한 생활을 누리게 되었다. 반면, 지구에 매우 희귀하게 존재하는 광물 자원들이 최첨단 소재에 이용되면서 점차 고갈되고, 인간 중심 사회에서 기계 중심 사회로 변화되면서 인간의 지위가 위협을 받게 됨에 따라 과학기술 연구와 활용에 대한 규제가 필요하다는 주장도 있다.
이를 고려할 때 과학 기술 연구와 활용에 대한 규제의 필요성을 중심으로 자신의 의견을 말해보세요.

🔘 학생 답변

규제 찬성 저는 규제에 찬성합니다. 인류의 진보를 위해서는 지속적인 과학 기술의 발전이 이루어져야 하지만 윤리적인 측면을 도외시했을 경우에는 인간에게 치명적인 위협이 될 수 있습니다. 특히 질문에서 언급한 것처럼 광물 자원의 경우엔 언젠가는 고갈될 수 있는 부분이기 때문에 무제한적으로 활용할 수는 없습니다. 이런 점을 고려한다면 어느 정도의 규제는 필요하다고 생각합니다.

규제 반대 저는 규제에 반대합니다. 인간이 과학 기술을 발전시켜 온 것은 자유로운 연구 환경이 있었기에 가능했던 일입니다. 또한 개인의 양심과 윤리에 따라 행동할 수 있는 능력을 갖고 있기 때문에 문제가 발생하면 스스로를 제어하고 자정하는 노력을 통해 얼마든지 극복할 수가 있습니다. 이런 점을 고려한다면 굳이 규제를 해야 할 이유가 없다고 생각합니다.

🔘 추천 답변

규제 찬성 저는 규제에 찬성합니다. 지속 가능한 과학 기술의 발전을 위해서 자원을 효율적으로 관리해야 하는데 이것은 광물 자원의 고갈 우려 때문입니다. 인류의 행복을 위해 인간의 사회적 윤리적 측면을 위협하는 과학 기술에 대한 규제는 필요합니다.

*답변 참고 사항
　① 산업화와 정보화를 위해서 광물 자원이 어떻게 활용되는지를 이해하고 리튬같은 희귀한 금속이 휴대용 배터리에 활용됨을 논리적으로 설명함.
　② 인간의 논리적 추론 기능을 대체하므로 인간보다 논리적 판단 기술이 우수할 수 있으며 이를 악용될 경우 문제가 발생할 수 있다는 점을 논리적으로 설명함.

규제 반대 저는 규제에 반대합니다. 과학 기술의 발전은 통제보다는 연구의 자유를 보장해야 획기적인 기술개발이 이루어질 수 있기 때문입니다. 게다가 인간은 본래 윤리적 자정 능력이 있기 때문에 과학 기술의 문제점은 과학윤리로 충분히 해결할 수 있습니다.

*답변 참고 사항
 ① 4차 산업 기술의 초기 단계에서 성급한 규제를 하면 과학 기술 발전을 저해할 수 있다는 점을 설명함.
 ② 과거 1~3차 산업혁명 때에도 규제에 대한 필요성이 대두되었으나 결과적으로 문제를 충분히 극복하였던 점을 설명함.

◉ 질문 2 출처 : 2018학년도 전북대 면접 기출

지구 외핵은 철을 주성분으로 하는 액체 상태로 존재한다. 액체 상태로 존재하는 외핵은 생명체가 살아가는 데 어떠한 역할을 하고, 액체 상태임을 밝히는 방법은 무엇인지 말해보세요.

◉ 학생 답변

외핵은 지구의 자기장을 만드는 역할을 하는데 이 자기장은 우주로부터 끊임없이 날아와 생명체를 파괴할 정도로 강력한 파괴력을 갖는 에너지의 입자들로부터 지구상의 생명체를 보호하는 역할을 합니다. 이러한 외핵이 액체 상태임을 밝히는 방법은 지진파를 활용해 보는 것입니다. 지진파에는 지각을 따라 진행하는 표면파와 지구 내부로 진행하는 종파와 횡파가 있는데 이중 종파는 액체를 통과해서 진행할 수 없지만 횡파는 굴절되거나 속도가 느려지는 현상만 생깁니다. 이를 근거로 해 보면 외핵은 액체 상태일 가능성이 높습니다.

◉ 추천 답변

지구를 둘러싸고 있는 자기장은 외핵의 운동으로 만들어지며 지구상의 생명체를 보호하는 역할을 합니다. 예를 들면 태양은 우리에게 필요한 빛과 열을 제공하기도 하지만 전기를 띤 양성자와 전자를 무수히 쏟아내기도 합니다. 이 양성자와 전자는 지구상의 생명체를 모두 파괴할 정도로 에너지가 큰데 전기적인 성질을 갖고 있어서 지구의 자기장 때문에 직접 들어오지 못하고 둘레를 맴돌게 됩니다. 외핵이 액체 상태임을 밝히는 데는 지진파의 역할이 큽니다. 지진파는 종파에 해당하는 P파와 횡파에 해당하는 S파가 있는데 P파는 고체와 액체를 모두 통과할 수 있지만 S파는 액체를 통과하지 못하는 성질을 갖고 있습니다. 지구상의 한 지점에서 지진파가 발생했을 때 지표상의 다양한 지점에서 지진파를 탐지해 본 결과 P파는 도달하는 것을 확인할 수 있었지만 S파는 일정한 지점에서 소멸되어 도달하지 못했습니다. S파가 도달하지 못한 지점이 외핵의 위치에 해당하는데 이른 근거로 외핵이 액체로 되어 있다는 결론을 내릴 수 있습니다.

⑩ ········ 공학

◉ **질문 1** 출처 : 2018학년도 경희대 면접 기출

최근 생명 공학을 중심으로 하는 과학기술의 발달로 100세 시대가 도래하고 있다. 특히 유전자 조작 기술이 DNA 상의 특정 유전자를 교정할 수 있는 수준에 이르게 되면서 유전자 단계에서 질병을 예방하거나 치료할 수 있을 뿐만 아니라 인간의 형질을 개선하는 기술로 큰 기대를 받고 있다. 그러나 임의로 유전자를 조작하여 새로운 생명체를 제작하거나, 유전자 조작 오류에 의한 신종 출현, 그리고 인간 복제 가능성 등 인간 존엄성과 가치에 반하는 생명윤리 문제가 대두되고 있다.
인간을 대상으로 한 유전자 조작 기술을 도입하는 것에 대한 찬반 의견을 말해보세요.

◉ **학생 답변**

찬성 유전자 조작 기술을 활용한 질병 치료는 질병의 원인을 유전자 차원에서 분석하여 치료하기 때문에 기존의 질병 치료와 달리 근본적인 치료를 가능하게 할 수 있습니다. 특히 질병에 걸리지 않도록 사전 예방이 가능해지고, 이를 통해 인간의 수명 또한 연장할 수 있습니다.

반대 유전자 조작 기술은 인간이 임의로 생명을 조절할 수 있기 때문에 예기치 않은 위험에 노출될 수 있습니다. 특히 제어가 불가능해질 경우 인간 사회의 근간 자체를 흔들 수 있는 중대한 위험이 도사리고 있기 때문에 인류의 멸망까지도 감수해야 할 수 있습니다.

◉ **추천 답변** 대학 제시 자료 참고

찬성 저는 유전자 조작 기술을 도입하는 것에 찬성합니다. 유전자 조작 기술이야말로 인간이 그동안 해결하지 못했던 수많은 난치병을 치료할 수 있는 획기적인 기술이기 때문입니다. 이미 세계 여러 나라에서 그 가능성을 보고 연구가 진행 중이며 이를 통해 기술적인 선점도 노리고 있는 상황입니다. 특히 유전자 조작 기술은 질병의 근원이 되는 유전자를 사전에 찾아 제거함으로써 아예 그런 질병이 생기지 않도록 차단할 수가 있기 때문에 지구상에 존재하는 희귀한 유전 질환을 제어하고 제거할 수 있습니다. 이런 점을 감안한다면 하루 빨리 자유로운 연구 활동이 가능한 환경을 만들어 주는 게 맞다고 생각합니다.

반대 저는 유전자 조작 기술을 도입하는 것에 반대합니다. 유전자 조작기술은 인간을 대상으로 하기 때문에 윤리적인 문제를 안고 있습니다. 특히 복제 인간의 출현은 인간 사회의 근간을 통째로 흔드는 중대한 사안이 될 수 있고 이로 인해 어떤 결과가 생길지는 아무도 알 수 없습니다. 게다가 예기치 않은 부작용에 대한 대비도 되어 있지 않고, 이런 기술을 악용하는 사람이 생긴다면 단순한 사회적 혼란을 넘어 파국을 맞이할 수도 있습니다. 따라서 좋은 의도가 있다 할지라도 인간을 대상으로 하는 유전자 조작 기술을 활용하는 것은 지양해야 합니다.

8
시사관련

◉ 질문 2 ▶ 출처 : 2018학년도 전북대 면접 기출

'사람이 직접 운전하지 않아도 주변 환경을 인식하고 판단해 목적지까지 주행하는 자율주행 자동차의 상용화가 현실로 다가오고 있다. 자율주행 자동차를 개발하기 위해 필요한 기술은 어떤 것들이 있는가? 그리고 자율주행 자동차의 사용이 확대될 때 예상되는 문제점은 무엇인지 자신의 생각을 말해보세요.

◉ 학생 답변

자율주행 자동차는 기존의 자동차와 달리 고도의 IT기술을 필요로 하기 때문에 자동차 부품 역시 기존의 것과는 달라야 합니다. 컴퓨터나 통신 장비를 비롯한 다양한 장비들도 자율주행 자동차 용도로 개발이 돼야 하고 탑승자의 안전을 보장할 수 있는 확실한 기술력이 확보되어야 합니다.
자율주행 자동차의 사용이 확대된다면 기존의 운송 업계나 자동차 보험 업계 등 관련 분야에서의 대량 실직이 일어날 가능성이 높습니다. 이것은 단순히 관련 분야만의 문제가 아니라 사회의 근간을 흔들 수 있을 정도의 파장을 불러올 수도 있습니다.

◉ 추천 답변

자율주행 자동차를 개발하기 위해서는 자동차 분야는 물론 IT분야, 운송 분야, 컴퓨터 관련 분야, 부품 제조 분야 등의 기술력이 융합되어야 합니다. 특히 사물 간의 거리를 측정해 위험을 감지하는 기술, 주행 중 보이지 않는 사각지대를 인식할 수 있는 고성능 첨단 센서, 도로 상황을 전반적으로 파악한 후 이미지를 분석해 안전 주행을 가능하게 하는 고성능 그래픽 처리 장치 등은 필수적이라 할 수 있습니다. 또한 무선네트워크를 사용해야 하기 때문에 해킹에도 대처할 수 있는 컴퓨터나 정보통신 기술도 있어야 합니다.
자율주행 자동차가 상용화된다면 관련 업계에 종사하는 사람들의 실직 문제가 대두될 것입니다. 또한 도로교통시스템이 자율주행 자동차와 연동되지 않는 등 인프라가 아직 구축되지 않는 상황에서의 주행은 예기치 않은 돌발 상황을 만들 수 있습니다. 무엇보다 문제가 되는 것은 자율주행 자동차가 IT기술을 기반으로 하고 있기 때문에 프로그램이 해킹 당할 경우 통제를 벗어나 커다란 사고를 유발할 수 있다는 것입니다. 게다가 사고가 일어나면 누가 책임을 질 것인가에 대한 논란 또한 배제할 수가 없습니다.

◉ 질문 1

탈 원전에 대한 주장은 1956년 영국에서 최초의 상업용 원전을 가동할 당시부터 현재에 이르기까지 꾸준히 제기되어 왔다. 원자력 발전이 저렴하고 친환경적인 에너지도 아니고, 통제 가능한 근본적 기술을 확보하지 못한 위험한 에너지라는 것을 근거로 제시하고 있다. 지금까지 원자력 발전소가 아예 없는 나라들도 있고, 가동을 중단한 나라도 있는데 특히 1979년 미국 스리마일 섬 원자력 발전소 사고, 1986년 소련 체르노빌 원자력 발전소 사고, 2011년 일본 후쿠시마 제 1 원자력 발전소 사고 등 유명한 원전 사고로 인해 우리나라도 탈 원전에 대한 논란이 더 커지고 있다. 이에 대한 자신의 의견을 말해보세요.

◉ 학생 답변

찬성 저는 '탈 원전'에 찬성합니다. 원자력 발전은 전기를 생산하는 시점에는 비용이 적게 들어 유리해 보이지만 초기 건설비용이 매우 크고, 40년 사용 후 100만년에 걸쳐 폐기물을 처리해야 하기 때문에 결코 경제적인 에너지라고 할 수가 없습니다. 발전이 이루어지는 시대엔 당연히 값이 싸게 느껴지겠지만 후손들은 자기가 쓰지 않은 폐기물을 처리해야 하는 비용을 떠안게 됩니다. 이런 점을 감안한다면 하루 빨리 탈 원전 국가로 거듭나야 합니다.

반대 저는 '탈 원전'에 반대합니다. 온실가스 배출이 거의 없는 원자력 이용을 줄이게 되면 가스나 석탄과 같은 화석연료 사용량을 증가시켜야 하는데 이럴 경우 온실가스 배출이 더 많아져 지구 온난화를 심화시킬 수 있습니다. 장기적인 측면에서 본다면 환경 문제가 인간의 생존을 위협할 수 있기 때문에 일방적인 탈 원전 정책은 재고되어야 합니다.

◉ 추천 답변

찬성 저는 '탈 원전'에 찬성합니다. 원자력발전에 사용되는 우라늄 또한 한정된 자원이기 때문에 지금과 같이 사용한다면 150년 후에는 고갈이 예상됩니다. 장기적으로 봤을 때 에너지를 안정적으로 공급하려면 고갈의 염려가 없는 태양열, 지열, 풍력 등을 이용하는 신재생에너지를 개발하는데 힘써야 합니다. 더구나 원전사고의 파괴력을 이미 경험한 상황에서 원자력발전소는 자연재해이든 실수든 언제 터질지 모르는 화약고이기에 탈 원전 정책을 지향하는 것이 바람직하다고 생각합니다.

반대 저는 '탈 원전'에 반대합니다. 원전은 연료비가 생산 비용에서 차지하는 비율이 10% 정도밖에 안 돼서 연료비가 웬만큼 올라도 발전 원가에 큰 영향을 주지 않습니다. 또한 원자로에 한 번 연료를 장전하면 적어도 1년은 교체하지 않아도 되므로 그만큼 연료를 비축할 수 있습니다. 우리나라처럼 화석연료의 사용 비중이 높고, 이산화탄소 배출 증가율이 높은 나라는 원자력과 같은 친환경적인 연료를 적극적으로 사용하는 것이 필요하다고 생각합니다. 무작정 탈 원전을 지향하게 되면 온실가스 문제를 해결하는 것이 더 큰 고민거리가 될 수 있고, 후손들에게까지도 재앙을 물려주는 것과 다름이 없습니다.

◉ 질문 2

2018년 초 폐플라스틱 배출로 인한 재활용 쓰레기 대란을 겪으면서 일회용품을 줄이기 위해 환경부와 지방자치단체는 8월부터 일회용컵 등의 사용을 제한하고 단속을 본격화하기 시작했다. 특히 카페나 음식점 등에서 일회용품을 사용할 경우 과태료를 부과하는 등 규제를 강화하고 있는데 이로 인해 어느 정도는 감소하는 모습이 보이지만 사용 여부에 대한 논란은 팽팽하게 맞서고 있다. 일회용품 사용을 규제해야 하는지에 대한 학생의 생각을 말해보세요.

◉ 학생 답변

규제 찬성 저는 규제에 찬성합니다. 일회용품은 말 그대로 한번 사용하고 나면 폐기되는 것이기 때문에 자원 낭비는 물론 불필요한 폐기물을 발생시키게 됩니다. 대부분 플라스틱과 같은 합성수지로 만들기 때문에 재활용이 쉽지 않고, 재활용을 한다고 해도 운반이나 처리비용이 더 들어가기 때문에 경제적으로도 이익이 되지 않습니다. 게다가 불법적으로 버려지는 경우가 많은데 이는 환경오염의 원인이 될 것이고, 결국엔 인간의 생존까지도 위협할 수 있습니다. 일회용품 사용을 규제하는 것은 우리의 환경을 지키는 길입니다.

규제 반대 저는 규제에 반대합니다. 지금까지 다양한 분야에서 편리하게 사용해 오던 일회용품을 한순간에 규제하게 되면 사회적 혼란을 야기할 수 있습니다. 일회용품 사용을 규제하게 되면 대형마트에서 생선이나 야채 등을 구입할 때 각자 필요한 양만큼의 합성수지 봉투를 가지고 다니거나 별도의 봉투를 사야 하는 데 말처럼 쉬운 일이 아닙니다. 오히려 준비시간, 사용 후 처리시간 등을 줄일 수 있고, 분리수거 등을 통해 일부 일회용품을 재활용할 수 있으니까 규제보다는 적절한 범위 안에서 사용하는 것이 바람직하다고 생각합니다.

◉ 추천 답변

규제 찬성 저는 규제에 찬성합니다. 일회용품은 인간에게 편리함을 가져다주었지만, 그에 비례해 환경을 오염시키고, 인체에도 치명적인 해를 입힐 수 있을 만큼의 유해물질을 쌓이게 했습니다. 특히 무분별하게 배출한 일회용품은 매립지의 부족으로 소각을 할 수밖에 없는데 이때 나오는 악취나 유해가스 등은 다시 인간에서 피해를 주고 있어서 악순환이 반복되고 있습니다. 우리만이 아닌 후손들에게 물려줄 지구의 환경을 보존하기 위해서라도 일회용품의 사용은 규제하는 것이 타당하다고 생각합니다.

규제 반대 저는 규제에 반대합니다. 일회용품을 사용하는 가장 큰 이유는 편리함 때문이라고 생각합니다. 카페 등에서 커피를 마시기 위해 머그컵을 들고 다녀야 한다고 생각하면 불편함 때문에 선뜻 실천하기가 쉽지 않을 것 같습니다. 종이컵은 바로 사용하고 버릴 수 있어서 시간 대비 효용성이 매우 큰 제품입니다. 물론 일회용품 사용으로 많은 쓰레기가 배출되기는 하지만 그것들을 다시 사용할 수 있기 때문에 올바르게 사용할 수 있도록 국가나 관련 기관을 중심으로 꾸준히 계도하고 플라스틱과 같은 합성수지 대신 종이 등을 활용할 수 있다면 굳이 규제해야 할 이유는 없다고 생각합니다.

'미세먼지'의 사전적 정의는 사람의 눈에 보이지 않을 정도로 아주 가늘고 작은 먼지 입자로 규정할 수 있다. 자연발생적인 미세먼지도 있지만 화석 연료 등을 태울 경우처럼 인위적인 원인에 의해서 발생하기도 하며, 호흡 과정에서 폐에 들어가게 되면 폐질환을 유발하는 1급 발암물질이다. 보통 대기 중에 부유하는 분진 중 직경이 $10\mu m$ 이하인 먼지로 눈에 보이지 않을 정도로 가늘고 작은 입자를 '미세먼지(미세먼지 PM10)'라고 하고, 직경이 $2.5\mu m$ 보다 작은 먼지로 머리카락 직경의 1/20~1/30보다 작은 입자를 '초미세먼지(미세먼지 PM2.5)'라고 하여 구분한다. (내용 출처 – 다음 백과)
산업이 발달하고 도시화가 진행되면서 인체에 유해한 미세먼지 발생량도 크게 증가하고 있는데 이로 인해 실내 환기에 제약을 받기도 하고, 노약자 등은 외출 시 상시 마스크를 착용하는데 부작용이 매우 심각한 상황이다. 이런 상황으로 볼 때 미세먼지는 어떤 이유 때문에 발생하는지 원인에 대해 설명하고 대처 방안도 제시해 보세요.

(*참고로 μm는 1m의 백만분의 일에 해당하는 길이이며, μg은 1g의 백만분의 일에 해당하는 무게 단위이다.)

학생 답변

원인 미세먼지는 자동차나 발전소 등에서 연료가 연소될 때 발생하는 경우가 많습니다. 특히 난방을 해야 하는 겨울철에 미세먼지의 발생량이 많은데 여러 곳에서 원인을 찾고 있지만 최근 급격하게 심해지고 있는 이유는 중국의 공장 지대에서 발생하는 매연이 편서풍을 타고 우리나라에 유입되는 경우, 자동차 운행 시 나오는 배기가스, 화력 발전소의 가동 시 나오는 매연을 원인으로 보고 있습니다.

대처방안 미세먼지 농도가 높은 날에는 가급적이면 외출을 하지 않는 것이 좋지만 외출을 해야 한다면 황사용 마스크를 착용하고 눈이 올 때는 우산이나 모자를 준비해 비를 직접 맞지 않는 것이 중요합니다. 물을 자주 마시는 것 또한 도움이 됩니다.

8
시사관련

○ 추천 답변

원인 미세먼지가 발생하는 이유는 크게 식물의 꽃가루, 흙먼지에서 생기는 소금과 같은 자연적인 요인과 발전소에서 화석연료를 태울 때 나오는 연기, 건설현장 소각장의 연기, 산업현장에서 사용하는 자재의 가루들, 가정용 전자제품 사용 시 배출되는 물질과 같은 인위적인 요인으로 나누어 볼 수 있습니다. 대외적으로는 산업 시설이 밀집한 중국 서부지역에서 발생하는 오염물질도 미세먼지의 원인이라고 보고 있습니다.

(또는) 미세먼지가 발생하는 이유는 크게 자연적인 요인과 인위적인 요인으로 나누어 살펴볼 수 있습니다. 자연적인 요인은 식물의 꽃가루, 흙먼지에서 생기는 소금과 같은 것이며, 인위적인 요인은 발전소에서 화석연료를 태울 때 나오는 연기, 건설현장 소각장의 연기, 산업 현장에서 사용하는 자재의 가루들, 가정용 전자제품 사용 시 배출되는 물질과 같은 것이라 할 수 있습니다.

대처방안 미세먼지 나쁜 날엔 외출을 자제합니다. 외출이 부득이하다면 식약청에서 인증한 보건용 마스크와 긴 소매(먼지가 직접 피부에 닿지 않게)옷과 장갑, 목도리를 착용합니다.
귀가 후엔 바로 씻고, 외투는 젖은 고무장갑으로 먼지를 터는 게 좋습니다. 또 노폐물 배출 효과가 있는 물과 항산화 효과가 있는 과일이나 야채를 충분히 섭취합니다.

12 ······ 의학

○ 질문 1　출처 : 2018학년도 경희대 면접 기출

재 20살인 A는 3살 때 대학병원에서 뇌성마비라는 진단을 받고 수차례 입원치료를 받았으나 회복되지 않았다. A의 부모는 치료방법을 찾기 위해 여러 병원을 옮겨 다녔으나 다른 병원에서도 진단 불가 또는 뇌성마비라고 하였다. A는 13년간 거의 누워 지내다가 16살 때 어떤 대학병원에서 신경–근육 관련 질환인 세가와병으로 진단을 받고, 약물치료로 회복되어 걸을 수 있게 되었다. 이 후 A의 가족은 첫 진단을 내린 대학병원에 소송을 하여 배상판결을 받았다. 세가와병은 A가 13살이던 2010년에야 처음 의학 교과서에 실릴 정도로 희귀한 질병이고 A가 3살이던 2000년의 의학 정보로는 이 질환을 진단하기가 쉽지 않았다.
위의 사례에서 배상 판결에 대해 근거를 들어 찬반 의견을 제시해 보세요.

○ 학생 답변

찬성 진단과 치료의 일차적인 책임은 의사에게 있습니다. 최선의 진단을 내렸다고 하더라도 오진으로 인해 환자가 더할 수 없이 큰 피해를 입었다면 누군가는 그 문제에 대해 책임을 져야 합니다. 이런 점에서 본다면 배상을 하는 것이 맞다고 생각합니다.

반대 의학 기술의 발전을 감안한다면 병에 대한 당시의 진단은 최근의 진단과 다를 수밖에 없습니다. 이것은 질병과 관련된 데이터가 다르기 때문일 텐데 그 당시에 신경계통의 질병임을 알았다고 해도 당시의 의술이나 약물로 치료한다면 예기치 않은 결과가 초래될 수도 있었을 겁니다. 지금 와서 오진으로 몰아 배상을 하라는 것은 어불성설이라고 생각합니다.

○ 추천 답변　대학 제공 답변 참고 자료 각색

찬성 저는 배상판결에 찬성합니다. 현재의 의학지식과 의료기술을 바탕으로 의사가 최선의 진료를 했더라도 발생한 오진에 따른 피해는 어떠한 방법으로든 배상이 필요합니다. 비록 의학 정보와 의료기술의 한계 등으로 불가피한 상황이더라도 가해자인 병원이나 의사에게 일차적인 배상책임이 있습니다.

반대 저는 배상판결에 반대합니다. 의학은 계속 발전하고 있으나 현재에도 난치병과 불치병은 존재하고 진단이 어렵거나 불가능한 질환도 존재합니다. 따라서 의사가 최신의 의학정보로 최선의 노력을 한 경우라면 진료에서 일어나는 일부 한계는 인정을 해줘야 합니다.

8 시사관련

◉ 질문 2   출처 : 2018학년도 경희대 면접 기출

부산의 한 병원에서 의료기기를 판매하는 영업 사원이 의사 대신 수술을 진행한 사실이 드러났다. 수술을 받던 환자는 전신 마취에서 깨어나지 못해 뇌사 상태에 있고, 병원 측은 잘못을 숨기기 위해 각종 서류를 위조하기도 했다. 이 사건이 알려지면서 여러 시민단체들은 의사 대신 다른 사람이 수술 하는 행위를 근절하기 위해 수술실 내 CCTV를 설치하고, 대리 수술을 시킨 의사에 대한 처벌을 강화해야 한다는 공동 성명서를 발표했다. 이에 관해 수술실 CCTV설치 법제화에 대한 찬반논란이 일어났다. 이에 대한 자신의 생각을 말해보세요.

◉ 학생 답변

찬성 저는 수술실 CCTV 설치 법제화에 찬성합니다. 일부이긴 하겠지만 수술실 내에서 환자의 권리를 무시한 불미스러운 일들이 벌어진 게 기정사실로 드러났기 때문입니다. 확실한 대안이나 개선 방안이 없는 상황에서 의사와 환자의 불신이 커지게 되면 환자의 건강뿐만 아니라 수술 성공에 대한 의구심을 키울 수 있기 때문입니다.

반대 저는 수술실 CCTV 설치 법제화에 반대합니다. 이것은 것은 의료진 전체를 잠재적 범죄자로 보는 행위이기 때문에 지금보다 더 큰 불신을 만들 수 있습니다. 도덕성이 결여된 개인의 문제로 의사 집단 전체가 매도당할 이유는 없습니다. 더구나 CCTV를 설치하게 되면 환자의 수술 장면이나 부위 등이 노출되어 사생활을 침해할 수도 있습니다.

◉ 대학에서 제시한 추천 답변

CCTV 설치 법제화 찬성 ① 수술실은 철저하게 외부와 차단돼 있고 마취 등으로 환자의 의식이 없는 상태에서 수술이 이뤄지기 때문에 내부 제보나 CCTV가 없는 한 의료진이 유령수술을 했는지 알 수 없다.
② 일부 간호조무사에게 수술을 시키거나 의사 면허가 없는 의료기기 업체 직원 등에 수술을 맡기는 행위가 암암리에 반복돼 왔다. 유령수술은 환자의 인권이 침해되는 반인륜적인 범죄 행위로, 대책 마련이 시급하다
③ 대리수술 뿐만 아니라 마취 상태인 환자를 희롱하거나 수술실에서 생일파티를 벌이는 일부 의료인이 있었기에 환자의 권리를 보장하기 위해 CCTV를 의무적으로 설치해야 한다.

CCTV 설치 법제화 반대 ① 수술실에 CCTV를 설치하는 것은 의료진과 환자의 프라이버시를 침해하는 등 부작용이 생길 수 있다. 특히 CCTV가 모든 수술 장면을 녹화할 경우, 수술 부위가 노출되는 등 환자의 프라이버시까지 침해될 우려가 있다.
② 대리수술을 시킨 일부 의사들에 대해서는 처벌이 이뤄져야 한다는 점에 공감하지만, CCTV 설치 법제화는 모든 의료인이 '잠재적 범죄자'로 인식되어 의료진에 대한 환자의 신뢰도 역시 낮아질 수 있다.
③ 하루에 약 1만 건 이상 이뤄지는 모든 수술을 녹화하고 동영상을 보관하는 방법이 비용 대비 효율적이지 않다.
④ CCTV 설치보단 문제가 생겼을 경우, 의사 면허를 정지 또는 취소시키고 비양심적인 의사가 생기지 않도록 예방 교육하는 기관을 마련하는 것이 더 근본적인 해결책일 수 있다.

⑬ ········ **보건**

○ 질문 1

1994년 11월 화학기업 유공(현 SK케미컬)은 국내 처음으로 가습기살균제 (제품명:가습기메이트)를 개발해 시중에 판매하기 시작했다. 이 제품의 핵심성분인 CMIT, MIT는 폐에 치명적인 손상을 일으킬 가능성이 높다고 알려져 있었다. 이후 2001년 옥시가 PHMG를 핵심성분으로 하는 가습기살균제(제품명: 옥시싹싹 가습기청소 당번)을 출시했다. 2011년 4월 서울의 한 대학병원 중환자실에서 급성호흡부전을 주 증상으로 하는 원인미상의 중증폐렴임산부환자의 입원이 증가하여 역학조사가 실시됐다. 그 해 8월 보건복지부와 질병관리본부는 가습기살균제가 원인으로 추정된다는 결과를 발표하였으나 확실한 인과관계가 입증되지 않았다. 그러다 11월 역학조사, 동물흡입실험 결과 롯데마트, 홈플러스 등에서 파는 옥시 등 6가지 제품의 위해성이 확인됐다며 수거에 나서게 되었는데 이러한 사태를 불러일으킨 원인은 무엇이고, 대안은 무엇인지 자신의 생각을 말해보세요.

○ 학생 답변

원인 이런 사태가 생긴 원인은 가습기 살균제 제조업체의 안전검사 미흡과 도덕적 불감증이 1차적인 책임이겠지만 궁극적으로는 정부 조직의 때늦은 대응이라고 생각합니다. 가습기 살균제로 피해를 본 당사자들이 있고, 질병관리본부 등의 관련 기관에서도 가습기 살균제가 원인으로 추정된다고 발표까지 했지만 사건이 발생한지 5년이 지나서야 제대로 된 수사를 개시했습니다. 정부의 안일하고 미온적인 태도로 인해 사태는 더 커지게 되었고, 제품을 만든 기업은 증거 인멸을 시도하며 처벌과 책임을 피하려고 했습니다. 어떤 경우라도 사람의 생명을 경시하는 조직이나 구성원은 거기에 상승하는 대가는 반드시 치러야 한다고 생각합니다.

대안 현실적으로 볼 때 가장 효과적인 것은 집단소송제와 같은 제도를 활용해 구제를 받거나, 징벌적 손해배상이 가능하도록 법률을 개정해 피해를 입은 사람들을 도와주어야 합니다.

○ 대학에서 제시한 추천 답변

원인

① 정부 차원의 미온적 대처 : 정부 차원의 피해자 조사는 2013년 가습기 살균제 피해구제 결의안이 국회 본회의를 통과 하고 나서야 시작됐다. 검찰은 2012년 피해와 유족들이 고소장을 접수했을 때 겨우 검사 한 명만을 배당했고, 2013년 정부의 최종 역학조사 결과가 나오지 않았다는 이유로 수사를 중단하기도 했다. 그러다 사건 발생 5년이 지난 2016년 1월에서야 전담수사팀을 구성하면서 본격적인 수사가 진행되었다.

② 최대 가해 업체 옥시는 의도적인 법인 변경, 실험보고서 은폐, 조작, 유해 가능성이 적시된 자료 삭제 등 증거 인멸을 시도한 혐의도 받고 있다.

③ 정부의 관리 및 시스템 부재 : 미국의 TSCA, 유럽연합의 REACH, 호주의 ICNA Act, 일본의 화심법 등에는 PHMG나 PGH처럼 양이온성 고분자물질을 흡입 하거나 새로운 용도로 사용하게 될 경우 위해성 평가를 의무화하고 있다. 반면 국내 유해화학물질관리법은 1997년 PHMG 유해성 심사 면제, 2005년 PGH 유해성 심사를 면제하였다. 또한 환경부는 2011년에 소관 부처가 아니라며 책임을 회피했고, 2012년 관련업무가 산업통상자원부에서 환경부로 이관 된 뒤에도 소극적 대응으로 일관했다. 2014년 3월이 되어서야 뒤늦게 피해자 지원에 나섰다.

대안 *집단소송제 : 피해자 중 한 사람 또는 일부가 가해자를 상대로 소송을 하면 다른 피해자들은 별도 소송 없이 그 판결로 피해를 구제받을 수 있는 제도이다.

*징벌적 손해배상제 : 가해자의 행위가 고의적, 악의적, 반사회적 의도로 불법행위를 한 경우 피해자에게 입증된 재산상 손해보다 훨씬 많은 금액의 배상을 하도록 한 제도이다. 이 제도는 정신적 피해에 대한 배상과 함께 실제 손해액보다 훨씬 많은 금액을 배상하도록 함으로써 불법행위가 반복되는 상황을 막고 다른 사람이나 기업 등이 유사한 부당행위를 하지 못하도록 예방하기 위한 형벌적 성격을 띠고 있다.

◉ 질문 2

오래된 논쟁거리 중 하나가 '편의점에서 상비약을 판매하는 것'이다. 정부는 2012년 11월 편의점 안전 상비약 제도를 도입했는데 해열진통제, 소화제, 감기약 등 13개 품목을 살 수 있게 했다. 그후 보건복지부가 편의점에서 판매하는 상비약 품목 조정을 위한 검토에 착수하면서 편의점 상비약 품목 확대와 관련한 논쟁에 불을 지폈는데 '국민의 편의'인지 '약의 오남용'인지가 가장 큰 쟁점이었다. 이에 대한 자신의 의견을 말해보라.

◉ 학생 답변

찬성 저는 편의점에서 약품을 판매하는 것에 찬성합니다. 국내 의약품 가운데 의사의 처방 전이 필요한 전문의약품이라면 모르겠지만 일반의약품의 경우엔 처방 전 없이도 살 수 있기 때문에 굳이 약국에서만 판매해야 할 이유가 없습니다. 주말이나 심야 시간에 긴급하게 약을 구매해야 하는 경험을 해 본 소비자라면 그 불편을 이해할 수 있을 겁니다. 약국의 수입이 감소된다는 우려로 인해 판매를 반대하는 것이라면 국민의 입장에서 이런 부분까지 고려하는 게 맞는지, 불편을 감수해야 하는지 의구심이 생깁니다.

반대 저는 편의점에서 약품을 판매하는 것을 반대합니다. 모든 의약품은 예외 없이 약사를 통해 부작용에 대한 설명을 들은 후 복용을 하는 것이 바람직합니다. 약의 안전성을 보장할 수 없는 상황에서 편의성만을 추구하게 되면 예기치 않은 부작용이 생길 수 있고, 약물 오남용에 대한 우려 또한 커지게 될 것입니다.

◉ 대학에서 제시한 추천 답변

찬성 편의점에서 약품 판매를 허용해야 하는 이유는 소비자의 선택권과 편의성 때문입니다. 현실적으로 봤을 때 24시간 운영하는 약국은 거의 없지만 심야 시간에 긴급하게 약을 구입해야 하는 경우는 많습니다. 게다가 모든 약품을 판매하는 것도 아니고 감기약, 해열제, 소화제 등의 비상약 등을 판매하는 것이기 때문에 약물의 부작용이나 오남용을 걱정할 수준도 아닙니다. 특히 지방 소도시처럼 인구가 적고, 고령의 어르신들이 거주하는 곳은 약을 사기 위해 읍내까지 나가는 것보다 집 근처 편의점 등을 이용하는 것이 더 편리합니다.

반대 편의점에서 약품 판매를 반대하는 이유는 약물 오남용의 우려가 있기 때문입니다. 의사나 약사 등 전문가의 조언 없이 스스로 질병에 대한 진단을 하고 약을 구입하는 경우가 생길 수 있는데, 편의점 같은 곳에서 쉽게 약을 구입할 수 있다면 약물을 오남용하는 경우가 더 많아지게 될 것입니다. 이럴 경우 부작용의 비율 또한 높아져 국민 건강을 위협하는 원인이 될 수가 있습니다. 만약 24시간 비상약품 구입이 필요하다면 정부 차원에서 24시간 약국을 운영하는 것이 더 효과적입니다.

나만의 답변 만들기!!

학교 생활기록부
예상 질문 만들어보기

앞에서 우리는 재구성해본 면접 문항과 시사에 대한 답변을 살펴보았습니다. 이를 통해서 학과별 특성이 드러난 면접 문제가 어떻게 출제되었는지를 확인해 보았습니다. 이것은 여러분의 선배가 경험해 본 면접 문제이며 지금 이 글을 읽고 있는 독자가 면접장에서 만나게 될 면접 문항은 아닐 수 있습니다. 왜냐하면 본인의 생활기록부에서 추출된 면접 문항이 아니기 때문입니다. 이번 챕터는 본인의 학교생활기록부를 보면서 면접 문항을 만들어 보도록 합니다. 빈 칸에 본인의 생활기록부에서 나올 수 있는 문항을 넣고 예상답변을 달아봅니다. 만든 문항을 친구들 그리고 학교 선생님께 보여주면서 피드백을 받아 수정을 거듭하면 매끄러운 답변이 될 것입니다.

① 인적사항 ② 학적사항

(예시) 이사 및 전학을 자주 다녔는데, 이것이 자신에게 미친 영향에 대해 설명해보세요.

	예상 질문	답변
1		
2		

③ 출결사항

(예시) 무단, 질병 등의 일수가 많은 이유에 대해 설명해보세요.

	예상 질문	답변
1		
2		

④ ········ **수상경력**

(예시) – 모범상을 받았는데, 자신이 왜, 무엇을 해서 그 상을 받았다고 생각하는지 구체적으로 말해 보세요.
　　　– 토론대회와 탐구대회에서 수상했는데, 어떤 계기로 참여하게 되었나요? 주제가 무엇이었나요?
　　　– 교과우수상을 받았는데 성적향상을 위해 자신이 노력한 점에 대해 말해보세요.

	예상 질문	답변
1		
2		
3		
4		
5		
6		
7		
8		

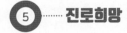 **진로희망**

(예시) – 1, 2, 3학년의 진로희망이 다른데, 바뀐 이유에 대해 설명해보세요.
      – 유아교육을 희망한다면, 아이들과 놀아본 경험, 느낀 점에 대해 말해보세요.
      – 진로희망을 이루기 위해 자신이 꾸준히 노력한 점을 말해보세요.

	예상 질문	답변
1		
2		
3		
4		

⑥ ···· **창의적 체험활동**

(예시) – 학급미화부장으로 활동했는데, 학기 초 교내 또는 교실의 환경미화를 왜 한다고 생각하나요?

　　 – 봉사활동시간이 200시간이 넘는데, 이렇게 많은 봉사활동을 하는 것이 현실적으로 가능한가요?
　　　 어떻게 활동했는지 구체적으로 말해보고, 느낀 점을 말해보세요.

　　 – 동아리활동에서 자신이 어떤 역할을 했는지 말해보세요. 어떤 계기로 ○○동아리를 하게 되었는지 말해보세요.

	예상 질문	답변
1		
2		
3		
4		
5		
6		
7		
8		
9		

⑦ ········ 교과성적, 세부능력 및 특기사항

(예시) – 역사에 관심이 많은 것 같은데, 역사를 변하게 하는 요인은 무엇이라고 생각하나요?
    – 윤리 시간에 ○○ 토론활동을 했는데, 자신은 어떤 견해를 제시했으며, 어떤 역할을 했는지 말해보세요.

	예상 질문	답변
1		
2		
3		
4		
5		
6		
7		
8		

⑧ ⋯⋯⋯ 독서활동상황

(예시) 주로 문학 작품들을 많이 읽었는데, 특별히 기억에 남는 구절이 있으면 말해보세요.
　　　채권에 대한 책을 읽었는데, 채권이 무엇인가요? 채권과 금리의 관계는?

	예상 질문	답변
1		
2		
3		
4		
5		
6		
7		
8		

9
나만의 답변

⑨ ····· 행동특성 및 종합의견

(예시) 3년 동안 학급반장(학생회, 바른생활부 등)을 성실히 했다고 기록되어 있는데, 구체적으로 자신이 어떤 역할을 했는지 말해보세요.

	예상 질문	답변
1		
2		
3		
4		
5		
6		
7		
8		

면접 끝판왕

<면접 끝판왕>이 답인 이유

✓ 1. 현직에 있는 진학 전문 교사들의 생생한 경험을 담았습니다.

✓ 2. 학생부종합전형&교과전형의 중요한 핵심 키워드로 '면접'을 뚫는 해법을 담았습니다.

✓ 3. 다양한 유형의 질문을 활용해 스스로 면접을 준비하는 방법을 터득할 수 있습니다.

✓ 4. 학생부를 면접으로 연결하는 전략으로 나만의 면접을 완성할 수 있습니다.

✓ 5. 면접을 위해 학교 활동을 어떻게 하면 좋은지 방향을 제시해 줄 수 있는 책입니다.

✓ 6. 기출면접문항에 추천답변을 제시해 학생들이 답변을 만들 때 길잡이가 될 수 있는 책입니다.

✓ 7. 다양한 분야의 시사이슈를 수록해 심층 면접도 대비할 수 있는 책입니다. 시사이슈에 대한 대비는 지적인 소양의 향상은 물론, 토론 역량도 길러주는 일석이조의 효과가 있습니다.

✓ 8. 방대한 양의 자료를 활용해 계열별, 학과별로 면접 문항과 추천 답변을 참고할 수 있게 세분화 했습니다.

✓ 9. 면접 문항에 담긴 키워드를 학생부와 자기소개서에서 추출할 수 있도록 실질적인 사례를 제시 하고 있습니다.

✓ 10. 기존의 면접 책들이 '면접 기출문항', '면접 소개'에 주력한 것과 달리 독자들이 책을 읽으면 면접장에서 자신감을 가질 수 있도록 구체적인 방법을 제시했습니다. 단계별로 면접 방법을 제시해 독자들이 읽기만 해도 실제 면접에 참여하는 효과를 거둘 수 있도록 차별화했습니다.

공부 끝판왕

<공부 끝판왕>이 답인 이유

✓ 1. 내가 공부가 안 된 이유, 콕콕!

✓ 2. 학년별 오르는 공부 끝판 전략, 콕콕!

✓ 3. 성적대별로 선택하고 집중할 과목, 콕콕!

✓ 4. 고1, 2, 3 학년별, 점수별 인강 추천, 콕콕!

✓ 5. 고1, 2 3 학년별, 점수대별 문제집 추천, 콕콕!

✓ 6. 국어, 수학, 영어, 사회, 과학 끝판 공부법, 콕콕!

✓ 7. EBSi, M스터디, E투스의 활용 극대화 분석, 콕콕!

✓ 8. 진학기반의 상, 중, 하위권별 공부 개인 코칭, 콕콕!

✓ 9. 선배들의 뼈있는 공부를 위한 조언과 경험 나눔, 콕콕!

✓ 10. 3월, 6월, 9월, 11월(수능)까지 시기별 대비 특강, 콕콕!

학생부 끝판왕 1권

<학생부 끝판왕>이 답인 이유

✓ 1. 합격한 학생부를 분석하여 내 것으로 할 수 있다.

✓ 2. 단순한 지침이 아닌, 실제 활동과 전략이다.

✓ 3. 나의 학생부와 비교하면서, 부족한 학교생활의 방향을 잡을 수 있다.

✓ 4. 학교활동 중 나에게 딱 맞는 의미 있는 활동이 무엇인지 알 수 있다.

✓ 5. 대학에서 요구하는 활동이 구체적으로 실현되는 부분을 알 수 있다.

✓ 6. 학과별(계열별) 합격생의 학생부를 분석하여 학생 개인별 맞춤형이 가능하다.

✓ 7. 구체적으로 소개된 내용을 활용하여 수업이나 동아리 계획을 구상할 수 있다.

✓ 8. 진로에 맞춘 수업 선택을 고민하고, 전략적으로 택할 기회를 제공한다.

✓ 9. 합격공통요소가 정리되어 진학하고자 하는 계열의 합격 방향을 생각해볼 수 있다.

✓ 10. 다양한 활동에서 새로운 접점을 찾아낼 수 있다.
    (여러 활동을 통해 내게 필요한 새로운 활동을 개발할 수 있다)

학생부 끝판왕 2권

<학생부 끝판왕>이 답인 이유

✓ 1. 합격한 학생부를 분석하여 내 것으로 할 수 있다.

✓ 2. 단순한 지침이 아닌, 실제 활동과 전략이다.

✓ 3. 나의 학생부와 비교하면서, 부족한 학교생활의 방향을 잡을 수 있다.

✓ 4. 학교활동 중 나에게 딱 맞는 의미 있는 활동이 무엇인지 알 수 있다.

✓ 5. 대학에서 요구하는 활동이 구체적으로 실현되는 부분을 알 수 있다.

✓ 6. 학과별(계열별) 합격생의 학생부를 분석하여 학생 개인별 맞춤형이 가능하다.

✓ 7. 구체적으로 소개된 내용을 활용하여 수업이나 동아리 계획을 구상할 수 있다.

✓ 8. 진로에 맞춘 수업 선택을 고민하고, 전략적으로 택할 기회를 제공한다.

✓ 9. 합격공통요소가 정리되어 진학하고자 하는 계열의 합격 방향을 생각해볼 수 있다.

✓ 10. 다양한 활동에서 새로운 접점을 찾아낼 수 있다.
    (여러 활동을 통해 내게 필요한 새로운 활동을 개발할 수 있다)

과제탐구 끝판왕

<과제탐구 끝판왕>이 답인 이유

1. 과제탐구 활동을 하고 싶은 학생에게 로드맵 제공
2. 과제탐구 수업을 하고 싶은데 부담만 있는 선생님께 손쉬운 전략 제공
3. 학생의 성장을 위한 활동으로 다양한 학교프로그램을 진행할 아이디어와 노하우 제공
4. 주제별 탐구보고서를 통해 동아리활동이나 교내대회 준비와 연동되는 가이드 라인 제공
5. 학생마다 각자의 브랜드로 특화된 학교생활기록부의 기재항목별 영역이 유기적으로 연결
6. 학생의 관심 분야과 도전할만한 학문적 범위를 좁히고, 탐구활동을 통한 연구에의 몰입경험
7. 탐구 활동을 통해 배경지식을 쌓는 과정 훈련과 [독서활동상황]에 기록될 심화 독서는 덤
8. 학생이 희망하는 진로 분야의 경험을 통해 자기주도적 문제해결능력을 기르고, 이를 [과세특]에 드러낼 전공적합성
9. 학생부의 비교과 활동의 핵심 근거가 되어줄 과제탐구 활동은 [행동특성 및 종합의견]에 리더십과 탐구심을 드러낼심 핵근거
10. 발명 및 창업 캠프, 디자인 활동, 4차 산업혁명 캠프 등과 연계한 탐구 활동 학교프로그램 구성하여 별[개 세인특]에 기록

자소서 끝판왕

<자소서 끝판왕>이 답인 이유

1. 학생별 개별화 진로지도 전략 수록
2. 고등학교 생활 전반의 진로요소 추출
3. 진로에 맞춘 진학 설계의 다양한 Tip 제공
4. 진로지도를 하고 싶은 교사에게 로드맵 제공
5. 진로에 기반한 진로진학 상담의 노하우 제공
6. 진로수업이나 진로지도에 필요한 활동지 제공
7. 고등학교 창의적 체험활동을 진로로 묶어내는 방법 수록
8. 면접부터 멘탈관리까지 진로진학 지도의 실질적인 부분 기록
9. 학생 자신도 모르는 부족한 부분을 제대로 집어낼 방법 소개
10. 공부스타일 진단과 플래너 사용 등 실제적인 진로코칭 방법 수록

진로 끝판왕 1권

<진로 끝판왕>이 답인 이유

- ✓ 1. 학생별 개별화 진로지도 전략 수록
- ✓ 2. 고등학교 생활 전반의 진로요소 추출
- ✓ 3. 진로에 맞춘 진학 설계의 다양한 Tip 제공
- ✓ 4. 진로지도를 하고 싶은 교사에게 로드맵 제공
- ✓ 5. 진로에 기반한 진로진학 상담의 노하우 제공
- ✓ 6. 진로수업이나 진로지도에 필요한 활동지 제공
- ✓ 7. 고등학교 창의적 체험활동을 진로로 묶어내는 방법 수록
- ✓ 8. 면접부터 멘탈관리까지 진로진학 지도의 실질적인 부분 기록
- ✓ 9. 학생 자신도 모르는 부족한 부분을 제대로 집어낼 방법 소개
- ✓ 10. 공부스타일 진단과 플래너 사용 등 실제적인 진로코칭 방법 수록

진로 끝판왕 2권

<진로 끝판왕>이 답인 이유

- ✓ 1. 너무나 다른 학생별, 상황별 진로 진학 상담 노하우를 제공해요
- ✓ 2. 진로를 잘 모르셔도, 진로에 기반한 성장 설계 방법을 제공해요
- ✓ 3. 고등학교 담임교사의 수고를 덜어줄 시기별 맞춤 워크북을 제공해요
- ✓ 4. 막막한 창체 진로수업이나 진로지도에 쓰기 딱인 활동지를 제공해요
- ✓ 5. 매번 바뀌는 진학지도가 부담되는 선생님에게 쉬운 로드맵을 제공해요
- ✓ 6. 고등학교 생활 전반의 진로요소를 추출하여 진학으로 연결할 비법을 제공해요
- ✓ 7. 자소서부터 면접, 멘탈관리 지도까지 진로진학 지도의 실질적인 기술을 제공해요
- ✓ 8. 손 떨리는 고3 지도를 위한 학생별, 시기별 맞춤형 진로진학 지도전략을 제공해요
- ✓ 9. 기반을 잘 쌓아야 하는 고1, 2를 위한 시기별, 상황별 상담지도방법과 활동지를 제공해요

선생님을 돕는 에듀테크 '꿈구두 교육'
진로, 진학, 미래, 학습 분야 베스트셀러 추천도서

합격한 학생들의 학생부 엿보기

합격생들이 가장 많이한 활동
합격생들의 창체기록과 교과
세특 합격생들의 교과선택과
기록 워크북

선생님, 컨설턴트분들의 비밀 지도서

진로(직업), 진학(입시) 기반
활동 매뉴얼
공부실력 높이는 지도 전략
진학의 기초와 합격하는 입시
지도전략

고등학교 1, 2, 3학년 공부의 모든것

공부가 안된 이유 10가지 학년별
공부 끝내기
과목별, 점수대별 성적 올리기
내신, 모의고사 공부의 모든
전략

학생부와 성장의 꽃! 과제탐구

과제 탐구는 누구나, 어디서든
가능한 방법 제시
나만의 과제탐구 주제잡기
수행평가, 발표활동에서 뽐내기
전략과 차별화 세특작성

이제는 합격 수기다! 자소서 끝판왕

종합 전형의 합격 수기!
자소서로 종합전형 로드맵을
구성하라 따라만하면 나만의
자소서 완성! 모든계열의 활동
연결과 기록비법

더욱 더 중요해지는 면접에 강해지다

꼭 준비할 빈출 20개 질문
학과별기출&제시문 빅데이터
자료 답변 예시와 개인화하는
방법

중학 생활의 모든것!

중1 자유학기제 진로성장 전략
중2 평가가 시작! 성적올림 전략
중3 고입, 대입의 시작! 나의
입시 전략을 세우는 시간
고교 학점제 완벽 대비

영어 내신과 최저 전략서

영어에서 자주 틀리는 원인과
해법 헷갈리는 구문, 어휘,
어법 깨기
수행 평가, 수능 듣기, 독해의
약점 극복과 1등급 준비서

국어 내신과 최저 전략서

오답 빈도가 높은 국어 문제
분석과 솔루션으로 오답이 강
점으로 탈바꿈!
수행평가, 수능 국어의 핵심
개념 학습

수학 내신과 최저 전략서

수포자 눈물 닦아주기 프로젝트
왜 수학을 포기 하는 지 알고,
극복! 수포자 유형별, 극복
전략, 점수 업로드!

교육학 수업의 바이블

교육학 교양과목을 즐겁게!
교육학과 실제교육의 연결스
토리 논술 면접문항으로 활동
극대화 학생과 함께 토론하고
참여하는 수업 교재

소프트웨어 수업의 종합지침서

초, 중, 고를 잇는 SW, IT, AI
수업과 활동이 이 한 권으로
완성! 자기 주도로 준비 하는
솔루션 전략으로 특기자 전
형, 종합 전형 합격

고등학교 활기차게 비상하라!

고1, 2, 3학년 활동 포트폴리오
창체수업, 진로활동, 행사기록
을 한 곳에! 전교생 3년 간 1권
에 성장활동 기록

20대를 시작하는 너에게

새내기대학생 상황별 생활가
이드 20대는 처음이지? 21세
기 사회 생활트렌드 분석한 나
만의 자기계발서

교육너머 교육을 기획하는 사람들!

어떻게 살 것인가 : 성장 하지
않는 다면 결코 만족할 수 없을
것이다!
역량 성장과 도전을 위한 실전
가이드

AI 기반의 온라인 학생 컨설팅상담 프로그램
My Best 진로, 진학, 미래, 학습

실력

고등 My Best 1.
계열성향검사

계열성향 검사로 나에게
맞는 계열 파악 나의 계열에
따른 직업, 학과 나의 계열에
따른 활동 전략

실력

고등 My Best 2.
학생부 로드맵

나의 학생부 준비 점수 분석
점수별 학생부 보완 활동
전략 나의 계열별 학교 활동
솔루션

실력

고등 My Best 3.
합격 공부

학년별, 점수대별 나만을
위한 공부코치 국영수, 사과
내신준비의 모든것 국영수,
사과 수능준비의 모든것

실력

고등 My Best 4.
3색줄 독서 솔루션

나의 독서 능력분석과 향상
전략 진로 독서와 노벨상
수상자의 딥다이브 독서법
3색줄 독서전략으로 심층독서

실력

고등 My Best 5.
합격 과제탐구

과제탐구 준비도를 파악하라!
마베대로 따라하면, 과제탐
구 끝 워크시트를 채우며 작
성하는 코칭

입시

고등 My Best 6.
합격 대학&전형

현재 내신&모의고사 기반 입시
컨설팅 고 1, 2학년의 대학과
전형 다지기 컨설팅 고3의
마지막 전략 완성 컨설팅

입시

고등 My Best 7.
합격 교과선택

고교학점제 기반의 학과별
필수 선택 학과3개의 교과
선택과 교과정보 우리학교
교육과정에 없는 교과 해결법

입시

고등 My Best 8.
합격 학생부

합격생들이 가장 많이한 활동
합격생들의 창체기록과 교과
세특 합격생들의 교과선택과
기록 워크북

입시

고등 My Best 9.
합격 자소서

종합전형의 합격 수기!
자소서로 종합전형 로드맵을
구성하라 챕터별로 따라 하면
나만의 자소서 완성

입시

고등 My Best 10.
합격 면접

꼭 준비해야하는 빈출20개
질문. 학과별 기출 빅데이터
자료 답변 예시와 개인화하는
방법

중학

중학 My Best 11, 12
중학계열성향검사
공부 끝판왕

고교학점제 준비는 계열파악이
먼저! 계열별 학교활동 로드맵
과목별 공부접근법, 방법 알기
플래너로 시간을 내가 관리

중학

중학 My Best 13.
고입 & 대입가이드

고교 선택전략! 일반고 vs
특목고 나의 자존감, 회복
탄력성을 읽어라 각 학교의
특징과 준비 방법 익히기

역량

역량 My Best 14, 15
미래역량 창의성 솔루션
미래역량 리더십 솔루션

나의 리더십과 창의성 역량
지수를 파악 실행할수 있는
리더십 역량 계발 창체활동
역량을 키우는 방법

역량

역량 My Best 16, 17
미래역량 문제해결 솔루션
미래역량 소통 솔루션

나의 문제 해결과 소통 역량
지수를 파악한다 세특의 핵심
문제해결력 키우기 소통역량
을 높이는 방법을 계발

역량

역량 My Best 18, 19
미래역량 프로젝트 솔루션
미래역량 전략적사고 솔루션

나의 프로젝트와 전략적사고
역량지수를 파악한다
프로젝트 역량을 올리는 방법
전략적사고 역량을 키우는 방법

www.only-edu.net PROGRAM1

1학년은 진로!
기간별 학생
성장 프로그램

프로그램	**고1 진로다**
참여대상	고등학교 1학년
참여비용	검사비용X학생수, 강사비 별도(요청시)
세부내용	특강형 ☑, 캠프 활동형 ☑, 컨설팅형 ☑

3, 4월 나를 알다

◆ 내게, 친구가, 부모에게 묻자.
  나의 흥미와 적성은?
◆ 검사지로 성향 검사하자
◆ 미션 설정 하자

**가이드7. My Best
계열 성향 검사**

5, 6월 성적을 알다

◆ 내신 성적의 의미
◆ 모의고사 성적의 의미
◆ 교우 관계의 의미

**가이드1. My Best
대학과 전형 가이드**

7, 8월 공부를 알다

◆ 1학기 돌아보기
◆ 자기주도계획 수립과 실행
◆ 성장 경험 공부

**가이드5. My Best
공부 가이드**

9, 10월 나를 파다

◆ 자기주도학습 잇기
◆ 교과선택 계열 적합성
◆ 학과를 탐하라

**가이드6. My Best
교과선택 가이드**

11, 12월 성적올리다

◆ 시험기간 전략 시간관리
◆ 피드백 즉 오답지
◆ 성적 올리는 공부성향법

**가이드2. My Best
학생부 가이드
가이드6. My Best
합격 학생부 포트폴리오**

1, 2월 2학년이다

◆ 1학년 돌아보기 PMI
◆ 방학자기주도 학습과 경험
◆ 2학년 미리 겪어보기

**가이드3. My Best
자소서 가이드**

www.only-edu.net PROGRAM2

2학년은 진로&진학!
기간별 학생 성장 프로그램

프로그램 **고2 진진이다**
참여대상 고등학교 2학년
참여비용 검사비용X학생수, 강사비 별도(요청시)
세부내용 특강형 ☑, 캠프 활동형 ☑, 컨설팅형 ☑

3, 4월 다시 나를 알다

◆ 진로 좁히기 방법
◆ 1학년의 나를 분석하라
◆ 2학년 진로 공부 진학을 설계

가이드1. My Best 대학과 전형 가이드

5,6월 다시 성적을 알다

◆ 공부성향 분석
◆ 자기주도 맞춤형 공부법, 인강, 학원
◆ 대학과 학과에 필요한 공부 잡기

가이드5. My Best 공부 가이드

7, 8월 다시 공부를 알다

◆ 1학기 돌아보기
◆ 혼자 공부, 함께 공부
◆ 대학 생활과 취업 간접 공부

가이드6. My Best 교과선택 가이드

9,10월 다시 나를 파다

◆ 나를 객관화 하라, 위치
◆ 무엇에 집중할 것인가
◆ 부모님과 교사, 외부자원을 통해 지원받기

가이드2. My Best 학생부 가이드
가이드6. My Best 합격 학생부 포트폴리오

11,12월 교과선택과 진학

◆ 나에게 필요한 교과선택
◆ 대학과 전형 좁히기
◆ 학생부, 자소서, 면접 시도

가이드3. My Best 자소서 가이드
가이드 4. My Best 면접 가이드

1,2월 3학년이다

◆ 2학년 돌아보기 PMI
◆ 방학기간 진학,진로 공부
◆ 3학년 미리 겪어보기

가이드1. My Best 대학과 전형 가이드
가이드3. My Best 자소서 가이드

My Best 학년별 연간 프로그램

프로그램	**고3 진학이다**
참여대상	고등학교 3학년
참여비용	검사비용X학생수, 강사비 별도(요청시)
세부내용	특강형 ✓, 캠프 활동형 ✓, 컨설팅형 ✓

3학년은 진학!
기간별 학생
성장 프로그램

3, 4월 대학과 전형

- 성적별 대학, 전형 파악
- 대학 조건 파기
- 나의 스펙 분석

가이드2. My Best
학생부 가이드
가이드6. My Best
합격 학생부 포트폴리오

5, 6월 내신 끝장

- 선택과 집중 내신
- 수능과 연결이다
- 학생부와 연결이다

가이드1. My Best
대학과 전형 가이드

7, 8월 원서 끝장

- 성적대별 대학과 학과 좁히기
- 나의 장점 분석, 최선 뽑기
- 자소서와 지원 & 수능 최저

가이드3. My Best
자소서 가이드

9,10월 수능, 대학별 전형

- 수능이다, 최저다
- 면접과 대학별 고사
- 멘탈 관리

가이드4. My Best
면접 가이드

11, 12월 수능과 정시

- 수능점수의 의미
- 정시를 탐하라
- 버려진 시간 줍기

가이드4. My Best
면접 가이드
가이드 1. My Best
대학과 전형 가이드

1, 2월 대학생이다

- 고등학생은 잊어라
- 알바와 체험
- 독서와 진짜공부

끝판왕 추천후기

하*숙님
👍 독자후기

지난 주 신청한 자소서 끝판왕 책이 도착하여 꼼꼼히 읽어보고 부족하지만 후기 올려봅니다.
자소서의 각 문항의 작성 팁을 통해 먼저 전체 틀을 잡고 각 항목별로 평가요소에 맞춰 학생이 한 활동을 끼워 넣을 수 있는 장치가 되어있고계열별 학과별 사례까지 예시되어 있어 막막함에서 헤매다가 불빛을찾은 거 같아 자소서 작성에 자신감을 갖게 되었습니다 저자 선생님들께 감사드립니다.

양*동선생님
👍 전문가 후기

이책은 다년간 학생들의 자기소개서 작성을 지도하는 과정에서 이끌어낸 자기소개서 각 항목별 작성 비법을 한 곳에 모아둔 비법서임 이 틀림없다. 수시 모집의 당락을 좌우하는 학교생활기록부 자기소개서 면접의 연계를 가져다 줄 학생부종합전형 비법서가 바로 당신의 눈앞에 있다 힘든 길을 택하면 미래가 편해진다 라는 신념으로 학생부종합전형에서 당신의 길을 찾고자 한다면 이 책은 무한한 길잡이가 될 것이다

두*맘님
👍 독자후기

현직선생님들의 감수를 하고 현직선생님들이 저자들이셔서 공교육 안에서 할 수 있는 면접 준비를 면접끝판왕을 통해서 할 수 있을 것 같습니다. 계열별로 나누어져 있고 자소서와 학생부를 활용해 면접 문제를 추출할 수 있는 방법도 함께 실려 있어 유용하게 쓸 수 있을 것 같습니다.
저희 아이의 경우 교육 계열이라 교육 계열 부분만 살짝 맛보기 하였 는데~~ 각 교육청에서 제공하는 자료를 바탕으로 사례를 들고 있어 더욱 신뢰할 수 있었습니다.

에듀동아
 출간기자

면접 문항에 담긴 키워드를 학생부와 자기소개서에서 추출 할 수 있도록 실질적인 사례를 제시하고 있어 향후 대입 면접을 위해 학교 활동을 어떻게 하면 좋을지 그 방향을 제시해 주고 있는 책이다.
출판사 측은 "기존의 면접 대비서가 면접 기출문항이나 면접 소개에 주력한 것과 달리 이 책은 독자들이 면접장에서 자신감을 가질 수 있도록 구체적인 면접 대비 방법을 단계별로 제시하고 있다"면서 "이 책을 읽기만 해도 실제 면접에 참여하는 효과를 거둘 수 있을 것"이라고 밝혔다.

mama313님
👍 독자후기

이런 분들에게 꼭!!!! 필요한 책입니다.
공부하는 방법을 제대로 알고 싶은 학생 또는 방법을 알아서 자녀들에게 알려주고 싶은 부모님!! 께 강추!!! 저도 초등교사로 공부는 이렇게 하는 거야라고 말해주기는 하지만 좀 더 구체적인 방법에는 설명이 늘 부족함을 느껴왔는데 이 책을 읽고 속이 시~원해지는 느낌을 받았다고 할까요? 공부하는 방법에 대해 구체적으로 사례를 들어가며 총체적으로 설명해주어서 넘넘 도움이 되었어요. 저희 아이들에게 적용중이며 큰 딸아이는 직접 읽어보더니 도움이 된다고 합니다. 중고등 학생과 학부모님들은 꼬~옥 읽어보시길 추천합니다~

isom85님
👍 독자후기

고등 딸을 둔 엄마이자 아이들의 나침반이 되어야 할 나에게 공부면역력을 키워주게 도와줄 보물 같은 책입니다. 지인들에게 선물하고, 고등 딸에게 읽히고, 저 역시 옆에 끼고 보고 있어요. 정말정말 강추합니다.

My Best 추천 후기

👍 독자후기

정보가 부족한 학부모에게 유용한 자료로 도움이 됩니다 학생들도 자신의 진로방향에 길라잡이 역할을 할 수 있을 것 같습니다. 학교선생님보다 더 자세한 상담자료로 가치가 크다고 생각됩니다.

1. 정시전형의 경우 지원가능 대학의 리스트가 많은데 수시전형의 경우는 전반적으로 지원가능대학의 리스트가 적어요.
2. 학생부 교과전형 지원가능대학 리스트에 평균 등급이 표기되면 좋을 듯 합니다.
3. 성적에 맞게 원하는 지역 계열로 추천해주시어 한번에 비교가 가능하여 좋았습니다.
4. 처음 과목별 내신등급 입력시 단위 수가 다른 과목들의 경우 등급계산이 애매했어요 등급 기재에 대한 안내가 살짝 되었으면 했습니다.
5. 사용후기의 수능전형의 선지답안이 논술답안 그대로 얹어요 내년에 첫아이가 고 3 이 되니 입시에 대해선 잘 모릅니다 나름 공부를 하면서 다양한 전형들 속에서 아이에 유리한 전형을 생각해보았는데 그걸 확인하는 기회가 되어 좋았습니다.

수시전형의 추천대학이 더 추가 된다면 완벽할 듯 합니다. 감사합니다.

👍 체험후기

저는 큰애가 고 3 입니다 교과와 학종 투 트랙 으로 지원했어요.
그래서 정시나 논술에 대한 평을 어찌할지 몰라 보통으로 했습니다. 교과와 학종도 설문 조사할 때부터 지망순서대로 선 택 하는 항목에 따라 가능 대학을 추천해 주셨으면 하는 아쉬움이 남습니다 또한 현재 모의나 내신상태에서 어느 선까지 도달했을 경우 어느 선의 어느 대학까지는 원서 지원이 가능할 수도 있다. 뭐 이런 커리가 나오면 학부모나 아이 입장에서 목표도 생기고 동기부여가 될 수 있을 것 같습니다.
가령 저희는 화생공 약대 순으로 고려 중이거든요 그럼 현재 가능 대학은 이선이고 좀 더 끌어 올리면 이 대학선까지는 원서 제출을 할 수 있을 것 같다 요렇게요. 문자로 하려니 전달이 제대로 되었을지 모르겠네요. 앞으로도 꾸준히 받아 볼 수 있다면 받아 보면서 코멘트를 더 해 드리고 싶네요. 좋은 일들을 하셔서요.

👍 체험후기

전체적으로 유용합니다. 감으로만 예상했던 리스트가 작성되니 내년에도 꼭 활용하고 싶어요.
다만, 학종 부분과 논술은 모고 성적 대비 너무 낮게 작성되지 않았는지요. 전사고라 내신이 낮지만 모고 성적이 기준이 되어 주는게 아닌지 의문이 있네요. 실제 원서 쓸 때도 모고가 기준이 되어 학종과 논술 섞어 수시 6 장을 쓰지 않을까 싶은데요.

👍 체험후기

전체적으로 프로그램 아이디어가 너무 좋아요.
어디를 갈지 진학에 대해 막막했던 학생 입장에서는 큰 희망이 될 것 같아요. 부족한 점이나 보완할 점들을 알려주니 어떻게 해야 할지 방향 설정도 되구요. 내신성적 모의고사 성적 분석의 총평은 매우 좋습니다. 지원할 수 있는 대학의 가능성을 세밀하게 말해주고 있어요.
지원가능 대학의 학과를 전 모집단위보다 좀 더 자세히 나타내줬으면 좋겠습니다 학생이 원하는 학과를 선택할 수 있도록 해서 전국의 대학 중에서 본인이 원하는 학과 위주로 지원 가능 대학을 알려주시면 좋겠습니다 내신 성적을 입력할 때 각 학년별로 과목별 등급을 입력하여 뚜렷한 성적 입력이 가능하면 좋겠습니다 수시로 지원하는 친구들에게 정시 모집단위도 알려줘서 수능에 미리 대비하고 준비하는 기회가 될 수도 있을 것 같아 좋습니다.

👍 독자후기

이렇게 세세히 각 전형마다 설명이 있을 줄 몰랐습니다.
그냥 간단한 내용으로 전달해 주실 줄 알았는데 각 전형마다 어찌해야 하는지 자세한 설명에 감탄했습니다. 진짜 최곱니다.

My Best 추천 후기

👍 체험후기

〈대학과 전형〉에 이어 학생부 분석 자료 잘 받았습니다. 대학과 전형은 실제 대학 지원에 있어 현재 내신과 모의 성적을 바탕으로 지원이 유리한 전형들에 대한 안내 및 해당 대학 및 학과들을 콕 집어 추천해주시어 좋았습니다. 거기에 반해 학생부 분석의 경우는 학생부 자체를 분석하다 보니 같은 학생부라도 답하는 사람에 따라 다른 답들을 선택할 소지가 있고 또 학생부 자체를 점수로 메기는 부분에 있어 어려움이 컸으리라 봅니다. 또한 보내주신 자료 중 제 아이에 대한 분석 자료는 전체 자료 중 얼마 되지 않았고 그보단 학생부 전형을 위한 전반적으로 챙겨져야 할 부분들이 안내가 들어 있었습니다. 이 자료는 고 2 보단 고 1 이 미리 알고 챙겨지면 더 좋겠단 생각입니다. 학생부 영역별 평가표를 보니 아이에게 부족한 영역이 한눈에 보여 수시전형의 학종을 생각하는 아이들에게는 많은 도움이 될 듯 합니다. 그리고 학생부 기록에 있어 학생이나 부모님이 아셔야 할 안내가 잘 되어있네요 끝 부분에 아이가 진학하길 원하는 계열 관련 동아리 및 봉사활동 안내가 구체적으로 잘 되어 있고 원하는 계열에 대한 다양한 직업명이 소개되어 있습니다. 그리고 진학을 원하는 학과 관련 고교 선택과목 소개 및 진학을 원하는 학과에 관련된 추천도서도 잘 되어있습니다. 정시 쪽으로 기운 큰 아이에겐 그닥 도움이 되진 않지만 곧 고등학생이 될 둘째는 이 자료를 참고로 잘 챙겨 봐야겠어요 감사합니다.

👍 체험후기

학종을 준비하는 고1 2 학생과 학부모에 매우 적절하다고 생각합니다. 개인별 특성에 대한 의견은 좀 부족하지만 기입한 자료가 적으니 당연하다고 생각합니다 대신 공통 내용은 학종을 잘 모르는 학생과 학부모도 알 수 있도록 구체적으로 길안내를 해 주는 지침서 및 체크리스트로 매우 유용합니다.

👍 체험후기

'현재 나의 학생부를 알자 에서 학생부를 다 드린 것이 아니라서 세부적인 내용 설명을 듣지 못하는 아쉬움은 있습니다. 그래프에서 한눈에 영역 중 무슨 영역이 높고 낮은지를 판단할 수 있는 것은 좋습니다. 낮은 영역에 대한 추가 설명이 좀더 구체적으로 있었으면 합니다.

👍 체험후기

'나만의 명품 만들기 에서는 다른 학생부 가이드 북보다 좀더 자세히 설명되어 있는 부분이 많아 좋습니다. 학교 생활에서만 알 수 있을 만한 내용이 첨부되어 있어 좀더 공들여 읽어야겠다는 생각을 했습니다.

👍 체험후기

저는 학원 설명회 대학교 입시설명회를 통해 얻은 지식들과 대학 입사관 11 상담 학생부 읽기를 위한 강의 수강 경험을 통해 저희 아이의 학생부를 조금이나마 객관적으로 볼 수 있는 상황이었습니다. 1 학년 기준 학생부를 개인적으로 읽었을 때 중간 중상 정도라고 판단했는데 막상 컨설턴트 상담을 통해 진단해 보니 중하 수준이었습니다. 그래서 좀더 엄격하게 학생부를 다시 한번 진단하고 문맥상에서 공통적인 ctrl V 내용이 아닌 우리아이의 특성을 나타내는 개인화된 서술을 중심으로 살펴보게 되었고 항목간의 유기성을 가지는 내용 연계되어 발전가능성을 보여주는 맥락에 대해 고민하게 되었습니다.

👍 체험후기

학생부 평가에서 가장 중요한 영역들을 알게 되었고 영역들 준비에 도움이 되었습니다. 독서기록하는 방법 전공별 도움되는 봉사활동 동아리활동 체험활동 보고서 선생님과 소통의 중요성 등 세부적인 부분까지 자세히 설명되어 있어서 좋았습니다.

면 접
끝판왕

초판 1쇄 발행 2019년 9월 1일
초판 1쇄 발행 2019년 9월 19일
초판 3쇄 발행 2020년 2월 1일
초판 4쇄 발행 2020년 10월 8일
초판 5쇄 발행 2021년 11월 1일
초판 6쇄 발행 2022년 10월 1일

지은이   정동완 박상철 김형준 송경훈
감 수   안혜숙
펴낸이   꿈구두
펴낸곳   꿈구두
디자인   안혜숙 맨디디자인

출판등록   2019년 5월 16일, 제 2019-000010호
블로그   https://blog.naver.com/edu-atoz
이메일   edu-atoz@naver.com

ISBN   979-11-967520-2-6

책값은 표지 뒤쪽에 있습니다.
파본은 구입하신 서점에서 교환해드립니다.